KB084175

인지과학적 구성주의 기반의 4C/ID 모형

Training Complex Cognitive Skills:

A Four-Component Instructional Design Model for Technical Training

Jeroen J. G. van Merriënboer 지음

김동식 · 노관식 · 김지일 · 김경 옮김

아카데미프레스

Training Complex Cognitive Skills:

A Four-Component Instructional Design Model for Technical Training

by Jeroen J. G. van Merriënboer

ISBN 0-87778-298-9

Printed in Korea

ISBN 89-91517-02-1

역자 서문

4C/ID 모형은 van Merriënboer 등이 개발한 교수설계 모형이다. 본문에서 저자가 밝히고 있듯이 이 모형은 이제까지의 모형과는 몇 가지 점에서 구별된다.

첫째, 이 모형은 학습 내용이 비교적 잘 조직된 학습 과제보다는 그 구조가 복잡한 과제의 학습을 위한 모형이라고 할 수 있다. 이런 점에서 학교 교육에서 다루고 있는 기초적 개념이나 원리의 학습보다는 배운 지식의 실제적 적용이 강조되는 상황을 위한 학습에 초점을 두고 있다고 하겠다. 그들은 이를 "complex knowledge"라고 부르고 있다. 그러나 여기서 말하는 "complex"는 결코 어렵고 복잡한 과제를 가리키는 것이 아니라, 아무리 쉽고 단순한 학습 과제일지언정 그 맥락이 생략되지 않은 실제적인 과제로서, 그 과제를 둘러싸고 있는 다른 과제들과의 관련성과 맥락이 포함되어 있는 과제를 말한다. 이런 이유로 해서 우리는 "복합적인 지식 혹은 과제"라고 번역하였다. 이런 점에서 이 모형은 전통적인 교수설계 모형들과 구별된다고 할 수 있다. 따라서 이 모형은 배운 과제의 실제적 전이가 강조되는 일의 세계인 기업, 군대, 병원 등에서의 교수설계에 보다 유익한 모형일 것이다. 그렇다고 해서 학교 교육을 위한 상황에서 유익하지 않다고 말하기는 어렵다. 왜냐하면 모든 학습이 통째로 암기하고, 그 학습 결과는 얼마나 잘 암기했는가를 따지며, 쉽게 일시적으로 기억하는 데 용이하게 맥락을 최대한 제외하려는 데 교육의 목표를 두지 않는다면 학교 교육을 위한 중요한 가이드를 제시하고 있다고도 할 수 있기 때문이다.

둘째, 이 모형은 학습이 어떻게 이루어져야 하는 것인가를 탐구하고 있는 인지 과학적 발전에 기초를 두고 있다. 여기에는 주로 Anderson 등의 인지 이론이 중요한 역할을 하고 있으며, 최근 교수설계 이론에 중요한 영향을 주고 있는 인지 부하 이론 (Cognitive Load Theory)도 직접적으로 모형의 중요한 부분을 이루고 있다. 아무리 효과적인 교수 프로그램을 설계하더라도 그 정보가 인간의 활성 기억에서 처리될 수 있는 한계를 벗어난다면 결코 학습이 일어날 수 없다. 이 이론에서는 활성 기억에서 정보 처리 과정이 최적화될 수 있도록 어떻게 학습 내용을 설계해야 할 것인가를 강조하고 있다. 이런 논리가 이 모형에서 중요한 역할을 하고 있다.

셋째, 이 모형은 객관주의적, 구성주의적 학습에 대한 시각이나 교수설계적 입장에 집착하지 않으려고 한다. 다시 말하면, 양 입장에서 보다 효과적인 방법이나 절차를 받아들이는 데 인색하지 않다. 객관주의적 시각에서 제시되었다는 교수설계 이론에서 방법적 절차를 기본적으로 받아들이고 있다. 학습자 분석, 목표 분석 등의 절차를 따르면서도 그 속에 포함된 구성주의적 시각에서 학습자 중심의 정보 처리를 중요한 요소로 포함하고 있다. 2000년대에 들어와서 이 모형이 각광을 받는 것은 이런 입장 때문인지도 모르겠다.

모국어가 영어가 아닌 사람들이 영어로 집필한 책을 한글로 번역하기는 상당히 어려웠다. 이들이 사용하고 있는 개념들은 중요한 의미를 담고 있는데도 불구하고 현재까지의 대부분의 교수설계 모형에서는 일반적으로 사용하지 않던 생소함 때문에 어려움이 컸던 것 같다. 이 분야를 공부하는 분들과 같이 고민하면서 계속 수정해 가려고 한다. 많은 질책과 조언을 기대한다.

2005년 봄
역자 대표 김동식

저자 서문

1995년, 나는 스페인의 Barcelona 대학에서 6개월 간의 연구년을 즐겼다. 일상 업무의 근심으로부터 벗어났기에 나는 10여 년 이상을 수행했던 복합적 인지 기능의 훈련에 대한 연구를 되돌아볼 기회를 가질 수 있었다. 처음에는 네덜란드의 Twente 대학 교육공학과에서 강의를 시작한 1984년 이래 관여했던 연구 프로젝트의 결과를 요약하고 재검토하는 책을 쓰기 시작했다. 그러나 나는 스페인에 머무르는 첫 주 동안 책의 윤곽을 잡아 가면서, 점차 내가 교수설계와 특히 기술 분야의 훈련 프로그램 설계에 대한 연구 프로젝트의 실제적인 시사점에 초점을 두고자 한다는 것을 명확히 알게 되었다. 개인 연구 프로젝트의 결과와 훈련 설계에 대한 시사점은 이미 저널 논문이나 저서를 통해 잘 출간되어 있었으므로, 이러한 산물들을 단순히 재검토한다는 것은 내가 원하는 바가 아니었다. 나는 연구 결과와 그 시사점들을 교수설계를 위한 일반적인 틀로 통합시키고자 했기 때문에, 연구년 기간은 실제적 관련성을 가진 교수설계 모형을 좀더 포괄적으로 기술하는 작업을 할 적기인 듯 했다.

나는 이 책의 초안을 가지고 Twente 대학으로 돌아왔고, 이후 6개월을 이 초안을 교정하고 고쳐 쓰는 데 소요했다. 이 기간 동안 나는 이 책의 초안을 교육 과학 및 공학 학부의 정규 교과로, 그리고 교육 및 훈련 시스템 설계의 국제 대학원 과목으로 복합적 인지 기능의 훈련을 위한 수업에 사용했다. 학생들은 내가 무엇을 제대로 했는지, 못했는지를 무수히 지적해 주었다. 같은 기간 동안, 내가 이 책의 초본에 대한 검토를 요청했던 동료들과 활발한 토론을 했다. 기대했던 것처럼 동료들은 고쳐야 할 사항과 잘 된 부분을 지적해 주었다. 그러나 이러한 지적인 대화는 대단히 효과적이었다. 학생들과 동료들 모두 책의 완성본이 개선될 수 있도록 많은 조언과 아이디어를 주었다. 이 책에서 설명하는 교수설계 모형이 확실히 기술 분야의 교수설계에 대한 현재의 내 견해를 반영하는 "즉석 사진"이기는 하지만, 나는 이를 내 과학적 사고의 획기적 전환점이라고 생각한다. 한편으로 이는 복합적 인지 기능을 학습하고 가르치는 10년 이상의 연구를 통해 익힌 것들을 통합한 것이다. 다른 한편으로 이는 향후 10년간 내가 연구해야 할 주제들로, 교수설계 분야에서 제기되지 않았던 많은 질문에 대해 주의를 돌리게 해 준다.

이 책에서 설명한 교수설계 모형의 개발에 어떤 방식으로든 기여한 동료들과 대학원생들에게 내가 진 빚은 막대하다. 내가 이 책에서 제시한 모든 아이디어를 책임지고 연구하는 동안, 연구 개발 프로젝트를 조직하고 준비하는 데, 실험을 진행하고 자료를 분석하는 데, 경험적 결과들을 보고서로 작성하는 데, 그리고 무엇보다도 교수설계를 위한 실제적 시사점의 측면에서 나와 그 결과들을 토론하는 데, 소중한 그들의 기여가 없었다면 나는 이 책을 쓸 수 없었을 것이다. 나는 특히 Jim Bijlstra, Sanne Dijkstra, Frans Houweling, Otto Jelsma, Hans Kingma, Hein Krammer, Jaap Jan Luursema, Dolf Maaswinkel, Fred Pass, Jules Pieters, Arjen de Vries에게 감사드린다. 더 나아가, 이 책을 쓰는 데 토대를 제공해 준 연구 개발 프로젝트의 참여 학생들 모두에게 감사드린다.

나는 또한 이러한 프로젝트가 시작되지 않았음에도 불구하고 호의를 베풀어 준 Barcelona 대학에 고마움을 전하고 싶다. 특히, 내게 필요한 모든 장비를 마련해 주고 이 책의 초안과 윤곽에 대한 생각을 정리하는 데 도움을 준 교육학과의 Begoña Gros Salvat에게 감사드린다. 내가 Barcelona 대학에서 머무르는 동안 그의 연구실을 기꺼이 함께 쓰게 해 준 José Luìz Rodriguez에게 감사한다. 내 연구년을 재정적으로 지원해 준 Twente 대학과 교육과학 및 공학 학부에게 감사드린다. 이 책을 개선하는 데 도움이 되는 조언과 제안을 해준 복합적 인지 기능 훈련 수업의 수강생들에게 감사한다. 그리고 마지막으로 이 책을 전체적으로 검토해 주고 내게 영감을 불어넣어 주었으며 뜻 깊은 토론을 함께 해 준 Marcel de Croock, Jan Gerrit Schuurman 그리고 Janine Swaak에게 감사드린다.

Jeroen van Merriënboer

1996

차　례

Part B 복합적 인지 기능의 분석

개 요

급속한 기술 변화는 우리 사회의 한 특징이다. 일상적인 업무들은 점점 기계가 대신해 가고 있다. 그 결과, 유연한 문제 해결 행동을 해낼 수 있는 인간에 의하여 수행될 수밖에 없는 복잡한 복합적 인지 과제(complex cognitive tasks)는 기업과 직업 훈련 현장에서 차지하는 중요성이 날로 커지고 있다. 복합적 인지 기능(complex cognitive skills)[1]의 예로는 화학 산업에서의 오류 관리 기능, 컴퓨터 프로그램 및 소프트웨어 공학 기능, 항공 관제 기능, 제품 및 재고품 관리 기능 등이 있다. 이러한 복합적 인지 기능의 주요 특징들 중의 하나는 학습하기가 쉽지 않다는 것이다. 학습자들이 바람직한 숙달 수준에 도달하기 위해서는 상당한 시간과 노력을 투자하여야 하는데, 이들 중 상당수는 대체로 그 수준에 도달하는 데 실패하는 경우가 많다(Schneider, 1985).

효율적인 인지 기능 훈련 프로그램의 설계를 도와 주고, 학습 성과 측면에서 보다 효과적인 훈련 프로그램을 만들기 위한 교수설계 지침에 대한 요구가 높아지지만, 극히 제한적인 소수의 지침과 모형들만이 문헌에서 다루어져 왔다. 이는 교육공학 분야에서 심각한 무관심의 문제일 수 있다.

이 책에서는 **4C/ID 모형**(Four-Component Instructional Design model; 4C/ID-

---

[1] 역자 주: 이 책에서 복합적 인지 기능(complex cognitive skill)은 앞서 살펴본 과제의 특성에서 보았듯이 그 지식이 사용되는 현실 세계의 맥락이 포함된 지식들을 말한다. 여기서 "complex"를 "복잡한"으로 번역하지 않은 것은 "complex"가 실제 상황과 유사함을 강조하려는 것이지, 그 지식이 어렵거나 복잡하다는 것을 말하려는 것이 아니기 때문에 "복합적"이라고 번역하였다.

model)을 종합적으로 제시함으로써 이러한 간극을 메우려고 한다. 이 모형은 주로 기술 분야의 복합적 인지 기능을 가르치기 위한 훈련 프로그램 개발에 대해 다양한 지침과 기법을 제시하고 있다. 아울러 이 모형은 복합적 인지 기능의 훈련과 관련된 많은 연구 프로젝트로부터 도출된 이론의 개발과 경험적 연구 결과들을 통합적으로 구체화하고 있다. 이 프로젝트들은 대체로 1980년대 초반부터 지금까지 네덜란드 Twente 대학에서 이루어졌다.

복합적 인지 기능을 가르치기 위한 훈련용 프로그램을 설계하는 것은 결코 쉽지 않다. 실제로, 이러한 설계 작업 자체가 복합적 인지 기능일지 모른다. 프로그램 설계자는 인지 기능 획득의 특성, 포함된 부분 기능(constituent skills)의 이질성과 그 기능들을 기반으로 하는 학습 과정, 새로운 상황에 획득된 인지 기능의 전이에 대한 필요, 복합적 인지 기능과 그 기능의 부분 기능의 특성이 과제와 지식 분석 방법 선택에 주는 영향, 전체 과제(whole-task) 연습과 부분 과제(part-task) 연습의 균형을 유지하는 것의 중요성, 인지 전략과 탐구 기법을 동시에 절차에 따라 훈련하는 것이 바람직하다는 점 등을 잘 알아야 한다. 따라서 이 책에서는 교수설계 과정을 경직된 절차로 제시하려고 하지 않을 것이다.

복합적 인지 기능의 학습에 포함된 인지적 과정들도 다루어질 것이며, 훈련 프로그램의 설계를 위한 지침이나 기법들은 가능하면 인지심리학 및 교육학에서의 경험적 연구와 이론적 변화의 측면에서 관련을 지어 볼 것이다. 장래의 교수설계자들이 복합적 인지 기능을 위한 학습 환경을 효과적이면서도 흥미롭게 설계할 수 있게 되기를 바란다. 그대로 적용하기만 하면 되는 교수 절차의 적용뿐만 아니라, 복잡한 복합적인 기능의 교수 학습 과정에 포함된 복합성에 대한 심층적 이해에 기초하며, 그런 학습 환경의 설계가 가능해질 것이라고 본다.

이 장은 다음과 같이 구성되어 있다. 첫 절에서는 4C/ID 모형이 교수와 학습의 광범위한 분야에 걸쳐 어떤 관련성이 있는가를 살펴본다. 이를 통해 어떤 개발 프로젝트에 이 모형이 유용하게 사용될 수 있는지를 정할 수 있게 할 것이다. 둘째 절에서는 4C/ID 모형의 주된 요소들을 간략하게 살펴볼 것이다. 인지심리학과 교육학에서의 그 요소들과 그 근원은 다음의 장에서 구체적으로 살펴볼 것이다. 셋째 절에서는 3개의 주된 파트와, 각 장의 수준에서 이 책의 구조와 내용에 대한 개요가 제시될 것이다. 개요의 결론 부분에서는 이 책을 어떻게 활용하는 것이 좋을 것인가를 다루었다.

1.1 4C/ID 모형의 위치

교수설계자는 일상의 작업을 진행하기 위해 일반적으로 모형을 활용한다. 다양한 상황에서 체제적 교수설계를 이용해야 하는 경우가 많아지다 보니까, 특정 학습 유형이나 맥락이나, 특정 학습자나 설계자 혹은 특정 교수 단위(전체 교육 과정 혹은 모듈 혹은 레슨)에 초점을 둔 수많은 모형들이 양산되고 있다. 교수설계자들로 하여금 특정 프로젝트에 적합한 모형을 선택하도록 해 주기 위하여 다수의 핵심적인 차원으로 교수설계 모형을 비교할 수 있는 프레임워크를 제시한 연구자들도 있다. 여기에서는 Andrews와 Goodson(1980)의 연구와 Edmonds, Branch, Mukherjee(1994)의 연구가 제시한 프레임워크의 여섯 가지 주요 차원으로 이 모형이 교수설계 분야에서 어떤 위치에 있는가를 알아보고자 한다. 앞에서 살펴볼 세 가지 차원에서 이 모형과 다른 모형들은 어떻게 다른가를 보겠지만, 후반부의 세 차원에 대해서는 통합적으로 살펴볼 것이다.

교수체제 개발(ISD) 모형 대 교수설계(ID) 모형

교수설계 과정의 주목적은 학습자들에게 바람직한 학습 과정을 지원할 수 있는 조건을 제공할 수 있는 학습 환경을 구축하는 것이다. 이 과정을 뒷받침하는 모형들과 관련해서, 이 책에서는 교수체제 개발 모형과 교수설계 모형을 구별해 보려고 한다. 교수체제 개발 모형은 광범위한 것을 다루는 모형으로, 이 모형은 교수설계 과정을 (1) 분석, (2) 설계, (3) 개발, (4) 실행과 전달, (5) 총괄 평가 등으로 나누고 있다. 이러한 단계별 모형에서 형성 평가는 모든 단계에서 이루어진다. 또다른 교수체제 개발 모형에서는 (1) 선행 분석(front-end analysis), (2) 설계(design), 개발(production), 전달(delivery), (3) 후행 분석(rear-end analysis) 등 세 측면만 구분하기도 한다(Spector, 1993). 교수체제 개발 모형은 각 단계를 이루고 있는 활동을 수행하기 위한 지침과 방향을 제공하고 있다. 교육공학 연구자들의 주장에 따르면, 이 활동들은 선형적인 순서로 열거되어 있지만 실제로는 활동들이 서로 밀접하게 관련되어 있기 때문에 선행적으로 작업이 이루어지는 것이 아니라 반복적이고 순환적으로 이루어져야 한다는 교수설계 연구자들의 지적에 주목할 필요가 있다.

교수설계 모형은 교수체제 개발 모형에 비해 범위가 좁아서, 교수체제 개발 모형의 분석, 설계 단계에 초점이 맞추어져 있다. 교수설계 모형은 실제 작업의 과정에서 필요로 하는 기능의 분석과 과제 분석, 그 분석 결과에 기초하여 훈련 전략(교수 전략)

을 개발하거나 개발 앞 단계의 학습 환경 설계(종종 학습 환경 청사진의 형태) 등에 중점을 둔다. 만약 기능 분석과 학습 환경 설계의 분석을 하려고 한다면, 교수설계 모형들(Dijkstra & Seel, 1996; Reigeluth, 1983a, 1987a; Tennyson & Schott, 1996 등의 모형 참조)은 교수체제 개발 모형보다 구체적인 지침과 방향을 제시할 것이다. 이 책에서 다루고 있는 4C/ID 모형은 위에서 정의한 교수설계 모형의 좋은 예가 될 수 있다. 이 모형에서 다루고 있지 않는 요구 사정(needs assessment), 요구 분석(needs analysis), 교수 프로그램의 개발, 실행, 전달 또는 총괄 평가 등은 교수체제 개발 모형에서 제시한 것을 참고로 하여 활용하는 것이 가장 바람직하다.

형식적 교육 상황 대 비형식적 교육 상황

교수설계 모형들 중에는 특정 상황에 적용하기 위하여 종종 개발되기도 한다. 형식적 교육 상황(예: 기초 교육, 고등 교육 등)과 비형식적 교육 상황(예: 기업 교육, 군사 훈련 등) 간에는 상당한 차이가 있다(Andrews & Goodson, 1980). 이 두 가지 교육 상황은 고유한 특성을 가지고 있다. Edmonds, Branch, Mukherjee(1994)가 언급한 바와 같이 교수설계 모형은 독특한 생태를 가지고 있는데, 다시 말하면 그 상황 안에서 그 모형이 개발되고, 그 교육적 환경에서만 그 모형이 기능을 하기도 한다. 상황적 차이를 충분히 고려하지 않고, 하나의 상황에서 개발된 모형을 다른 상황으로 모형을 가져와서 적용하면, 새로운 상황의 생태를 파괴하여 비효율적인 프로그램이 만들어질 수 있다. 예를 들어 Schneider(1985)에 따르면, 기술적 영역(technical domain)에서 복합적 인지 기능을 위한 훈련 프로그램은 학습 성과 측면에서 그다지 효율적이지 못하다고 한다. 그 이유는, '형식적'이거나 '학문적' 모형은 비형식적 교육 상황에서 복합적 인지 기능 훈련 프로그램을 위하여 개발된 것이 아니라 그 형식적 교육 상황을 위해서 개발하여 사용되어 왔기 때문이라고 한다. 일반적으로, 교수설계자는 학문적 상황만을 위하여 개발된 훈련 모형을 복합적 인지 기능을 위한 모형으로 이용하지 않도록 주의할 필요가 있다. 이 책에서 다루고 있는 교수설계 모형의 생태는 산업 현장 및 직업 훈련 환경에서의 복합적 인지 기능을 위한 기술 훈련 프로그램 개발 프로젝트에 뿌리를 두고 있다.

교육 과정 대 과정 설계

교수설계 모형들은 다양한 수준으로 적용될 수 있다. 예를 들어, 교수설계 모형들은 특정 교육 프로그램에 등록된 사람들이나 어떤 기관(교육 과정 혹은 기관 수준)의 종사자들을 위한 교수 프로그램 개발 혹은 특정 지식이나 기술을 습득해야만 하는 소규모 집단의 사람들에게 안내를 해 줄 수 있다. 후자의 경우를 다음과 같이 세 가지 측면에서 보다 자세히 구분해 볼 수 있다. (1) 바람직한 성취 목표(exit behavior)를 획득하도록 하기 위하여 훈련 프로그램에서 다룰 과제와 주제의 상세화나 계열화에 관련되는 코스 혹은 거시적 수준(macro-level), (2) 학습자들에게 각 과제나 주제에 대하여 제시될 사례나 상황의 유형에 대한 상세화나 계열화와 관련되는 학습 단위(unit) 혹은 중간 수준(meso-level), (3) 학습 프로그램에서 다루어질 구체적인 실제 학습 활동(예: 문제 해결, 예, 질문에 대한 응답 등)의 상세화나 계열화와 관련되는 모듈(module) 혹은 미시적 수준(micro-level) 등이다. 이 책에서 다루고 있는 모형은 교육 과정이나 교육 기관의 수준에 맞추어져 있지는 않지만, 코스 설계에서 모듈 설계에 이르기까지의 전체적인 범위를 다루게 될 것이다. 아울러, 어떤 복합적 인지 기능들은 수용할 수 있는 숙달수준에 도달하자면 수백 시간의 훈련 시간을 필요로 할 수 있음도 유의해야 한다. 따라서 때때로 전체 교육 과정의 규모에 맞먹는 코스를 만들어야 하는 상황으로 이어질 수도 있다.

절차적 학습 대 선언적 학습

교수설계 모형은 흔히 특정 학습 유형에 초점을 둔다. 절차적 모형과 선언적 모형은 큰 차이가 있다(Clark, 1989). 절차적 모형은 특정 목표에 도달하기 위해 실행되어야 하는 과제들에 초점을 두며, 과제 분석을 위한 위계적 방법 혹은 정보 처리 분석, 예(examples)와 비예(non-examples)의 중요성, 언어적 부담이 적은 학습 자료, 교정적 피드백을 제공하는 연습, 준거 지향 평가의 중요성 등을 강조한다. 반면, 선언적 모형은 하나의 학습 목표에 도달하기 위하여 특정한 과제가 왜 유용한지에 초점을 두며, 과제 실행의 바탕을 이루는 추상적이고 일반화된 지식의 분석, 유추, 실제성이 높은 문제 해결 상황, 귀납적이고 탐구적인 교수, 규준 지향 평가의 중요성을 강조한다.

　　절차적 모형이나 선언적 모형 그 자체로는 복합적 인지 기능을 위한 효과적인 교수설계를 하기에는 충분하지 못하다. 원칙적으로 복합적 인지 기능은 서로 밀접하게 연관된 많은 부분 기능들로 구성되어 있는데, 이 중 어떤 부분 기능들은 잘 학습된 절차로 실행되지만, 다른 부분 기능들은 그 내용 영역에서의 정확한 이해와 그 영역의 문제를 형성하고 해결할 수 있는 능력으로 실행된다. 이런 이유 때문에, 4C/ID 모형은 절차적 학습 유형과 선언적 학습 유형을 통합하려고 한다. 이것은 바람직한 학습 결과와 평가 방법을 결정하는 데도 영향을 미친다. 새로운 상황에서 과제에 따라서 달라져야 하는 획득된 기능과 지식의 전이에 어떻게 이르게 할 것이며, 측정할 것인가는 주요한 문제가 된다. 말하자면, 훈련의 긍정적 전이에 대한 문제이다. 사실 4C/ID 모형의 기본적인 전제는 이 모형을 적용함으로써 "성찰적 전문성(reflective expertise)"과 전이 과제에 대한 실행 능력을 높일 수 있다는 점이다.

분석적 접근 대 경험적 접근

교수설계 모형들은 분석적 접근에서 경험적 접근에 이르는 하나의 연속선을 이룰 정도로 다양하다. 한 극단에는 교수설계를 위한 매우 체계적이고 선형적인 절차, 규칙, 알고리즘, 절차를 제시하는 대단히 분석적인 접근이 있다. 교수체제는 "가공될 수 있고(engineered)" 가공된 문제에 대해서는 잘 정의된 해결책이 존재한다고 분석적 접근은 가정하고 있다. 종종 분석적 모형은 기계적이고 환원적이다. 예를 들어, 전통적 교수설계 모형에 따르면 바람직한 최종 목표 행동(exit behaviors)을 일련의 학습 목표로 분석해 내려고 한다. 그리고 각 학습 목표를 바람직한 학습 유형에 따라 분류하고, 각각의 학습 목표별로 바람직한 유형의 학습에 도달하기 위하여 어떻게 교수설계를 할 것인가에 대한 절차를 정확하게 상세화한다. 비록 많은 연구들이 이런 방법의 유용함에 대한 증거를 제시해 왔으나, 대단히 통합적인 학습 목표들로 이루어져 있고, 다차원적이고, 복합적 인지 기능을 훈련하기 위한 지침을 제공하기에는 이런 분석적 방법의 적합성이 떨어지는 것 또한 사실이다.

다른 한쪽 극단에는 교수설계 분야에서 얻은 경험을 바탕으로 한 설계자의 직관이나, 개발 과정을 이끌어 가기 위해서는 빈번한 사용자 검사의 중요성을 강조하는 경험적 접근 방법이 있다(예: rapid prototyping approaches; Tripp & Bichelmeyer, 1990). 각각의 개발 과정마다 독특한 생태가 있어서 잘 정의된 해결책이 존재할 수 없기 때문에 교수체제는 전통적 의미에서 "가공할 수 없는" 인간 중심적 연성 시스템이라고 경험적 접근 방법은 가정하고 있다. 대신, 경험적 모형들은 상황 특수적 요구에 바탕을 둔 설계의 유연성을 강조하며, 알고리즘적 절차를 적용함으로써 교수체제와 그 설계의 복잡성이 축소될 수 있다는 관점을 거부한다. 이 방법의 시각에서 보면, 교수설계는 궁극적으로 설계자의 독창성, 직관, 학습자와 학습 상황의 독특한 요구에 대한 민감성을 요구하는 예술적인 과정이다. 예를 들어, You(1993)에 따르면 카오스 이론이 교수설계와 교수체제의 예측 불가능성과 혼돈적 특성을 설명할 수 있기 때문에 이 이론이 분석적 모형의 대안이 될 수 있다고 주장하였다.

이 책에서 다루고 있는 모형은 여기까지 살펴본 양 극단의 중립적 입장을 취한다.

이 모형은 다른 교수설계 모형들과 마찬가지로 체제적 접근을 따른다. 일반 체제 이론 (Banathy, 1987)은 하나의 시스템을 구성하는 요소들의 상호 의존성과 시스템이 존재하는 상황을 강조한다. 여기서 상호 의존성의 역동적 본질은 시스템을 축소될 수 없는 하나의 전체로 만들어 줌을 의미한다. 체제 접근은 전체적이며 통합 지향적일 뿐만 아니라, 체계적(systematic)이고 체제적(systemic)이다. 체제 접근(systems approach)은 체계적 접근(systematic approach)이다. 왜냐하면 교수체제 내 특정 요소의 산출은 다른 요소에 대한 투입이 되고, 특정 교수설계 활동의 산출이 다른 교수설계 활동의 투입이 됨으로써 투입-처리-산출 패러다임이 이 체제 관점에 내재해 있기 때문이다. 이런 입장은 분석적 접근과 똑같으며, 교수설계의 구조를 위한 지침과 방법을 제시하고 있다. 그러나 동시에 이러한 관점에서 체제 접근(systems approach)은 체계적 접근 (systematic approach)이다. 그러나 동시에 이 모형은 각 요소의 산출물이 직접적으로 혹은 간접적으로 모든 다른 요소들에 영향을 미칠 수 있고, 그 과정이 역동적이고 비선형적이라는 입장을 받아들이기 때문에 체제적 접근(systemic approach)이기도 하다. 예를 들면, 이 관점은 설계 과정의 단계들 간의 수많은 순환 혹은 지그재그식 설계를 인정하고 있기 때문이다. 어느 정도로는 경험적 접근과 공유되는 관점으로 시스템 역동성을 살리기 위해서 창의적 문제 해결, 직관, 빈번한 사용자 평가 등을 교수설계 과정에서 필요로 한다.

기술적 교수설계 모형 대 처방적 교수설계 모형

교수설계 모형들은 서술적이거나 처방적일 수 있다. Reigeluth(1983a)에 의하면, 기술적 모형은 주어진 환경에 의해 학습이 일어나며, 이러한 환경 안에서 일어나는 실제 학습 과정과 학습 성과들이 환경의 특징들로부터 어떻게 영향을 받는가를 가정한다. 따라서 서술적 모형의 핵심적 측면은 학습 과정에 영향을 미치는 요인들을 확인하고, 실제 학습 성과에 이 요인들을 관련짓는 것이다. 여기서 그 요인들은 조작될 수 없는 고정된 조건(예: 내용 혹은 대상 집단의 특성)과 조작될 수 있는 요인(예: 예와 연습 항목의 양이나 유형, 내용이나 연습 항목의 계열화)들을 말한다. 반면에 처방적 모형은 목표 지향적이며, 구성해야 할 학습 환경의 바람직한 학습 성과를 주어진 것으로 보고, 주어진 조건 하에서 바람직한 학습 성과를 얻을 수 있는 교수 방법을 처방한다.

분석적 접근 중에서도 교수설계 모형은 매우 처방적인 경향이 있다. 이들 모형들 (예: Dick & Carey, 1996)은 주어진 조건 하에서 교수설계 과정과 최적의 교수 방법을 선택할 수 있는 알고리즘적 단계와 절차를 제공한다. 이들 모형들은 교수설계 과정에 대한 자세한 안내를 해 주기 때문에 특히 경험이 없는 교수설계자들에 유용하다. 경험적 접근을 따르는 교수설계 모형들은 대체로 기술적인 특성을 가지고 있으며, 교수설계자에게 보다 많은 자유를 준다. 이 모형들은 학습 환경과 학습 과정 특성들 간의 관련성에 대한 심도 있는 이해를 요구하며, 교수설계 과정에 참고할 수 있는 보다 광범위한 기법만을 제공한다. 이 모형들은 설계자가 직관적으로 설계할 수 있는 풍부한 융통성을 허락해 주기 때문에 경험이 많은 설계자에게 특히 유용하다.

앞에서 언급했듯이, 4C/ID 모형은 분석적 접근과 경험적 접근의 중간적 입장을 취한다. 따라서 이 모형은 기술적이고 처방적인 요소들을 동시에 포함한다. 기술적 요소들은 이 책의 파트 A에 잘 소개되어 있는데, 여기서는 복합적 인지 기능의 심리학적 측면을 다루게 된다. 파트 A에서는 학습이 일어나는 환경과 학습 과정, 학습 성과의 여러 측면들 간의 관련성을 중점적으로 다루고 있다. 이러한 관련성에 대한 정확한 이해는 복합적 인지 기능의 분석을 위한 교수설계 과정과 시사점을 파악하는 데 유용하며, 복합적 인지 기능을 위한 학습 환경 설계에 대하여 살펴볼 것이다. 처방적 요소들은 대부분 파트 B와 C에서 살펴보게 될 것이다. 파트 B에서는 종합적인 인지 기능 분석을 위한 방법, 기법과 어떤 조건에서 어떤 방법, 기법이 이용될 수 있는지에 대한 지침과 방법을 제시하였다. 파트 C에서는 학습 환경의 설계를 위한 개략적인 교수 방법과 전략, 그리고 그 방법과 기법의 선택과 통합을 도와 줄 수 있는 지침과 기법을 다룰 것이다.

교수-학습 분야에서 4C/ID 모형의 위치에 대하여 살펴보았다. 이 모형은 교수설계 모형이지 교수체제 설계 모형은 아니다. 이 모형은 산업 및 직업 훈련 현장을 염두에 두고 개발된 것이라서, 공적인 학교 교육에 맞추어진 것이 아니다. 이 모형은 또한 교육 과정이나 교육 기관 수준보다는 코스-모듈 수준에 중점을 두고 있다. 아울러, 다음의 세 가지 차원에서 통합적이다. 첫째, 이 모형은 절차적 학습 유형과 선언적 학습 유형이 혼합되어 있는, 복합적 인지 기능의 훈련 프로그램 개발을 목적으로 하고 있다. 둘째, 이 모형은 체계적(systematic)이고 체제적(systemic)인 체제 접근(systems approach)을 강조하면서, 분석적 방법과 경험적 방법 간의 중간적 입장을 취한다. 마지막으로, 이 모형은 기술적 요소뿐만 아니라 주로 지침과 기법의 형태를 띠고 있는 처방적 요소를 포함하고 있다. 다음 절에서는 4C/ID 모형에 대하여 간략하게 살펴보고자 한다.

1.2 4C/ID 모형의 개요

그림 1.1은 체계적 접근 방법으로 복합적 인지 기능의 훈련 프로그램을 개발하기 위한 4C/ID 모형을 나타낸 것이다(Paas & van Merriënboer, 1992b; van Merriënboer & Dijkstra, 1996; van Merriënboer, Jelsma, & Paas, 1992; van Merriënboer & Krammer, 1992). 이 모형은 교수설계자가 효과적인 훈련 프로그램을 개발하기 위하여 일반적으로 이용하고 있는 활동들 혹은 일련의 방법과 기법들을 가리키는 4개의 층(layer)을 포함하고 있다. 4개의 층을 선형적 순서로 열거했지만, 실제 개발 프로젝트에서는 층 간의 교환이나 반복이 빈번하게 일어난다. 그림 1.1에는 위에서부터 아래로 다음과 같은 4개의 층이 있다.

1. **원리화된 기능의 분해**(principled skill decomposition): 복합적 인지 기능을 그 기능의 부분 기능의 위계로 분해하고, 바람직한 목표 행동과 학습 유형이

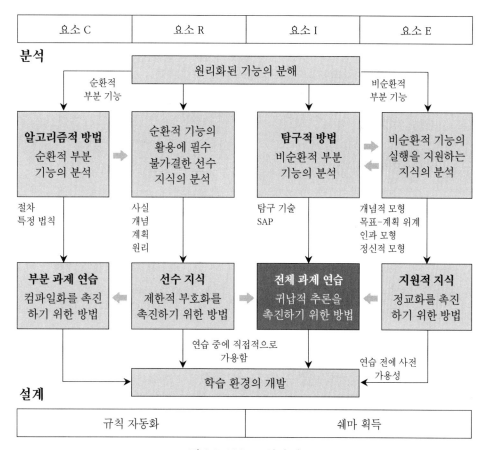

그림 1.1 4C/ID 모형의 개요

무엇인가에 따라서 이 부분 기능을 분류하는 것(categorization)

2. **부분 기능과 관련 지식의 분석**: 복합적 인지 기능과 그 기능의 부분 기능의 실행(performance)에 내재되어 있는 부분 기능, 부분 기능 간의 관련성과 지식 구조를 분석하는 것

3. **교수 방법의 선택**: 전체 과제와 부분 과제 연습의 설계뿐만 아니라 연습 전과 연습 중 다양한 형태의 정보 제시를 위한 교수 방법을 선택하고 상세화하는 것

4. **학습 환경 개발**: 학습 환경에 대한 상세한 청사진을 제시하기 위하여 선택된 교수 방법에 포함되어 있는 훈련 전략을 구성하는 것

1층과 2층은 복합적 인지 기능의 분석을 말하며, 3층과 4층은 복합적 인지 기능에 대한 훈련 전략이나 학습 환경의 설계를 의미한다. 분석 단계의 1층에서는 복합적 인지 기능을 부분 기능의 위계에 따라 분해하고, 부분 기능들은 문제 상황에서 다소 일관된 실행을 요구하는 순환적 부분 기능(recurrent constituent skills), 그 상황에서 상당히 변화가 심한 실행을 요구하는 비순환적 부분 기능(non-recurrent constituent skills) 중의 하나로 분류된다. 설계 단계의 4층(학습 환경의 개발)에서 훈련 전략은 선택된 교수 방법들로 구성한다. 훈련 전략의 핵심은 전제 과제 연습이다. 여기서는 전체적인 복합적 인지 기능의 보다 복잡한 버전들을 연습하게 된다.[2] 복합적 인지 기능의 순환적 측면과 관련된 정보는 "적시성(just-in-time)"의 원칙에 따라 연습 중에 직접적으로 접근 가능해야 하고, 비순환적 측면에 관한 정보는 연습이 시작되기 전에 가용해야 한다. 아울러, 선택된 순환적 부분 기능을 위한 부분 과제 연습은 학습 환경에서 하나의 요소가 될 수 있다.

2층과 3층은 이 모형의 4개의 요소(그림 1.1에서 4개의 열)에 따라 보다 구체화될 수 있다. 분석층(2층)에서, C 요소 아래 나열된 활동들은 보통 R 요소보다 먼저 이루어지고, 설계층(3층)에서 I 요소 아래에 열거된 활동들은 전형적으로 나머지 3개 요소의 활동들보다 앞서 이루어진다. 그러나 4개 요소의 각 부분을 구성하는 활동들을 실행하기 위하여 처방된 엄격한 순서는 없다. 각 요소는 다음과 같다.

- **C 요소**(컴파일화: Compilation). 2층의 이 요소는 순환적 부분 기능에 대한 알고리즘적 과제 분석(절차나 특정의 규칙)을 가리킨다. 3층의 요소는 부분 과제의 연습을 설계하기 위한 교수 방법의 선택을 의미한다. 지식의 컴파일화

---

2) 만일 그 기능의 가장 단순한 버전이 너무 어려워서 훈련을 시작할 수 없다면, 연습해야 할 "전체 과제"가 그 전체적인 복합적 인지 기능과는 같지 않지만 그 기능의 부분 기능들 중에서 잘 선택된 것들을 연습시킬 수 있다(6장 참조).

에 의한 순환적 인지 기능의 절차화(proceduralization) 또는 자동화(auto-mation)를 촉진하기 위하여 훈련을 설계한다.

- **R 요소**(제한적 부호화: Restricted encoding).   2층의 이 요소는 순환적 부분 기능 의 실행에 필수 불가결한 지식(사실, 개념, 계획, 원리 등)의 분석을 말한다. 3층의 요소는 부분 과제 혹은 전체 과제의 연습 상황에서 이러한 정보를 제시하기 위한 교수 방법의 선택을 의미한다. 인지 기능의 순환적 측면의 연습에 필수 불가결한 정보의 제한적 부호화를 통해 절차화 혹은 자동화를 촉진하기 위하여 훈련을 설계한다.

- **E 요소**(정교화: Elaboration).   2층의 이 요소는 비순환적 부분 기능의 실행에 도움이 되는 지식(개념 모형, 목표–계획의 위계, 인과 모형, 정신적 모형 등)을 분석하는 것이다. 3층의 요소는 전체 과제의 연습 상황에서 이러한 정보를 제시하기 위한 교수 방법의 선택을 의미한다. 기능의 비순환적 측면의 실행을 도와 줄 수 있는 정보의 정교화를 통하여 인지적 쉐마(cognitive schemata)의 획득을 촉진하기 위한 훈련을 설계한다.

- **I 요소**(귀납적 추론: Induction).   2층의 이 요소는 비순환적으로 분류된 복합적 인지 기능을 위한 발견적 과제 분석(발견적 학습법, 문제 해결을 위한 체제적 접근법)을 의미한다. 3층의 요소는 전체 과제 연습을 설계하는 데 적합한 교수 방법의 선택을 의미한다. 학습자들이 실제로 부딪힐 수 있는 구체적인 문제나 예로부터 귀납적 추론을 통하여 인지적 쉐마의 획득을 촉진하기 위한 프로그램을 설계한다.

요소에 대하여 구체적으로 살펴보았듯이, C 요소와 R 요소는 규칙 자동화(rule auto-mation)라고 하는 학습 과정의 범주와 관련된 것이고, E 요소와 I 요소는 쉐마 획득(schema acquisition) 범주에 대한 것이다. I 요소는 전체 과제 연습을 설계하는 것을 의미하며, 이 모형의 핵심에 해당된다. 학습자들은 전체 과제 중 간단한 것부터 복잡한 순으로 연습을 하지만, 적시적 정보 제시를 촉진하는 교수 방법은 전체 과제의 순환적 측면을 지원하기 위하여 사용되고, 동시에 정교화(elaboration)를 촉진하는 교수 방법은 전체 과제의 비순환적 측면을 지원하는 데 활용된다. 따라서 4C/ID 모형에 따라 개발된 훈련은 문제 기반(problem-based), 사례 기반(case-based), 혹은 시나리오 기반(scenario-based) 훈련 프로그램의 특성을 띠게 될 것이다. 가르치려고 하는 순환적 부분 기능을 위한 부분 과제 연습은 특수한 사례들로만 고려될 뿐이다. 여기서 그 순환적 부분 기능의 절차화 혹은 자동화는 전체의 복합적 인지 기능의 최종적인 실행에 긍정적 영향을 미칠 것으로 기대된다. 이 책의 구조는 4C/ID 모형의 구조를 철저히 반영하고 있는데, 다음에서 그런 점을 자세히 살펴보기로 한다.

1.3 이 책의 구조와 목차

이 책은 세 주요 부분으로 구성되어 있다. 첫 부분(파트 A: 복합적 인지 기능에 대한 심리학)은 복합적 인지 기능에 대한 심리학적 개요로서, 이 기능을 둘러싸고 있는 교수–학습 이론에 대한 이해를 촉진함으로써 이 모형을 보다 처방적으로 적용할 수 있도록 하고자 했다. 그 다음 부분(파트 B: 복합적인 인지적 기능의 분석)에서는 원리화된 기능의 분해, 과제 분석, 지식 분석을 위한 방법과 기법뿐만 아니라 방법과 기법들의 선택과 통합을 위한 지침을 제시할 것이다. 마지막 부분(파트 C: 복합적 인지 기능의 훈련 설계)에서는 복잡한 기술적 기능의 학습 환경 설계를 위한 교수 방법, 훈련 전략의 선택과 통합을 위한 지침을 다룰 것이다. 각 파트의 내용을 보면 다음과 같다.

Part A의 목차

파트 A에서는 복합적 인지 기능의 훈련 개발을 위한 심리학적 배경을 살펴볼 것이다. 이 파트는 4C/ID 모형에 간접적으로 대응되는 4개의 장으로 구성되어 있다.

- **2장–복합적 인지 기능이란 무엇인가?** 이 장에서는 4C/ID 모형이 제시하는 한 가지 요소(원리화된 기능의 분해)에 대한 심리학적 배경을 살펴보고자 한다. 이 장에서는 복합적 인지 기능들은 그 기능을 학습하자면 다양한 특성, 학습 과정들과 함께 대단히 서로 밀접하게 관련된 일련의 부분 기능들로 이루어져 있음을 강조하고자 한다.
- **3장–규칙 자동화 모형.** 이 장은 C 요소(컴파일화)와 R 요소(제한적 부호화)에 대한 심리학적 배경을 다룰 것이다. 이 장에서는 규칙 자동화가 순환적 부분 기능을 위하여 특히 중요한 하나의 학습 과정 유형인 자동화된 행동(automatic behaviors)의 개발에 어떻게 작용하는지를 살펴본다.
- **4장–쉐마 획득 모형.** 이 장은 E 요소(정교화)와 I 요소(귀납적 추론)에 대한 심리학적 배경을 다룰 것이다. 이 장에서는 쉐마의 획득이 비순환적 부분 기능을 위하여 특히 중요한 하나의 학습 과정 유형인 효과적인 쉐마 기반 행동(schema-based behaviors)의 개발에 어떻게 작용하는지를 살펴본다.

- **5장 – 전이와 성찰적 전문성.**　이 장은 4C/ID 모형이 제시하는 한 요소(학습 환경 개발)에 대한 심리학적 배경을 제시한다. 이 장에서는 복합적 인지 기능의 훈련에 대한 학습 성과로서 학습 성과, 특히 전이의 중요성을 강조하려고 한다.

Part B의 목차

파트 B에서는 원리화된 기능의 분해, 과제 분석, 지식 분석 방법과 기법들을 살펴보고자 한다. 파트 B는 그림 1.1에서 본 4C/ID 모형의 상단에 있는 5개 박스를 5개의 장으로 구성했다.

- **6장 – 원리화된 기능의 분해.**　이 장에서는 복합적 인지 기능의 부분 기능들을 위계화하고, 그 기능(최종 행동)들이 순환적인가 아니면 비순환적인가를 분류하는 복합적 인지 기능의 분해 과정에 대하여 살펴볼 것이다 . 아울러, 막대한 훈련량(수백 시간 정도)을 필요로 하는 복합적 인지 기능의 거시적 수준의 계열화에 대해서도 다룰 것이다.
- **7장 – 순환적인 부분 기능의 분석.**　이 장은 순환적 부분 기능 분석을 위한 적절한 과제 분석적 기법(예: 행동적 과제 분석, 정보 처리 분석, 요인 전이 분석, 전문가 시스템, 기타 규칙 기반 방법)을 제시한다. 이 기법들은 "강한 방법(strong methods)"의 견지에서 인지 기능을 분석하고, 매우 상황적이면서 기본적으로 특성상 알고리즘적인 절차 혹은 의사 결정 규칙(decision rules)을 구체화한다.
- **8장 – 선수 지식(prerequisite knowledge)의 분석.**　이 장에서는 순환적 부분 기능들의 실행에 필수 불가결한 지식을 분석하기 위한 지식 분석 기법들(예: 사실 분석, 개념 분석, 계획 분석, 원리 분석)을 다룬다. 이 장에서는 지식의 위계적 분석 방법을 보려고 하는데, 이 분석은 학습자가 그 지식을 이미 숙달해야 할 수준(출발점 수준)에 도달할 때까지 반복된다.
- **9장 – 지원적 지식(supportive knowledge)의 분석.**　이 장에서는 비순환적 부분 기능의 분석에 유용한 지식 분석 기법(예: 인과 및 결함수(fault tree) 분석[3], 개념 지도 그리기(concept mapping), 목표–계획 위계)에 대하여 살펴본다.

---

[3] 역자 주: 결함수 분석(fault tree analysis; FTA)이란 시스템 안전공학의 대표적인 방법으로 1962년 벨 연구소에서 처음 개발되었다. 이는 하나의 특정 사고나 주요 시스템 고장에 초점을 맞춘 연역적 기법으로 사건의 원인을 결정하는 방법이다.

지식은 인지적 쉐마의 형태를 갖는데, 이 인지적 쉐마는 문제가 주어졌을 때 그 문제의 특성에 기초하여 그 문제에 어떤 계획이나 조치가 요구되는가를 판단하게 해 주는 하나의 축약된 쉐마(abstractions)의 역할을 한다. 이러한 개념 덕분에 학습자들은 친숙하지 않은 상황에 대하여 추론할 수 있고, 일반화 지식(규칙)으로 상황들을 해석할 수 있다.

- **10장 – 전략적 지식의 분석.** 이 장은 4C/ID 모형의 핵심(I 요소)으로, 파트 B의 결론에 해당된다. 이 장은 전체적인 복합적 인지 기능(비순환적 부분 기능이 포함된)을 분석하는 과제 분석 기법[예: 문제 해결을 위한 체계적 접근: SAP 방법, 탐구 분석(heuristics analysis)]을 기술하고 있다. 이 기법들은 "약한 방법(weak methods)"으로 인지 기능들을 분석하며, 상황 특수적이지 않고 기본적으로 특성상 탐구적인 접근 혹은 경험에서 얻은 방법들을 구체적으로 제시한 것이다. 아울러, 훈련 동안 학습자들이 만나게 될 일련의 사례들[해결 예(worked-out examples) 혹은 문제]을 축적하기 위해 중간적 수준(meso-level)의 계열화를 살펴볼 것이다.

Part C의 목차

파트 C에서는 복합적 인지 기능을 위한 학습 환경 설계에서 고려해야 할 교수 방법을 다룰 것이다. 또한 선택한 교수 방법으로 훈련 전략을 구성하거나 학습 환경을 설계하는 문제에 대하여 논의하고자 한다. 4C/ID 모형 하단의 5개 박스(그림 1.1 참조)의 내용을 다음과 같이 5개의 장에서 각각을 살펴보고자 한다.

- **11장 – 전체 과제(whole-task) 연습의 설계.** 전체 과제 연습은 귀납적 과정을 통해 인지적 쉐마의 개발을 촉진하기 위하여 설계된다. 4C/ID 모형은 이 목적을 달성하도록 도와 주기 위한 교수 방법들을 제시하려고 한다. 이 방법들은 결과 지향적 문제 유형과 과정 지향적 문제 유형과 전체 과제 문제(whole-task problems)를 위한 미시적 수준의 계열화 기법을 모두 포함한다. 스캐폴딩, 다양한 연습, 상황적 추론 등을 위한 몇 가지 접근 방법들이 논의된다. 이러한 모든 방법들은 전체 과제를 훈련하는 학습자들로부터 의식적인 주의 집중을 이끌어 내고, 주어진 상황으로부터 학습자들에게 축약적 쉐마를 유발하도록 한다.

- **12장 – 부분 과제(part-task) 연습의 설계.** 부분 과제 연습은 지식의 컴파일화를 통해 대단히 상황 특수적이고 자동화된 규칙의 빠른 개발을 촉진하기 위하여

설계한다. 순환적인 부분 기능의 부분 과제 훈련을 위한 선택 준거가 논의될 것이다. 그 교수 방법들은 연습 항목의 몇 가지 유형과 분절화(segmentation), 단순화(simplification), 분할(partitioning)과 같은 부분 과제 훈련을 위한 미시적 수준의 계열화 기법에 관한 것이다.

- **13장 – 적시적(just-in-time) 정보의 제시.** 이 장은 복합적 인지 기능의 순환적 측면의 실행에 필수 불가결한 선수 정보의 동시적 제시를 위한 교수 방법을 제시한다. 이 장의 핵심은 분할(partitioning), 시연하기(demonstration), 페이딩(fading)이다. 비교적 적은 양의 새로운 정보만을 동시에 제시함으로써 정보 처리의 과부하를 막을 수 있기 때문에 분할은 중요하다. 시연하기는 규칙이나 절차의 적용을 보여 주기 위하여, 그 규칙과 절차의 올바른 적용에 필수 불가결한 개념, 원리 혹은 계획을 예시적으로 보여 주기 위하여 필요하다. 페이딩은 학습자의 전문성이 높아짐에 따라 제시 정보의 양을 줄이기 위하여 적용되어야 한다.

- **14장 – 정교화(elaboration)와 이해의 촉진.** 이 장은 하나의 복합적인 기능의 비순환적 측면을 도와 줄 수 있는 정보의 정교화를 촉진하는 교수 방법을 제시한다. 관련성을 가르치는 데 초점을 둔 귀납적 접근, 발견적 방법과 설명적 접근 방법도 다루어질 것이다. 모든 방법들은 획득된 지식의 특정한 부분에 다중 재생 경로를 만들어 두게 함으로써, 제시된 정보가 비순환적 인지 기능의 실행을 도와 줄 수 있는 가능성을 최대화하려고 한다. 분할, 시연하기, 스캐폴딩에 대한 시사점도 논의될 것이다.

- **15장 – 학습 환경의 개발.** 이 장은 4C/ID 모형의 각 요소들을 위한 교수 방법을 통해 훈련 전략의 구성과 학습 환경 설계에 대하여 기술하고자 한다. 매체의 최종 선택에 관심을 가지고, 이 모형에 따라서 학습 환경의 설계에 대하여 구체적인 예를 통해 설명하고자 한다.

이 책은 일반적인 논의와 함께 마무리된다(16장 – 결론). 결론에서는 4C/ID 모형을 지원하고 타당화하기 위한 주요한 경험적 자료들이 제시될 것이다. 파트 A에서 보았던 학습 이론을 구성주의와 교수주의의 논쟁을 통해 재조명해 보며, 마지막으로 4C/ID 모형과 다른 교수설계 모형 간의 몇 가지 주요 차이점을 살펴본다.

1.4 이 책의 활용 방법

4C/ID 모형은 원래는 기술적인 영역에서 복합적 인지 기능을 훈련하기 위한 컴퓨터 기반 혹은 시뮬레이션 기반 훈련 프로그램의 설계, 개발을 하는 교수설계 전문가들을 위하여 고안되었다. 이 모형은 어느 정도 교수체제 설계와 교수설계에 대한 설계자의 기초적인 지식과 실제적인 경험에서 나온 것이라고 할 수 있다. 설계 과정의 지나친 단순화를 방지하고 체제적 접근의 여지를 주기 위하여, 이 모형은 개발 과정에서 활동에 대한 분명한 절차와 경로의 제시를 최소화했다. 그 대신, 이 방법들을 언제 어떻게 사용할 수 있는가에 대한 방법, 기법, 요령을 기술하려고 하였다.

교수설계 분야의 실무자들은 복합적 인지 기능을 위한 교수설계 프로젝트를 도와줄 참고서로 이 책을 사용할 수 있다. 이런 목적으로 활용하려면, 다음의 사항들을 고려하면 도움이 될 것이다.

- 이 책의 세 파트는 각각 독립적으로 활용될 수 있도록 저술되었다. 복합적 인지 기능 분석 방법의 개요는 파트 B를 참고하고, 복합적 인지 기능을 훈련하기 위한 교수 방법과 전략은 파트 C를 참고하면 될 것이다. 복합적 인지 기능에 대한 심리학적 배경이나 본 모형의 배경에 관심이 있으면 파트 A를 참고하도록 한다.
- 이 책의 각 파트들은 그 파트의 선행 조직자가 되고 다른 파트와의 관련성을 보여 주기 위하여 간략한 개요로부터 시작한다. 이 각 파트의 내용을 간단하게 알고 싶다면 이 부분을 참고하면 될 것이다.
- 각 장은 설계 과정의 특정 활동을 어떻게 하는가를 알고 싶다면 도움이 될 것이다. 각 장은 4C/ID 모형을 단순화한 다이어그램으로 시작함으로써 모형의 다른 요소들과의 관련성을 보여 주려고 했다. 그리고 각 장에 다른 활동을 위해 해당 장에 설명된 활동들의 시사점을 제시한 부분을 포함시켰다.

복합적 인지 기능 훈련 프로그램의 설계에 대해서 공부할 교수설계 분야의 학생들에게는 이 책의 모든 장을 순서대로 공부하기를 권한다. 각 장의 마지막과 용어 해설에 제시한 핵심 개념들은 이 책에서 다룬 주요 아이디어들을 이해하는 데 도움을 줄 것이다. 또한, 각 장에서는 주요 내용에 대해 요약을 했고, 각 파트의 끝에는 참고 서적들을 소개하였다.

복합적 인지 기능의 심리학

Part A

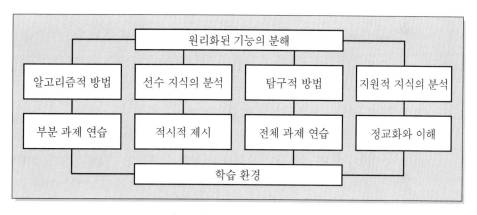

파트 A의 개요도. 모형의 배경

4 C/ID 모형은 학습과 정보 처리의 인지심리학적 이론들과 교수설계의 실제 분야를 연결하는 고리로 이해할 수 있다. 이 파트는 복합적인 기술적 기능의 교수-학습에 포함된 복잡한 내용의 이해를 도와 주기 위하여 인지심리학에서 비롯된 핵심 개념들을 다룸으로써 그 구분을 명확하게 하려고 한다. 또한 모형의 처방적인 부분들을 잘 적용할 수 있도록 도와 주려고 한다. 이 파트의 4개의 장은 다음을 강조하고 있다.

- 복합적 인지 기능의 특성

- 복합적 인지 기능의 순환적 측면의 획득을 위한 학습 과정의 중요한 하나의 범주로서 규칙 자동화
- 복합적 인지 기능의 비순환적 측면을 획득하기 위한 학습 과정의 중요한 하나의 범주로서 개념 획득
- 복합적 인지 기능의 훈련을 위한 포괄적 학습 성과로서의 전이와 성찰적 전문성(reflective expertise).

2장에서는 복합적 인지 기능의 예를 제시함으로써 그 기능의 주요한 구조적 특징과 학습에 대한 문제를 논의하려고 한다. 복합적 인지 기능은 목표 지향적이다. 이 인지 기능들은 서로 밀접히 연관된 부분 기능들로 구성되어 있다. 몇몇 부분 기능들은 규칙 기반 행동(rule-based behaviors)으로, 다른 기능들은 쉐마 기반 행동(schema-based behaviors)으로 실행된다. 규칙 자동화(rule automation)가 특히 하나의 기능 중에서 규칙 기반의 측면을 개발하는 데 중요한 학습 과정의 범주라면, 쉐마 획득(schema acquisition)은 그 기능의 쉐마 기반 측면 개발을 위해 특히 중요한 학습 과정을 의미한다. 복합적 인지 기능의 획득에 있어서, 이 두 학습 과정들은 서로 상호 작용할 뿐만 아니라 동시적으로 일어난다. 복합적 인지 기능 획득은 사람의 정신적 처리 능력에 대단히 의존하는, 길고도 노력이 필요한 하나의 과정이다. 그래서 효과적인 훈련 전략은 기능의 규칙 기반의 측면을 위한 규칙 자동화와 쉐마 기반 측면을 위한 쉐마의 획득을 촉진해야 하고, 이와 동시에 학습, 실행과 관련된 인지적 부하를 통제해야 한다.

3장에서는 규칙 자동화의 부분을 이루고 있는 학습 과정을 보다 구체적으로 살펴보려고 한다. 이 장은 선언적 지식("무엇에 대하여 아는 것")과 절차적 지식("어떻게 하는지를 아는 것") 간의 구별, 그리고 이들 두 가지 지식 유형, 즉 명제(proposition)와 산출(production)의 기본 구성 요소(building blocks)에 대하여 다룬다. 규칙 자동화는 일관된 연습을 통하여 얻어지는 것이다. 여기에서 선언적 지식은 점진적으로 산출 체제(절차적 지식의 표상 방식)에 잠입되며, 서로 일관되게 연결된 이 산출들은 서로 청크화되고, 이 산출들을 빈번히 사용함으로써 그 강도가 높아진다.

4장에서는 쉐마 획득을 형성하는 학습 과정을 다루고자 한다. 이 장은 인지적 쉐마에 있어서 선언적 지식의 주요 유형들을 다룬다. 이 쉐마들은 그 쉐마의 심층 구조적 특성에 따라 문제나 하위 문제들을 분류할 수 있게 해 주고, 같은 종류에 속하는 문제를 해결하는 데 필요한 일반적 개념, 계획, 원리들을 제공해 준다. 쉐마 획득은 정신적 추상화(mindful abstraction)가 포함된, 의식적으로 통제된 과정으로 볼 수 있다. 귀납은 구체적인 경험과 보다 잘 일치되도록 하기 위한 인지적 쉐마의 (재)구성내지는

조정(tuning)이다. 귀납은 주로 다양한 연습의 결과이다. 정교화는 새로운 정보를 기존의 기억 속에 있는 쉐마와 의식적으로 연결하는 것을 의미한다.

　　5장에서는 복합적인 기술적 기능(complex technical skills)을 위한 훈련 프로그램의 주요 성과로서 전이(transfer)의 중요성을 강조하고자 한다. 전이는 획득한 기술을 새로운 상황에 적용할 수 있는 능력이다. 전이에 대한 연합주의자의 관점과 형태주의자의 관점이 다루어진다. 이 두 가지 관점은 "성찰적 전문성(reflective expertise)"의 개념에서 나온다. 여기서 전문성이란 훈련 과제와 전이 과제 간의 절차적 중첩에 기초할 뿐만 아니라 가용 인지적 쉐마에 의하여 새로운 상황을 재조직하거나 해석함으로써 배운 기능을 전이할 수 있는 능력을 말하는데, 이 능력은 그 후에 문제 해결 행동을 조정하고 안내하기 위하여 사용될 수 있다. 두 가지의 전이 메커니즘 간의 관련성을 설명하기 위하여 요소 유창성 가설(Component Fluency Hypothesis)과 이해 가설(Understanding Hypothesis)이 논의될 것이다. 마지막으로, 훈련 프로그램의 설계를 위하여 체계적·체제적 접근이 어떻게 학습과 실행을 제약하는 인지적 부하를 극복할 것인가에 대한 일반 프레임워크로서 인지 부하 이론(Cognitive Load Theory)이 논의될 것이다.

제 2 장 복합적 인지 기능이란 무엇인가?

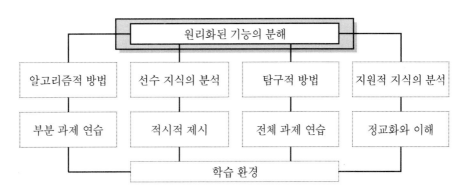

파트 A1의 개요도. 원리화된 기능 분해의 배경

이 장에서는 복합적 인지 기능의 몇 가지 주요 특징에 대하여 살펴볼 것이다. 기술적인 영역에서 복합적 인지 기능(complex cognitive skills)은 "높은 수준의 실행 기능(high-performance skills)"(Schneider, 1985), "복잡한 기술적인 기능(complex technical skills)"(Anderson, 1982), 단순히 "산업적인 기능(industrial skills)"(Myers & Fisk, 1987) 등으로 불리고 있다. 이 기능은 다음과 같은 것임을 강조하기 위하여 보다 일반적인 용어인 복합적 인지 기능이라는 용어를 사용하였다.

■ 복합적 인지 기능은 (1) 다수의 부분 기능으로 이루어져 있고, (2) 이 기능들 중에 어떤 기능은 의식적 처리 과정이 포함되어 있다는 의미에서 "복합적

(complex)"이고,

■ 그 기능들의 대부분은 정의적 영역이나 운동적 영역보다는 인지 영역에 속해 있다는 점에서 "인지적(cognitive)"이다.

이렇게 잠정적으로 그 기능을 정의하고 나서 보면, 산술적인 덧셈을 하거나, 객체를 분류하거나, 타이핑하는 것과 같은 단순한 기능들은 복합적 인지 기능으로 분류되지 않음이 명백하다. 또한, 축구를 하거나 피아노를 연주하는 등과 같은 복합적인 운동 기능은 물론 대인 관계나 사교적 기능들도 여기에 속하지 않는다. 경제적 기능이나 언어 능력과 같은 기능들도 실제로는 복합적 인지 기능의 좋은 예임에는 틀림없지만, 이 책에서는 이런 기능에 대하여 주안점을 두지 않았다. 이 책에서 다루고자 하는 복합적 인지 기능의 예는 아래와 같은 것들이다.

■ 컴퓨터 프로그래밍
■ 전자 시스템 상에서의 오류 진단
■ 통계 분석 실행
■ 가공 시스템 설계
■ 공군 무기 통제
■ 역동적 생산 과정의 통제
■ 컴퓨터 수치 제어(CNC) 프로그램 작성
■ 항공 관제
■ 논리 시스템 개발
■ 기타

이 책의 목적은 복합적 인지 기능의 주요 특징들을 논하고자 하는 것이다. 첫 절에서는 매우 유능한 실행자 혹은 전문가가 복합적 인지 기능을 실행할 때 그 기능의 구조에는 어떤 속성들이 있는가를 살펴볼 것이고, 둘째 절에서는 복합적 인지 기능의 획득과 같은, 학습과 관련된 특징들을 상세히 살펴볼 것이며, 셋째 절에서는 복합적 인지 기능의 특징들이 분석과 훈련 프로그램의 설계에 대하여 시사점을 주고 있는가를 논의할 것이다. 그리고 간략한 요약으로 이 장을 마무리한다. 이 장에서 다루게 될 대다수의 특징들은 3장에서 5장에 걸쳐 상세하게 설명할 것이고, 이 장은 주로 기초적인 문제만을 다루고 있다.

2.1 복합적 인지 기능의 구조

역량이 있는 사람들이 자신의 관심 영역에서 그렇듯이, 복합적 인지 기능의 중요한 특징은 그것의 구조이다. 따라서 여기에서는 그와 같은 세 가지 특징에 대하여 살펴보고자 한다.

1. 복합적 인지 기능은 (때로는 많은) 부분 기능들을 포함하고 있다.
2. 이 부분 기능들을 실행하는 데 있어서 질적인 차이가 있다.
3. 복합적 인지 기능과 그 부분 기능들은 목표 지향적 행동(goal-directed behavior)의 특성을 보인다.

부분 기능

복합적 인지 기능의 첫 번째 특징은 요소 기능(component skills)이나 하위 기능(subskills)으로도 불리는 일련의 부분 기능으로 구성되어 있다는 점이다. 예를 들면, 화학 공장에서 일하는 직원의 업무 중에 처리하는 복합적 인지 기능은 "오류 관리(fault management)"와 같은 것이다. 모든 공장에서와 마찬가지로, 화학 공장에서도 때로는 일이 잘못될 수 있다. 예를 들어, 자동 통제 장치인 특정 PID 통제기 혹은 화학 물질의 온도, 특정 배관의 압력, 파이프를 통해 흐르는 유체의 양과 같은 다른 장치들 중에 어느 것이 고장날 수 있다. 배관이나 파이프에서 액체가 샐 수도 있고, 시스템의 한 부분에서 다른 부분으로 흘러가는 유체 양을 조절하는 밸브에 고장이 날 수 있다. 어떤 문제가 발생했을 때, 경보 장치조차도 작동하지 않아서 상황이 더욱 복잡해질 수도 있는 것이다.

오류 관리는 산업 현장에서 발생할 수 있는 실수를 관리하기 위하여 요구되는 복합적 인지 기능이다. 작업 실무 전문가와 업무의 이런 측면에 대하여 이야기를 해 보면, 많은 부분 기능들이 필요하다는 사실을 금방 알 수 있다. 예를 들어, 오류 검사 그 자체가 하나의 기능이다. 때로는 경보 장치의 신호에 의해 이러한 오류들이 쉽게 파악될 수 있지만, 다른 경우에는 특정 계기판이 그 시스템에서 해당되는 변수에 대하여 표시해 줄 수 있는 범위 바깥의 상황에 있다고 보여 주거나, 공장에서 생산된 최종 제품이 그 표준을 충족하지 못하는 이유로 오류를 찾을 수 있을 뿐이다. 둘째 부분 기능으로서, 정확한 오류(또는 매우 심각한 재앙을 초래할 수 있는 오류들의 결합)와 그 원인이 진단되어야 한다. 오류가 진단되고 난 뒤에만 오류 관리자가 그것을 수리하기 위하여 수리공을 호출할 수 있다. 이 수준에서 부분 기능의 마지막 예로서, 시스템의 작동에 미치는 오류의 부정적 효과를 보정할 필요가 있을 경우도 있다. 충분히 상상할 수 있듯이, 화학 제품 생산 시스템의 오류는 최종 제품의 품질에 부정적인 영향을 미칠 수 있다. 예를 들어, 생산된 버터에 소금이 들어 있지 않은 경우는 오류와 원인을 진단하기 전에 그 오류의 결과를 알 수 있다. 그럴 경우, 오류의 원인을 진단하는 그 시간에 오류의 결과를 보정할 필요가 있다(예: 최종 상품인 버터에 소금을 추가하는 것).

오류 관리 전문가와 이야기를 해 보면, 앞에서 언급된 하나 혹은 그 이상의 부분 기능들[탐지(detection), 진단(diagnosis), 보정(compensation)]이 다시 새로운 부분 기능들로 구성되어 있음을 알 수 있다. 따라서 오류 관리의 복합적 인지 기능은 부분 기능의 **기능 위계**(skills hierarchy)로 보면 될 것이다. 아울러, 이러한 위계에서 복합적 인지 기능을 기술한다는 것은 전체 기능의 부분 기능들을 단순하게 합쳐 놓은 것이 전체 기능을 의미하지는 않는다는 사실에 유의할 필요가 있다. 오히려 고차적 수준의 전략에 의해 통제되는 부분 기능들로 이루어진, 고차적으로 통합된 위계가 기능 위계인 것이다. 많은 부분 기능들은 그 기능의 맥락, 다시 말하면 기능과 관련된 부분 기능에 대한 고려가 없이는 의미가 없다. 일반적으로, 부분 기능들은 그 기능의 부분(parts)보다는 복합적 인지 기능의 **측면**으로 보아야 한다.

부분 기능 간의 질적인 차이

복합적인 기능의 두 번째 특징은 모든 부분 기능들이 똑같은 방법으로 실행되지는 않는다는 것이다. 어떤 부분 기능들은 소위 자동적 처리(automatic process)와 같이 실행된다(Schneider & Shiffrin, 1977; Shiffrin & Schneider, 1977). 이러한 인지 과정은 주의 집중 노력이 거의 없이도 일어나고, 외부 세계에서 주어지는 자료에 의해 작동되는 것같이 보이며, 오류가 거의 없다. 이런 부분 기능들의 주요 이점은 그 실행이 유연할 뿐만 아니라 노력도 별로 들지 않는다는 것이다. 그러나 이런 기능들이 잘못 촉발될 때는 유연하지 않을 뿐만 아니라 매우 위험할 수 있다. 이러한 자동적 부분 기능은 자동차를 운전하는 것과 같은 일상적인 기능에서 관찰될 수도 있다. 정상적인 조건하에서 핸들을 조작하거나, 클러치를 밟거나, 가속 페달을 밟거나, 브레이크를 밟는 것과 같은 자동차 운전의 많은 측면들은 자동적으로 실행된다. 이러한 자동적 부분 기능 덕분에 운전하는 동안에 동승한 탑승자와 대화를 나누거나, 퇴근을 하면서 차를 몰고 오는 동안 어떤 것도 전혀 기억하지 못할 수도 있다. 그렇지만 이러한 자동적인 행동들은 위험할 수도 있다. 예를 들어, 앞에 놓인 장애물을 보고 브레이크를 꽉 밟는 것이 일반적인 상황에서 올바른 요령이지만, 빙판길이나 미끄러운 길에서 장애물이 나타날 때 이러한 행동이 자동적으로 나온다면 그 결과는 아마도 최적이 아닐 것이다.

또다른 부분 기능들은 **통제 처리**(controlled process)[4]로 실행된다. 이 인지 과정들은 주의 집중을 요하고, 쉽게 과부하가 걸리며, 오류를 범하기도 쉽다. 그러나 유연하기 때문에 다양한 상황에서 활용될 수 있다. 자동차 운전의 예를 계속 들어 보면, 옛 친구를 만나려고 이전에 와 본 적이 없는 시내에서 운전을 하고 있다고 가정해 보자. 여행에 나서기 전에 그 도시의 윤곽을 파악해서 목적지를 찾아가기 위하여 그 도시의 지도를 찾아보았을 것이다. 그래서 그 도시와 어떻게 가야 할지에 대한 지식을 가지고 갈 것이다. 잘 모르는 도시에서 운전하는 동안에, 길을 찾기 위하여 미리 알아왔던 지식을 **해석**(interpreting)하고 있을 것이다. 이러한 과정은 주의 집중을 요하기 때문에, 길을 찾으려는 동안에 아마도 동승한 승객과 대화하기를 원하지 않을 것이다. 그러나 한편으로는, 그 도시 지도에 대한 지식을 유연하게 사용할 수 있을 것이다. 다시 말해서, 예상했던 신호등을 놓쳤다면 그 놓친 지점에 대한 지식을 사용하여 다른 길을 찾는 데 활용할 수 있게 될 것이다.

목표 지향성

복합적 인지 기능과 그 기능의 부분 기능들의 실행은 목표 지향적이다. 복합적 인지 기능의 실행 맥락에서, 학습자는 특정한 최고 수준(top level)의 목표 상태로 변형되어야 할 필요가 있는 주어진 문제 상태(given problem states)에 지속적으로 직면하게 된다. 그러나 수많은 하위 수준(lower level)의 하위 목표(subgoals)를 성공적으로 획득함으로써 이 목표 상태를 달성할 수 있을 뿐이다. 가상적인 하나의 예로, A 지점(바르셀로나의 집)에서 B 지점(마이애미의 호텔)으로 가는 데 포함된 부분 기능을 가정해 보자.

주어진 상태: 바르셀로나의 집
목표 상태:　 마이애미의 호텔

명백히 바르셀로나의 집에서 마이애미의 호텔로 가는 방법은 하나만 있는 것이 아니기 때문에, 이 문제를 해결하기 위한 하위 목표들이 필요하다. 분명한 하위 목표들로는 집 근처의 버스 정류장, 바르셀로나 공항에 가기 위하여 타야 할 지하철역, 바

---

4) 실제로 순수하게 자동적이거나 순수하게 통제적인 처리 형태로 수행되는 실세계의 부분 기능들을 찾기는 대단히 어렵다. 단지 처리 방식이 어느 쪽에 치중했는가를 보고 구분할 수 있을 뿐이다.

르셀로나와 마이애미의 공항 등등이다. 각 하위 목표에 도달하기 위하여 다양한 교통 수단이 필요하다.

여기서부터 실행은 다양한 형태를 띨 수 있다. 앞의 절에서 이미 자동적 처리와 통제 처리를 구별했다. 예전에 바르셀로나의 집에서 마이애미의 호텔까지 여행해 본 적이 있는 여자 회사원의 경우를 가정해 보자. 그녀에게 마이애미로의 여행은 하나의 일상적인 일에 불과하다. 목표 상태(마이애미)는 바르셀로나의 집에서 마이애미의 호텔로 이동하는 모든 절차들을 촉발하기에 충분하다. 이 경우는 어느 정도 "자동적인" 하나의 처리 형태일 것이다. 그런 하위 목표들을 달성하기 위하여 교통 수단이나 하위 목표에 대하여 성가신 일을 하지 않고, 이 회사원이 주어진 상태(바르셀로나의 집)에서 목표 상태(마이애미의 호텔)로 바로 넘어간 것같이 보일 수 있다는 점에서 제삼자가 보기에는 흥미로울 수 있다. 그렇게 그 회사원은 그냥 간단히 해낼 수 있다. 예를 들어, 이와 같은 전행 전략(working-forward strategy)은 물리학 분야의 전문가에게서도 볼 수 있다(Larkin, McDermott, Simon, & Simon, 1980, Simon, & Simon, 1978). 이런 방식의 처리를 통하여 나오는 행동을 종종 규칙 기반 행동(rule-based behavior)이라고 한다(예: Olsen & Rasmussen, 1989).

둘째의 예로서, 일생에 처음으로 마이애미를 여행하는 학생을 보자. 그러나 그는 방학 때 정기적으로 외국 여행을 해 보았다. 그는 마이애미로 여행가기 위한 경로를 가지고 있지는 않지만, 마이애미로 가는 것을 도와 줄 수 있는 **인지적 쉐마**(cognitive schema)를 가지고 있다. 쉐마를 인지적 구조로 볼 수 있는데, 이 쉐마를 이용하여 해결책에 이르기 위하여 특정 하위 목표와 그 하위 목표에 관련된 가능한 실행 과정(operations)을 필요로 하는 특정 범주에 속하는 것으로 문제 상황을 변별하게 해 준다. 따라서 이 학생의 여행 쉐마는 다음과 같은 종류의, 여행을 위한 하위 목표들을 찾을 수 있게 해 준다.

- 버스 정류장
- 기차역
- 바르셀로나 공항
- 때로는 두 지역 간의 경유 공항들
- 목적지 공항(마이애미)
- 호텔

이 목표만으로 이 학생이 마이애미의 호텔까지 갈 수 있는 모든 절차를 촉발하기에는 충분하지 않지만, 이 목표는 그의 여행 쉐마를 만들어 내기에 충분하다. 이 학생이 가지고 있는 쉐마는 다음의 문제 해결 행동을 직접적으로 이끌어 내 줄 수 있기 때문에 이 예는 통제 처리의 아주 효과적인 형태를 예시하고 있다. 학생에게 있어서는 하위 목표를 설정하는 것이 문제가 아니라, 하위 목표를 구체화하고 하위 목표를 해결하는 데 필요한 수단을 찾아 내는 것이 문제이다. 따라서 "공항으로 가려면 어떤 기차를 타야 되나?" 또는 "바르셀로나에서 마이애미로 가는 직항편이 있을까?" 또는 "그 사이에 다른 항공편을 갈아타야 하는 경유 공항이 있는가?" "마이애미 공항에서 호텔까지 가는 셔틀버스가 있는가?"와 같은 물음이 생길 것이다. 제삼자가 보기에 이 학생의 행동은 거의 전행 전략에 의해서 나온 것으로 보일 것이다. 왜냐하면, 자신을 바람직한 하위 목표 지점으로 데려다 줄 수 있는 교통 수단을 찾는 데 이 학생의 주의가 집중되어 있기 때문이다. 그렇지 않다면, 이 학생은 자신의 여행 쉐마를 이번 여행 사례에 "예행(instantiating)"하고 있다고 말할 수도 있다. 이렇게 강력한 통제 처리에서 비롯된 행동을 흔히 **쉐마 기반 행동**(schema-based behavior)이라고 한다.

　　마지막 예로, 여행 경험이 없는 아이의 예를 보자. 이 아이는 가난한 환경 속에서 자라서 아직 자신의 이웃을 벗어나 보지 못했다. 아이가 가진 것이라고는 세상에 대한 몇 가지 기초 지식뿐이니까 여행에 대해서는 완전 초보자이다. 물론 버스 정류장, 공항, 기차역이 있다는 것 정도는 이 아이도 알고 있다. 그리고 그는 버스, 열차, 택시, 비행기와 같은 여러 종류의 교통 수단이 있다는 것도 알고 있지만, 마이애미처럼 먼 곳까지 가기 위하여 이런 것들이 어떻게 이용되는지 이 아이에게는 분명하지가 않다. 목표 상태(마이애미)로부터 주어진 상태(자기 집)로 작업을 진행하기 때문에, 이 아이의 행동은 후행 전략(working backward strategy)을 보일 것이다. 가장 흔한 후행 전략들 중의 하나는 **수단-목표 분석**(means-ends analysis)이다(Newell & Simon, 1972). 이 전략에서 첫째, 목표 상태는 많은 하위 목표들로 분해될 수 있다. 그래서 아이는 마이애미 호텔로 여행하는 데 필요한 하위 목표가 무엇인가를 찾으려고 할 것이다. 둘째, 아이는 확인된 각 하위 목표들에 도달하게 해 줄 수단(여기서는 교통 수단)을 찾을 것이다. 똑같은 전략을 사용하는 것을 물리학 분야의 완전 초보자에게서도 관찰된다(Simon & Simon, 1978; Larkin, McDermott, Simon, & Simon, 1980). 지극히 초보적인 형태의 문제 해결로 볼 수 있는 이런 형태의 통제 처리(controlled processing)에서 나온 행동을 흔히 **지식 기반 행동**(knowledge-based behavior)이라고 한다.

　　이 절을 요약하면, 복합적 인지 기능은 일련의 하위 부분 기능들로 구성된다. 그리고 이 부분 기능들의 실행 간에는 질적인 차이가 있다. 어떤 부분 기능들은 어느 정도 자동적인 규칙 기반 행동으로 실행되는 반면, 다른 기능들은 통제된 쉐마 기반 행동들로 실행된다. 숙련된 기능 실행자들과는 대조적으로, 초보자는 기능을 실행하기 위한 적합한 규칙이나 쉐마를 가지고 있지 않다. 그러다 보니까 초보자들은 수단-목적 분석과 같은 약한 문제 해결 전략에 의존할 수밖에 없다. 그러므로 복합적 인지 기능을 가르치기 위한 주된 문제들 중의 하나는 초보자들을 규칙 기반 전략과 쉐마 기반 전략을 혼합하여 사용할 수 있는 전문가로 어떻게 바꿀 것인가의 문제이다. 이 문제는 복합적 인지 기능을 어떻게 획득할 것인가에 관한 이슈에 초점을 맞추게 한다.

2.2 복합적 인지 기능의 획득

초보자들이 전문가의 행동과는 질적으로 다른 행동을 보인다면, 초보자가 이 차이를 개발할 수 있도록 하기 위해서는 어떤 학습 과정이 필요한가? 이 절에서는 복합적 인지 기능의 획득에 관련된 문제들을 다루어 보기로 한다. 다음의 세 가지 기법을 중심으로 살펴보자.

- 복합적 인지 기능 획득의 기저에는 동시적으로 일어날 수 있는 질적으로 다양한 학습 과정들이 있다.
- 복합적 인지 기능의 획득은 많은 노력을 필요로 하는 긴 과정이다.
- 인간의 인지 처리 역량은 복합적 인지 기능 획득을 제한할 수 있다.

동시적인 학습 과정

학습 과정의 범주들은 당연히 통제적 · 자동적(controlled-automatic) 축에서 자동적에 가까운 규칙 기반 과정의 개발과, 이 축에서 통제 쪽에 가까운 쉐마 기반 과정의 개발을 위하여 중요한 것 같다(예: Cooper & Sweller, 1987; van Merriënboer & Paas, 1989). **규칙 자동화**(rule automation)는 규칙 기반 처리에 포함된 부분 기능의 개발에 특히 중요한 학습 과정이다. 규칙 자동화는 상당한 연습 후에, 의식적인 통제(conscious control)의 개입이 없이도 직접적으로 행동을 통제할 수 있는 고도의 상황 특수적 절차(situation-specific procedures)를 이끌어 낼 수 있다. 이러한 절차들["산출(production)"이라는]이 개발된 뒤에 문제에서 익숙한 측면이 자동적으로 재형성될 수 있고, 해결책으로 알려진 하위 목표들로 분석될 수 있으며, 하위 수준의 목표를 달성하기 위하여 큰 노력을 들이지 않고도 조치들(actions)이 생성될 수 있다.

한편, 쉐마 획득(schema acquisition)은 쉐마 기반 처리와 같은 통제된 처리의 효과적인 형태에 포함된 부분 기능의 개발을 위하여 특히 중요하다. 이 쉐마 획득은 특정한 사례에 적용될 수 있는 축약적 지식을 제공하는 인지적 쉐마를 이끌어 낼 수 있다. 유용한 쉐마가 개발되고 나면, 이 인지적 쉐마는 통제된 처리가 일어날 수 있도록 강력하고 일반화할 수 있는 지식을 제공해 주고, 또한 새롭고 처음 보는 문제 상황에 필요한 행동을 생성하고 안내해 주기 위하여 이용될 수 있다. 일반적으로 복합적 인지 기능을 학습하는 동안 규칙 자동화와 쉐마 획득은 동시에 일어난다. 이 두 가지 학습 과정은 다음의 두 장에서 보다 구체적으로 다루게 될 것이다.

쉐마 획득: 많은 시간과 노력이 필요한 처리

대략 추정해 보더라도, 하나의 복합적 인지 기능이 어느 정도의 숙달 수준에 도달하려면 적어도 100시간 정도의 훈련이 필요하다. 높은 실행 수준에 도달하려면 보통 수백 시간(때로는 수천 시간의 훈련)이 요구된다. 예를 들어, Schneider(1985)는 항공 관제, 공군 무기 통제, 조종사 훈련을 위해서는 보통 1~2년 정도의 훈련이 필요하다고 보고하고 있다. 하나의 복합적 인지 기능이 때로는 하나의 직업 중의 한 측면(그 다음 그 직업의 부분으로 실행되어야 하는 다른 과제일 경우도 있고)이라고 본다면, 어떤 기능들은 진정한 전문가 수준으로 업무를 하게 되려면 수년 간의 학습 경험이 요구되는 것은 명백하다. 이것 말고도, 학습자들은 하나의 복합적 인지 기능을 학습하기 위하여 엄청난 투자를 해야 한다. 그 이유는 이 기능의 획득에 포함된 통제 처리의 양과 관련이 있기 때문이다.

앞서 논의한 바와 같이, 초보자들은 복합적 인지 기능 실행 맥락에서의 문제 해결을 위하여 수단–목적 분석과 같은 약한 문제 해결 방법(weak problem solving methods)을 적용하는 것이 일반적이다. 이와 같은 통제된 처리는 학습자에게 의식적인 주의와 세심한 노력을 요구한다. 아울러, 기능 획득 중에 일어나는 규칙 자동화와 쉐마 획득과 같은 학습 과정들은 통제된 처리를 필요로 한다. 그 결과, 복합적 인지 기능을 학습하는 것은 상당히 인지적인 노력을 필요로 하게 되는 것이다. 필수적인 방대한 연습량과 결부하여, 이것은 학습자들의 동기를 상당 부분 감소시킬 수도 있다. 그렇기 때문에, 많은 사람들이 복합적 인지 기능을 숙련하는 데 실패하는 것은 그리 놀라운 일이 아니다(Schneider, 1985; Vreuls & Obermayer, 1985). 실제 사례를 보더라도, 복합적인 기술 기법에 대한 군사 훈련 프로그램에서 낙제율이 25~50% 정도에 육박하는 것은 흔한 일이다.

인지적 역량의 한계

학습자들은 복합적 인지 기능 획득하기 위하여 정신적 노력을 기울여야 하지만, 학습자들이 투자할 수 있는 정신적 노력(mental effort)에는 최대 역량이 있다. 다시 말하면, 인간의 정신은 한정된 인지 처리 능력을 가지고 있다. 이를 "한정적 주의 집중 자원(limited attentional resources)" 혹은 "한정된 활성 기억 역량(limited working memory capacity)"이라고 한다. 한정된 처리 능력은 처리 능력을 그다지 요구하지 않는 자동적 인지 처리를 위해서는 그렇게 중요하지 않지만, 2개 혹은 그 이상의 통제된 인지 처리를 동시에 실행하기가 어려운 것은 분명하다. 예를 들어, 이것은 전혀 가 본 적이 없는 도시에서 운전을 하는 동안 옆자리에 앉은 친구와 대화를 나누기가 어려운 것과 마찬가지다. 복합적 인지 기능의 학습은 이와 같은 제한된 처리 역량의 제약을 받는 것이 일반적이다. 복합적 인지 기능을 적절하게 학습하는 것을 초보자들이 실패하는 것은 학습자의 인지 체제에 부과된 과도한 인지적 부하(cognitive load)에 기인하는 경우가 많다.

　복합적 인지 기능을 학습할 때, 아래와 같은 두 가지 유형의 통제된 처리가 일어난다.

- 예를 공부하기, 다양한 예들로부터 공통적인 속성을 축약하기, 절차들을 연습하기와 같은 학습 과정 그 자체와 직접적으로 관련된 통제된 처리
- 지식 기반 행동을 문제 해결에 적용하기, 교과서에서 예를 찾기, 학습에 필요한 물리적으로 분리된 정보를 통합하기와 같은 학습에 간접적으로 관련된 통제된 처리

학습과 즉각적으로 관련되어 있지 않는 두 번째 유형의 통제된 처리는 **외생적 인지 부하**(extraneous cognitive load)를 발생시킨다. 일반적으로, 통제 과정의 두 가지 유형 모두 복합적 인지 기능과 그 기능의 부분 기능 획득에 역할을 한다. 높은 인지 부하를 조절하기 위한 한 가지 방법은 소위 말하는 부분-전체 전략(part-whole strategies)을 이용하여 하나하나씩 부분 기능을 훈련하는 것이고, 다른 방법은 관련된 외생적 인지 부하를 낮추는 것이다(Sweller, 1988, 1989).

　요약하면, 규칙 자동화, 쉐마 획득과 같은 학습 과정은 규칙 기반 행동으로 실행되는 부분 기능의 개발을 위하여, 쉐마 기반 행동으로 실행되는 부분 기능의 개발을 위하여 대단히 중요하다. 또한, 복합적 인지 기능 획득은 한정된 인지 처리 역량의 제약을 받는, 지루하고 노력이 많이 드는 과정이다. 이 특성에 대한 예비적인 시사점은 다

음에서 보기로 하자.

2.3 분석과 설계를 위한 시사점

지금까지 살펴본 복합적 인지 기능의 특성들은 훈련 프로그램의 개발을 위하여 분명한 시사점을 제시해 주고 있다. 그 시사점 중의 하나는 교수설계 측면에서 복합적 인지 기능의 분석에 관한 것이다. 그 기능은 일련의 부분 기능으로 구성되어 있기 때문에, 이 기능의 분석은 그 기능에 포함된 부분 기능들의 확인과 기술부터 시작해야 한다. 그리고 나서 하나의 복합적 인지 기능을 전문가가 어떤 부분 기능에 대해서는 규칙 기반 행동을, 다른 기능에 대해서는 쉐마 기반 행동을 어떻게 실행하는지 시연을 관찰하는 것이다. 분석적인 관점에서 이런 행동이 일어날 맥락으로부터 학습자의 바람직한 최종 행동(exit behavior)을 분석하고, 훈련이 종료된 뒤에 규칙 기반 처리로 실행되어야 할 부분 기능과 쉐마 기반 처리로 실행되어야 할 부분 기능들이 어떤 기능들인가를 찾아 내는 것은 중요하다. 4C/ID 모형에서 보면, 규칙 기반 최종 행동(rule-based exit behaviors)은 순환적 부분 기능에 해당되고, 쉐마 기반 최종 행동(schema-based exit behaviors)은 비순환적 부분 기능이다. 부분 기능의 식별(identification), 기술(description), 분류(classification) 과정은 원리화된 기능의 분해(principled skill decomposition)의 한 형태인데 6장에서 자세히 다룰 것이다.

그 다음으로 설계 단계에 들어가기 전에 각각의 부분 기능들의 추후 분석이 필요할 경우가 왕왕 있다. 포함된 부분 기능들 간에 질적인 차이가 있기 때문에, 규칙 기반 행동(혹은 순환적 부분 기능)과 쉐마 기반 행동(혹은 비순환적 부분 기능)을 분석하기 위하여 서로 다른 과제 분석 기법이 필요하다. 이 기법에 대해서는 7∼10장에 걸쳐서 다룰 것이다. 마지막 시사점은 복합적 인지 기능의 획득에 대한 그 특성에서 나온 것이다. 일반적으로 말해서, 효과적인 훈련 전략이라면 순환적 부분 기능을 위해서는 규칙 자동화를, 비순환적 부분 기능을 위해서는 쉐마 획득을 촉진할 수 있어야 한다. 그러나 이 문제와 관련하여 교수 방법의 문제를 논의하기 전에 그 학습 과정의 성격을 면밀히 살펴보아야 한다. 이런 관점에서 규칙 자동화는 3장에서, 쉐마 획득은 4장에서 살펴볼 것이다. 또한, 효과적인 훈련 전략은 그 기능을 연습하기 위하여 요구되는 인지적 부하를 줄여 주면서, 오랜 연습 시간 동안 학습자의 실행을 증진하기 위하여 학습자가 노력을 계속할 수 있도록 해 주어야 한다. 이 문제는 5장에서 다룰 것이다.

2.4 요약

2장에서는 복합적 인지 기능의 몇 가지 예를 보았고, 그 기능의 구조와 획득에 대한 주요한 특성들을 살펴보았다. 그리고 그 기능의 분석과 학습 환경의 설계에 대한 시사점을 살펴보았다. 이 장의 주요 내용은 다음과 같이 요약할 수 있다.

- 복합적 인지 기능은 부분 기능들로 구성되어 있다. 따라서 그 기능의 분석은 그 기능의 부분 기능의 식별부터 시작해야 한다.
- 복합적 인지 기능의 실행에 있어서 어떤 부분 기능은 자동적인 처리로 이루어지고, 또다른 기능은 통제된 처리로 실행된다. 기능들은 순수하게 자동적이거나 통제된 경우는 결코 없기 때문에 처리 형태가 어느 쪽이 지배적이라고 한다.
- 복합적 인지 기능과 그 기능의 부분 기능들은 규칙 기반, 쉐마 기반, 혹은 완전 초보자의 경우에는 지식 기반과 같은 목표 지향적 행동을 나타낸다.
- 부분 기능을 위한 바람직한 최종 목표 행동은 규칙 기반 혹은 쉐마 기반 중에 하나로 분류되어야만 한다. 규칙 기반으로 분류되는 부분 기능을 순환적 기능, 쉐마 기반으로 분류되는 부분 기능을 비순환적 기능이라고 한다. 이 기능에 따라 다른 과제 분석 기법이 필요하다.
- 규칙 자동화와 쉐마 획득은 각각 규칙 기반과 쉐마 기반 행동의 획득을 위한 학습 과정이다. 효과적인 훈련 전략이라면 기능의 순환적 측면을 위한 규칙 자동화와 그 기능의 비순환적 측면을 위한 쉐마 획득을 촉진할 수 있는 교수 전략을 포함하고 있어야 한다.
- 복합적 인지 기능의 획득은 길고 노력이 필요한 과정이다. 효과적인 훈련 전략은 학습자가 오랜 기간 동안 상당한 노력을 하고 싶도록 도와 줄 수 있어야 한다.
- 인간의 인지적 처리 역량은 복합적 인지 기능의 획득을 제한한다. 효과적인 훈련 전략은 모든 부분 기능들을 한꺼번에 제시하지 않음으로써, 외생적 인지적 부하를 감소시킴으로써 인지적 부담을 덜어 주어야 한다.

핵심 개념

규칙 기반 행동	rule-based behavior
규칙 자동화	rule automation
기능 위계	skills hierarchy

높은 실행 기능	high-performance skills
목표 지향성	goal-directedness
복합적인 기술적 기능	complex technical skills
복합적 인지 기능	complex cognitive skills
부분 기능	constituent skills
비순환적 부분 기능	non-recurrent constituent skills
산업 기능	industrial skills
순환적 부분 기능	recurrent constituent skills
쉐마 기반 행동	schema-based behavior
쉐마 획득	schema acquisition
외생적 인지 부하	extraneous cognitive load
인지 역량	cognitive capacity
자동적 처리	automatic processes
지식 기반 행동	knowledge-based behavior
통제 처리	controlled processes

제**3**장 규칙 자동화 모형

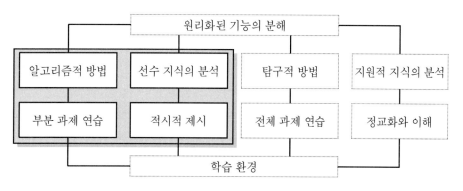

파트 A2의 개요도. 요소 C와 R의 배경

이 장에서는 아주 자동적으로 실행되는 행동을 포함하고 있는 규칙 기반 행동을 개발할 수 있는 학습 과정에 대하여 살펴보고자 한다. 복합적 인지 기능의 학습에서 규칙의 자동화는 훈련을 다하고 나서 매우 정확하고 신속하며 다른 부분 기능들과 동시에 실행되어야 하는 부분 기능을 위하여 특히 중요하다. 4C/ID 모형에서 이 기능들은 **순환적**(recurrent)으로 분류된다. 규칙 자동화는 상당한 시간의 연습이 이루어진 다음에 문제 상황이 익숙해져서, 아무런 의식적인 통제가 없이도 그 문제를 해결하게 해 주는 고도의 영역 특수적 표상(domain-specific representation)으로 이끌어 줄 수 있는, 모든 학습 과정을 지칭하는 하나의 그릇과 같은 개념이다.

이 장의 구조는 다음과 같다. 3.1절에서는 선언적 지식과 절차적 지식의 근본적인 차이를 제시하고 있다. 이 차이는 복합적 인지 기능의 획득에 관한 인지심리학적 모형에서 대단히 중요하다. 3.2절은 규칙 자동화 모형 중의 하나인 ACT*(Anderson, 1983, 1987a, 1987b)에 따라서 절차적 지식의 개발에 초점을 둔다. 이 모형에 따르면, 인지 기능의 획득은 대단히 영역 특수적인 절차적 지식의 개발이라고 본다. 3.3절에서는 선언적 지식의 역할, 규칙 자동화 모형과 관련하여 그 지식의 개발에 대해 논의할 것이다. 3.4절에서는 복합적 인지 기능의 분석과 훈련의 설계를 위한 규칙 자동화의 시사점에 대하여 살펴볼 것이다. 그리고 간략한 요약으로 이 장을 마무리한다.

3.1 선언적 지식과 절차적 지식

매우 상징적인 인지심리학 모형에서의 기초적인 개념으로 인간의 정보 처리는 그 처리의 자료 구조나 표상과 그 표상들을 작동하는 과정으로 기술될 수 있다는 것이다. 이러한 구분은 데이터와 프로그램을 구분하는 컴퓨터 과학의 영향이다. **선언적 지식**(declarative knowledge)이라는 용어는 외부 세계의 객체(objects), 사건(events)의 표상과 이 객체, 사건들이 다른 객체, 사건들과 어떻게 연결되어 있는지에 대한 표상을 지칭하기 위하여 사용되었다. 선언적 지식은 "무엇을 아는 것(knowing what)"을 의미한다. 왜냐하면 선언적 지식은 우리로 하여금 세상에 대하여 이야기하고 생각하게 해주기 위하여 이 세상이 무엇 같은지에 대한 지식이기 때문이다. 이런 의미에서 선언적 지식은 옳거나 옳지 않은 지식 중의 하나이다.

절차적 지식(procedural knowledge)은 표상으로 작동하는 과정을 지칭하기 위하여 사용된다. 절차적 지식은 "무엇을 어떻게 하는 것인지"에 대한 지식(knowing how)이다. 선언적 지식과는 대조적으로, 절차적 지식은 목표 특수적(goal-specific)이다. 이것은 특정한 상황이 주어졌을 때 특정한 목표를 어떻게 달성할 것인가에 대한 지식이다. 절차적 지식은 옳거나 틀린 지식은 없고, 특정한 상황에서 어떤 조치를 수행하는 것이 시간, 비용, 노력을 더 사용하거나 좀 덜 사용하여 주어진 목표를 획득할 것인가와 같이 보다 효율적이거나 보다 덜 효과적인 지식이 있을 뿐이다(Ohlsson & Rees, 1991, p. 110). 그리고 절차적 지식은 선언적 지식에 비해 말로 표현하거나 어떤 다른 방법으로 표현하기가 훨씬 더 어렵다(Anderson, 1989).

선언적 지식: 명제와 쉐마

선언적 지식(declarative knowledge)은 근본적으로 외부 세계에 있는 객체와 사건, 혹은 세상에 관해 우리가 알고 있는 "사실(facts)"들의 표상을 가리킨다. 오랫동안 선언적 지식을 표현하는 기본 구성 요소(building blocks)를 무엇으로 볼 것인가 대하여 많은 논쟁이 있어 왔다. 최근 대부분의 인지심리학적인 모형에서는 **명제**(propositions)를 선언적 지식의 기초로 보고 있다. 명제는 우리가 알고 있는 사실을 말한다. 하나의 명제는 하나의 술부 혹은 관계와 적어도 하나의 요지(argument)로 구성된다. 명제의 예는 다음과 같다.

- 컴퓨터는 멍청하다. ― 이것은 하나의 주체(컴퓨터가 주어이다)와 "멍청한"이라고 하는 술부를 가지고 있는 명제이다.
- 존은 화면을 읽고 있다. ― 이것은 2개의 주체(주어인 존과 목적어인 화면)와 하나의 술부(읽는다)를 가진 명제이다.
- 존은 스크류 드라이버로 기계를 조립하고 있다. ― 이것은 3개의 주체(주어인 존, 목적어인 기계, 도구인 스크류 드라이버)가 "조립한다"는 술부로 연결되어 있는 명제이다.

그림 3.1에서 보듯이, 명제는 도표 형식으로 간단히 표현할 수 있다. 그 기본 형식은 간단하다. 명제적 노드로부터 하나의 링크가 술부로 연결되고, 하나 이상의 링크가 그 주체에 연결된다. 필요하다면 링크는 주어, 목적어 등과 같이 명명할 수 있고, 명제들도 **명제망**(propositional network)으로 서로 연결될 수 있다. 이 명제망은 "장면들" 혹은 "이야기"에서와 같이 많은 관련된 사실들을 표현할 수 있다. 예를 들어, 그림 3.1 하단의 명제망은 "존이 스크류 드라이버로 기계를 조립하면서 화면을 읽는" 장면을 나타낸다.

명제들은 특정한 관련성을 가지고 있는 일련의 요소들(술부와 주체)을 부호화하는 기초적인 수준의 인지적 단위로 볼 수 있다. 높은 수준의 인지적 단위는 선언적 지식을 표현하는 단위로 명제를 사용하여 정의할 수 있다. 분명히 복잡성이 서로 다른 수준으로 이루어진 인지적 단위가 하나의 망 안에 서로의 요소들로 나타날 때, 대단히 복잡하게 서로 엮어져 있는 지식의 구조가 만들어질 수 있다. 이러한 높은 수준의 인지적 단위들은 특정 클래스에 속하는지에 따라 객체나 사건으로 분류를 하고, 그 객체나 사건들에 대하여 추론을 하게 해 줄 수 있도록 흔히 축약적이거나 일반적인 성격을 가지고 있다. 이 인지적 단위를 **인지적 쉐마**(cognitive schemata)라고 부른다. 이 단위는 개념적 지식, 계획과 유사한 지식(plan-like knowledge: 즉, 목표와 조치의 경로적

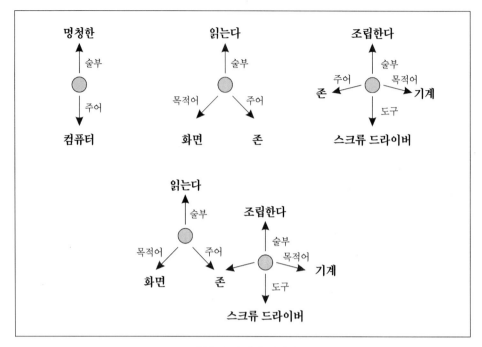

그림 3.1 명제와 명제망

순서), 또는 인과적 지식을 표현하는 데 쓰인다.

개념(concept)은 비교적 단순한 인지적 쉐마의 예를 제공한다. 개념은 그 개념에 속하는 사례(구체적 대상)를 기술하는 명제에 대하여 하나의 개념 노드(concept node)와 링크들로 구성된 인지적 단위로 정의할 수 있다. 그래서 "새"라는 개념 노드는 "새는 깃털이 있다" "새는 날개가 있다" "새는 알을 품는다" "새는 날 수 있다"와 같은 새의 속성들에 대응되는 명제에 연결될 수 있다.5) 이 인지 단위는 새이거나 혹은 새가 아니거나 하는 사례들을 분류하는 데 사용될 수 있기 때문에 축약적 지식을 제공한다. 보다 높은 조직화 수준에서 개념들은 개념망으로 서로 연결될 수 있다. 이 망은 수많은 관련 개념들과 그 속성들을 나타낸다. 그것은 우리가 일상적인 사물에 대하여 말하기 위해 사용하는 단어나 개념의 의미를 기술하고 있기 때문에 의미망(semantic network)이라고 한다. 개념, 개념망, 다른 유형의 인지적 쉐마는 4장에서 보다 깊이 논의할 것이다.

여기서는 선언적 지식이 명제에 기초하고, 매우 복잡한 망으로 조직되어 있다는 점을 명심하는 것으로 충분하다. 사실, 우리가 알고 있는 모든 것은 선언적 지식의 엄

---

5) 이 예에서 모든 명제는 반드시 모든 보기(instances)에 대하여 사실일 필요가 없음에 유의해야 한다. 예를 들어 수놈 새는 알을 낳지 않으며 타조는 날지 못한다.

청나게 복잡한 망으로 볼 수 있다. 이 모든 지식은 장기 기억(LTM)과 아주 유사한 **선언적 기억**(declarative memory)에 저장되어 있다고 가정할 수 있다. 어느 특정한 시간에 우리가 가지고 있는(선언적 기억에 저장하고 있는) 모든 지식을 우리가 다 알 수는 없기 때문에, 이를 설명하기 위하여 활성화 과정이 선언적 지식에서 정의될 필요가 있는 것이다. 지금 활성화된 지식을 알 수 있도록 하기 위하여 활성화(activation)가 선언적 기억을 통해 확산된다고 하는 것이 통설이다[즉, **활성화의 파급**(spreading activation), Anderson, 1983]. 눈을 조용히 감고 생각해 보면, 선언적 기억의 활성화 부분이 표현되는 사고의 끝없는 고리인 "의식 상태의 흐름(stream of consciousness)"을 경험할 수 있을 것이다.

　　선언적 기억 안에서 현재 활성화된 인지적 단위는 **활성 기억**(working memory)의 일부이다. 게다가, 활성 기억에는 외부 세계의 대상들에 의해 만들어진 임시 구조가 들어 있다. 그리고 이 구조는 인지적 처리를 위해 필요한 선언적 지식을 제공하게 되는 것이다. 그러나 활성 기억의 용량은 제한되어 있다. 활성 기억은 한정된 인지적 단위만을 저장할 수 있기 때문에 인간의 인지적 용량은 제한적이라고 간단히 말할 수 있다. 분명히 학습 과정의 중요한 측면은 인지 역량의 제한을 어떻게 극복할 것인가의 문제이다. 첫째 방법은 하나 혹은 청크(chunk)로 많은 정보를 통합하여 그 정보를 저장할 수 있는 인지적 쉐마를 개발하여 활성 기억의 부담을 줄이는 것이다. 4장에서 인지적 쉐마 획득 과정을 다룰 것이다. 둘째 방법은 선언적 기억에 있는 지식을 사용하지 않아도 되는 인지적 과정을 개발하는 것이다. 그래서 절차적 지식과 그 개발에 관한 논의가 필요하다.

절차적 지식: 산출

절차적 지식은 외부 세계의 표상을 작동하는 인지적 과정, 혹은 외부 세계 자체를 작동하는 동작적 과정을 의미한다. Newell과 Simon(1972)은 『인간의 문제 해결(*Human Problem Solving*)』이라는 책에서, 산출이라고 하는 조건-조치의 쌍이 인간의 인지 과정의 기초라고 주장하였다. 이 산출은 절차적 지식의 기본 구성 요소(building blocks)로 볼 수 있는데, 그 기본 형식은 간단하다. 하나의 산출은 좌변측(LHS: Left Hand Side)이라는 "조건" 부분과, 우변측(RHS: Right Hand Side)이라는 "조치" 부분으로 구성된다.

IF 　　조건
THEN 　조치

조건들은 다양한 속성들을 상세화할 수 있다. 만약 이 속성에 **일치하는**(match) 요소들이 활성 기억에 있다면 그 산출이 적용된다. 활성 기억에 있는 이 요소들은 선언적 기억에서 활성화된 인지적 단위이거나 아니면 외부 세계로부터 온 대상들을 표현하는 단위일 수 있다. 조치 부분은 산출이 적용된다면 취해질 조치들을 상세화한다. 그러면 산출이 **작동되었다**(fires)고 한다. 조치는 활성 기억에 새로운 인지적 단위를 추가하거나(선언적 기억에서 활성화된 부분) 동작적 조치를 생성할 수 있다. 따라서 산출은 인지적 연속체(cognitive contingencies)를 반추해 보는 것이다. 즉, 만약 특정 유형의 상황이 활성 기억에서 부호화가 되면 어떤 조치가 취해지는 것이다.

인지적 과정은 일련의 산출들로 모형화될 수 있다. 이러한 산출들의 집합을 **산출 시스템**(production system)이라고 한다.6) 산출 시스템의 작동은 **인식-조치 주기**(recognize-act cycle)로 특징지어진다. 이 주기를 설명하면 다음과 같다. 하나의 특정 산출은 그 산출의 좌변측(LHS)에 있는 조건과 일치하면 그 산출은 활성 기억에서 그 상태를 인식하고, 그 산출의 우변측(RHS)에 있는 조치에서 제시한 조치에 따라서 그 상태를 변경함으로써 조치를 하고, 그 다음 다른 산출은 그 산출의 조건과 일치하기 때문에 활성 기억에서 새로운 상태를 인식하고 이 상태를 바꿈으로써 조치를 취하는 등, 이런 식으로 그 주기가 계속된다.

산출 시스템이 어떻게 작동하는지를 이해하기 위하여 아주 간단한 산출 시스템을 상세화해 보자. 산출에 대하여 단순한 자연어 표기를 사용하자. 이 산출 시스템으로 기술된 과정은, 가장 큰 디스크를 밑바닥에 놓고 가장 작은 디스크를 꼭대기에 쌓는 것과 같은 방식으로 수많은 서로 다른 크기의 디스크들을 쌓는 것이다. 첫째 산출은 언제 이 과정이 종료되어야 하는지를 알려 주기 위하여 상세화될 수 있다.

(p1)   IF   탑이 있다.
             THEN 당신은 준비되었다.

그리고 다른 산출 시스템은 이 목표를 달성하기 위해 어떤 것이 이루어져야 하는지를 구체화하고 있다.

(p2)   IF   적어도 2개의 물체가 있다.
             THEN 가장 왼쪽의 두 물체를 사용하여 더 큰 것 위에 더 작은 것을 올려놓아라.

---

6) Klahr, Langley, & Neches(1987)를 보면 이 문제에 대한 자세한 설명을 참고할 수 있다.

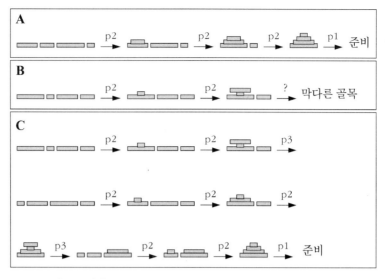

그림 3.2 산출들(p1, p2, p3)로 디스크 쌓기 과제를 기술하는 방법

이 산출 시스템에서 물체는 하나의 디스크나 하나의 디스크 더미를 의미한다. 그림 3.2의 A에 보이는 바와 같이, 대부분의 경우 이 두 산출만으로 문제를 풀기에 충분하다. B는 또다른 산출을 필요로 하는 상황으로, 작은 디스크 위에 큰 디스크가 놓여 있어서 하나의 교착점에 봉착해 있다. 다음의 산출은 이런 문제 상황을 해결할 수 있다.

(p3)　IF　　작은 디스크 위에 큰 디스크가 있다.
　　　THEN　맨 왼쪽에 더 큰 디스크를 놓고, 가장 작은 디스크를 맨 왼쪽에 놓는다.

그림 3.2의 C와 같이, 이 규칙으로 그 문제를 해결할 수 있다. 실제로 이 세 규칙으로 우리가 생각할 수 있는 모든 상황에서 디스크 탑을 쌓을 수 있다. 직접 한 번 시도해 보기 바란다. 이 예에서 보면, 산출들은 상대적으로 잘 구조화되어 있고 단순하다는 점이 명백하다. 뿐만 아니라, 산출들은 서로 **독립적**이지만 그 순서는 별로 중요하지 않다. 이렇기 때문에 새로운 산출을 학습하는 중에 만들어진 행동(behavior)의 일관성을 유지하도록 해 줄 수 있다. 비교적 간단한 학습 기제로 새로운 규칙을 만들 수 있고, 전체의 시스템이 독립된 규칙들로 구성되어 있기 때문에, 시스템에 큰 혼란을 주지 않고도 산출들을 개별적으로 추가하거나 제거할 수 있다.[7] 예를 들어, 보다 효율적

---

7) 여기에서 산출 시스템은 그 작동이 순차적이고 서로 독립적인 전형적(강제적) 프로그래밍 언어와는 분명하게 대조된다.

으로 디스크를 쌓기 위한 산출 시스템을 만들고 싶다고 하자. 시스템에 새로운 규칙을 하나 추가함으로써 이 일은 아주 간단하게 해결될 수 있다.

> (p4)　IF　　가장 큰 디스크와 가장 작은 디스크가 모두 맨 왼쪽에 놓여 있다.
> 　　　　THEN　가장 작은 디스크를 맨 오른쪽에 놓는다.

이 새로운 규칙으로 산출 시스템을 작동하려고 한다고 가정해 보자. 많은 경우에, 탑을 쌓으려면 보다 적은 수의 인식–조치 주기(recognize-act cycle)가 필요하다는 것을 분명히 알 수 있다. 전체의 시스템에서 이 산출의 위치에 대하여 걱정할 것도 없이, 하나의 산출을 시스템에 간단히 추가함으로써 해결된다. 그래서 산출 규칙들의 독립성은 한 번에 하나의 산출 규칙을 더하고 인지 절차의 전체를 변화시키지 않는 증가적 학습 체제(incremental learning system)를 정의할 수 있게 해 준다. 이것은 사람들이 수억 개의 산출들을 담고 있는 **절차적 기억**(procedural memory)을 가지고 있다는 아이디어에 핵심적인 근거가 된다. 만일 몇 개의 잘못된 산출의 학습이 이런 전체의 기억을 흔들어 버릴 수 있다면 그것은 상당히 비현실적일 것이다.

마지막으로, 구체적인 과제에서의 실행은 산출 시스템에 있는 산출들의 기능에 의해서뿐만 아니라, 어느 정도는 시스템에 따라 조정되는 산출들이 다루어지는 방법의 기능에 의한 것이라는 점을 명심해야 한다. 예를 들어, 하나 이상의 산출은 활성 기억의 내용을 만족하는 좌측변(LHS)인 조건을 갖는 경우이다. 후보 산출들로부터 하나의 산출을 선택함으로써 해결되어야 할 갈등이 있다. 이 과정을 **갈등 해결**(conflict resolution)이라고 한다. 사실, 이것은 위에서 예로 든 산출 시스템에서 p2, p3, p4 산출의 경우이다. 갈등을 해소하는 일반적인 기법으로는 옛 데이터에 일치했던 산출에 활성 기억의 가장 최근 데이터에 일치하는 산출을 주고(P2보다 P3, P4를 우위에 둠), 2개의 다음 주기에 동일한 산출을 선택하지 않는 것과 같이 보다 일반적인 산출보다는 보다 구체적인 산출들을 우위(precedence)에 두는 것이다(예: P2보다 P3, P4를 우위에 둠). 갈등 해결에 관한 보다 자세한 논의는 이 책의 범위를 넘어가기 때문에 관심이 있다면 Klahr, Langley와 Neches(1987)의 책을 참고하기 바란다.

3.2　절차적 지식의 개발

앞서 살펴본 작은 산출 시스템은 고도의 영역 특수적(domain-specific) 산출들만을 담고 있다. 따라서 산출들은 겨우 물체를 쌓는 것 정도이며 그 외 별다른 것은 없었다. **절**

차적 학습(procedural learning)의 관점에서 볼 때, 규칙 기반 행동을 일으키는 산출들을 연습을 통해서 어떻게 개발할 것인가가 핵심적인 문제이다. 규칙 자동화 모형은 이런 개발 과정을 설명하고 있다. Anderson의 **ACT* 이론**(사고의 적응적 통제, Adaptive Control of Thought, 1982, 1983, 1987a, 1990)은 산출 시스템을 복합적 인지 기능의 획득에 연결시키려고 시도하는 인지에 관한 폭넓은 이론이다. 이외에도 교수설계를 위하여 이 이론의 유용성을 보여 주려고 하는 연구들이 있었다. 영역 특수적 산출을 개발하기 위한 ACT* 메커니즘은 아래와 같은 세 단계를 포함한다.

- 지식 기반 행동
- 지식 컴파일화(knowledge compilation)
- 강화(strengthening)

지식 기반 행동: 약한 방법

하나의 기능을 학습하는 초기 단계에 학습자는 교과서를 읽거나, 강의를 수강하거나, 예를 공부함으로써 그 기능에 관한 정보를 얻을 수 있다. 이 정보는 선언적 기억에서 부호화될 수 있다. 부호화(encoding)는 사실, 따라야 할 절차, 대상의 일반적 속성을 상세화할 수 있는 개념, 개념들 간의 인과 관계를 상세화하는 원리, 정해진 해결 패턴을 제시해 주는 계획 혹은 해결 예들(worked-out examples)일 수 있다. 이 선언적 지식은 행동을 생성하기 위해서 **영역 일반적 산출**(domain-general productions)에 의하여 해석될 수 있다는 것이 일반적인 주장이다.

　이러한 영역 일반적 산출들은 소위 약한 방법을 구현한다. 이 산출들은 특정 내용 영역에 국한하지 않고 모든 영역에서의 선언적 정보들을 해석할 수 있다. 약한 방법들은 가용한 선언적 지식의 활용에 대하여 유연하기 때문에, 학습자들로 하여금 친숙하지 않은 영역의 문제들까지도 해결할 수 있게 해 준다. ACT*의 일반적 가정은 이 약한 방법들은 본유적이라는 것이다. 수단-목적 분석(2장 참조), 언덕 오르기(hill climbing), 유추, 생성-검증(generate-and-test), 탐구적 탐색(heuristic search), 하위 목표 분해(subgoal decomposition), 가설과 일치(hypothesize-and-match), 제약 충족 (constraint satisfaction), 순수 전향 탐색(pure forward search) 등 여러 가지 약한 방법들이 있다[Newell(1982) 참조]. 약한 방법으로서 **언덕 오르기**(hill climbing)를 위한 영역 일반적 산출(domain-general productions) 중의 예 하나를 보자.

　IF　　　목표8)는 현재의 상태를 목표 상태로 변형하는 것이다.

THEN   하위 목표들을 다음과 같이 정하라.

1. 현재 상태와 목표 상태 간의 가장 큰 차이를 찾는 것

2. 그 차이를 제거해 줄 수 있는 처리자(operator)를 찾는 것

3. 이 처리자를 적용함으로써 발생하는 상태를 목표 상태로 바꾸는 것

따라서 이 영역 일반적 산출은 현재 상태와 바람직한 목표 상태 간의 차이를 제거해 줄 수 있는 처리자를 찾아 냄으로써 목표 상태에 도달하려고 한다. 2장에서 본 여행의 예로 다시 돌아가 보면, 이 영역 일반적 산출은 현재의 위치로부터 최종 도달 지점에 가장 가까운 다음의 위치로 옮겨 줄 수 있는 교통 수단을 찾으려고 한다. 약한 방법으로서 **유추**를 위한 영역 일반적 산출들 중의 하나의 예를 보면 다음과 같다.

IF   목표는 문제에 해결책을 적고, 또다른 문제에 대한 해결책의 템플릿이 있다.

THEN   현재의 경우에 일치하는 템플릿이 될 수 있는 지도를 그려 줄 것을 목표로 한다.

그래서 이 영역 일반적 산출은 새로운 해결책을 그려 줄 수 있는 템플릿으로 사용될 수 있는 해결책을 가진 유사한 문제를 찾는다. 만약 그런 템플릿이 존재하면 이 산출은 작동하며(fire), 현재의 문제를 해결하기 위한 유추로 이 템플릿을 제안하게 된다. 예를 들어, 우리 자신에게 편지를 쓰기 위하여 친구가 보낸 요구서를 이용할 때, 올해 세금 신고서를 작성하기 위해서 작년의 소득세 신고 양식을 사용할 때, 컴퓨터 프로그램을 작성하기 위하여 해결 예로서 기존의 컴퓨터 프로그램을 사용할 때, 이 산출이 작동하게(fire) 된다.

　약한 방법의 활용에 대하여 몇 가지 부가적인 참고 사항을 생각해 볼 수 있다. 첫째, 약한 방법들은 이 방법들이 수행하는 선언적 정보가 옳다면 그 기법이 효과적일 수 있다. 만약 기법이 틀린 선언적 정보에서 작동한다면, 이 방법은 수용할 수 있는 행동을 생성할 수가 없다. 둘째, 어떤 약한 방법이 적용되고 어떻게 적용하는가 하는 것은 그 영역에서 가용한 선언적 정보의 특성에 따라 결정된다. 예를 들어, 유추는 전형적으로 계획(예: 템플릿으로 사용될 수 해결책 유형) 혹은 해결 예(worked-out example)가 가용할 때 적용될 수 있지만, 선언적 정보가 원리의 형태를 띤다면 후행 전략

---

8) ACT*에서는 LHS에 있는 하나의 목표뿐만 아니라 다른 조건에 일치하는 목표 지향적 산출에 특별히 주의를 둔다. 목표 상세화한 것이 활성 기억의 현재 목표와 일치된다면, 다른 산출보다 이 산출에 우선 순위가 주어진다.

(working backwards strategy)이 종종 활용된다. 셋째, 약한 방법이 활성 기억 안에서 활성화된 정보를 처리할 때, 이 정보의 소스(source)는 선언적 기억(예전에 공부한 내용의 부호화)이거나 외부 세계(예: 교과서나 다른 학습 자료에 있는 가용한 정보) 중에 하나일 수 있다. 예를 들어, 만약 유추 방법이 사용된다면 선언적 기억에서 활성화된 유용한 예나 쉐마, 혹은 교과서에 있는 예 중에 하나에 의존할 수 있다.

약한 방법은 활용하기는 쉽지만 비싼 대가를 치러야 한다. 그 처리 속도가 느리고, 활성 기억에 부담이 크다. 선언적 정보를 해석하기 위해서는 외부에서나 혹은 자신의 메모리에서 이 정보를 계속 인출해서 찾아보아야 하고, 이 정보는 활성 기억에서 활성화되어야만 하기 때문이다. 또한, 그 해석 과정은 수많은 산출들의 작동을 필요로 하기 때문에 아주 작은 단위의 활동이 빈번하게 일어나야 하는 것이다. 학습을 하게 되면 인지적 부하를 줄여 줄 수 있는데, 이는 선언적 지식을 영역 특수적이거나 그 지식의 특정한 유형의 새로운 산출에 통합시킬 수 있기 때문이다. 영역 특수적 규칙 (domain-specific rules)을 구축하기 위하여 약한 방법의 적용에 의해 생성되는 초기 해결책을 사용하는 학습 과정을 지식 컴파일화(knowlege compilation)라고 한다.

지식 컴파일화

Anderson(1983, 1987a; Neves & Anderson, 1981)은 속도가 느리고, 통제된 처리를 보다 자동적인 처리 형태로의 변화를 가능하게 해 주는 핵심적인 학습 과정으로 지식 컴파일화를 제안하였다. 선언적 지식에 적용된 약한 방법들은 초기 해결책을 만들어 주는데, 지식 컴파일화는 이 해결책으로부터 영역 특수적 산출을 만들어 내는 과정이다.[9] 지식이 컴파일되고 나면, 해결책은 약한 방법 대신 새롭게 획득된 산출들에 의해서 생성된다. "지식 컴파일화"라는 개념은 선언적 지식이 절차적 형태로 "컴파일된" 것을 나타내기 위해서 사용되었다. 이 용어는 컴퓨터 프로그램에서 사용되는 방법을 은유적으로 표현한 것으로, 컴퓨터 프로그램은 본래 워드 프로세서로 작성된 텍스트의 선언적 조각인데, 이것은 실행할 수 있는 프로그램으로 컴파일될 수 있는 것처럼 컴퓨터 프로그래밍 과정과 흡사하다. 지식 컴파일화는 하위 과정 절차화(subprocesses proceduralization)와 합성(composition)으로 구성되어 있다.

절차화(proceduralization)는 획득된 선언적 지식을 새로운 영역 특수적 산출에 통합하는 것이다. 절차화 과정의 간단한 예시로, 전화를 걸기 위한 가상의 산출을 사용

---

9) ACT* 이론에서 해결책의 목표 구조는 그 해결책의 어떤 단계들이 서로 속하는지를 보여 주기 때문에 컴파일화의 과정에 중요하다. 4장에서 계획에 대한 자세한 설명을 참고할 것

한다고 가정해 보자.

> IF 목표는 X에게 전화하는 것이다.
> THEN X의 전화번호를 작동 기억에 넣어 두고, 전화번호를 누르는 것을 하위 목표로 설정한다.

만약 정기적으로 전화번호가 345345인 엄마한테 전화를 건다면, 절차화는 이 사실적 정보를 산출 속에 잠입시켜서 다음과 같이 처리할 것이다.

> IF 목표는 어머니에게 전화를 하는 것이다.
> THEN 345345를 누르는 것을 하위 목표로 설정한다.

합성(composition)은 특정 과제들을 수행할 때 일관되게 서로 따라야 할 산출들의 청크로 묶는 것을 의미한다. 따라서 일련의 산출들이 일련의 일을 수행할 수 있는 하나의 산출로 합성된다. 전화걸기에 대한 또다른 산출을 보자.

> IF 목표는 전화번호를 누르는 것이다.
> THEN 수화기를 든다.
> 전화번호를 누르고
> 대화를 시작하는 것을 하위 목표로 설정한다.

만약 어머니에게 주기적으로 전화를 건다면, 위의 산출을 이전의 산출과 함께 합성해서 다음과 같은 산출을 만들어 낼 것이다.

> IF 목표는 어머니에게 전화를 하는 것이다.
> THEN 수화기를 든다.
> 345345를 누르고
> 대화를 시작하는 것을 하위 목표로 설정한다.

지식 컴파일화는 특히 같은 종류의 첫 연습 항목에 대해서 실행 속도를 엄청나게 향상시키고, 처리 부담을 줄여 준다. 첫째, 새로 획득된 선언적 지식이 선언적 기억으로부터 더 이상 인출될 필요가 없고, 영역 특수적 산출에 지금 구축되어 있기 때문에 일반적 산출들로 해석되기 위하여 활성 기억 안에서 활성화를 유지하고 있기 때문이다. 둘째, 적은 수의 산출들로 합성되어 작동되기 때문이다. 지식 컴파일화는 (1) 약한 방법들, (2) 큰 산출들로부터 구축된 작은 산출들, (3) 산출에 지금 내장되어 있는 선언적 지식들을 제거하지 못한다는 점에 주목해야 한다. 원래의 지식은 컴파일된 산출이 적용될 수 없는 상황에 적용되기 위하여 주위에 남아 있다. 그렇지만, 만약 그 지식이 더 이상 사용되지 못하면 그 지식은 망각될 수 있다. 따라서 어머니에게 매일 전화를 하려고 계획하고도 수화기를 들고 전화번호를 누르지 않는다면, 어머니의 전화번호를 기억하지 못하게 되는 것이다(즉, 선언적으로 부호화된 것은 잊혀진다).

강화

규칙 자동화 모형의 가정에 따르면, 얼마나 빨리 규칙 자동화가 적용되는지는 물론, 좌측변(LHS)의 상세화된 조건하에서 하나의 산출이 적용될 가능성을 결정하면서 하나의 산출은 그것과 관련된 하나의 강도(strength)를 갖게 된다고 한다. 기능의 정확한 실행을 결정하는 영역 특수적 산출을 지식 컴파일화가 이끌어 내지만, 이 산출의 강도는 여전히 약하다. 따라서 그 실행은 완전히 안정된 것이 아니며(약한 방법은 적용에 실패할 수 있다), 약한 방법이나 지식 기반 문제 해결에 비해서 그 실행이 상당히 빠르지만 실행 속도를 개선할 수 있는 충분한 여지가 있다. 강화(strengthening)는 직접적인 학습 기제이다. 산출들이 성공적으로 적용될 때마다 그 산출의 강도는 강화된다고 간단하게 가정할 수 있다. 심도 있는 연습이 있은 후에만 그 기능이 완전히 자동화될 수 있다.

　　강화를 통하여 개선을 하기 위해서는 오랜 훈련 기간이 필요하다. 강화와 자동화의 개발은 **연습에 대한 힘의 법칙**(Power Law of Practice)[10])에 따른다. 이 법칙에 따르면, 하나의 반응을 완성하는 데 걸린 시간의 로그는 그 특정 반응의 성공적인 실행 횟수의 로그에 대한 선형 함수라고 한다. 예를 들어 이 힘의 법칙에 따르면, 처음 100개의 숫자로 2개의 숫자를 더하는 연습을 한 다음에 필요한 연습 시간이 3초에서 2초로 줄었다면, 1,000개를 연습한 후 1.6초로, 10,000개를 연습하면 1.3초로, 100,000개를 연습하면 1초로 줄어들 것이라고 한다. 숫자의 덧셈 이외에도 이 법칙은 문자 편집, 카드 게임놀이, 선택 반응 과제의 수행, 글자찾기, 기하학적 증명 등과 같은 다양한 과제의 실행을 예측할 수 있음이 입증되었다.

　　이 법칙에 따르면, 하나의 기능이 영역 특수적 절차적 표상에 지식 컴파일화의 과정으로 도달하는 데 걸리는 시간은 그 기능의 완전한 자동화에 이르는 데 필요한 시간에 비하면 대단히 많이 걸리는 것이 아님에 틀림없다. 컴파일화가 종료된 후에도 오랫동안 하나의 기능의 지속적인 개선을 위해서는 강화가 필요함을 알 수 있다 (Anderson, 1982). 예를 들어, Crossman(1959)은 담배말이 기계의 작동 기능의 개발

---

10) 실제로는 연습에 대한 힘의 법칙이 아닌 로그-로그 획득 함수도 적절히 예측을 해 줄 수 있다.

에 대하여 보고하였다. 그런 기능의 정확한 실행에 도달하는 데에는 겨우 수백 번의 연습만으로 끝나는 것이 흔한 일이지만, 그의 피험자들은 2년 동안 300만 번의 연습을 한 끝에 담배말이 기계를 작동하는 데 현저한 개선을 보였다. 충분한 연습량의 과훈련 (overtraining)이 완전 자동화에 도달하는 데 필요하다는 사실이 자명함에 틀림없다.

요약하면, 영역 일반적 산출(domain-general productions)을 이용하여 초기의 선언적 부호화를 위하여 약한 방법을 적용하면 영역 특수적 산출(domain-specific productions)로 컴파일될 수 있는 초기 해결책을 생성할 수 있다. 이 지식 컴파일화는 아주 빨리 일어날 수 있고, 처리 부담을 감소시켰으며, 처리 속도를 증가시킨다. 컴파일화 이후에도 기능의 실행은 여전히 불안정하기 때문에 그 기능은 추후 연습이 필요하다. 강화는 기능의 속도를 훨씬 빠르게 하여, 결과적으로 완전한 자동화에 이를 수 있다. 그 이후에 그 기능은 활성 기억에 부담을 주지 않으면서 매우 빨리 적용될 수 있는 영역 특수적 산출에 바로 포함된다. 지식 컴파일화와 강화는 모두 전략적 통제에 구속받지 않는 초보적인 인지 과정이다. 이 두 가지는 연습의 양과 질(즉, 연습 항목의 양, 유형, 순서)에 비례한다.

3.3 선언적 지식의 개발

규칙 자동화 모형들 중에서 특히 ACT*는 기억, 처리 유형과 같은 인간의 인지적 아키텍쳐(cognitive architecture)와 기능들의 개발 방법에 대하여 명료하고 설득력 있게 설명해 주고 있다. 그러나 규칙 자동화 모형은 영역 특수적 절차적 지식의 개발에 그 초점이 있다. 이 모형들은 선언적 지식이 처음에 어떻게 획득되는지, 연습에 의해서 어떻게 개발되는지에 대해서는 다루고 있지 않다. 규칙적 모형에서 선언적 지식의 역할은 약한 방법들이 작동하기 위하여 사용 가능해야만 하는 절차, 사실, 개념, 계획(해결예) 혹은 원리의 선언적 부호화에 국한되어 있다. 그리고 지식 컴파일화가 유효하기 위해서 이런 초기 부호화가 옳게 처리되어야 하는 것은 분명하지만(Anderson, 1987b), 이 규칙 자동화 모형은 무엇이 이러한 옳은 선언적 부호화에 도달하도록 도와줄 수 있는지에 대하여 분명하게 제시해 주지 못하고 있다. 유용한 부호화에 이르기 위한 핵심어는 **이해**(comprehension and understanding)인 것 같다. 사람들은 옳은 표상에 도달하기 위해 새로운 정보를 이해해야 하며, 심도 있는 이해에 도달하기 위해서는 기억 속에 이미 가지고 있는 쉐마에 새로운 정보를 통합시켜야 한다. 선언적 지식의 새로운 정보를 동화시키는 과정을 **정교화**(elaboration)라고 한다. 쉐마 획득의 맥락에서 다루어질 주된 처리 방법들 중의 하나가 이 정교화이다.

사람들은 구체적인 여러 가지 사례들을 축약하거나 일반화 혹은 그 반대로 변별하기 위해서 자신의 경험을 활용한다. 예를 들어, 관련된 문제 유형에 대하여 일련의 성공한 적이 있는 해결책들이 가용하다면 보다 더 일반화된 쉐마가 만들어질 수 있다. 그리고 어떤 유형의 문제에 대해 성공적이었던 해결책들의 속성을 기술하는 일반적 쉐마가 상세한 내용을 생략한 축약된 행태로 구축될 것이다. 관련된 문제들의 유형에 대하여 가용한 일련의 실패한 해결책들이 있다면 보다 특수한 쉐마가 만들어질 것이다. 그 때, 특정한 조건이 쉐마의 활용 범위를 국한할 수 있도록 그 쉐마에 추가될 수 있다. 구체적인 경험에 기초하여 재구조화(restructuring)와 조정(tuning)의 이런 과정을 보통 귀납(induction)이라고 한다. 이것은 도식 획득을 위한 또다른 중요한 과정이다.

정교화(elaboration)와 귀납(induction)은 모두 통제된 처리인데, 다시 말하면 학습자가 의식적이고 주의를 기울여야 하는 처리이기 때문에 통제된 처리임에 틀림없다. 사람들은 흔히 자신의 정교화와 귀납을 위하여 의식적이고, 선언적 접근(declarative acess)을 하는 것이 일반적이다(예: Lewis & Anderson, 1985). 달리 말하면, 이 처리 과정들은 이 장에서 논의한 인지적 아키텍쳐의 부분이 아니라, 그 처리 방법(정교화와 귀납) 자체가 산출의 집합으로 모형화될 수 있다. 이 산출들은 새로운 정보를 기존의 선언적 기억에 있는 지식으로 통합하기 위하여 사용될 수 있고, 문제와 예들로부터 의식적인 축약화를 통해서 일반화나 변별을 위하여 활용될 수 있다. 쉐마 획득을 위한 이런 하위 과정은 복합적 인지 기능의 획득을 위하여 핵심이 되기 때문에 다음 장에서 보다 심도 있는 논의가 있을 것이다.

3.4 분석과 설계를 위한 시사점

이 장에서 논의하고 있는 규칙 자동화 모형들은 분석과 설계를 위한 몇 가지 시사점을 제시해 주고 있다(Anderson, 1987b, 1988). 복합적 인지 기능의 분석을 위한 첫 번째 시사점은, 훈련이 끝난 후 규칙 기반 처리(rule-based processes)로 실행되어야 하는 순환적 부분 기능을 위한 종착점 행동은 고도의 영역 특수적 규칙 혹은 산출로 분석되어야 한다는 점이다. 이와 같은 인지적 분석뿐만 아니라 보다 사용하기 쉬운 알고리즘 형식의 분석 방법은 7장에서 다룰 것이다.

그 다음 시사점은 지식 컴파일화가 일어나는 데 필요한 선언적 지식 구조의 분석에 대한 것이다. 규칙 자동화 모형에 의하면, 모든 지식은 선언적 형태로 시작한다. 이 지식이 산출로 구성되는 것은 지식의 컴파일화로만 가능하다. 여기서 말하는 지식은 약한 방법에 의하여 작동하는 사실, 개념, 계획, 혹은 원리들을 의미한다. 이 선수 지식 구조의 분석은 8장에서 논의한다. 선수 지식이라고 하는 이유는 이 지식이 있어야만 지식 컴파일화에 의하여 영역 특수적 산출을 학습할 수 있기 때문이다.

또다른 시사점으로는 훈련의 설계와 관련된 것이다. 규칙 자동화 모형의 주요 시사점들 중 하나는 순환적인 부분 기능들은 실제로 해 봄으로써만 획득될 수 있고, 완전한 자동화를 원한다면 아주 집중적인 연습이 필요하다는 점이다. 나아가, 새로운 과제를 실행할 수 있는 광범위한 일련의 영역 특수적 산출을 개발할 수 있도록 컴파일할 수 있는 처리가 가능한 기회를 주기 위하여 다양한 사례에 의한 연습이 제공되어야 한다. 컴파일화와 강화를 촉진하기 위한 연습의 설계는 12장에서 다루어질 것이다.

마지막 시사점은 복합적 인지 기능의 순환적 측면의 획득과 옳은 실행을 지원하기 위해서 학습자에게 어떻게 정보를 제시할 것인가의 문제이다. 이 문제는 영역 특수적 산출, 혹은 다른 알고리즘적 분석(즉, "어떻게"에 대한 교수 프로그램)의 다른 결과, 혹은 선수 지식, 혹은 피드백에 대한 것이다. 약한 방법에 의한 이런 정보의 해석은 활성 기억의 용량에 상당히 제약을 받는다.

높은 인지 부하는 지식 컴파일화를 해치고, 심지어 옳은 산출을 무선적으로 잘못 적용하게 하거나 오류를 발생시킨다. 인지 부하를 줄이기 위해서는, 순환적 부분들을 가르치기 위해서 그것의 핵심만을 담는 교수 프로그램으로 간결하게 줄이고 공식적인 수업을 최소화해야 한다. 가르칠 내용 정보는 무슨 말인지 쉽게 해석할 수 있어야 하고, 필요할 때 혹은 적어도 연습하는 중에 직접 바로 찾아볼 수 있도록 정확하게 제시해야 한다. 이런 형태의 적시적 정보("just-in-time" information)[11]의 제시 문제는 13장에서 다루게 될 것이다.

3.5 요약

이 장에서는 먼저 선언적 지식과 절차적 지식을 구분하였으며, 산출 시스템 내의 절차적 지식에 관한 간단한 예를 제시하였다. 절차적 지식의 개발과 함께 선언적 지식 혹은 인지적 쉐마의 개발과 절차적 지식의 개발의 관련성에 대하여 살펴보았다. 그리고 복합적인 기능의 분석과 훈련의 설계를 위한 규칙 자동화의 주요 시사점들도 논의하

---

11) 역자 주: 이후부터는 간단히 "JIT 정보"라고 한다.

였다. 이 장을 요약하면 다음과 같다.

- 선언적 지식(무엇을 아는 것)과 절차적 지식(방법을 아는 것) 간의 구분은 복합적인 인지 기능의 획득을 다루는 모형들을 이해하는 데 필수적이다.
- 선언적 지식의 구축 단위는 명제이다. 선언적 지식은 단순한 사실부터 매우 복잡한 축약적 인지적 쉐마까지를 포함한다.
- 절차적 지식의 구축 단위는 조건-조치 쌍으로 이루어진 산출이다. 하나의 인지 기능은 서로 독립적인 산출들로 구성된 일련의 산출 혹은 산출 체제로 모형화될 수 있다.
- 하나의 기능의 초기 학습 단계에서 기능은 영역 일반적 산출의 적용에 의해 실행되거나, 그 기능에 대한 새롭게 부호화된 선언적 지식으로 약한 방법에 의해 실행된다. 이 처리의 대가를 치러야 한다.
- 지식 컴파일화는 하나의 기능의 실행을 훨씬 효율적으로 이루어지게 해 준다. 지식 컴파일화는 절차화(산출 안에 선언적 지식을 저장하는 것)와 합성(서로 일관되게 따르게 되는 산출들로 묶는 것)을 포함한다.
- 강화는 기능의 실행을 보다 빠르게 하고, 보다 유연하게 하며, 자동화하는 데 필요하다. 강화는 연습에 대한 힘의 법칙이 보여 주듯이 엄청난 연습량을 필요로 한다.
- 규칙 자동화 모형은 영역 특수적 절차적 지식의 개발에 초점을 둔다. 정교화(elaboration)와 귀납(induction)과 같은 선언적 지식(즉, 쉐마의 획득)의 개발에 적합한 처리는 의식적인 통제로 가능하며, 산출 시스템에 의해 자체적으로 모형화될 수 있다.

핵심 개념

갈등 해결	conflict resolution
강화	strengthening
개념	concepts
개념망	conceptual networks
개념적 노드	conceptual nodes
귀납	induction
명제	propositions
명제 노드	propositional nodes
명제망	propositional networks

산출	productions
산출 체제	production systems
선언적 기억	declarative memory
선언적 지식	declarative knowledge
술부	predicates
약한 방법	weak methods
언덕 오르기	hill climbing
연습에 대한 힘의 법칙	power-law of practice
영역 일반적 산출	domain-general productions
요지	arguments
우변측	Right-Hand Side, RHS
유추	analogy
의미망	semantic networks
의식의 흐름	stream of consciousness
인식-조치 주기	recognize-act cycle
인지 단위	cognitive units
인지적 쉐마	cognitive schemata
절차적 기억	procedural memory
절차적 지식	procedural knowledge
절차적 학습	procedural learning
절차화	proceduralization
정교화	elaboration
좌변측	Left-Hand Side, LHS
지식 컴파일화	knowledge compilation
합성	composition
활성 기억	working memory
활성화 파급	spreading activation
ACT* 이론	ACT*-theory

쉐마 획득 모형

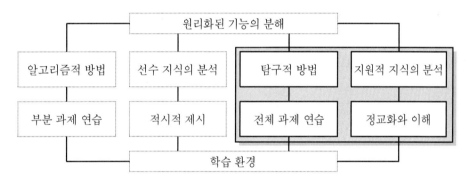

파트 A3의 개요도. 요소 I와 E의 배경

이 장에서는 쉐마 기반 행동의 개발을 위한 학습 과정에 대하여 살펴보고자 한다. 이 행동들은 통제된 처리의 지배를 받지만, 유용한 쉐마만 있다면 매우 효율적일 수 있다. 잘 개발된 인지적 쉐마는 통제 처리가 작동하는 데 필요한 강력하고, 일반화되고, 축약적인 지식을 제공해 주며, 새롭고 익숙하지 않은 상황에 어떤 행동이 필요한지를 생성하고 안내해 주는 데 이용될 수 있다. 복합적 인지 기능의 훈련 맥락에서 쉐마 획득은 그 복합적 인지 기능의 비순환적인 측면 기능의 실행을 학습하는 데 대단히 중요하다. 4C/ID 모형에서는 이런 측면들을 비순환적 부분 기능으로 분류한다. 규칙 자동화와 같이 쉐마 획득은 처리 장소(container) 개념이다. 쉐마 획득은 친숙하지 않은 문제나 그 문제의 하위 문제들을 특정 클래스에 속하는 것으로 분류하고, 그 클래스의 문제에 대한 하나의 해결책에 도달하는 데 필요한 일반적인 원리나 계획을 적용함으로써 인지적 쉐마의 개발을 돕는 모든 학습 과정들을 말한다.

이 장은 다음과 같은 구조로 되어 있다. 4.1절에서는 인지적 쉐마의 주요 유형들을 살펴보고, 4.2절에서는 인지적 쉐마의 개발에 대하여 다루며, 구체적으로 정교화, 귀납, "학습 방법에 대한 학습(learning-to-learn)"의 학습 과정에 대하여 살펴볼 것이다. 4.3절에서는 절차적 지식의 역할, 쉐마 획득과 관련된 절차적 지식의 개발에 대하여 살펴볼 것이다. 규칙 자동화와 인지적 쉐마는 상호 보완적인 학습 과정으로 볼 수 있는가에 대하여 논의할 것이다. 즉, 획득된 쉐마는 충분한 연습을 통하여 컴파일되고 자동화될 수 있다. 이러한 획득된 쉐마의 절차화는 탐구법(heuristics), 체제적 문제 접근과 같은 전략적 지식을 위하여 특히 중요한 것 같다. 복합적 인지 기능 획득의 분석과 훈련의 설계를 위한 주된 시사점들은 4.4절에서 다루어지며, 간략한 마무리와 함께 이 장을 마친다.

4.1 선언적 지식의 유형

3장에서 논의한 바와 같이, 명제는 선언적 지식의 기본적인 구축 단위이다. 명제는 우리가 세상에 대하여 알고 있는 "사실들"을 의미한다(예: 엔스헤데는 암스테르담의 동쪽에 있다). 그러나 명제 그 자체는 본질적으로는 크고 잘 조직된 지식의 구조, 혹은 **인지적 쉐마**(cognitive schemata)를 기술하기에 유용한 표시법(notation)이 되지 못한다 (Mandler, 1984). "사실"과는 대조적으로, 인지적 쉐마는 다음과 같이 다양한 차원들을 포함하고 있다.

- **단순한–복잡한**(simple-to-complex). 간단한 개념, 계획, 혹은 원리와 같은 단순한 쉐마는 한정된 개수의 인지적 단위를 가지고 있으며, 다른 간단한 쉐마들과도 관련되지 않는다. 보다 복잡한 쉐마는 여러 개의 인지 단위들과 간단한 쉐마들 간의 관련성(relationships)을 포함한다. 예를 들어, "컴퓨터"라는 개념은 그 속성들만을 열거하는 단순한 쉐마로 표현될 수 있다. 그러나 컴퓨터라는 개념은 정보 처리, 기억 유형, 중앙 처리 단위 등과 같은 관련 개념에 관련을 짓는 복잡한 쉐마 혹은 의미망으로 표현할 수도 있다.
- **자세한–일반적**(detailed-to-general). 보다 일반적인 쉐마는 많은 세부 사항들을 생략함으로써 보다 넓은 범위의 대상들과 사건에 적용할 수 있다. 예를

들어, "연습을 하면 완벽해진다."는 "순환적 기능을 일관되게 연습하면 완벽해진다."와 같은 보다 정확한 원리보다 일반적이다. 복잡한 쉐마에는 종종 인지 단위나, 상세한 것에서부터 일반적인 것까지를 포함하는 단순한 쉐마가 있다.

- **구체적-추상적**(concrete-to-abstract).　추상적인 쉐마란 만질 수 있는 물체나 사건을 의미하지는 않는다.[12] 예를 들어, 문제 해결을 위한 계획은 덧셈을 하기 위한 계획보다 더 추상적이다. 보다 추상적인 쉐마가 보다 더 일반적인 법이다. 복잡한 쉐마는 구체적인 것에서부터 추상적인 것까지의 다양한 인지적 단위 혹은 단순한 쉐마들을 전형적으로 포함한다.

쉐마의 획득은 어떤 내용 영역의 문제를 다루기 위하여 복잡성(complexity), 일반성(generality), 추상성(혹은 축약성: abstraction)의 적절한 수준에 있는 쉐마의 구축을 주로 포함한다. 이 절에서는 인지적 쉐마의 중요한 유형들에 대하여 살펴보고, 다음 절에서는 이 쉐마의 획득에 대하여 보다 구체적으로 살펴보도록 한다.

개념과 개념 모형(concepts and conceptual models)

개념은 그 개념의 특징적 속성(혹은 특질이나 속성이라고도 함)에 의하여 어떤 사물, 이벤트 혹은 어떤 실체의 클래스를 표현하는 단순한 쉐마로 흔히 볼 수 있다. 개념은 그 개념의 속성을 열거하는 명제에 링크로 연결된 개념적 노드로 볼 수 있다. 개념은 특정한 보기(instances)(즉, 구체물 혹은 이벤트)를 특정한 클래스에 속하는 것으로 식별하거나 분류할 수 있게 한다. 하나의 언어에 있어서 대부분의 단어는 개념을 식별할 수 있다. 최소한 어느 정도는 수많은 방법으로 어떤 실체(entities)를 묶거나 분류할 수 있다는 점에서 개념은 자의적이다. 예를 들어, 어떤 자동차를 그 차의 특성(승용차), 색깔, 연식 등에 따라 분류할 수 있다. 그러나 특정 내용 영역과 관련하여 어떤 개념은 다른 영역(속성)보다는 이 영역에게 그 분류 작업을 행하는 것이 보다 유용할 수 있다. 엔진의 유형에 따라 분류할 수 있음에도 불구하고 자동차를 색깔에 따라 분류하는 것은 자동차 수리공에게 분명히 유용하지 못하다.

특정 영역의 전문가는 그 영역의 문제를 해결하는 데 도움이 되는 보다 강력한 개념들을 가지고 있음을 보여 주는 충분한 증거가 있다. 예를 들어 체스, 컴퓨터 프로그래밍, 수학 영역의 연구에 따르면, 전문가들은 초보자보다 유의미한 문제 상태에 대하

---

[12] 어떤 인지적 쉐마는 추상적 형태로 존재할 수만 있다. 예를 들어 질량이나 지능과 같은 개념은 그 예를 눈으로 볼 수 없기 때문에 추상적 개념이다.

여 나은 메모리를 가지고 있다고 한다. 왜냐하면 그들은 그 문제 상태를 명명(분류)할 수 있는 보다 나은 개념들을 가지고 있기 때문이다(예: Barfield, 1986; Chase & Simon, 1973; De Groot, 1966; Shneiderman, 1976, 1977; Sweller & Cooper, 1985). 체스 유단자는 "하나의 잘 개발된 분야"와 같은 개념을 사용하거나, 혹은 체스 판의 체스 말의 패턴을 지칭하기 위하여 단순하게 "Borsk와 Jansen의 1954년 결승전"과 같은 개념을 사용하기도 한다. 이와 마찬가지로 컴퓨터 프로그래머들은 하나의 컴퓨터 프로그램의 코드 패턴을 지칭하기 위하여 "하나의 카운터에 의해 통제된 반복문(a counter-controlled loop)" 혹은 "버블 소트(bubble sort)"와 같은 개념을 사용한다. 전문가와 초보자 간의 메모리의 차이는 의미 없는 문제 상태(예: 체스에서 무선적인 판의 배열, 컴퓨터 프로그램에서 코드의 무선적인 라인)에서는 사라진다. 무슨 말이냐 하면, 기억 용량에서의 차이가 아니라 가용한 쉐마에서 진정한 차이가 있다는 것이다. 나아가 초보자들은 흔히 표피적인 구조나 피상적인 속성에 따라 문제를 분류하지만, 전문가들은 문제의 해결 형태나 심층적인 구조에 따라 분류하기 위하여 이런 개념들을 이용한다(Chi, Feltovich, & Glaser, 1981; Hinsley, Hayes, & Simon, 1977; Weiser & Shertz, 1983).

옳은 조치를 결정하기 위하여 외부 자극 패턴을 가리키는 개념의 활용은 음악, 전기 장치의 고장 진단을 위한 시험(troubleshooting), 엑스레이 영상의 해석, 의학적 진단, 비행 중 재급유와 같은 실제 세계의 많은 과제의 능숙한 실행에서 나타난다(Egan & Schwartz, 1979; Parasuraman, 1985; Rasmussen & Jensen, 1974; Schneider, Vidulich, & Yeh, 1982). 외부 자극 패턴을 가리키는 개념은 그 자체가 "다른 눈(different eyes)"[13]으로 세상을 보게 해 주고, 이런 다른 관점에 따라 행위를 할 수 있는 정신적 이미지(mental images) 그 자체를 표현할 수 있다. 눈으로 볼 수 있는 것(장비나 도구의 부속품 혹은 관찰할 수도 있고 조작할 수도 있는 사물)을 가리키는 구체적 개념의 경우, 개념의 획득은 그 개념 속성의 학습뿐만 아니라 그 개념의 물리적 이미지의 학습도 요구한다. 어떤 사물이나 그 사물을 시각적으로 표현한 것(사진, 그래픽, 도식적인 다이어그램)을 구체적으로 경험하면 정신적 이미지의 획득과 그 개념 속성의 귀납적 추리도 가능하게 된다.

나아가서, 하나의 개념을 파악하거나 이해하려면 그 개념과 다른 관련 개념이나 아이디어와 관련을 지을 수 있는 능력을 가지고 있어야 한다. 하나의 개념과 그 개념

---

13) 정신적 이미지가 선언적 방식으로도 표현될 수 있는지는 의문스럽다. 그리고 정신적 이미저리가 인지적 아키텍처에서 별도의 하위 시스템인가는 논의의 여지가 있다. 그 논쟁은 이 책의 범위를 벗어나므로 다루지 않는다.

과 관련된 아이디어는 개념 모형(conceptual model)으로 결합될 수 있다. 이 모형은 하나의 복합적인 인지적 쉐마로서, 어떤 영역에서 중요한 개념들끼리 서로 관련시켜 주고, 한 영역에서 질적인 추리를 통해서, 즉 서로의 예를 비교하거나, 그 개념의 부분적인 예를 분석하거나, 같거나 다른 점을 탐색함으로써 문제를 해결하게 해 준다. 개념적 모형에 가장 일반적인 관계성으로는 **상위**(superordinate)류 혹은 부분 관계성 (kind or part-relationship)(예를 들면, "노트북"이라는 개념의 상위류는 "컴퓨터"이고, "장"의 상위류는 "책"이다.), **대등**(coordinate)류의 관계성(예를 들면, "새"라는 개념의 대등류는 "포유동물"이고, "키보드"의 대등 부분은 "디스크 드라이브"이다.), **유추적** (analogical) 관계성(예를 들면, "정보 처리 시스템"이라는 개념의 유추물은 "인간의 정신"이다.), 하위(subordinate)류 혹은 부분 관계성("엔진"이라는 개념의 하위류는 "터보 엔진"이고, 집의 하위 부분은 "거실"이다.) 등이 있다. 보다 많은 관련된 개념적 모형들을 찾아보면 더 많은 유형의 관계성이 나올 수 있을 것이다.

계획과 목표-계획의 위계

계획은 목표가 시간과 공간적으로 어떻게 관련되는가를 기술하는 단순한 쉐마이다. 이 계획은 우리로 하여금 이벤트를 이해하거나 기능 혹은 행위를 조직하게 해 준다. 레스토랑에 가기 위한 계획(Schank & Abelson, 1977)의 예를 보자.

> **최고 수준의 목표**: 레스토랑 가기
>> **목표**: 어느 레스토랑에 가기
>>> **하위 목표**: 레스토랑 입구에 들어가기
>>> **하위 목표**: 코트 벗기
>>> **하위 목표**: 안내받기 전까지 기다리기
>> **목표**: 자리에 앉기
>>> **하위 목표**: 메뉴 판 달라고 하기
>>> **하위 목표**: 웨이터 부르기
>>> **하위 목표**: 음식 주문하기
>> **목표**: 먹기
>>> **하위 목표**: 음식 먹기
>>> **하위 목표**: 같은 테이블에 있는 다른 사람들과 대화하기
>>> **하위 목표**: 디저트 먹기
>> **목표**: 음식값 지불하기

하위 목표: 웨이터 부르기

하위 목표: 계산서 요구하기

하위 목표: 음식값 지불하기

하위 목표: 웨이터에게 팁 지불하기

목표: 레스토랑 떠나기

이 계획은 레스토랑을 갔을 때 일어날 수 있는 일련의 정해진 이벤트의 순서를 표현하기 때문에 **스크립트**(script)라고 불리기도 한다. 이 스크립트는 일어날 이벤트를 이해하게 해 준다. 만일 레스토랑에서 어떤 사람이 손을 흔드는 것을 보게 된다면, 이것은 레스토랑 스크립트의 한 부분이기 때문에 그 사람이 웨이터를 찾고 있구나라고 쉽게 이해할 수 있다. 똑같은 사람이 다른 장소(예를 들어 도서관)에서 손을 흔들고 있다면 우리는 의아해하게 될 것이다. 이 스크립트는 어떤 이의 행동을 안내해 줄 수 있기 때문에 하나의 계획으로 볼 수도 있음에 틀림없다. 레스토랑을 갈 때마다 약간씩은 다를 수 있지만 이 계획은 갈 때마다 같이 적용될 수 있다. 그러나 이 계획도 개념처럼 종종 자의적일 수 있음에 유의해야 한다. 이런 이유로 인해서 유럽 사람들은 미국 레스토랑에서 가끔 문제를 겪는다. 왜냐하면 그들의 레스토랑 가는 계획에서는 웨이터에게 주는 팁으로 음식값의 5%만을 생각하기 때문이다. 노르웨이 사람들은 계획에 팁을 전혀 포함시키지 않는다.

어떤 의미에서 하나의 계획은 일종의 절차로 볼 수도 있다. 그러나 여기서 계획은 목표에 따라 사건이나 조치를 조직하는 것을 일반적으로 설명한 선언적 구조로 간주되므로, 이 목표를 어떻게 성취하는지를 정확하게 상세화하는 것이 아니다(영역 특수적 산출과 반대). 예를 들어, 많은 사람들은 메이저 리그 풋볼 게임에서 점수가 어떻게 나오는지에 대한 하나의 계획을 메모리에 가지고 있지만 극히 일부 사람들만이 그것을 할 수 있을 뿐이다. 한편, 옳은 계획을 가지고 있는 것은 지식 컴파일화의 효율성에 대단히 중요하다. 예를 들어, ACT*에서 계획과 같은 목표 구조(plan-like goal structures)는 해결책의 어떤 단계 혹은 행위의 순서(sequence of actions)가 서로 속하는지를 알려 주기 때문에 중요하다.[14] 따라서 하나 혹은 동일한 목표에 속하는 해결책의 단계나 인지적 행위는 컴파일화가 가능할 정도로 충분히 연습이 되었다면 하나의 영역 특수적 산출로 컴파일될 수 있다.

보다 복합적인 목표 지향적 행동을 위하여 관련된 계획들은 보다 일반적인 계획

---

14) 나아가 ACT*에 따르면, 학습자는 유용한 목표 구조를 찾기 위하여 해결책의 해결 예
   (worked-out examples)에 종종 의존한다.

은 위계표의 위에, 보다 구체적인 계획들은 아래쪽의 목표-계획 위계에 표시될 수 있다. 특히 가공적인 설계(예: 전자 회로, 문자, 소프트웨어, 건물 등의 설계)가 요구하는 내용 영역에서, 계획은 문제 해결자가 도달해야 하는 목표가 아니라 설계되어야 할 가공물(artifact)이 도달해야만 할 목표를 가리킨다. 이 경우 목표-계획의 위계 위에서의 계획은 축약성(abstraction)과 일반성[generality; 이런 계획을 "템플릿" 혹은 "표지(beacon)"라고 한다.]의 다양한 수준에서 **규격화된 해결책 패턴**(streotyped solution pattern)이라고 볼 수 있다. 예를 들어, 컴퓨터 프로그래밍에서 보다 일반적이고 축약적인 계획은 그 프로그램의 기본적인 아웃라인(예: 헤딩, 선언 부분, 절차, 메인 프로그램)을 말한다. 보다 덜 일반적이고 축약적인 계획은 절차, 반복 구조, 결정 구조와 같은 기본적인 프로그래밍 구조의 일반적인 표현을 제공한다. 그리고 보다 구체적인 계획은 반복을 위한 상세화된 템플릿(예: WHILE-loops, FOR-loops, REPEAT-UNTIL loops)과 같은 실제 프로그래밍 코드와 밀접한 구조로 표현된다. 이런 계획은 컴퓨터 프로그램의 설계에서 주된 구축 단위가 될 수 있다(Soloway, 1985).

원리와 인과적 모형

원리는 하나의 변화가 다른 변화에 어떻게 관련되는가를 기술하는 단순한 쉐마이다. 원리는 흔히 원인과 결과로 표현된다. 논리적으로 말하면, 원리는 세계가 어떻게 조직되어 있는가에 대한 일반적 진술을 할 수 있는, 즉 하나 혹은 그 이상의 양적인 변수로 이루어진 명제이다. 원리는 실제 세계의 속성들을 반영하고 있기 때문에 그 원리는 자의적이지 않고, "발견"되어야만 한다.[15] Reigeluth(1983a)는 원리에서 포함되어야 할 관계의 유형을 다음과 같이 구별하고 있다.

■ **상관적 관계.** 이 관계는 어떤 변화(변수)가 다른 변화(변수)에 영향을 주고 있음을 말하지 않는다.(예: 태양은 매일 아침에 뜬다.)

■ **인과적 관계.** 이 관계는 어떤 변화(변수)가 다른 변화에 영향을 줌을 말한다. 이 관계는 다음과 같이 또다시 분류될 수 있다.

   • **결정론적**(deterministic) **관계.** 원인은 항상 특정한 결과를 낳게 함을 말한다.(예: 다른 조건이 일정하다면, 부피의 감소는 압력을 증가시킨다.)

   • **확률적**(probabilistic) **관계.** 원인이 어떤 경우에만 특정한 결과를 낳게 함

---

15) 원리는 항상 사실이 아니라고 말하려는 것이 아니다. 하나의 원리는 하나의 생각 혹은 가정(반드시 사실일 필요가 없는) 혹은 하나의 과학적 법칙(그것이 진리이기 위해서는 상당한 증거를 필요로 하는)을 가리킨다.

을 말한다.(예: 일을 열심히 하면 성공할 수 있다.)

원리는 예측을 하거나 시사점을 도출하게 하거나 어떤 현상을 설명하게 해 주고, 결과가 주어지면 무엇이 그 결과를 나오게 했는지를 설명하게 하는 것과 같은 추론을 할 수 있게 해 준다. 보다 복잡한 현상을 설명하기 위하여 관련된 원리들이 하나의 인과모형으로 통합된다. 이런 모형은 특정 영역에서 적용할 원리들이 서로 관련되어서, 인과적 추리를 통하여 이 영역의 문제를 해결하도록 해 주는 대단히 복합적인 인지적 쉐마일 경우가 보통이다. 바람직한 결과가 주어지면, 모형을 이용하여 그 결과를 이끌어낼 수 있는 원인을 찾아서 재배치할 수 있다. 그리고 바람직하지 않는 결과가 주어지면, 모형을 통하여 그런 바람직하지 않은 결과를 가져오는 원인을 찾게 해 줌으로써 종국적으로는 바람직한 결과에 이르기 위하여 필요한 원인을 준비할 수 있도록 한다. 하나의 인과적 모형이 자연 현상에 적용할 수 있는 원리들을 다루고 있을 때, 이를 이론적 모형 혹은 간단히 이론(여기에서 사용된 이론이라는 말은 이론의 과학적·철학적 의미가 아니다.)이라고 한다. 예를 들어, 전기의 이론은 특정한 투입이 주어졌을 때 바람직한 유형의 산출(output)을 생성할 수 있는 전기 회로를 설계하는 데 사용될 수 있다. 하나의 인과 모형이 공학 시스템에 적용할 수 있는 원리들을 기술하고 있다면, **기능 모형**(functional model)이라고 부른다. 이 모형은 시스템의 각 요소의 행동을 기술해 주는 것으로, 그 행동이 투입에서의 변화에 대한 반응으로 어떻게 변화하는지, 그 변화가 산출에 어떻게 영향을 주는지를 기술해 준다. 나아가서, 이 모형은 하나의 장치에서의 산출들이 다른 장치의 투입에 어떻게 연결되어 있는가를 기술해 줌으로써 전체 시스템의 행동들을 기술해 준다. 예를 들자면, 기능적 모형은 공학 시스템의 오작동을 일으키는 원인의 진단의 기초를 제공해 준다.

정신적 모형

이제까지 복합적 인지 기능의 실행의 근간이 되는 지식으로 기본적으로 두 가지 종류의 지식에 의하여 설명해 보았다. 여기서 두 가지 지식이란 산출로써 모형화되는 절차적 지식과, 고도의 복합적인 인지적 쉐마로부터 구축될 수 있는 명제로 모형화되는 선언적 지식을 말한다. 그러나 오직 하나의 표상 체제만을 사용하는 복합적인 기능의 실행의 심리적 분석이 있다. 예를 들어, 프레임 기반 접근(frame-based approaches)은 절차적 지식과 선언적 지식 둘 다를 포함하는 프레임으로 복합적 인지 기능을 분석한다.16)(예: Rumelhart & Ortony, 1976; Schank & Abelson, 1977) 이런 접근 방법과 관련된 것을 정신적 분석 이론이라고 한다(Gentner & Stevens, 1983; Seel, 1995). 이 이론의 관점에서는 복합적 인지 기능의 학습을, 이 기능 획득의 각 단계에서 효율적인 문제 해결을 위하여 요구되는 선언적·절차적 지식 둘 다를 포괄하는 복합적인 정신적 모형의 점차적인 개발로 본다. 이 과정을 **정신적 모형의 발달**(mental model progression)이라고 한다. 심리학적 관점에서 보면, 프레임 기반의 접근과 정신적 모형의 접근은 학습 과정을 적절히 모형화하기 어렵기 때문에 산출 체제의 간결성을 결하고 있다. 그러나 교수적인 관점에서 보면, 이 모형은 숙련된 실행의 기초를 형성하는 지식에 대한 고차적인 추론을 가능하게 해 주기 때문에 정신적 모형에 의하여 생각하는 것은 고려할 가치가 있다. 연습의 계열화에 대한 정신적 모형의 적용은 10장에서 살펴볼 것이다.

요약하면, 효율적인 문제 해결의 기반은 영역 특수적 지식이 풍부하게 서로 관련되어 있을 때 가능하다는 것을 보았다. 여기서 말하는 풍부한 지식 기반이란 헤아릴 수 없는 상호 관련성을 갖고 있는, 개념적이고 계획과 같고 원리화된 지식이 포함되어 있는 것을 말한다. 그 지식 기반을 구성하는 인지적 구조를 인지적 쉐마라고 하며(Chi, Feltovich & Glaser, 1981; Sweller, 1988), 이 쉐마는 단순한 쉐마(예: 단순한 개념, 계획 혹은 원리), 보다 복잡한 쉐마(개념적 망, 목표-계획 위계, 인과적 망), 정신적 모형과 같은 다양한 지식의 유형이 고도로 통합된 망까지 다양하다. 인지적 쉐마는 다음과 같이 두 가지 기능을 한다고 가정한다.

- 문제의 심층적 구조를 추론함으로써 문제나 하위 문제를 분류하게 해 준다.
- 동일한 클래스에 속한 문제 해결을 위한, 일반적이지만 영역 특수적 계획과 원리들을 제공해 준다.

4.2 선언적 지식의 개발

영역 특수적 절차적 지식의 개발과 비교해서 선언적 지식의 개발, 특히 보다 복합적인 쉐마의 개발에 대하여 알려진 바는 많지 않다. 새로운 지식을 기억 속의 기존 지식에 의식적으로 연합하기, 정보 비교 및 대비하기, 유추적 지식 탐색하기, 지식의 부분이나 종류에 따라 새로운 정보 분석하기, 수많은 구체적 사례로부터 지식 축약하기와 같은 수많은 방법으로 학습자들은 선언적 지식을 구성하기 때문에 그럴 수 있을 것 같다. 여기에서는 다음의 세 가지 학습 과정을 통한 선언적 지식의 개발에 대하여 살펴보려

---

16) 이해를 더 복잡하게 하기는 해도 연구자들은 이 프레임을 인지적 쉐마라고 부르기도 한다.

고 한다.

- 정교화(elaboration)
- 귀납(induction)
- 학습하는 방법에 대한 학습(learning to learning)

정교화

학습자의 기억에 새로운 정보를 증가시키는 최선의 방법은 학습 자료의 정보를 정교화하도록 하는 것이다. 정교화는 학습자의 기존 지식을 새로운 지식으로 풍부하게 하는 것이다. 학습자는 새로운 지식을 정교화할 때, 일반적인 용어로 그 정보를 이해하기 위한 인지적 구조를 제공해 줄 수 있는 인지적 쉐마를 그들의 기억(memory)에서 먼저 찾는다. 이 세마는 새로운 정보에 연결되고, 새로운 정보의 부분이 아니었던 쉐마를 찾아 내어 그 쉐마는 이제야 새로운 정보와 연결이 되었다. 학습자의 기억 속에 이미 존재하는 하나 혹은 그 이상의 쉐마와 새로운 내용을 학습자가 의도적으로 연결했기 때문에 이 학습 과정은 유의미 학습의 형태를 취하게 된다. 따라서 학습자는 어떤 내용에 대하여 이미 알고 있는 것을 이용하여 새로운 정보를 구조화하고 이해하게 된다.

정교화의 주된 결과는 하나의 쉐마 안에서 그리고 그 쉐마와 다른 쉐마가 무수히 연결되어 새로운 정보의 풍부화가 이루어진 하나의 인지적 쉐마이다. 이렇게 됨으로써 그 쉐마의 재생 가능성(retrievability)과 사용 가능성이 높아지게 되는데, 특정 정보에 대한 다중의 재생 경로가 늘어나기 때문이다. 간단히 말해서, 정교화의 결과는 내용의 구조적 이해를 제공하는 풍부한 지식 기반이라고 할 수 있다. 이 지식 기반은 통제된 처리에 의한 작동에 적합하며, 결국 문제 해결 행동으로 이끌어 줄 수 있다.

귀납

학습자가 새롭게 제시된 정보를 자신의 기존 지식 기반에 통합할 때 정교화가 일어난다. 그리고 연습과 직접적인 경험을 통하여 선언적 지식 혹은 인지적 쉐마의 수정도 가능하다(Proctor & Reeve, 1988). 쉐마의 귀납은 쉐마 형태로 새로운 지식을 구축하거나, 새로운 지식을 주어진 상황에 보다 적합하도록 기존의 쉐마를 수정하려고 할 때 중요한 방법이다(Holland, Holyoak & Nisbett, & Thagard, 1986). 귀납적 처리를 위한 두 가지 주된 방법은 축약화와 유사한 일반화(generalization)와 변별(discrimination)이다.

일반화란 하나 또는 그 이상의 보다 구체적인 경험에 기초하여 쉐마의 보다 일반적이거나 축약된 버전을 이끌어 내는 과정을 말한다. 예를 들면, 하나의 개념에 대한 일련의 정적 보기(positive instances)들이 있다면 보다 일반적인 개념이 생성될 수 있고, 관련된 문제 클래스에 대한 일련의 성공적인 해결책들이 있다면 보다 일반적인 계획이 생성될 수 있으며, 하나의 원리가 적용된 이벤트가 있다면 보다 일반적인 원리가 생성될 것이다. 보다 축약적인 쉐마는 일반적인 측면을 묘사하고 세부적인 것을 줄여 줄 수 있다. 일반화는 일련의 예들을 이용하여 촉진될 수 있다고 가정하는 것이 일반적이지만, 단 하나의 예만으로도 일반화는 가능하다(예: Elio & Anderson, 1984; Kieras & Bovair, 1986). 2＋3과 3＋2의 결과가 같다는 원리를 어린아이가 발견했다고 하자. 여기에서 귀납적으로 이끌어 낼 수 있는 원리는 "두 숫자를 더할 때, 더하려는 숫자의 순서는 결과에 아무런 영향을 미치지 않는다."이다. 그러나 이 하나의 구체적인 사례의 일반화는 "일련의 숫자를 더할 때, 더하려는 숫자의 순서는 결과에 영향을 미치지 않는다."는 원리도 나오게 할 수 있다.

어떤 의미에서 변별은 일반화의 반대이다. 변별은 쉐마의 보다 구체적이거나 상세한 버전이 구체적인 경험을 통하여 나오는 과정을 말한다. 예를 들어, 하나의 개념에 대한 부적 보기들(negative instances)이 있다면 보다 특정한 개념이 생성되고, 관련된 문제 클래스에 대한 일련의 실패한 해결책이 가용하다면 보다 특정한 계획이 생성되며, 하나의 원리에 모순되는 일련의 이벤트가 있다면 보다 특정한 원리가 생성될 수 있을 것이다. 이런 모든 사례에서 그 쉐마의 적용 범위를 제한하는 특정한 조건들이 그 쉐마에 추가될 것이다(Carbonell, 1984, 1986). 일반화처럼 변별도 단 하나의 예에 기초할 수 있다. 학습자가 의도적으로 노력해서 일반화와 변별을 하려고 하는 명시적 학습 형태에서는 그것이 가능하다.

명시적 학습과 함께, 사람들은 학습의 묵시적 형태를 사용할 수 있다고 어떤 연구자들은 주장한다. 그런 **묵시적 학습**(implicit learning)은 다소간 무의식적인[17] 귀납적 처리 형태를 유발한다. 예를 들어 Reber(1976)에 따르면, 학습자들은 정적 혹은 부적이라고 명명된 다양한 예를 본 뒤에 하나의 특정한 클래스에 예들이 속하는지를 분류할 수 있었다고 한다. 이 피험자들은 그 예물들을 분류할 수 있는 법칙을 분명히 학습했지만, 의식적으로 그 법칙을 생성할 수는 없었다. Berry와 Broadbent(1988)에 따르

---

17) 묵시적 학습이 정말로 무의식인지 아닌지는 미해결의 논쟁으로 남아 있다(Dulany, Carlson, & Dewey, 1984).

면, 의사 결정을 위하여 엄청난 양의 정보의 통합을 요구하는 실행 맥락에서 학습자들은 묵시적 형태의 학습을 전형적으로 사용한다고 한다. 그리고 나서, 학습자들은 시스템 변수들을 관찰해서 기억 속에 변인들 간의 모든 우연적 유관성(contingencies)을 저장한다. 교수적 측면에서의 시사점은, 많은 정적 · 부적 예들은 명백한 결정 알고리즘이 없어서 많은 양의 정보를 통합할 필요가 있는 과제의 귀납적 처리를 위해서는 결정적으로 중요하다는 것이다.

학습하는 방법에 대한 학습

정교화와 귀납에 의한 쉐마 획득은 최소한 어느 정도는 전략적 통제에 달려 있다. 그것들의 획득은 학습자의 자발적인 노력과 의식적인 주의 집중이 필요함을 의미한다. 규칙 자동화 모형에서는 일관적인 연습과 "해 봄에 의한 학습(learning by doing)"이 중요하지만, 의도적인 축약, 분석, 비교, 대조, 정보 통합과 같은 활동들도 쉐마 획득을 위해서 중요하다. 따라서 "생각을 통한 학습(learning by thinking)"과 "해 봄을 통한 학습"은 상보적 관계에 있다.

이 관점은 규칙 자동화 모형과 모순되지 않는다. 그 대신, 정교화와 귀납적 과정 그 자체는 산출 체제에 의하여 모형화될 수 있기 때문에 그 자체도 학습될 수 있음을 지적하고 있을 뿐이다. 자학 기능(self-study skills), 학습 전략, 일반적 문제 해결 기능[18]과 같은 **고차적 기능**들을 가르치는 것은 효과적인 쉐마 획득에 핵심적인가를 논의해 볼 수 있다. 이런 입장은 일반적인 교육의 맥락에서는 지극히 사실이다. 그러나 복합적 인지 기능의 훈련 상황, 특히 산업 교육의 맥락에서 고차적 기능에 대하여 상당한 훈련 시간을 투입하는 것은 대개 현실적이지 못하다. 이 책에서 이 문제를 더 이상 논의하지 않는 것은 이런 이유 때문이다.[19] 특히, 이 책에서 다루고 있는 기능을 학습할 대상 학습자들(이들은 대학을 졸업한 성인 학습자가 대부분이기 때문이다.)은 효과적인 쉐마 획득에 필요한 고차적 기능들을 이미 습득하고 있을 것이라고 가정한다. 이 학습자들이 이미 습득하고 있는 고차적 기능들을 효과적으로 활용할 수 있게 지원하도록 교수설계를 하려고 할 것이다.

---

18) 일반적 문제 해결 기능이나 약한 방법들은 기본적인 영역 특수적 산출로 3장에서 취급했음에 유의해야 한다. 다른 관점에서 약한 방법들은 어느 정도 학습 가능하다. 이 문제는 아직 해결되지 않는 논쟁점이다.

19) 그러나 복합적 인지 기능의 훈련에 대하여 이 책에서 논의한 많은 원리들도 이런 고차적 기능 훈련의 설계에 적용될 수 있다.

요약하면, 쉐마 획득에서 핵심적인 과정은 구체적 경험을 통한 귀납과 새로운 정보의 정교화이다. 귀납은 일반화와 변별을 포함한다. 일반적으로 말하면, 정교화와 귀납은 학습될 수 있는(즉, 일련의 산출로 모형화될 수 있다.) 전략적이고 의식적인 과정이다. 처리해야 할 정보의 양이 지나치게 많거나 분류 혹은 결정 알고리즘이 불분명하기 때문에 명시적 학습이 효과적일 수 없다면, 학습자는 보다 덜 의식적이고 보다 묵시적인 학습 형태로 전환할 수도 있다.

4.3 절차적 지식의 개발

쉐마 획득 모형은 숙련된 실행의 비순환적 측면에 특히 중요한 인지적 쉐마를 어떻게 개발할 것인가에 대한 유익한 정보를 제공해 주고 있다. 그러나 그 초점을 분명히 선언적 지식의 개발에 두고 있었을 뿐, 절차적 지식의 개발에 대해서는 이렇다 할 논의가 없었다. 규칙 자동화 모형은 복합적 인지 기능의 획득에 포함된 학습 과정의 보다 완전한 관점에 이르기 위해서 쉐마 획득 모형을 반드시 보충해야만 한다. 쉐마 획득 모형을 규칙 자동화 모형에 연관시키는 주된 측면을 다음에서 살펴보기로 한다.

인지적 쉐마의 컴파일화

인지적 쉐마는 문제를 같은 클래스에 속하는 것끼리 분류하고 그 문제를 해결하는 데 도움이 되는 계획과 원리를 제공해 준다. 3장에서 살펴보았듯이, 그 인지적 쉐마를 해석하는 영역 특수적 산출에 의하여 행동이 생성된다. 그 결과로 생성된 쉐마 기반 행동은 초보적인 방식(즉, 지식 기반 행동)에 의한 문제 해결 행동보다 훨씬 효과적이다. 왜냐하면 쉐마 기반의 행동은 주로 가용한 쉐마에 의하여 통제되고 안내되기 때문이다. 나아가 정교화와 귀납 과정으로 형성된 쉐마는 모든 선언적 지식처럼 충분한 연습만 이루어졌다면 영역 특수적 산출로 컴파일될 수 있다. 그리고 나서 컴파일된 산출은 이 쉐마를 더 이상 참조하지 않고도 그 인지적 쉐마의 활용 효과를 직접적으로 나타낼 수 있다(Anderson, 1987b; Lewis & Anderson, 1985). 아이가 과거 시제로 동사를 사용하는 영역 특수적 산출을 어떻게 형성하는지 다음의 간단한 예를 하나 보자.

IF　　　과거에 일어난 어떤 것에 대하여 이야기를 해야 하고, 'walk'라는 동사를 사용해야 한다면

THEN　'walked'라고 말한다.

IF 과거에 일어난 어떤 것에 대하여 이야기를 해야 하고, 'jump'라는 동사를 사용해야 한다면

THEN 'jumped'라고 말한다.

여기에서 쉐마 획득은 많은 동사의 과거 시제는 그 동사에 -ed를 붙임으로써 구성된다는 원리를 찾는 것이다. 쉐마 획득의 이 과정은 아동에게 어떤 의식적인 주의 집중을 요구한다는 가정이 깔려 있다.[20] 그러므로 하나의 언어에 대한 학습의 한 측면은 다음과 같은 인지적 쉐마를 유추해 내는 것으로 볼 수 있다.

현재에서 과거 시제로 전환하는 것을 그 동사에 -ed를 붙임으로써 나타낸다.

이 쉐마는 연습을 통하여 앞에서 본 보다 상세한 산출과 같은 효과를 나타내는 보다 일반적인 산출로 컴파일될 수 있는 선언적 지식(여기서는 하나의 간단한 원리)이다.

IF 과거에 일어난 어떤 일에 대하여 이야기하려고 한다.

THEN 동사＋ed를 사용한다.

따라서 보다 일반적인 산출이 컴파일되는 것은 쉐마의 획득으로만 가능하다. 물론 이 쉐마는 불규칙 동사에는 적용되지 않기 때문에, 이 예에서 보다 일반적인 산출은 하나의 과잉 일반화(over-generalization)이다. 그리고 어떤 경우에 이 쉐마가 적용되고, 불규칙 동사와 규칙 동사를 변별할 수 있는 또다른 쉐마를 만드는 것을 아동이 다소 의식적으로 발견해야 할 것이라고 가정해야 한다. 그리고 나서 이 쉐마는 연습을 통해 보다 상세한 산출을 컴파일하기 위하여 사용될 수 있다.

그 쉐마가 문제 상황에서 일관되고 반복적으로 사용될 때만 쉐마의 컴파일화가 일어난다는 사실에 유의해야 한다. 복합적 인지 기능에서 이 조건은 종종 충족되지 않기도 한다. 예를 들어, 아주 숙련된 문제 해결자(troubleshooter)는 역동적인 어떤 시스템의 특정 고장에 대한 행동의 인지적 쉐마를 한두 번의 시도만으로 구성할 수 있다. 이 사람은 하나의 문제 상황을 만나면 자신의 문제 해결 행동을 인도하는 구체적인 쉐마("아하, 7~8년 전에 이 같은 문제를 해결해 본 적이 있지. 그 문제구나.")를 사용할 수 있다. 그러나 이 쉐마는 영역 특수적 산출로 컴파일될 만큼 자주 적용되지 않는다.

---

20) Anderson의 초기 ACT* 이론에서 귀납을 의식적인 통제에 의존하는 것이 아니라 기초적인 과정으로 취급했음에 유의해야 한다. 그러나 그의 최근 이론은 여기에서 제시하고 있는 귀납에 대한 견해와 일치한다.

결론적으로, 인지적 쉐마의 컴파일화와 기능 획득의 비연속적 측면 혹은 비연속적 학습 곡선을 연관시키는 것은 흥미로운 일이다. 여러 연구자들의 지적에 따르면 (Lesgold, 1984; Schneider, 1985), 하나의 복합적 인지 기능을 학습하는 데 있어서 그 실행의 질은 학습자들이 가진 경험의 양을 항상 반영하지 않는다고 한다. 실행에 있어서 고원(plateaus)은 흔히 있는 일이고, 동기 유발의 감소에 의하여 설명될 수 있다. 그러나 보다 흥미로운 사실은, 발달(혹은 개발)은 비단음이라서 학습자들이 실행에 있어서 종종 퇴보를 보이기도 한다는 점이다. 불규칙 동사(she *wrote*, she *saw*)의 과거 시제를 올바르게 사용한 뒤에도 학습자들은 틀리게 사용하기도 한다(she *writed*, she *seed*). 시간이 좀 지나면 퇴보되기 전보다 나은 수준으로 돌아가는 것이 보통이다. 이렇게 단순하지 않고 일시적으로 실행에 퇴조를 보이는 현상은 두 가지의 표상 체제의 동시적 가용성(simultaneous availability)으로 설명될 수 있다. 이 경우, 쉐마 기반 표상과 규칙 기반 표상 중에 어느 하나가 충분하게 개발되지 않았을 때 이 둘은 서로 방해를 한다(Lesgold, Rubinson, Feltovich, Glaser, Klopfer, & Wang, 1988).

발견 기법과 체제적인 문제 접근

지금까지 원리와 계획은 이 세계가 무엇과 같은가를 기술하는 인지적 쉐마를 주로 나타내기 위하여 기술적인 형태로 주로 공식화되어 왔다. 그러나 특히 그 원리나 계획이 학습자로 하여금 문제에 접근하고 이해하며, 문제 해결에서 학습자가 가지고 있는 자원을 효과적으로 정리하도록 도와 주는 일반적 지식인 **전략적 지식**에 관심을 갖는다면, 교육공학 분야에서는 특정 원리나 계획을 처방적 형태로 공식화하는 것이 일반적이다. 이 분야에서 하나의 원리를 예로 들어 보면,

> 연습의 양과 실행의 수준 간에는 정적 상관이 있다.

이 원리는 처방적·발견적 형태로 다음과 같이 공식화할 수도 있다.

> 최상 수준의 실행에 이르고 싶다면, 최대의 연습량을 제시하는 것을 고려할 수 있다.

고도의 영역 특수적 규칙과는 대조적으로, 처방적 원리나 발견 기법은 더욱 일반적이라서 "X에 도달하고 싶다면 Y를 해 보도록 할 수 있다."와 같은 형태로 표현된다. 만일 하나의 연속선상에서 한쪽 극단에 고도의 영역 특수적이고 알고리즘적인 규칙이, 다른 극단에 대단히 영역 일반적이고 약한 방법이 있다면 그 중간쯤에 발견 기법을 둘

수 있다.[21] 이 양 극단은 하나의 특정 영역에 연결되지만, 이 해결책의 한 부분을 알고 리즘적으로 상세화하는 대신에 하나의 해결책을 탐색하는 하나의 좋은 방향을 간단하게 가르쳐 줄 수 있다. 탐구 기법의 다른 예를 보면 다음과 같다.

- 차를 운전하는 중에 좌·우회전을 하기가 어렵다면, 그 각도를 추정해서 그 각도에 맞도록 운전대를 돌리면 될 것이다. 어떤 사람들은 도로 선과 자동차의 후드 장식에 줄을 맞추어 운전대를 돌리기 때문에 이런 발견 기법이 실행을 증진시켜 줄 수 있는데, 이 전략은 너무 많은 의사 결정을 해야 하기 때문에 작업 부담이 늘어나게 된다(Schneider, 1985).
- 빠르게 움직이는 객체를 조정해야 하는 컴퓨터 게임을 하고 있다면, 그 객체를 보려고 하지 말고 화면에 객체가 움직이고 나서 남기는 이미지를 보려고 하라. 이 기법은 그 사후 이미지(after-image)가 빠르고 눈을 방해하는 움직임을 억제하기 때문에 게임 실력을 높일 수 있다.
- 항공기들의 교통을 통제하고 있다면, 교정을 최소화함으로써 그 항공기를 통제하도록 한다. 어떤 사람들은 수많은 항공기를 조정하기에 적합하지 않은 수많은 작은 교정들 중에서 하나의 전략을 사용하기 때문에 이 발견법이 실행을 증진시킬 수 있다.

기술적 공식과 처방적 공식의 구별은 학습자에 의하여 도달해야만 하는 목표에 관심을 두는 계획이라면 그 계획에도 적용될 수 있다. 예를 들어, 기계의 문제를 해결하기 위한 행위의 순서를 공부할 때(Mettes, Pilot, & Roossink, 1981) 전문가들은 다음과 같은 스크립트를 사용한다.

상위 수준의 목표: 기계 문제 해결하기
　목표: 문제를 주의 깊게 읽기
　목표: 그 상황에 대한 계획(scheme) 만들어 보기
　　하위 목표: 그 시스템과 시스템의 범위 그리기
　　하위 목표: 범위의 특징 적어 보기
　목표: 이것이 표준적인 문제인가 판단하기
등등

---

21) 어떤 연구자들은 이 발견 기법이나 처방적 원리를 간단하게 **법칙**(rule)이라고 부른다. 하지만 영역 특수적 산출의 형태를 취하는 규칙을 학습하는 것(즉, 규칙 자동화의 과정)과 발견적 형태를 취하는 법칙을 획득하거나 유추하는 것(즉, 쉐마 획득의 과정)은 분명히 다르다 (VanLehn, 1991).

이 스크립트는 간단하게 처방적 계획이나 문제 해결을 위한 체계적인 접근(SAP: Systematic Approach to Problem solving)으로 제시될 수 있음을 알 수 있다(Mettes & Pilot, 1980; Mettes, Pilot, & Roossink, 1981). 발견 기법과 마찬가지로 SAP는 일반적이라서 이것을 적용하면 문제가 해결될 것을 보장하지 못한다. SAP는 하나의 특별한 영역에서 문제 해결을 위한 좋은 접근 방법임을 보여 줄 뿐이다. 발견 기법과 SAP의 중요한 차이는 그 방법들의 적용 범위이다. 발견 기법은 복합적 인지 기능의 한 측면(예: 하나의 부분 기능의 실행)만을 포함하는 것이 일반적이지만, SAP는 포함된 대부분의 부분 기능들의 조정과 통합에 주목을 끌 수 있는 수단을 제공한다.

일반적으로, 행위를 안내하는 데 있어서 발견 기법이나 SAP의 효율성은 그 영역에 대한 보다 구체적인 지식을 얼마나 가지고 있느냐에 크게 좌우된다. 이런 측면에서 이 방법은 약한 문제 해결 방법과 아주 유사하다. 한편, 충분하게 연습이 이루어졌다면 발견 기법이나 SAP 그 자체도 선언적 표상을 더 이상 참조하지 않고도 그 쉐마만큼 효과가 있는 영역 특수적 산출로 컴파일될 수 있다. 여기서 흥미로운 현상은 소위 말하는 **실천적 지식**(tacit knowledge)[22]에 관련된 것이다. 이 실천적 지식의 특징은 첫째, 말로 표현하기가 어렵고, 둘째, 발견적이고 절차적으로 비형식적인 특성을 갖고 있다(LePlat, 1990). 이런 지식의 개발을 위하여 사람들은 자신의 직업 상황에서 하나의 복합적 인지 기능을 실행하면서 발견 기법과 SAP를 유추하는 것이다. 이들은 직접적인 경험을 하게 됨에 따라 이 지식을 절차적인 형태로 컴파일하고 나면, 그 지식은 선언적 지식의 형태로 더 이상 사용할 필요가 없기 때문에 말로는 표현하기 어렵게 된다(Reber, 1989). 이와 같은 유형의 지식은 숙련된 실행이 일어나는 데 중요하기 때문에, 이런 유형의 지식 훈련에 관심을 가질 필요가 있다.

4.4 분석과 설계를 위한 시사점

이 장에서 논의한 쉐마 획득 모형은 분석과 설계를 위한 몇 가지 분명한 시사점을 제시해 주고 있다. 복합적 인지 기능의 분석을 위한 시사점으로, 훈련 후 쉐마 기반 과정으로 실행되어야만 하는 기능으로서 비순환적 부분 기능을 위한 최종 목표 행동은 그 행동 실행의 기초를 이루는 복합적인 쉐마(개념적 망, 목표-계획 위계, 인과적 모형)로 분석되어야만 한다. 이렇게 쉐마화된 지식은 비순환적 부분 기능의 실행에 도움을 줄 것으로 기대되기 때문에 **지원적 지식**(supportive knowledge)라고 한다. 이 유형의

---

22) 다른 밀접한 개념으로는 실천적 기능, 묵시적 지식, 활성 지식, 실제적 지능, 요령이 있다.

분석은 9장에서 살펴볼 것이다.

그 다음 시사점은 지원적 지식의 효율적인 사용을 도와 줄 수 있는 쉐마 획득 내지는 전략적 지식을 통해서 개발되는 절차적 지식 구조의 분석에 관한 것이다. 이것은 영역 일반적인 "약한 방법"보다는 훨씬 강하지만 아직도 발견적 특성을 가지고 있는 방법이다. 이 방법은 영역 의존적 발견 기법 혹은 SAP이다. 이 전략적 지식의 분석은 10장에서 다룰 것이다.

또다른 시사점은 훈련의 설계에 대한 것이다. 쉐마 획득 모형의 시사점은, 기능의 획득은 구체적인 경험으로부터 쉐마를 귀납적으로 추리해야 한다는 것이다. 따라서 학습자들은 유사한 문제로부터 계획, 원리나 개념을 일반화하거나, 유사하지 않은 문제들로부터 변별을 함으로써 문제와 그 해결책을 축약해야 한다. 연습은 문제와 예들의 고도의 다양성과, 문제와 그 예들로부터 의도적인 축약을 명시적으로 불러일으킴으로써 그런 귀납적 유추를 촉진해야 한다. 귀납적 처리와 의도적 축약을 촉진하기 위한 연습의 설계는 11장에서 다룰 것이다. 이 연습의 설계는 전체 과제 연습(whole-task practice)에 대한 것이고, 훈련 프로그램의 기초적인 청사진을 제시할 것이다.

마지막 시사점은, 학습자에게 그 기능의 획득과 옳은 실행을 지원하기 위한 정보 제시에 관한 것이다. 이것은 지원적 지식 자체, 발견 기법과 SAP, 그 기능의 비순환적 측면의 피드백에 관한 것이다. 쉐마 기반 행동의 효과성이 학습 자료의 이해에 좌우되는 정도가 크기 때문에, 정보는 연습 부분보다 앞서 제시되어야만 기억에 이미 저장되어 있는 지식과의 통합을 자극할 수 있다(즉, 정교화). 이 문제는 뒤의 14장에서 다룰 것이다.

4.5 요약

이 장에서 개념과 개념망, 계획과 계획-목표 위계, 원리와 인과망, 정신적 모형과 같은 인지적 쉐마로 선언적 지식을 조직하는 몇 가지 주요 유형에 대하여 살펴보았다. 선언적 지식의 개발에 대한 문제를 살펴보았고, 이 선언적 지식의 개발과 절차적 지식, 전략적 지식의 개발 간에는 상보적 관계가 있음도 보았다. 그리고 복합적인 지식의 분석과 훈련의 설계를 위한 쉐마 획득 모형의 시사점에 대하여 살펴보았다. 이 장의 주요 내용은 다음과 같이 요약할 수 있다.

■ 인지적 쉐마는 단순한-복잡한, 자세한-일반적인, 구체적인-축약적인 등의 차

원이 다양하게 조직된 선언적 지식 구조이다.

■ 인지적 쉐마의 중요한 유형은 개념과 개념적 모형, 계획과 목표-계획 위계, 원리와 인과 모형, 정신적 모형 등이다. 정신적 모형은 절차적 지식을 포함한 다양한 유형의 지식을 포함한다.

■ 인지적 쉐마는 문제 혹은 하위 문제들을 그 문제의 심층적인 구조에 따라서 분류할 수 있게 해 준다. 인지적 쉐마는 같은 클래스에 속하는 문제를 해결하기 위한 일련의 일반적인 계획과 원리를 제공해 준다.

■ 인지적 쉐마의 개발은 정교화(새로운 정보를 기존 쉐마에 연결하는 것)와 귀납(쉐마가 구체적인 경험들과 일치하도록 재구조화하거나 재조정하는 것)을 포함한다.

■ 정교화와 귀납은 인식적으로 통제된 의도적인 과정이다. 일반적으로 학습자들은 정교화와 귀납을 하는 데 신중한 노력을 투자해야 한다. 그러나 학습자가 덜 의식적이고 묵시적인 학습 형태로 전환해야 하는 상황들(예: 과도하고 많은 정보, 불분명한 알고리즘)이 있을 수 있다.

■ 정교화와 귀납이 일어나는 데 필요한 하위 과정 자체는 학습될 수 있다. 학습하는 방법에 대한 학습, 자학 기능, 일반적 문제 해결 기능과 같은 고차적 기능은 일반 학교 교육에서는 중요하지만 이 책에서는 더 이상 다루지 않는다.

■ 쉐마 획득은 규칙 자동화를 지원한다. 획득된 쉐마는 충분하게 연습이 이루어진다면 영역 특수적 산출로 컴파일될 수 있다. 이것은 전문가의 발견 기법과 SAP의 "자연스러운" 활용에서 보았듯이, 전략적 지식의 개발을 위하여 특히 중요하다.

핵심 개념

개념 모형	conceptual models
계획	plans
고차적 기능	higher-order skills
관계의 유형(상위, 대등, 하위, 유추적, 상관적, 인과적, 결정적, 확률적)	types of relations(superordinate, coordinate, subordinate, analogical, correlational, causal, deterministic, probabilistic)
구체적인-축약적인	concrete-to-abstract
기능 모형	functional models
단순한-복잡한	simple-to-complex

명시적 대 묵시적 학습	explicit vs. implicit learning
목표-계획 위계	goal-plan hierarchies
발견 기법	heuristics
변별	discrimination
비단음적 획득 곡선	non-monotone acquisition curves
쉐마 컴파일화	schema compilation
스크립트	scripts
실천적 지식	tacit knowledge
심층적 문제 구조	deep problem structure
원리	principles
유의미 학습	meaningful learning
이론적 모형	theoretical models
인과 모형	causal models
일반화	generalization
자세한-일반적인	detailed-to-general
정신적 모형	mental models
정신적 모형의 발달	mental model progression
정신적 이미지	mental images
프레임	frames
학습하는 방법에 대한 학습	learning-to-learn
SAPs	Systematic Approaches to Problem solving

제5장 전이와 성찰적 전문성

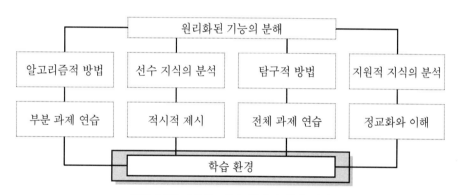

파트 A4의 개요도. 학습 환경의 배경: 전이

이 장에서는 훈련의 전이를 담당하는 인지 과정을 다룬다. 훈련의 전이는, 이전에 본 적이 없는 새롭고 친숙하지 않는 상황에서 학습한 복합적 인지 기능을 수행할 수 있는 능력이나 예전에 해결해 본 적이 없는 새롭고 친숙하지 않은 문제를 해결할 수 있는 능력을 말한다. 이제까지 복합적 인지 기능의 전반적인 특징들과 이 기능들의 획득에 포함된 학습 과정에 대하여 살펴보았지만, 이 장의 초점은 특정한 학습 환경에서의 학습 **성과**(outcomes)이다. 복합적 인지 기능에 대한 훈련 프로그램의 궁극적 목표는 정적 전이인데, 이것이 학습 환경의 유용성을 평가하는 핵심적인 준거이다. 예를 들어 훈련의 성과로서, 컴퓨터 프로그래머들은 새로운 컴퓨터 프로그램을 설계할 수 있어야 하며, 조종사들은 새로운 목적지로 안전하게 항공기를 몰고 갈 수 있어야 하고, 문제 해결자는 예전에 접하지 못했던 오류들을 진단할 수 있어야만 한다. 이러한 모든 학습 성과는 훈련의 전이와 관련되어 있다.

이 장에서는 **성찰적 전문성**(reflective expertise)의 개발(Olsen & Rasmussen, 1989)이 훈련의 전이를 달성하는 데 핵심이 된다는 것을 논의할 것이다. 여기서의 전문성(expertise)은 영역 특수적 산출(production)에 의한 "규칙 기반"적인 하나의 과제의 익숙한 측면을 실행할 수 있는 능력과, 동시에 통제된 처리를 훨씬 효과적이게 하는 인지적 쉐마를 가용함으로써 "쉐마 기반"적인 과제의 친숙하지 않은 측면을 실행할 수 있는 능력을 말한다. 성찰적 전문성은 그러한 규칙 기반과 쉐마 기반 처리가 두 방식으로 상호 작용하는 것이 특징이다. 첫째, 영역 특수적 산출의 적용은 새롭고 친숙하지 않은 문제 상황을 처리하기 위하여 통제된 처리를 사용할 수 있게 해 줌으로써 처리를 하는 데 동원되어야 할 자원을 자유롭게 해 준다. 둘째, 성찰적 전문가는 영역 특수적 절차를 적용하여 질적으로 높은 해결책이 나올 때까지 성찰을 하는 것을 포함하여, 인지적 쉐마를 이용하여 자신의 실행(performance) 결과를 모니터하고 평가를 한다. 규칙 기반 행동과 쉐마 기반 행동의 결합은 학습한 기능과 지식의 전이를 의미하는 것으로 여겨진다(Thorndyke & Hayes-Roth, 1979).

이 장의 5.1절에서는 전이에 대한 주요한 역사적 입장들을 간략하게 살펴본다. 연합주의적 접근(Associationist Approach)과 의미 이론(Meaning Theory)은 규칙 자동화 모형과 쉐마 획득 모형에서 여전히 그 중요성이 인정되고 있다. 5.2절에서는 이 입장에 기초한 전이 기제에 대하여 살펴볼 것이다. 이와 함께, 이들 전이 기제는 성찰적 전문성의 특성을 설명하고, 특정 훈련 전략의 전이의 예측에 대한 합당한 기초를 제공한다. 다양한 전이 기제의 시사점, 복합적 인지 기능의 분석과 학습 환경의 설계를 위한 성찰적 전문성 개념은 5.3절에서 논의될 것이다. 인지 부하 이론(Cognitive Load Theory)이 훈련 설계를 위한 의사 결정을 설명할 수 있는 틀을 제공한다는 주장이 다루어지고, 간략한 요약과 함께 이 장을 마무리한다.

5.1 전이에 대한 역사적 입장

역사적으로 오랫동안 전이에 대한 연구가 이루어져 왔다(Adams, 1987; Annett, 1989; Annett & Sparrow, 1985; Ellis, 1965; Osgood, 1949; Royer, 1979). 19세기 말까지, 전이에 관한 유력한 견해는 소위 말하는 형식 도야설이었다. 신체적 훈련과 근육의 힘의 비유와 같이, 라틴 어나 기하학과 같은 "어려운" 교과의 정신적 훈련으로 정신의 힘도 세질 수 있다고 이 이론은 주장하였다. 이렇게 어려운 교과를 공부하면 교육 과정의 모든 다른 교과의 성적도 증진될 수 있을 것으로 기대하였다. 19세기 말쯤에 와서, 훈련 전이의 문제에 대해 중요하게 다루어지고 있는 다음 두 가지의 연구 방향으로 가닥을 잡게 되었다.

- **연합주의적 접근**(Associationist Approach).   훈련의 전이와 관련하여 Thorndike와 Woodworth(1901)의 동일 요소 이론이 있다.
- **형태주의적 접근**(Gestalt Approach).   훈련의 전이와 관련하여 Selz의 "지적 과정"의 기본적 개념(Mandler & Mandler, 1964)이 있으며, 이 이론은 또다른 의미 이론(Meaning Theory)으로 발전하였다.

연합주의적 접근

연합주의자들은 사고 과정을 단순히 암묵적 행위로 본다. 하나의 제대로 된 반응이 얻어질 때까지 모든 그럴듯한 반응들을 마음 속으로 시도해 보는 과정이 사고이다. 이러한 시행 착오 과정은 눈에 보이지 않기 때문에, 마치 전광석화처럼 순식간에 해결책이 나타난 것처럼 보일 수 있다. 이 같은 연합주의적 관점에서 나온 Thorndike와 Woodworth(1901)의 동일 요소 이론에 의하면, 하나의 과제로부터 다른 과제로의 전이는 이 두 과제가 동일한 요소를 공유할 때 일어난다고 본다. 동일한 요소들의 의미가 정확히 무엇을 의미하는지는 명확하지 않지만, 이 개념은 대체로 자극-반응 쌍들과 유사한 무엇을 의미하는 것으로 해석된다(Orata, 1928). 때로는 자극과 관련된 유사한 정신적 행위나 습관도 포함될 수 있다는 점에서, 이 이론은 보다 폭넓게 개념화되기도 한다(Cox, Valsiner, & Ornstein, 1987). 일반적으로 동일한 요소가 많을수록 전이의 양이 커진다고 가정한다. Osgood(1949)은 20세기 초반부 50년간 이루어진 전이에 관한 연구를 "transfer surface"라는 자신의 영향력 있는 논문에서 종합하였다. 이 논문에 따르면, 전이는 원래의 과제와 전이 과제에서 자극과 반응 간 관계의 유사성, 차이점과 기능적으로 관련된다고 한다.

학습과 학습 성과에 대한 관점이 보다 인지적인 쪽으로 이동하면서, 훈련의 전이 연구에 대한 관심은 1960년대와 1970년대에 이르러 줄어들게 되었다. 초기의 과제 획득과 파지 중에 정보의 부호화와 재인이 관련된 인지적 구조와 절차에 대한 연구가 관심을 끌게 되었다(Battig, 1966, 1972; Neisser, 1967; Postman, 1971; Postman & Underwood, 1973; Sternberg, 1969). 그러나 1980년대에 이르러, Cormier와

Hagman(1987)은 학습에 대해 인지적 접근이나 정보 처리적 접근을 취하는 연구자들에게 훈련의 전이에 대해 새롭게 고조되는 관심을 부각시켰다. 훈련의 전이와 관련하여 현재의 인지적 견해는 학습 요소들의 자극-반응 속성을 조심스럽게 분석함으로써 전이 문제에 집중하고 있다. 이제 자극-반응 쌍들은 산출 시스템이라는 보다 강력한 개념에 의해 대체되어 가고 있다. 여기에서 산출은 동일 요소로 볼 수도 있다. 전이는 동일한 산출에 의해 두 개의 과제의 실행이 설명되는 한, 전이도 그렇게 예측될 수 있다(Singley & Anderson, 1985, 1988). 이것은 연합주의적 전통에서 명백하다. 왜냐하면 학습자가 자극 특성들을 공유하는 활동이라고 인식하고, 첫 활동에서 학습된 반응이 그 다음 활동으로 전이될 것이라고 가정하기 때문이다.

형태주의적 접근과 의미 이론

동일 요소를 학습의 전이의 결정적 요인으로 보는 연합주의자들과는 달리, 형태주의 심리학자들은 정신 구조를 중요시한다. 이들은 문제 상황의 한 국면을 다른 국면으로 재구조화하거나 연관짓는 것을 사고의 과정으로 보며, 이런 과정을 통하여 구조적 이해에 이르게 된다고 본다. 하나의 문제가 해결되기 위해서는 문제 상황을 구성하는 요소들을 새로운 방식으로 재구조화하는 것이 요구된다. 이 과정에서 문제 해결자에게 문제 상황을 조직화했던 옛날의 방식들을 깰 수 있도록 도와 주기 위한 힌트를 제공하는 것이 중요하다. 문제를 보는 새로운 방법은 해결책이 갑자기 구해졌을 때 일어나는 "전광석화"와 같은 통찰을 말한다. 형태주의 심리학자들의 주장에 따르면, 학습자가 해결해야 할 문제에 대하여 통찰할 수 있도록 학습 과제를 배치함으로써 하나의 과제로부터 다른 과제로의 전이가 이루어질 수 있다고 한다. 이러한 유형의 학습은 영속적이며 재조직화된 지식이 생기도록 사고하게 함으로써 새로운 상황에의 전이가 가능하게 할 수 있다고 본다.

형태주의 입장의 대부분은 의미 이론(Meaning Theory)이라고 하는 사고에 대한 견해와 밀접하게 관련되어 있다. 아마도 Bartlett(1932)의 쉐마 이론이 사고에 대한 의미적 입장의 가장 적절한 예가 되겠지만, 이 이론에서는 현재의 문제가 기존의 기억에 있는 개념들과 어떻게 연결되는가를 밝히고 있다. 따라서 관계(relations)는 외부의 요소들과 인지적 쉐마들 사이에서 이루어진다. Bartlett에 의하면, "… 쉐마는 잘 적응된 유기적 반응으로 언제나 활성화될 수 있는 과거 경험의 활성적 조직을 의미한다."(p. 201) 의미 이론에 의하면, 사고는 기본적으로 어떤 쉐마나 일련의 과거의 경험들이 새로운 문제에 연결되어야만 할 것인가를 찾아 내는 과정이라고 할 수 있다. 어떤 쉐마를 찾았다면 그 선택된 특정 쉐마에 따라서 새로운 상황이 해석되고 재조직화된다. 훈련의 전이 측면에서 보면, 문제 상황이 유용한 쉐마에 동화될 때 전이가 일어나기 쉽다고 한다.

　연합주의에 근거한 주장들과 함께, 현재의 인지적 이론도 형태주의의 입장을 받아들이고 있다. 최근의 인지에 대한 입장은 그 인지가 근본적인 기억 표상(underlying memory representations)의 본질에 대하여 강력한 가정을 할 때 의미 이론과 연결된다. 학습자들이 정보의 수동적 수신자이기보다는 적극적인 구성자(constructor)이며, 학습자들은 직접적인 지각과 경험을 통하여 만나는 자극에 어떤 구조와 순서를 부여함으로써 환경을 의미 있게 이해하기 위하여 적극적으로 탐색을 한다는 가정이 이 접근의 핵심이다. 정보가 체계적으로 저장되고 재생될 수 있는 고도의 구조화된 저장 시스템으로 기억(memory)을 개념화하고 있다. 전이의 중요한 단계는, 특정한 문제를 만났을 때 필요한 만큼의 관련 정보나 인지적 쉐마를 재생하고 재조직하는 것이다. Royer(1979)에 의하면, 이런 기억–탐색 과정의 강조점은 학습한 문제와 매우 흡사한 근전이 문제를 위한 인지적 접근뿐만 아니라 원전이 문제에도 관련된다고 한다.

　요약하면, 20세기에 들어서서 형식 도야설은 전이에 대한 두 가지 관점으로 대체되었다. 첫째, 동일 요소설이 연합주의적 접근에서 나와서 훈련 과제와 전이 과제 간에 동일한 요소를 공유할 때 전이가 일어날 것이라고 주장하게 되었다. 둘째, 형태주의적 접근과 의미 이론에서는, 과거의 경험 혹은 과거 경험들을 표상하는 인지적 쉐마들을 가지고 있기 때문에 이 쉐마에 의하여 새로운 상황을 재조직하거나 재구조화할 수 있을 때 전이가 일어난다고 보는 것이다. 이 두 가지 접근은 전이에 대한 현재의 인지적 관점에서도 여전히 찾아볼 수 있다. 다음 절에서 살펴보게 되겠지만, 두 가지 전이 기제는 성찰적 전문성이라는 개념에서도 다루어지고 있다.

5.2　성찰적 전문성

성찰적 전문성(reflective expertise)은 앞서 살펴본 두 가지 전이 기제의 결과로 나타난 훈련의 전이를 가능하게 하는 전문성의 한 유형을 말한다. 여기서 말하는 두 기제는, 전이 과제와 훈련 과제가 공유하는 동일 요소와 가용한 인지적 쉐마에 의하여 이해될 수 있는 방법으로 새로운 상황을 재조직할 수 있는 능력을 말한다. 이 절에서는 우선 이 두 가지 전이 기제에 대하여 보다 자세하게 살펴볼 것이다. 둘째, 성찰적 전문성을 다른 전문성의 개념화와 비교해 볼 것이다. 셋째, 전이에 영향을 미치는 다양한 훈련 전략의 효과에 대한 시사점들을 살펴볼 것이다.

전이 기제

규칙 자동화와 쉐마 획득은 복합적 인지 기능의 획득에 있어서 상보적인 학습 과정이라는 관점은 두 가지의 본질적인 기제에 의하여 전이를 설명할 수 있게 해 준다. 즉, 그 기제는 규칙 자동화의 최근 모형과 밀접하게 관련되어 있으면서 연합주의적 전통에 뿌리를 두고 있는 절차적 중첩(procedural overlap)과, 형태주의 심리학과 의미 이론에 바탕을 두고 있으면서 쉐마 획득 모형과 밀접하게 관련되어 있는 쉐마 기반 전이 (schema-based transfer)를 말한다(Jelsma, van Merriënboer, & Bijlstra, 1990).

따라서 절차적 중첩은 전이를 설명할 수 있는 두 기제 중 하나이다. 절차적 중첩은 Thorndike의 동일 요소설의 최신 버전으로서, 이 동일 요소가 산출(production) 시스템에 내장된 것으로 본다(Anderson, 1987a). 절차적 중첩은 훈련 과제를 연습하는 중에 컴파일된 생성 체제가 전이 과제를 실행하는 데 적용할 수 있음으로써 전이를 설명하고자 한다. 이 전이 기제는 **동일한** 절차적 지식의 **동일한** 이용으로 보는 것이다. 기본적인 생성 세트들이 중첩될 정도로 학습된 과제로부터 새로운 과제로의 전이가 긍정적일 것이라고 가정하는 것이다. 예를 들어, 전문 프로그래머는 수십만 가지의 가용한 영역 특수적 산출들(domain specific productions)을 가지고 있을 것이다. 이 산출들은 전문가들로 하여금 거의 자동적으로 해결책이 있는 하위 문제에 있어서 문제의 친숙한 국면들로 재형식화하거나 분리할 수 있도록 하기 때문에, 프로그래밍 행동에서 전이가 일어나게 된다. 산출들은 값을 출력하거나, 반복을 계산하거나, 혹은 의사 결정을 하는 등의 저급 수준의 목표를 해결하기 위하여 별 노력을 들이지 않고도 프로그램 코드를 생성할 수 있다(Anderson, Farrell, & Sauers, 1984).

학습된 과제와 전이 과제 간의 공통 산출들을 확인하는 것은 훈련의 전이를 계량적으로 예측할 수 있게 한다. 예를 들어, Kieras와 Bovair(1986; Polson & Kieras, 1984)는 이 절차들을 위한 산출 시스템 간의 유사성에 기초하여 학습한 절차를 이용하여 간단한 장치를 작동하는 새로운 절차로의 전이량을 성공적으로 예측할 수 있었다. 이런 맥락에서 Singley와 Anderson(1985, 1988)은 하나의 문자 편집기에서 다른 문자 편집기로의 문자 편집 기술의 전이를 예측하였다. 이 전이 기제는, 전이는 지식의 특정한 활용에 매우 한정됨을 시사하고 있다. 예를 들어, 기하학에서 증명 방법을 고안해 내는 것과 증명 방법을 이용하여 증명한 것 간이나, 언어 생성과 언어 이해 사이에는 거의 전이가 기대되지 않는다. 왜냐하면 이 기능들 간에는 서로 다른 산출들이 포함되어 있기 때문이다. 동일한 선언적 지식이 이 두 기능에 관련되어 있기는 하지만, 이 선언적 지식이 반드시 전이에 도움이 되지는 않는다. 왜냐하면 초기 행동을 생성하고 영역 특수적인 산출들을 컴파일하기 위하여 이 선언적 지식은 약한 방법을 이용해서 서로 다르게 해석되기 때문이다.

반면, 잘 정교화된 선언적 지식은 융통성 있게 활용될 수 있으며, 연습 동안 (혹은 일반적으로 선행 문제 해결 상황에서) 새로운 전이 과제의 실행을 유도하거나 통제할 수 있는 인지적 쉐마가 획득되어 있다면 이 쉐마에 기초한 전이가 일어날 것으로 기대할 수 있다. 따라서 쉐마 기반 전이(schema-based transfer)는 전이가 일어날 수 있는 이차적 기제가 될 수 있다. 이 기제는 의미 이론의 최신판으로 볼 수 있으며, 여기에서 인지적 쉐마는 축약적이고 일반화된 지식을 제공해 줌으로써 일반적인 용어에 의하여 새로운 상황을 이해하게 하고, 일반적 이해에 따라 어떤 행동을 할 수 있게 한다. 따라서 이 전이 기제는 동일한 **선언적, 쉐마화된 지식을 다르게** 사용할 수 있게 한다. 유용한 인지적 쉐마가 연습을 통해 획득될 때, 하나의 과제로부터 새로운 과제로의 전이는 훨씬 성공적일 것으로 가정할 수 있다. 아울러, 인지적 쉐마가 풍부할수록 그 쉐마는 다른 인지적 쉐마들과 보다 잘 통합될 수 있으며, 전이가 실제로 일어날 가능성이 높아진다. 통합의 풍부성과 그 강도는 쉐마의 재생 가능성(retrievability)와 접근성(accessibility)을 증가시킨다. 문제 해결자는 선언적 기억에 있는 유용한 쉐마를 의식적으로 찾아야 하는데, 이 지식에 대한 다중적 재생 경로가 있다는 점은 매우 중요하기 때문이다.

유추적 문제 해결 이론(Anderson & Thompson, 1987; Gick & Holyoak, 1980, 1983; Holyoak, 1985)에서는 이 이차적 전이 기제를 유추(analogy) 과정[23]으로 기술하고 있다. 이 과정은 현재의 문제 상황과 다소 덜 유사한 문제 상황에서 획득한 관련이 있는 인지적 쉐마를 비교하는 것이다. 만약 유추가 유용하고 잘 조직화되어 있고, 풍부한 쉐마로 이루어진다면, 해결책에 도달하기 위한 새로운 문제 상황에서 쉐마가 쉽게 재생되고 구성될 수 있는 매우 효과적인 과정이다. 이 과정은 약한 문제 해결 방법보다 훨씬 효과적이다. 예를 들어 컴퓨터 프로그램 분야에서, 평균값을 계산하는 문제를 해결하기 위하여 반복문의 구조를 이용하여 다른 문제들을 해결할 수 있지만, 순환(iteration)을 위한 일반적 쉐마에 대한 유추를 이용하여 해결할 수도 있다. 만약 관

---

23) 3장에서, 유추는 새로운 해결책을 구상하기 위한 하나의 탬플릿(예를 들면, 해결 예에 의하여 제공되는 하나의 해결책)을 사용하는 약한 방법으로 기술되어 있다. 여기에서는 근본적으로 그 과정은 동일하지만 새로운 해결책을 구상하기 위한 하나의 인지적 쉐마를 사용하는 개념으로 보고 있다. 하나의 유용한 쉐마가 가용하다면 이 과정은 매우 유용할 수 있다.

련된 인지적 쉐마가 가용하지 않다면 유추를 할 수가 없어서, 전이 과제를 실행하기 위하여 다른 덜 효과적인 과정을 이용할 수밖에 없다. 그리고 최악의 시나리오는 어떤 해결책도 찾지 못하게 되는 것이다.

전이 기제에 대한 설명의 결론을 내리면서, 복합적 인지 기능들을 실행할 때 두 가지 전이 기제가 동시에 서로 협동해야 함을 강조하고자 한다. 그리고 절차적 중첩은 특히 순환적 부분 기능에 중요한 반면, 인지적 쉐마에 기반한 전이는 전체적인 복합적 인지 기능 내의 비순환적 부분 기능에 보다 중요하다. 특정 내용 영역의 전문가가 "새로운" 문제(예: 새로운 프로그램 작성, 새로운 전자 회로 설계, 새로운 유형의 오류 진단 등)를 해결하고 있다고 가정해 보자. 전형적인 전문가들은 주어진 문제를 익숙하게 거의 자동적으로 해결할 수 있는(절차적 중첩) 영역 구체적 산출들을 가지고 있을 것이며, 주어진 문제의 친숙하지 않은 측면을 일반적인 용어로 이해하기 위하여 필요한 인지적 쉐마(개념적 모형과 인과 모형, 목표-계획 위계, 발견법, 계획 등)도 가지고 있을 것이다. 이 인지적 쉐마는 유추와 같은 통제된 처리를 이용함으로써 이런 일반적인 이해에 기초하여 효과적인 행동을 생성해 낼 수 있게 될 것이다.

전문성 대 성찰적 전문성

(1) 과제의 친숙한 국면을 실행하기 위하여 영역 특수적 산출을 적용하고, (2) 과제의 친숙하지 않은 국면을 실행하기 위해 의식적으로 인지적 쉐마를 활용함으로써 새로운 문제를 해결하거나 새로운 상황에서 하나의 복합적 기능을 실행하는 능력으로 전문성(expertise)의 특성을 규정하면 그 단어의 의미가 분명해진다. 전통적인 초보자-전문가 패러다임에서 "전문가"라는 용어는 개인과 관련되어 있다. 동료들로부터 매우 역량이 있다고 인정을 받는, 특정한 영역에서 오랜 경험을 가지고 있는 사람을 전문가라고 부른다. 따라서 전문성은 시간이 지남에 따라 개발되는 일차원의 구조물로 간주되며, 높은 수준의 전문성은 전형적으로 단계-계열 모형(stage-sequence model, 3.2절 참조)에서 최종적 자동적 단계를 의미한다. 간단히 말하면, 전문가는 특정한 내용 영역의 상당히 높은 수준에서 실행하기 위하여 필요한 자동화된 절차를 가지고 있으리라고 기대된다.

이와는 대조적으로, 4C/ID 모형은 단계-계열 모형에서의 최종 단계보다는 특별한 종류의 행동을 표현하기 위하여 성찰적 전문성(reflective expertise)이라는 개념을 사용한다(Olsen & Rasmussen, 1989). 이것은 개인의 특성이 아니라 맥락 의존적인 개념이다. 첫째, 성찰적 전문성은 어떤 사람이 규칙 기반 행동과 쉐마 기반 행동을 효과

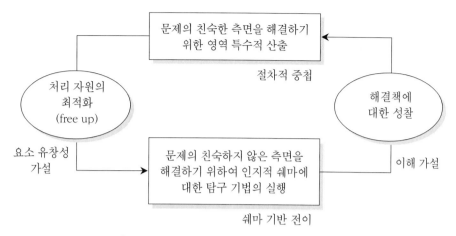

그림 5.1 성찰적 전문성과 두 가지 전이 기제 간의 관계

적으로 혼합하여 어떤 문제를 해결할 때 나타날 수 있다. 둘째로, 복합적 인지 기능을 실행할 때의 진정한 전문성은 자동화된 부분들의 합보다 크다. 만약 숙련되지 않은 실행(unskilled performance)이 숙련된 실행보다 덜 자동화되었다면, 숙련된 사람은 무엇이든지 할 수 있지만 숙련되지 않은 사람은 당연히 덜 자동화된 실행 행동만을 할 수 있을 것이다. 하지만 이것은 분명히 옳지 못하다(Logan, 1985). 부분 기능의 자동화는 복합적 인지 기능의 숙련된 행동을 위하여 중요한 측면이지만, 그 자동화는 성찰적 전문성이 일어나기 위해서는 불충분하다. 그림 5.1과 같이, 성찰적 전문성은 두 가지 전이 기제 간에 존재하는 상호 관련성으로 가장 잘 설명될 수 있다. 이 상호 관련성은 두 가설을 말한다.

- 요소 유창성 가설(the Component Fluency Hypothesis)
- 이해 가설(the Understanding Hypothesis)

요소 유창성 가설(Carlson, Khoo, & Elliott, 1990)은 복합적 인지 기능들을 실행하는 동안 순환적 부분 기능의 자동화는 대폭 인지적 부하를 감소시킨다고 주장한다. 이 가설은 두 가지의 긍정적 효과를 포함하고 있다. 첫째, 순환적인 부분 기능의 자동화가 이루어지면 전체 기능을 보다 유연하게 실행할 수 있으며, 인지적 과부하로 인한 오류를 범할 가능성도 줄어들게 된다(Fisk & Lloyd, 1988). 둘째, 부분 기능의 자동화가 이루어지면 비순환적 부분 기능의 실행뿐만 아니라 전체 과제의 실행에 포함된 부분 기능들의 조정과 조직에 필요한 인지적 자원을 가용하게 해 준다. 따라서 순환적 부분 기능들이 자동화되어 있다면 통제된 처리(쉐마 기반 유추, SAP과 탐구법의 적용 등)는 동시적으로 실행될 수 있다. Frederiksen(1984)은 "문제 해결의 친숙한 측면을 위하여 통제된 처리 자원을 가용하게 하고, 한 활동의 일상적인 요소들에 대하여 자동화된 처리를 사용할 수 있도록 학습을 함으로써 문제 해결 능력은 크게 향상될 수 있다."(p. 365)고 하였다.

그림 5.1과 같이, 두 번째 관련성은 이해 가설(Ohlsson & Rees, 1991)이다. 이 가설은 일반적인 용어로 문제 상황을 해석하는 데 이용될 수 있는 인지적 쉐마를 가용함으로써 그 내용 영역을 이해하게 되면, 전문가로 하여금 자신의 실행 결과를 모니터하고 성찰할 수 있게 해 줄 뿐만 아니라 오류를 찾아서 수정하게 해 준다는 일반적인 믿음에 기초를 두고 있다. 따라서 세상에 대한 우리의 일반적 지식이 우리의 행동을 평가하고 그 유용성을 성찰할 수 있도록 해 준다. 이 가설은 루틴의 엄격한 적용(기계적 학습 절차의 결과일 수도 있는)과 보다 편안해진 전문가 행동이 어떻게 다른가를 잘 구분해 준다(Lesgold, 1984; Hayes-Roth & Hayes-Roth, 1979). 성찰적 전문성은 문제의 일상적 국면을 매우 자동적으로 해결할 수 있는 능력뿐만 아니라, 찾아 낸 해결책의 타당성을 평가하고, 필요할 때 문제 해결 방법들을 서로 교환할 수 있는 능력을 보여 줄 수 있다. 그러므로 가용한 인지적 쉐마를 가지고 있는 전문가는 자신의 실행을 점검하고, 영역 구체적인 절차를 적용함으로써 발견한 해결책을 성찰하며, 만약 차선의 해결책을 찾았을 때는 다른 접근 방법들을 유연하게 시도할 수 있다.

4C/ID 모형의 전이 예측

4C/ID 모형은 비순환적 부분 기능의 실행에 내재된 인지적 쉐마뿐만 아니라 익숙하지 않은 문제의 국면을 시도해 보도록 도와 주는 문제 해결을 위한 체계적 접근과 탐구 방법을 제시함으로써, 복합적 인지 기능 실행을 위한 쉐마 기반 요소를 분명하게 설명하고 있다. 나아가, 귀납적 처리와 정교한 부호화에 의한 적절한 쉐마 획득을 촉진하기 위한 교수 프로그램을 설계하려고 한다. 이러한 사실을 통해서 4C/ID 모형이 기본적으로 주장하려는 것을 보면, 이 모형을 적용하여 성찰적 전문성을 이끌어 내서 결국 전이력을 높이려고 하는 것이다.

또한 앞서 살펴본 두 가지의 상보적 전이 기제를 구분해 보면 전이에 대한 몇 가지 흥미로운 예상을 해 볼 수 있다. 이를 위해서 **근전이**(near transfer)와 **원전이**(far transfer)를 구분해 보는 것이 유용하다. 이렇게 두 가지를 구분해 보면 전이 과제의 연속선이 있음을 알 수 있다. 연속선의 한 극단에 있는 과제들은 학습한 과제와 유사해서 근전이가 필요하지만, 다른 극단에 있는 과제는 학습한 과제와 너무 다르기 때문에 원전이가 필요함을 알 수 있다. 전자의 과제는 학습한 과제와 실제로 동일하다. 이런 과제에 대해서는 근전이라고 하기보다는 흔히 **파지**(retention) 혹은 **자기 전이**(self-transfer)라고 말한다.

　　자기 전이 혹은 근과제의 경우, 학습한 과제와 전이 과제 간의 절차적 중첩이 높다. 두 번째 전이 기제인 쉐마 기반 전이는 이 경우에 적용되지 않는다. 반면에, 원전이 과제의 경우에는 학습한 과제와 전이 과제 간의 절차적 중첩이 점점 작아진다. 이 경우에는 학습한 과제나 전이 과제 중 하나에 관련된 절차의 양이 많이 치중되어 있기 때문이다. 그래서 훈련의 전이는 절차적 중첩으로부터 발생되는 것이 아니라, 이전의 문제 해결 상황에서 획득한 인지적 쉐마가 현재 문제 상황의 친숙하지 않은 국면들의 해결을 도와 줄 수 있는 정도에 따라서 쉐마 기반 전이에 의하여 전이를 설명할 수 있다. 만약 전이 과제가 원래의 훈련 과제와 달라진다면, 쉐마 기반 전이의 중요성이 증가할수록 절차적 중첩의 중요성이 감소한다는 가설을 이끌어 낼 수 있다.

　　4C/ID 모형을 이용하여 학습 프로그램을 개발하면 가장 우수한 프로그램을 개발할 수 있음은 원전이의 실행 성과에서 보다 분명하게 드러나고 있어 그런 예측을 할 수 있다.[24] 컴퓨터 프로그램 영역(van Merriënboer, 1990a, 1990b; van Merriënboer & De Croock, 1992), 가공 산업에서의 오류 관리(Jelsma, 1989; Jelsma & Bijlstra, 1988, 1990), 혹은 통계적 분석(Paas, 1992, 1993; Paas & van Merriënboer, 1992a, 1994a)에서 이러한 예측의 증거를 찾아볼 수 있다. 이런 영역들을 가르치기 위하여 4C/ID 모형에 따라 설계된 훈련 프로그램은 원전이 과제를 위하여 전통적인 방식으로 설계한 것보다 분명하게 우수함이 증명되었지만(van Merriënboer, Jelsma, & Paas, 1992 참조), 근전이 과제를 위한 훈련 프로그램도 4C/ID 모형에 의한 방법이 전통적 방법만큼 혹은 그 이상 효과적이었다. 4C/ID 모형의 전이 효과에 대한 실증적 검증 문제는 15장에서 구체적으로 논의할 것이다.

　　요약하면, 절차적 중첩과 쉐마 기반 전이와 같은 두 가지 전이 기제와 이 두 기제 간의 관계는 성찰적 전문성에서 중요한 역할을 한다. 절차적 중첩은 쉐마 기반 전이를 촉진하는데, 이는 통제된 처리를 위하여 이용될 수 있는 처리 자원(processing resources)의 여유를 제공해 주기 때문이다. 쉐마 기반 전이는 절차적 중첩에 긍정적 영향을 미치는데, 쉐마 기반 전이는 자동화 처리에 의하여 생성된 해결책의 타당성을 성찰해 볼 수 있는 수단을 제공하기 때문이다. 성찰적 전문성이라는 개념은 훈련 전략에 따라 다른 전이가 가능함을 예측하게 해 준다. 특히, 원전이 과제를 위한 훈련

---

24) 이런 이유 때문에 이 모형의 이름에서 4C는 네 요소를 의미하며 'foresee'라고 발음할 뿐만 아니라, 특정 훈련 전략의 전이력을 예측하고 긍정적으로 영향을 미칠 수 있는 잠재성을 동시에 포함한다.

전략은 쉐마 획득과 쉐마 기반 전이를 위하여 보다 주의를 기울일 필요가 있다.

5.3 분석과 설계를 위한 시사점

이 장에서는 복합적 인지 기능의 분석이나 훈련 프로그램 설계에 대하여 이렇다 할 시사점을 제시하고 있지 않다. 그 대신, 다른 전이 기제에 대한 설명과 성찰적 전문성과 같은 맥락에 민감한 개념을 통하여 한 사람의 교수설계자의 전문성을 부분 기능으로 분할하고, 그 부분 기능들을 순환적 부분 기능, 비순환적 부분 기능 중의 하나로 조심스럽게 분류함으로써 자신의 전문성을 출발해야 함을 다시 한 번 강조하고 있다. 순환적 부분 기능을 위한 교수 전략은 학습 과정으로서의 규칙 자동화, 전이 과정으로서의 절차적 중첩에 그 목적을 두어야 한다. 그렇게 함으로써 전체 기능의 실행을 개선시킬 뿐만 아니라, 비순환적 부분 기능의 실행을 위한 자원의 여유를 제공해 줄 수 있다. 비순환적 부분 기능을 위한 교수 전략의 목적은 주된 학습 과정으로서의 쉐마 획득과 전이 과정으로서의 쉐마 기반 전이에 두어야 한다. 그렇게 함으로써 전체 기능을 보다 효과적으로 실행할 수 있게 해 주고, 자신의 행동을 스스로 평가하고 점검하는 데 필요한 지식 창고(knowledge base)를 제공할 수 있게 해 준다.

인지 부하 이론

여기에서 이 책의 첫 파트를 정리해 보고자 한다. 이제까지 살펴본 각 장의 내용으로부터 하나의 결론을 이끌어 내야 한다면, 복합적인 기술적 기능의 학습과 실행은 인간의 한정된 두뇌의 처리 능력에 매우 제한을 받는다는 점이다. 이런 제약을 극복할 수 있는 교수설계가 이루어져야 한다. 복합적 인지 기능의 분석과 그 훈련의 설계를 통하여 전이와 성찰적 전문성을 갖도록 하는 것을 목표로 하는 4C/ID 모형의 일반적 접근은, 교수설계에 대해 인지 부하 이론(Cognitive Load Theory)이 시사하는 바에 의하여 살펴볼 수 있다(Paas & van Merriënboer, 1993, 1994b; Paas, van Merriënboer, & Adam, 1994; Chandler & Sweller, 1991, 1992; Sweller, 1988). 이 이론은 훈련의 설계에 대한 체계적 접근이 인지적 부하의 제약들을 어떻게 극복할 수 있는가에 대한 틀을 제시하고 있다. 이 이론의 기본 요소는 다음과 같다.

- 인지적 과부하 막기(prevent cognitive overload)
- 주의의 방향 돌려놓기(redirect attention)

■ 인지적 부하 줄이기(decrease cognitive load)

복합적 인지 기능의 분석 단계(파트 B)에서는 전체 기능을 부분 기능들로 분할하면서 분석을 시작하도록 제안하고 있다(6장). 이 분할은 학습자들이 순차적으로 실행할 소위 기능군(skill cluster)을 거시적 수준에서 계열화할 수 있다.(예를 들어, 컴퓨터 프로그래머를 훈련하기 위한 프로그램의 경우에 순차적인 기능군은 프로그램의 실행과 관찰, 프로그램의 평가 및 검사, 프로그램의 수정, 프로그램의 설계 및 투입 등이 포함된다.) 이외에도, 특히 비순환적 부분 기능들과 이 기능들의 실행에 포함되어 있는 지식에 대한 추후 분석을 통해서, 하나의 특정 기능군을 훈련하는 기간 동안 학습자가 수행해야만 할 사례 유형(예: 문제와 예의 범주)들의 중간 수준의 계열화를 할 수 있게 된다(10장). 거시적 수준과 중간 수준의 계열화 기법들이 훈련 중에 일어나는 인지적 과부하를 막을 수 있다. 이는 각 기능군에 포함된 기능군들과 사례 유형들이 간단한 것부터 복잡한 것으로 계열화되기 때문이다.

순환적 부분 기능 분석(7~8장)과 비순환적 부분 기능 분석(9~10장)은 설계 단계(파트 C)에서 교수 전략의 선택에 도움을 줄 수 있는 결과이다. 이 전략들은 학습자의 인지적 부하 소모에 대한 추후 통제를 제공해야만 한다. 이렇게 하기 위해서, 순환적 부분 기능에서는 절차적 중첩에 기초하여 규칙 자동화와 전이를, 비순환적 부분 기능에서는 쉐마에 기초하여(예: 유추) 쉐마 획득과 전이를 촉진할 수 있도록 훈련 전략이 개발되어야 한다. 간단히 말하면, 성찰적 전문성의 개발을 촉진할 수 있도록 학습 환경이 설계되어야 한다.

쉐마 획득과 쉐마 기반 전이와 관련하여 전체 과제 연습의 설계[25)는 훈련 전략의 핵심이다(11장). 이 설계는 주로 비순환적 부분 기능 분석의 결과에 기초하며(전체 과제 연습은 순환적 부분 기능의 실행도 분명히 포함하지만), 내용 영역에 대한 일반적인 이해와 이 영역에 유용한 탐구법, 체계적 문제 접근을 목표로 한다. 이해 가설(Understanding Hypothesis)에 따르면, 이 설계 결과는 비순환적 부분 기능의 실행, 자동화된 절차에 의해 생성된 해결책(solution)에 대한 점검(monitoring), 평가, 성찰의 기초가 된다. 인지적 부하에 대한 통제는 학습과 관련이 없는 인지적 처리(예: 정보 검색, 약한 방법의 문제 해결, 정보의 서로 다른 근원을 통합)들로부터 학습에 관련된 인지 처리, 특히 구체적 사례로부터 유추를 통한 쉐마 획득과 같은 과정으로 학습자의 주의의 방향을 돌려놓는 것이다. 학습자의 주의의 방향을 돌려놓는 방법에는 특정한

---

25) 여기서 "전체 과제"는 하나의 특정 기능군에 대하여 정의한 것과 같은 전체 과제를 의미한다. 이것은 훈련시키고자 하는 전체의 복합적 인지 기능을 반드시 지칭할 필요는 없다.

문제 유형이나 스캐폴딩을 이용한 문제 해결 지원을 제공하는 것이 흔한 방법이다. 또한, 전체 과제 실행에 유용한 정보를 연습 중에 쉽게 재생될 수 있고 접근할 수 있으며 가용할 수 있게 제공하는 것이다(14장).

절차적 중첩에 기초한 규칙 자동화와 전이에 관련하여, 전체 과제의 맥락에서 순환적 부분 기능의 훈련에 대하여 항상 "가외"인 부가적인 부분 과제 연습의 설계를 고려할 수 있다(12장). 이것은 순환적 부분 기능 분석의 결과를 토대로 하며, 주로 전체 기능의 실행에 기초가 되는 부분 기능들의 완전한 자동화에 목적을 둠으로써 인지적 부하를 과감하게 줄일 수 있다. 이 아이디어의 핵심은 요소 유창성 가설(Component Fluency Hypothesis)이다. 순환적 부분 기능을 위한 부가적 연습은 전체 과제를 보다 유창하게 실행할 수 있게 해 주는데, 이는 집중적으로 훈련된 순환적 기능들이 빠르게 실행될 뿐만 아니라, 보다 많은 처리 자원이 비순환적 부분 기능들의 실행을 위하여 가용해지기 때문이다(Carlson, Sullivan, & Schneider, 1989). 집중적인 연습(drill-and-practice)을 제공하는 것은 인지 부하를 줄여 주는 데 가장 일반적인 교수 전략이다. 뿐만 아니라, 순환적 부분 기능의 실행에 필수 불가결한 정보가 "적시에(just-in-time)" 제공됨으로써, 분리된 순환적 기능이나 전체 과제의 실행에 관련된 인지 부하를 줄여 줄 수 있다(13장).

5.4 요약

5장에서는 전이에 대해 역사적인 두 가지 견해를 설명하였다. 이 장에는 두 견해의 최근 입장이 여전히 존재하는 성찰적 전문성이라는 개념이 소개되었다. 즉, 훈련 과제와 전이 과제 사이의 절차적 중첩에 기초한 전이와, 가용한 인지적 쉐마의 측면에서 새로운 상황을 재조직화하고 해석하는 것에 기초한 전이는 행동을 지도하고 통제하도록 순차적으로 활용될 수 있다는 것이다. 성분 유창성 가설과 이해 가설은 두 가지 전이 기제의 관계를 설명하기 위해 언급되었고, 이외에도 분석과 설계를 위한 주요 시사점들이 논의되었다. 인지 부하 이론은 교수설계자들이 훈련 프로그램을 개발하는 동안 하게 되는 의사 결정의 많은 부분을 설명하는 틀을 제공한다. 이 장을 요약하면 아래와 같다.

- 연합주의적 전통에서는 훈련 과제와 전이 과제 사이의 동일 요소들에 의해 전이가 설명되었다. 형태주의적 전통과 의미 이론에서는 새로운 상황을 가용한 인지적 쉐마의 용어들로 재조직화됨으로써 전이가 설명되었다. 두 가지 견해

는 오늘날의 인지 연구에도 여전히 존재한다.

■ 성찰적 전문성은 두 가지 전이 기제를 결합하며, 영역 구체적인 산출의 가용성에 힘입어 규칙에 기반한 과제의 친숙한 국면을 실행하는 능력과, 동시에 풍부한 인지적 쉐마의 가용성에 힘입어 쉐마에 기반한 과제의 친숙하지 않은 국면을 실행하는 능력을 의미한다.

■ 요소 유창성 가설은, 전이 상황에서 절차적 중첩이 문제 상황의 새롭고 친숙하지 않은 국면을 다루기 위해 쉐마 기반 과정들에 의해 활용되는 처리 자원들에 의존하지 않게 됨을 시사한다.

■ 이해 가설은, 전이 상황에서 가용한 인지 쉐마는 영역 구체적인 절차로 이끌어 낸 해결책의 질에 대한 반성을 포함하여 자신의 실행을 감독하고 평가할 수 있도록 도와 준다.

■ 일반적으로 전이 과제가 원래의 훈련 과제에 비해 많이 다르다면(원전이가 요구된다면), 훈련 전략은 쉐마 획득과 쉐마 기반 전이에 보다 많은 주의를 기울어야 한다.

■ 인지 부하 이론은, 훈련의 설계에 대한 체계적 접근법이 학습과 실행에 대한 인지적 부하의 제약을 어떻게 극복하는지를 시사한다.

핵심 개념

근전이 대 원전이	near vs. far transfer
기계적 학습	rote learning
동일 요소	identical elements
쉐마 기반 전이	schema-based transfer
연합주의	associationism
요소 유창성 가설	Component Fluency Hypothesis
유추(쉐마에 근거한)	analogy(on the basis of schemata)
유추적 문제 해결	analogical problem solving
의미 이론	meaning theory
이해 가설	Understanding Hypothesis
인지 부하 감소	decreasing cognitive load
인지 부하 예방	prevention of cognitive overload
인지 부하 이론	cognitive load theory
자기 전이	self-transfer
재구조화	restructuring

재조직화	reorganization
전문성 대 성찰적 전문성	expertise vs. reflective expertise
전이	transfer
절차적 중첩	procedural overlap
주의 방향 돌려놓기	redirecting attention
통찰	flash of insight
파지	retention
형식 도야설	doctrine of formal discipline
형태주의 심리학	Gestalt psychology
Bartlett의 쉐마 개념	Bartlett's schema conception

Part A를 위한 참고 자료

Schneider(1985)는 훈련과 관련된 복합적 인지 기능의 본질과 난점에 대하여 간략히 소개하고 있다. Chi, Glaser와 Farr(1988)의 편저에서는 복합적 인지 기능들의 본질과 획득에 대하여 다루고 있는 논문들이 소개되어 있다. 규칙 자동화 모형(특히 ACT*)과 관련해서는 Anderson의 저서 『*The Architecture of Cognition*』(1983)이나, "*Psychological Review Journal*"(1987)에 실린 그의 논문이 가장 좋은 참고 자료이다. Rumelhart와 Ortony(1977)는 다소 오래 되긴 했지만 여전히 쉐마 이론을 잘 소개하고 있다. 좀더 종합적인 쉐마 이론의 설명에 관심이 있으면, Mandler(1984)의 책이 볼 만하다. Cormier & Hagman(1987), Detterman & Sternberg(1993), Singley & Anderson(1989) 등의 책에서는 복합적 인지 기능의 전이와 관련된 문제를 다루고 있다.

복합적 인지 기능의 분석

Part B

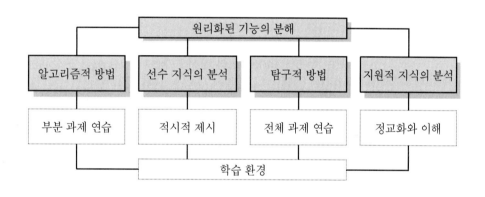

파트 B의 개요도. 분석 단계

파트 B는 전체적인 훈련 전략이나 학습 환경 설계의 측면에서 복합적 인지 기능의 분석에 대해 살펴본다. 분석은 교수체제 개발(ISD) 과정의 필수 불가결한 부분이고, 모든 ISD 모형과 ID 모형은 과제 분석 절차를 포함한다. 대부분의 교수설계자들은 분석이 제대로 이루어지지 않는다면 전체 교수설계 과정이 위태로워질 것임에 동의한다. 교수 방법을 선택하거나 훈련 전략을 수립하는 데에는 분석 결과가 기반이 되므로 분석은 아마도 교수설계 과정에서 가장 중요한 요소이다. 이처럼 분석의 질은 훈련 프로그램의 질을 결정할 것이다.

분석을 포함한 교수설계는 철저한 문제 해결 과정이지, 단순한 기계적인 절차가 아니다. 이처럼 분석이란 숙련된 설계자에 의해 올바른 교수 방법과 기술이 선택되고 적용될 때 가장 효과적이다. 분석 활동을 위한 방법과 기술을 선택할 때, 설계자는 부분 기능의 유형과 바탕이 되는 학습 과정을 포함한 복합적 인지 기능의 특성을 고려해야 한다. 파트 A는 복합적 인지 기능의 심리학적 측면에 대한 정보를 제공했다. 보다 처방적인 이 파트의 목적은, 과제 및 지식 분석에 대한 방법과 기술을 선택하고 적용하기 위한 지침과 발견법을 제공함으로써 분석 과정에서 교수설계자들에게 보다 나은 지원을 하는 것이다. 이 파트의 다섯 장은 다음에 초점을 둔다.

- 원리화된 기능의 분해와 거시적 수준의 계열화
- 순환적 부분 기능에 대한 과제 분석 기법
- 학습과 순환적 부분 기능의 실행에 선수되어야 할 지식 분석을 위한 기법
- 학습과 비순환적 부분 기능의 실행에 지원되어야 할 지식 분석을 위한 기법
- 비순환적 부분 기능에 대한 과제 분석 기법(전략적 지식의 분석)과 중간 수준의 계열화

6장에서는 복합적 인지 기능을 부분 기능의 위계에 따라 분해하는 과정인, 원리화된 기능의 분해에 대해 살펴본다. 부분 기능의 분석(identification), 기술(description), 순환적 부분 기능, 비순환적 부분 기능으로의 분류(classification), 혹은 순환적이면서 비순환적인 기능으로의 분류(예: 이중 분류)에 대해 설명한다. 또한, 거시적 계열화의 접근법에 대해 살펴본다. 여기서는 다양한 부분 기능의 군집을 다루는 순서를 정했다.

7장은 순환적 부분 기능의 분석 방법과 기법에 대해 설명한다. 전체 기능의 순환적 측면은 일반적으로 순환적 부분 기능의 올바른 실행을 규정한 절차적 단계나 규칙을 제공하는 "강력한 방법"을 통해 분석된다. 포함된 단계와 의사 결정의 시간적 순서를 나타내는 순환적 부분 기능의 분석(행동 과제 분석, 정보 처리 분석)과, 단계들의 그러한 시간적 순서가 없는 기능의 분석(요인 전이 분석, GOMS 분석)은 명확히 구분된다. 분석에서 학습자의 출발점 수준 행동이 어떤 영향을 미치고, 또한 과제 실행에서 결핍(deficiencies)에 초점을 둔 경험적 접근법을 어떻게 활용하는지를 다룬다.

8장은 순환적 부분 기능의 학습과 실행에 선수되어야 할 지식의 분석 방법과 기법에 대한 설명을 제공한다. 이 과정은 교수 분석(instructional analysis)으로 알려진 한편, 순환적 부분 기능의 분석과 동시에 실행될 때는 "조합 분석(combination analysis)"이라고 한다(7장 참조). 분석할 지식이란 개념, 계획, 원리 같은 사실이나 간단한 쉐마를 말한다. 이는 또한 과제 실행에 필요한 대상과 도구에 대한 정신적 이미지(mental image)를 포함한다(물리적 모형). 학습자들의 출발점 수준을 밝혀 낼 때까지 지식 분석을 반복한다는 것을 의미하는 지식 분석의 위계적 특성에 대해 살펴본다. 또한 오개념(misconception), 오류가 많은 계획(buggy plans), 오해(misunderstanding)를 확인하는 경험적 접근법에 주목해야 한다.

　　9장에서는 복합적 인지 기능의 비순환적 측면의 실행에 도움이 되는 지식을 분석하는 방법과 기법에 대해 설명한다. 이러한 방법들은 복잡한 쉐마를 구성하는 부분 지식 사이의 관련성을 찾는 것을 강조한다. 선수 지식의 분석이 주로 위계적인데 반해 지원적 지식의 분석은 연합적이다. 분석할 지식은 개념 모형, 목표-계획 위계, 인과 모형이다. 인과 모형은 과제 실행에 필요한 대상이나 도구에 대한 기능 모형을 포함한다.("이 장치들은 어떻게 작동하나요?") 다양한 종류의 모형과 위계가 정신적 모형으로 결합될 수 있다. 분석 과정의 경험적 부분을 통해 미숙하거나 직관적인 정신적 모형을 어떻게 확인하는지 설명한다.

　　10장에서는 복합적 인지 기능의 비순환적 측면을 분석하는 방법과 기법에 대해 설명한다. 일반적으로 전체 복합적 인지 기능이나 복합적 인지 기능의 비순환적 부분 기능을 실행하기 위한, 효과적인 접근법을 규정한 전략과 발견법을 제공하는 "약한 방법(weak methods)"을 통해 이러한 측면들을 분석한다(예: 전략적 지식). 전략적 지식의 분석에 대한 경험적 접근법 또는 지원적 지식(9장 참조)과 전략적 지식 사이의 양방향적 관련성(bi-directional relationship)에 대해 설명한다. 그리고 중간 수준의 계열화에 대한 세 가지 방법(정신적 모형의 진보, 조건 단순화, 강조 조작 접근법)에 대해 살펴본다. 중간 수준의 계열화의 목적은 학습자가 훈련 프로그램을 통해 마주치게 될 사례 유형이나 일반 상황(예: 문제나 예의 범주)의 순서를 정하는 것이다. 이러한 계열은 학습 환경에 대한 후속 설계의 견실한 기반이 되는 훈련 프로그램의 내용에 대한 최초의 전반적인 청사진을 제공한다.

제 6 장

원리화된 기능의 분해와 거시적 수준의 계열화

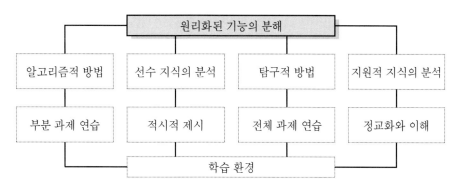

파트 B1의 개요도. 원리화된 기능의 분해

이 장은 복합적 인지 기능을 그 부분 기능으로 분할하는 데 반드시 실행되어야 할 행동들을 설명한다. "원리화된(principled)"이라는 용어에는 함께 고려되어야 하는 수많은 가이드라인과 원리와 분할 과정이 포함되어 있다. 일반적으로, 교수설계자는 **선행 분석**(front-end analysis)의 부분으로서 이 장에서 제시하고 있는 활동들을 실행할 것이다. 선행 분석은 기술적 훈련 프로그램의 설계 기획에 앞서는 모든 활동을 말한다.

교수체제 설계의 맥락에서도 원리화된 기능의 분해가 이루어지듯이, 6.1절에서는 교수체제 설계 맥락에서 원리화된 기능의 분해를 먼저 다루었다. 6.2절에서 6.5절까지는 원리화된 기능의 분해(Kennedy, Esquire, & Novak, 1983)의 주된 기능에 초점을 두게 되며, 이 기능들은 아래와 같다.

- **분석**(identification). 이 기능의 주목적은 복합적 인지 기능을 구성하는 부분 기능들을 찾아 내는 것이다. 그 결과는 부분 기능과 그 기능들 간의 관련성을 상세화한 기능 위계이다.
- **기술**(description). 이 기능의 주목적은 각 부분 기능을 명료하게 기록하기 위한 것이다. 이는 대체로 실행 목표를 기술하는 것이다.
- **분류**(classification). 이 기능의 주목적은 각 부분 기능을 훈련에서 반드시 선택되어야 하거나 혹은 선택되어서는 안 되는 기능으로 분류하는 것이다. 훈련에 선택되는 기능들에 대하여, 바람직한 최종 성취 행동을 순환적 혹은 비순환적인 것으로 범주화하는 작업이 필요하다.
- **계열화**(sequencing). 이 기능의 주목적은 선택된 부분 기능들을 연습하기 위한 거시적 수준의 계열화를 하는 것이다. 이 계열은 적은 수의 기능군들로 구성된다.

각 기능에 대한 논의는 획득된 분석 결과에 초점을 둘 것이며, 6.6절에서는 순차적 분석과 설계 활동의 결과에 대한 주요한 시사점을 논의할 것이다. 마찬가지로 요약과 함께 이 장을 마무리한다.

6.1 교수체제 설계 맥락에서 원리화된 기능의 분해

4C/ID 모형에 의하여 처방된, 원리화된 기능의 분해는 교수체제 설계(ISD)의 맥락에서도 적용될 것이다. 교수체제 설계는 교수 이론에 근거한 체계적 과정이며, 교수 프로그램을 개발하고 타당화하는 일련의 절차들을 제시한다. 대부분의 ISD 모형들(예: Andrews & Goodson, 1980)은 교수 전략 결정에 선행하는 분석인 **선행 분석**의 부분으로서, 적어도 다음과 같은 활동을 포함한다.

- 요구 사정 및 요구 분석
- 직무 분석 및 과제 분석
- 학습자의 출발점 수준의 능력 평가

4C/ID 모형이 어떻게 교수체제 개발의 관점에 맞추어질 수 있을까? **요구 사정**(needs assessment)과 **요구 분석**(needs analysis)은 "학습자들은 배운 후에 무엇을 할 수 있을까?" "그들이 이미 이것을 할 수 있을까? 아니면 실행상의 문제는 없는가?" "실행 문제를 야기할 수 있는 원인으로는 어떤 것들이 있을까?" "실행 문제가 교육으로 해결될 수 있을까?" "교수 프로그램의 목표는 무엇인가?" 등등의 질문들에 대한 해답을 찾으려고 한다(Kaufman & English, 1979; Rossett, 1987). 간단히 말하면, 요구 평가는 교수 프로그램의 전반적 목표나 최종 목표를 설정하기 위한 것이다. 이 책에서는 이 목표들이 이미 설정된 것으로 가정한다. 따라서 훈련에 의하여 적어도 부분적으로라도 해결될 수 있는 실행 문제가 있고, 교수 목표는 복합적 인지 기능을 가르칠 필요가 있음을 가정하고 있다.

이 장에서 논의되는 원리화된 기능의 분해는 **직무 분석**(job analysis)과 유사하다. 직무 분석의 목적이 직무를 과제 단위로 나누는 것이라면, 원리화된 기능의 분해는 기능을 그 부분 기능들로 쪼개는 것이다. 비록 유사해 보이지만 직무 분석과는 몇 가지 차이점이 있다. 가장 중요한 차이는, 직무 분석은 대체로 직무를 구성하는 과제들을 서로 다소 독립적인 것으로 가정한다. 그 결과, 과제들은 따로 훈련될 수 있고, 모든 과제들을 어느 준거 수준까지 실행할 수 있는 학습자는 역시 전체의 직무를 만족스럽게 실행할 수 있다고 본다. 이 가정은 원리화된 기능의 분해에는 적절하지 않다. 그러나 복합적 인지 기능을 구성하는 부분 기능들은 상호 의존적이다. 이들은 따로따로 훈련될 수 있기는 하지만, 모든 부분 기능을 실행할 수 있는 학습자들이 반드시 전체의 복합적 기능을 만족스럽게 실행할 수 있지는 않다. 다시 말해서, 복합적 인지 기능은 부분 기능의 합 이상으로 보아야 한다. 훈련은 각각의 부분 기능을 실행하는 것이 아니라, 부분 기능의 실행을 조정하고 연결해 줄 수 있는 전략으로 부분 기능을 전체로 통합할 수 있어야 한다. 그럼에도 불구하고, 복합적 인지 기능을 그 부분 기능들로 나누는 것은 다음의 이유로 중요하다.

- 부분 기능의 기술은 부분 기능이 훈련될 순서에 대한 처음의 기술로서, 훈련의 거시적 수준의 계열을 결정하는 기초가 된다. 거시적 수준의 계열화는 이 장의 6.5절에서 다루어진다.
- 분석 단계에서 부분 기능은 차후의 과제 분석에 투입을 준비한다. 과제 분석적 기법들은 7~10장에 걸쳐 다루어진다.
- 설계 단계에서는 상호 의존적인 부분 기능 **군집**의 훈련에 필요한 교수 전략이 결정될 수 있다. 교수 전략의 대부분은 파트 C에서 다루어진다.

6.2 부분 기능의 분석

부분 기능의 분석은 대체로 복합적 인지 기능에 대한 일반적 기술에서부터 시작한다. 앞서 살펴보았듯이, ISD의 맥락에서 이러한 일반적 목표나 최종 목표는 종종 요구사정 혹은 요구 분석의 결과로부터 나온다. 컴퓨터 프로그래밍을 위한 훈련 프로그램의 일반적 진술을 보자.

> "새로운 프로그래밍 문제를 해결할 수 있고, SPDs(Structured Program Diagrams)를 이용하여 그 해법과 알고리즘을 기술할 수 있다. 즉, Borland 프로그램 환경에서, C++ 프로그래밍 언어로 알고리즘을 만들어서 체계적으로 그 알고리즘을 검사할 수 있다."

이러한 기술로부터 시작하여, 전체의 기능을 실행하게 하는 훨씬 더 구체적인 부분 기능들이 반영된 기능의 위계가 개발된다. 이러한 위계에 대한 관점을 뒷받침하고 있는 것은, 위계의 낮은 수준의 기능을 학습하면 위계의 위 수준에 있는 기능의 학습을 촉진할 것이라는 전제이다. 예를 들어, 그림 6.1은 컴퓨터 프로그래머를 위한 기초 훈련 프로그램의 기능 위계이다.

기능 위계에서 차상위 수준의 기능에 도달하기 위한 기본적인 질문은 "가르치려는 기능을 실행할 수 있기 위해서는 보다 구체적인 어떤 기능들이 필요한가?"이다. 수직적 관계(vertical relationship)(Gropper, 1983) 또는 선수 관계(prerequisite relationship)(Gagné, 1968, 1985)라고 하는 관계가 여기에서 나온다. 그러므로 위에서 언급된 최종 목표에 도달하기 위해서는 프로그래밍 문제를 해결하고, 해결책을 실행하고, 검사할 수 있도록 학습해야만 한다(그림 6.1 참조). 단일 기능이나 실행 목표(performance objectives)를 위한 과제 분석적 기법으로 심층 분석이 가능한 기능들인 "단일한" 부분 기능들이 확인될 때까지, 수준들은 위계에 추가되어야 한다(7~10장 참조).[26]

이와는 대조적으로, 하나의 기능 위계에서 특정한 수준을 분석하기 위한 기본적 질문은 "어떤 기능을 실행하는 데 필요한 다른 어떤 기능들이 있는가?"이다. 여기에 포함된 관계의 유형은 수평적 관계(horizontal relationship)(Gropper, 1983) 또는 협응적 관계(coordinate relationship)이다. 때로는, 협응적 관계는 **일시적인** 관계이다. 예

---

26) 이 방법은 출발점 수준의 부분 기능이 나올 때까지 수준을 추가하는 전통적인 학습위계와는 대조된다.

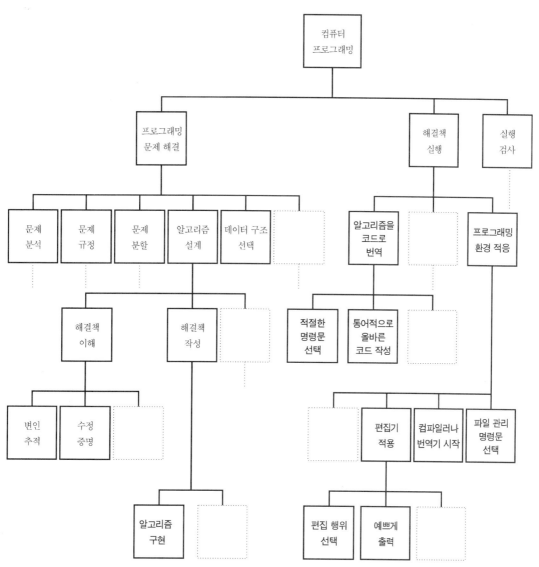

그림 6.1 컴퓨터 프로그램을 위한 복합적 인지 기능의 부분 기능 위계. 전형적인 프로그램 코스에서 고딕체로
표시된 부분 기능들은 순환적인 것으로 분류될 수 있다(6.4절 참조).

를 들어, 해결책을 찾기 이전에 프로그래밍 문제가 해결되어야 하고, 해결책은 검사해
보기 전에 실행되어야만 한다(그림 6.1 참조). 10장에서는 부분 기능들 간의 일시적
관련성 분석이 논의될 것이다. 체계적 문제 해결 접근법(SAP)에서, 일시적 관계들은
부분 기능을 효과적으로 협응하기 위한 일반적 접근법을 개발하는 데 활용될 수 있다.
여기서는 등위적 기능은 일시적 관련성이 없을 수 있다. 예를 들어, 알고리즘을 코드
로 해석하는 것은 프로그램 환경의 활용에서 명백하게 일시적 관련성을 지니고 있지
않다. 전문가들은 부분 기능들 간에 신속히 주의를 전환할 수 있거나, **동시에** 이들을

실행할 수도 있다.

부분 기능을 분석하기 위해서는 객체나 산출의 변화 혹은 도구의 변화에 초점을 두는 것이 중요하다. **객체**(objects)는 복합적 인지 기능의 실행 결과로 수정되는 모든 것들을 의미한다. 예를 들어, 컴퓨터 프로그래밍 맥락에서의 객체들은 기술적 상세화, 소프트웨어의 문법적 표현, 버블 차트(bubble charts), 구체적 컴퓨터 프로그램 등이 될 수 있다. 보수 과제에서 객체는 수리해야 할 장비의 부분들을 의미한다. 전문가가 하나의 객체로부터 다른 객체로 주위를 전환함은 사용된 부분 기능이 변했다는 증거이다. 예를 들어, 기술적 상세화로부터 버블 차트로 주의를 전환했다는 것은 "알고리즘을 찾는 것"으로부터 "알고리즘의 시각화"로 전환된 것이다.

도구(tools)는 객체를 변화하기 위해 활용될 수 있는 모든 것들을 의미한다. 예를 들어, 컴퓨터 프로그래밍에 적용되는 전형적인 도구들은 종이와 연필, 그래픽 소프트웨어, 편집기, 컴파일러, 디버거 등이 있다. 혹은 보수 과제에서 도구는 보수되어야 할 장비와 기계들의 기능을 측정하는 모든 종류의 측정 도구들일 수 있다. 다시 말해서 하나의 도구에서 다른 도구로의 전환은, 거기에 개입된 서로 다른 부분 기능들을 지시하는 것일 수 있다. 명백한 예로, 계측기를 사용하다가 스크류 드라이버를 사용하게 되는 것은 "진단을 하는 것"으로부터 "잘못된 부품을 수리하는 것"으로 전환되었음을 의미하는 것이다.

부분 기능을 찾아 내기 위하여 자료를 수집하는 가장 일반적인 기법은 문서 검토와 내용 전문가(SMEs; Subject Matter Experts)를 인터뷰하는 것이다. 유용한 문서는 핸드북, 현장 업무 관련 서류, 기능 프로파일 등이다. 아울러, 복합적 인지 기능을 가르치고 있는 기존의 훈련 프로그램을 분석하는 것도 유용할 것이다. 이러한 기존 프로그램의 분석을 통해 똑같은 작업의 반복을 피할 수 있다. 문서를 분석하는 것은 내용 전문가를 인터뷰하는 데 필요한 배경 지식을 제공해 준다.

일반적으로 내용 전문가들은 자료 수집에 필요할 뿐만 아니라, 여러 차례의 타당화 과정의 분석 과정(기능 위계)에서 나온 결과를 타당화하기 위해서도 필요하다. 기능 위계에서, (1) 위계는 모든 복합적 인지 기능을 학습하는 데 필요한 모든 부분 기능들(만약 그렇지 않다면 부분 기능이 추가되어야만 한다.)을 담고 있는지를 검토해야 하고, (2) 확인된 부분 기능은 항상 한 단계 위의 부분 기능(그렇지 않으면 재조직화되어야 한다.)의 학습이나 실행을 촉진할 수 있는가를 검토해야 한다. 관찰 기법은 일반적으로 각각의 부분 기능을 분석하는 데 유용하지만(7장, 10장), 기술적 기능의 실행에 포함된 복잡성에 대한 전반적인 "느낌"을 파악하는 데도 도움이 된다. 전반적으로 직무 분석이나 과제 분석의 맥락에서 자료를 수집하는 것은 이 책의 범위를 넘어서는 매우 복잡한 ISD 활동이다(간단한 설명을 보려면 파트 5 Jonassen, Hannum, & Tessmer, 1989 참조).

실행 결핍

앞서 살펴본 바와 같이 부분 기능의 분석은 **합리적 접근법**(rational approach)의 한 부분으로 이해될 수 있다. 합리적 접근법은 현장에서 전문가들이 제시해 주는 바에 따라 바람직한 실행 수준의 복합적 인지 기능을 부분 기능으로 분석하는 방법이다. 훈련시킬 복합적 인지 기능에 대하여 잘 알지 못하는 대상 집단(특정 직무를 훈련시켜야 할 신입 직원이나 직업 훈련을 받아야 할 학생)이나 집단 구성원이 대단히 이질적이거나 그들이 누구인지 정해지지 않은 대상 집단을 위하여 훈련 프로그램이 설계된다. 이 경우, 분석 결과에서 훈련 프로그램의 내용이 나오게 되고, 이 시점까지 찾아 내 부분 기능들에 대한 추후 분석 활동이 이루어진다.

　한편, 설계되어야 할 훈련 프로그램의 대상 집단은 이미 복합적 인지 기능을 수행하는 데 포함되었던 직원들로 구성될 수 있다. 이 경우, 그 기능 실행에 있어서의 특별한 문제점은 훈련 개발의 정당화 근거가 된다. 그래서 합리적 접근법은 전형적으로 **현재의 실행 수준**을 조사하는 경험적 접근법(empirical approach)과 상보적이다. 실행 결핍이라는 용어는 바람직한 실행 수준(합리적)과 실제 실행 수준(경험적) 간의 격차를 말한다. 그래서 훈련 프로그램은 실행 결핍을 보이는 부분 기능에 그 초점이 맞추어진다. 이러한 실행 결핍을 찾아 내는 가장 흔한 방법은 면담이다.

- 과제 전문가/트레이너 − 특정 기능의 실행에 있어서 전형적인 문제가 무엇인지 발견
- 목표 학습자 − 이들이 특정 기능의 실행에 문제가 있는가를 발견
- 관리자/감독자 − 특정 기능에서의 실행 격차의 영향을 발견

이 장을 요약하면, 복합적 인지 기능을 구성하는 부분 기능들은 기능 위계를 개발함으로써 확인될 수 있음을 보았다. 이러한 기능 위계에서는 수직적 관계 혹은 선수적 관계가 기능 위계상의 더 높은 기능들을 학습하거나 실행하도록 촉진한다. 수평적 관계는 부분 기능들이 동시에 실행되거나 임시적 순서대로 실행될 수 있음을 의미한다. 완성된 기능 위계에서 훈련 프로그램 내용이 최초로 나올 수 있으며, 합리적 접근법은 종종 경험적 접근법과 함께 활용된다. 그리고 훈련 개발은 실행 격차를 보이는 부분 기능들에 초점을 두게 될 것이다. 종종 동시에 실행되는, 부분 기능의 확인과 밀접하

게 관련된 활동은 각 부분 기능들의 설명에 나타나 있으며, 다음 절에서 간략하게 논의될 것이다.

6.3 부분 기능의 기술

지금까지 분석한 각 부분 기능들에 대하여 보다 정확한 기술이 바람직한 경우가 있다. 부분 기능의 바람직한 최종 성취 행동(훈련을 마친 이후에 요구되는 실행)을 명료하게 기술해야 하는데, 다음과 같은 요소가 포함되어야 한다(Leshin, Pollock, & Reigeluth, 1992).

- 최종 성취 행동을 구체화하는 행위 동사
- 필요한 대상이나 도구(6.2절 참조)
- 부분 기능들이 실행될 조건
- 수락 가능한 실행의 기준

조건(conditions)은 부분 기능들이 실행되어야만 하는 환경들을 구체화한다. 기술적인 기능들의 경우에 이러한 조건들에는 안전의 우려, 시간 부담, 환경적 요인(예: 소음이나 빛 등), 사회적 요인(개별적으로 혹은 집단적으로 실행) 등이 포함된다. 부분 기능들이 동시에 다른 기능들과 함께 실행되어야 하거나, 상당한 작업 부담이 있는가를 말해 주는 시간적 제한 사항을 포함하는 것이 중요하다. 부분 기능을 기술하는 데 이 조건들을 구체화하는 것이 중요하다. 왜냐하면 훈련 프로그램이 이 조건들을 고려하여야만 하기 때문이다.

실행을 위한 **기준**(standards)은 특정한 부분 기능들의 최종 성취 행동에 요구되는 준거들을 구체화한다. 가장 중요한 기준은 허용할 수 있는 오류율, 허용 범위 부산물, 속도, 시간 제한 등 정확성에 대한 요구 사항이다. 아울러, 기준에 과정이나 산출물들에 대한 구체화(예: 과제 실행자의 태도 또는 가치)를 포함시킬 수 있다. 다음은 부분 기능 혹은 실행 목표 기술의 예이다.

일반적인 통제/화면 VT3465를 사용하여[도구/대상], 산출 과정의 방해가 있고[기준], 10분 안에[기준] 23번 지역에서 오물 투입으로[조건] 인한 밸브 오작동을 적어도 98%[기준]를 올바르게 진단할 수 있다[실행 행위 동사].

다음 절에서 논의되겠지만, 실행의 기준과 조건은 부분 기능을 분류하는 데 중요하다.

또한, 이렇게 기술된 개별 부분 기능은 기능의 추후 과제 분석을 위한 투입이 된다.

실행 목표의 역할

많은 교수설계 모형에서 실행 목표는 모든 후속 분석과 설계 활동을 위하여 주된 투입(input)이 된다. 각 목표는 특정 교수 방법의 선택에 환용되고, 훈련 프로그램을 마친 후에 제공될 검사 문항 개발에도 이용된다. 이와 대조적으로, 실행 목표들은 4C/ID 모형에서는 이제까지의 ISD 모형과 같은 역할을 하지는 않는다. 설계 결정(예: 교수 전략 선택, 내용 계열화)은 원리화된 기능의 분해와 차후의 과제 분석에 직접적으로 기초하지만, 결과로부터 나온 개별 목표에 기초하지는 않는다. 이렇게 하는 주된 이유는, 추후의 설계 활동 중에 각 목표들 간의 **관련성**을 고려할 필요성 때문이다. 훈련 프로그램에서 유의해야 할 것은 정확한 연합(몇 가지 부분 기능을 동시에 실행할 수 있는 능력)과 부분 기능들의 조정이다.[27] 그러나 실행 목표들은 아래의 사항들을 제공하기 위해 진술되어야 한다.

- 훈련 프로그램의 전반적인 내용에 대한 간명한 기술(이러한 기술은 프로젝트 발주자와의 내용 협상에 이용될 수도 있다.)
- 개별 부분 기능을 위한 과제 분석을 위해 명백하게 정의된 투입
- 학습자의 학습 향상 정도에 대한 평가와 훈련 프로그램의 평가를 위한 근거

6.4   부분 기능의 분류

부분 기능의 분류는 "어떤 부분 기능들이 가르쳐지거나 가르쳐지지 않아야 하는가?"라는 질문에서 시작한다. 가르쳐지게 될 기능들에 관하여 4C/ID 모형의 중요한 특징 중의 하나는 그 기능이 순환적 기능인지, 비순환적 기능인지 분류하는 것이다. 분류의 결과로 부분 기능들을 세 범주로 나눌 수 있다.

- 가르쳐지지 않을 부분 기능
- 가르쳐지게 될 순환적 부분 기능
- 가르쳐지게 될 비순환적 부분 기능

---

27) 부분 기능들의 연합과 조정은 전이를 하게 해 준다. 성취 목표의 단순한 목록은 항상 한정되어 있기 때문에 그 목록에 포함되지 않은 성취 목표를 고려할 수 있다.

이 부분 기능의 범주들은 다음 절에서 논의된다.

가르쳐지지 않을 부분 기능

특정 부분 기능들이 훈련 내용으로 선택되지 않는 데는 두 가지의 이유가 있을 수 있다. 첫째 이유는 대상 학습자를 분석한 결과, 그들이 이미 특정 부분 기능들에 숙달해 있을 경우이다. 이 기능들은 학습자들의 출발점 행동 수준에 해당된다. 이러한 내용은 경험적 분석의 결과이다. 그래서 모든 학습자들이 합리적 모형에서 전혀 격차를 보이지 않는 부분 기능은 이후의 분석에서 제외된다.

두 번째 이유는, 모든 부분 기능을 훈련하기에 가용한 시간이 불충분하기 때문이다. 이 경우에 개별 부분 기능의 중요성(합리적 접근법에서의)이나 격차의 중요성(경험적 접근에서의)에 우선권을 주고, 덜 중요한 기능들은 훈련 프로그램에서 제외된다. 특정 부분 기능의 중요성을 판단하는 요인에는 특정 부분 기능을 훈련하지 않음으로써 발생할 수 있는 안전의 위험성, 시간에 관련된 경비, 물질적 낭비, 장비 손실 등이 있다.

그러나 복합적 인지 기능을 구성하는 부분 기능은 **아주 밀접하게 상호 관련되어 있음**을 유의해야 한다. 그러므로 훈련 프로그램에서 특정 부분 기능을 제외할 때는 상당히 조심해야 한다. 학습자들의 출발점 행동 수준과 관련하여, 전체의 복합적 인지 기능을 실행하는 맥락에서 부분적 기능들이 실행될 수 있음을 명심해야 한다. 만약 학습자들이 특정 부분 기능을 숙달했다고 하더라도, 과제의 실행에서도 이 기능을 숙달했다는 증거는 어디에서도 찾을 수 없다. 그리고 가용한 시간과 관련해서 특정 부분 기능은 그 자체가 중요해 보이지 않을 수도 있다. 그러나 부분 기능을 잘못 실행했을 때 중요한 부분 기능은 물론 전체 과제 실행에 심각하게 부정적인 영향을 미칠 수 있다면, 그 기능은 중요하게 취급되어야 한다.

순환적 부분 기능

부분 기능의 훈련이 끝난 후 규칙 기반 과정(rule-based process)으로 실행되어야 한다면 순환적인 것으로 분류된다(2~3장 참조). 순환적 기능의 실행은 다음과 같은 특징이 있다.

- 실행이 빠르다.
- 실행의 오류가 아주 적거나 아예 발생하지 않는다(정확성이 높다).

- 다른 부분 기능들에도 동시에 실행이 일어날 수 있다.
- 그러나 새롭고 친숙하지 않은 상황에 실행이 쉽게 적응되지 않는다.

소위 **불변 기능**(consistent skills)이나 **폐쇄 기능**(closed skills)(Schneider & Fisk, 1982) 은 언제나 순환적인 것으로 분류된다. 이 기능들을 학습하고 나면 학습자들은 언제나 특정 상황에 똑같은 반응을 할 수 있게 된다. 따라서 고정된 규칙이나 절차 혹은 정보 처리 요소의 고정된 순서가 성공적인 실행을 위하여 사용되는 것이 특징이다(Fisk & Gallini, 1989). 간단히 말하면, 이 기능들은 **다양한 문제 상황에서 상당히 유사한 방식으로** 실행된다고 할 수 있다. 이 기능의 알고리즘 분석을 행하기는 비교적 쉽기 때문에(7 장), 분석한 알고리즘을 올바르게 학습하고 실행하는 데 필수적인 지식을 구체화해야 한다(8장). 훈련은 지식의 컴파일화를 촉진하도록 설계하고, 순환적 부분 기능의 완벽 한 자동화가 필요하다면 강화가 요구된다.

전형적인 순환적 부분 기능의 예는 다음과 같다.

- 자동적으로 통제 과정을 감독하는 상황에서 발생할 수 있는 돌발 상황을 탐지 하기 위해 표준 절차를 실행하는 것
- 통제적 과제를 감독하는 상황에서 특정 통제 패널을 작동하는 것
- 컴퓨터 프로그래밍의 상황에서 편집기, 번역기, 컴파일러, 디버거 등을 사용하 는 것
- 항공 교통 관제의 상황에서 레이더 화면으로 항공기의 궤적을 찾는 것
- 통계 분석의 상황에서 계산 알고리즘을 작용하여 그 조작 순서를 만드는 것

다른 범주와 마찬가지로 생명의 위험, 장비의 손실, 자본 손실 등과 같이 매우 중요한 부분 기능은 순환적 기능에 속한다. 핵심적 불변 기능들(critical consistent skills)은 이 범주와 겹치지만, 훈련 이후에 자동적인 과정으로 실행되어야 하는 중요한 기능이다. 이러한 핵심적 불변 기능의 예는 항공 교통 관제에서 위험한 운항 상황을 찾아 내거나, 유조선의 표준적 기동 절차로 수행하는 것이다.

결국, 예외적 경우에서 가변적 혹은 열린 기능(Schneider & Fisk, 1982)은 핵심적 가변 기능(critical variable skills)일지라도 순환적인 것으로 분류될 수 있다. 부분 기능 과는 대조적으로, 가변적 기능은 다양한 문제 상황에 대하여 가변적 실행을 요구한다. 하나의 열린 기능을 순환적 기능으로 분류할 수 있는 드문 상황은 오류의 출현이 속도 의 부족에 대한 손실이나 위험을 야기할 수 있다. 예를 들어, "위험에 대비해서 핵 발 전소를 안전하게 차단하는 것"은 특정한 환경에 따라 다양한 방법으로 실행될 수 있는

열린 기능이다. 그러나 이 기능을 비순환적인 기능으로 분류할 수 있다. 왜냐하면 대처 속도가 늦거나 오류를 범하면 큰 재앙을 초래할 수 있기 때문이다. 다음과 같은 이유로 분류의 정확성이 요구된다.

- 기능에 대한 알고리즘 분석을 실행하려면, 아마도 상당한 시간을 할애하여 내용 전문가 팀을 구성하여 많은 작업을 해야 할 것이다. 강제 차단을 요구할 만한 많은 결함과 수천 가지의 결함이 얽혀 있을 것이다. 이 결함들은 그 결함과 관련된 특정 절차들을 포함하고 있을 것이다. 규칙의 관점에서 생각해 보면, 과제 실행의 알고리즘 모형은 수천 가지의 규칙을 필요로 할 수도 있기 때문이다.
- 훈련에 필요한 시간은 기하 급수적으로 늘어난다(때로는 수천 시간에 달할 때도 있다). 매우 전문화된 훈련 프로그램에 필요할지도 모르지만, 대부분의 일반 기술 훈련 프로그램에서는 생각하기 힘든 일이다.

비관주의자들은 "꼭 오류가 하나씩 있단 말야."라고, 어쩌면 맞는 말을 할지도 모른다. 이 말은 부분 기능과 광범위한 훈련에 대한 충분한 분석을 한 이후일지라도, 전문 오퍼레이터는 예전에 아무도 접해 보지 못한 상황(예: 평범하지 않은 환경에서 발생하는 오류들의 완전한 결합)에 직면하게 될 수도 있다는 것을 암시한다. 이것은 정확히 (준) 재앙을 일으킬 정도의 오류들의 결합이며, 이 결합된 오류들에 의해 발생할 수 있는 기대되지 않은 사건이다. 이런 이유로, 이 특별한 자동화되어야 할 부분 기능들을 순환적 기능뿐만 아니라 비순환적인 기능으로 분류하는 것이다. 그래서 이 이중 분류 (double classification), 후속 훈련 설계(subsequent training design)는 친숙한 문제 상황과 친숙하지 않은 문제 상황 모두가 효과적으로 다루어질 수 있는 가능성을 극대화할 것으로 기대된다.

비순환적 부분 기능

간단히 말하면, 순환적이라고 분류되지 않은 모든 부분 기능들이 비순환적인 것으로 분류된다. 비순환적 기능은 훈련이 끝난 후에 쉐마 기반 과정(schema-based processes)으로서 실행된다(2장, 4장 참조). 이러한 과정의 특징은 다음과 같다.

- 그 실행이 아주 효율적이다.
- 새롭고 친숙하지 않은 상황에 융통성 있게 적용된다.

그러나 규칙 기반 과정과 비교해 볼 때,

- 실행이 느리다.
- 오류 가능성이 높다.
- 동시에 실행되어야 할 다른 쉐마 기반 부분 기능들과 쉽게 결합되지 않는다.

가변적 기능이나 열린 기능은 대체로 비순환적인 것으로 분류될 것이다. 이 기능들은 기능을 실행하는 정확한 절차가 매번 과제가 실행될 때마다 달라질 수 있다. 그래서 이 기능들은 **다양한 문제 해결 상황에서 서로 다른 방식으로** 실행된다. 앞절에서 논의된 바와 같이, 이 기능들의 알고리즘 분석은 상당히 비효율적이다. 이런 이유로, 비순환 기능들은 대체로 실행에 내재해(9장) 있는 지식(특히, 인지적 쉐마)의 측면과, 지식 창조(knowledge base)를 효과적으로 활용할 수 있는(10장) 발견적 학습법과 체계적 문제 해결 접근법이라는 관점에서 분석하는 것이 유익하다. 훈련은 쉐마 획득을 촉진할 목적으로 설계될 것이다.

비순환적 부분 기능으로 분류될 수 있는 예는 다음과 같다.

- 자동적으로 통제 과정을 감독하는 상황에서 돌발 상황의 원인을 진단하는 것. 이 과정은 실패 혹은 실패의 결합과 진단 절차가 전형적으로 문제 상황마다 서로 다르기 때문에 열린 기능이다.
- 컴퓨터 프로그래밍 상황에서 프로그래밍 문제를 보다 해결하기 쉬운 하위 문제로 분할하는 것
- 프로그래밍 코드를 조합함으로써 컴퓨터 프로그램을 작성하는 것
- 통계 분석 상황에서 주어진 데이터에 어떤 통계 기법, 개념, 원리가 최선인가를 결정하는 것
- 통계 분석 상황에서 특정 데이터에 있는 정보를 적절한 상수와 변수에 연결하는 것

이 절을 마무리하기 위해서, 부분 기능을 순환적인 것으로 혹은 비순환적인 것으로 분류하려면 기준과 조건들을 포함하는 바람직한 최종 성취 행동에 대한 조심스러운 분석이 요구된다는 점을 강조하고자 한다. 따라서 동일한 부분 기능이 하나의 프로그램에서는 비순환적인 것으로 분류되고, 다른 프로그램에서는 순환적인 것으로 분류되기도 한다. 군용기 보수와 유지를 예로 들어 보자. 이 과제에 포함된 부분 기능의 하나는 항공기 전자 회로의 오류를 진단하는 것이다. 이 과제를 위해 평시에 보수공들을 훈련할 때는, 부분 기능들이 비순환적인 것으로 분류될 수도 있다. 시간은 핵심적 요인이

아니며, 진단에서의 오류는 철저한 검사 절차를 통해 사후에 수정될 수 있다. 하나의 기준은 매우 구체적인 진단에 도달해서 경제적인 방법으로 수리가 이루어질 수 있도록 하는 것이다. 반면, 보수공들이 전시에 이 과제를 훈련받는다면 동일한 부분 기능일지라도 순환적인 것으로 분류될 수 있다. 여기서는 속도가 가장 중요한 요인이며, 경제적 이유는 덜 중요하다. 기준은 전체 요소를 대체할 수 있도록 가능한 한 신속하게 오류가 포함된 요소를 진단하는 것이다.

6.5 거시적 수준의 계열화

학습 내용의 계열화는 몇 개의 위계 수준에서 발생하는 과정이다. 이 책에서는 다음과 같이 위계 수준을 구분한다.

- **거시적 수준의 계열화**(macro-level sequencing). 이 계열화의 목적은 교수 상황에서 서로 다른 부분 기능(군)들이 다루어지게 될 순서를 설정하는 것이며, 이 절에서 논의된다.
- **중간 수준의 계열화**(meso-level sequencing). 이 계열화의 목적은 거시적 수준의 계열화에서 정의되는 특별한 개별 기능군에서 발생할, 서로 다른 사례 유형의 순서를 정하거나 문제와 예제 범주들의 순서를 정하는 것이며, 10장에서 논의된다.
- **미시적 수준의 계열화**(micro-level sequencing). 이 계열화의 목적은 중간 수준의 계열화에서 정의된 특정한 개별 사례 유형에서 발생하게 될 서로 다른 교수 요소들의 순서를 정하는 것이다. 미시적 계열화를 위한 교수 방법(예: 해결책이 있는 예제, 서로 다른 문제 유형)은 이 책의 파트 C에서 논의된다.

그래서 거시적 수준의 계열화는 "학습자들이 복합적 인지 기능을 이루는 부분 기능을 가지고 어떻게 작업할 것인가?" 하는 질문에 관심이 있다. 이런 이유로, 거시적 계열화는 원리화된 기능의 분해의 한 부분으로서, 혹은 원리화된 기능의 분해와 결합하여 가장 잘 실행된다. 일반적으로 말하면, 계열화를 위한 세 가지 방법은, 부분 과제 혹은 부분-전체 접근법, 전체 과제 혹은 전체-부분 접근법의 혼합 방법으로 구분된다. 부분 과제 접근법과 전체 과제 접근법의 효율성을 비교한 연구 결과는 드물다. 따라서 4 C/ID 모형은 계열화를 위한 혼합 방법을 권장하며, 다음 절에서 자세히 살펴본다.

부분 과제 접근 또는 부분–전체 접근

부분 과제 혹은 부분–전체 접근법은 행동주의 심리학에 근원을 두고 있으며, 많은 교수설계 모형들이 따르고 있다(예: Gagné & Briggs, 1979; Landa, 1983; Scandura, 1983). 전통적 부분 과제 접근법에서 학습자는 단 하나의 부분 기능 혹은 매우 제한된 수의 부분 기능들을 동시에 학습한다. 새로운 부분 기능이 점점 연습에 추가되기 때문에, 학습자는 교육이 끝나기 이전에 전체의 복합적 인지 기능을 학습할 기회를 갖는다. 이 계열화 전략은 교수 전략에 따라 개발된 교수설계 모형에 잘 어울린다. 각 실행목표들은 하나의 부분 기능들에 대응되며, 목표의 계열화는 자연스럽게 부분 과제 계열을 이끌어 낸다. 결과적으로 학습은 개별 실행 목표나 부분 기능에 초점을 두기 때문에, 부분 과제 접근법을 활용하는 교수설계 모형은 모형을 통해 개발된 훈련들이 종종 지엽적이고 단편적이라는 사실로 인해 비판을 받는다. 목표를 계열화하기 위해서는 몇 가지 종류의 학습 위계(learning hierarchy)(Gagné, 1968, 1985)가 종종 활용된다. 이러한 위계는 기능 위계와 밀접하게 닮았는데, 이 위계의 꼭대기에는 복합적 인지 기능이 위치하며, 그 아래에는 복합적 인지 기능의 모든 선수 기능이 위치한다.

Briggs와 Naylor(1962; Naylor & Briggs, 1963)는, 만약 부분 기능들이 대응하지 않고 개별 부분 기능이 높은 인지 부하를 일으킨다면(그들의 표현에 따르면, 각각 낮은 과제 조직성과 높은 과제 복잡성을 가진 경우) 부분 과제 연습이 복합적 인지 기능의 학습에 가장 적절할 것이라고 한다. Wightman과 Lintern(1985)도 부분 과제 접근이 비효과적이라고 판명된 수많은 경험적 연구들을 살펴보았다. 일반적으로 엄격한 부분 과제 접근법은, 20~40시간 안에 숙달될 수 있는 기능이나 부분 기능들의 통합체[예: "다목적(multiple objectives)" 혹은 "중다 과제(multiple tasks)"]가 아닌 기능들에만 잘 적용되는 것처럼 보인다. 특정한 부분 기능들을 독립적으로 실행하는 것은 단순히 전체 과제의 맥락에서 기능을 실행하는 것과 전혀 다르다. 이 기능들은 서로 다른 정신적 표상을 이끌어 내는 것처럼 보이며(Elio, 1986), 확장된 부분 과제 연습으로 개발되어야 하는 부분 기능에 대한 자동화는 종종 전체 과제 실행의 상황에서는 접합하지 않다(Schneider, Detweiler, 1988). 이처럼 많은 복합적 인지 기능에 대해서 전통적 부분 과제 접근법은 학습자들이 부분 기능들의 통합과 조정에 충분한 주의를 기울일 기회를 주지 않으며, 따라서 학습자들은 과제에 대한 전체적인 시야를 개발할 수 없게 된다.

전체 과제 혹은 전체-부분 접근법

전체 과제 혹은 전체-부분 접근법은 부분 과제 접근법과는 정반대의 방법이다. 이 방법들은 인지심리학에 근원을 두고 있으며, 훈련을 통해 확충되는 전체 기능에 대한 완전한 견해를 학습자가 빨리 얻을 수 있어야 한다는 사실을 강조한다. 엄격한 전체 과제 접근법에서는, 학습자는 모든 부분 기능을 동시에 배우지만 모든 기능들의 훈련 조건은 훈련 기간 동안 점점 복잡해져 간다. 전체 과제 접근법의 한 예는 Reigeluth의 정교화 이론에서 찾을 수 있다(1983b, 1987b; Reigeluth & Stein, 1983). 이 방법에서는 계열화를 위해 조건 단순화(simplifying conditions) 방법이 활용된다. 복합적 인지 기능들의 실행을 단순화시키는 모든 조건들이 확인되고, 전문가가 접할 수 있는 지극히 간단하지만 실제적인 사례에 대한 교육이 시작된다. 그 다음에는, 학습의 근간이 되는 사례들이 점점 더 복잡해지도록 단순화 조건들이 한 번에 하나씩 완화된다.

전체 과제 접근법은 부분 과제 접근법과 관련된 몇 가지 문제들을 해결한다. 예를 들어 이 방법은 부분 기능들의 조정과, 좀더 쉽게 여러 가지 목표들을 다루는 것, 보다 일관적인 훈련 프로그램에 좀더 많은 주의를 기울일 기회를 제공한다. 그러나 보다 복합적 인지 기능들, 특히 수백 시간의 훈련을 필요로 하는 기능에서는 곧바로 교육을 할 수 있을 정도로 충분히 간단한 "실제적(authentic)" 사례를 찾기가 불가능할지도 모른다. 전체 과제를 연습하는 것은 학습을 방해하는 심각한 인지적 과부하의 원인이 될 수도 있다. 아울러, 전체 과제 접근법은 선택된 순환적 부분 기능을 독립적으로 훈련하는 것이 요구되는 자동화 수준에 도달하는 데 필요할 수도 있다는 사실을 간혹 소홀히 한다. 이 문제들을 해결하기 위해서는 일반적으로 부분 과제 접근법과 전체 과제 접근법을 결합하는 방법이 필요하다.

혼합법: 기능군

이 책에서 살펴본 것과 같은 복합적 기술 기능에 대해서, 4C/ID 모형은 계열화를 위해 다음 활동들을 포함하는 혼합법을 제안한다.

- **기능군 정의**(define skill clusters). 대개 순서를 이루는 2~5개의 작은 기능들로 이루어진 기능군을 정의한다. 기능군은 복합적 인지 기능의 "부분"으로서 이해될 수 있으며, 각각의 기능군은 제법 크고 유의미한 상호 관련성이 있는 부분 기능들을 포함하고 있다. 각 기능군은 50~200시간에 이르는 훈련을 필요하기도 하다.

- **기능군별 사례 유형 계열화**(sequencing case types per cluster). 각 기능군 안에서 전체 과제 접근법은 학습자들이 훈련을 받는 동안 마주치게 될 사례 유형을 계열화하거나 문제와 예제를 분류한다. 이 중간 수준의 계열화는 부분 기능들이 심층적으로 분석된 이후 가장 잘 실행되며, 10장에서 살펴본다.

- **전체 과제 연습**(whole-task practice). 구분한 각각의 사례 유형에 대해서는 학습자들이 마주치게 될 구체적인 문제들과 예들로 반드시 계열화해야만 한다. 이 계열화는 미시적 수준의 계열화의 한 부분으로 취급되며, 파트 C(11장)에서 살펴본다.

- **부분 과제 연습**(part-task practice). 때로는, 요구되는 수준의 자동화에 도달하기 위해 순환적 부분 기능을 위한 추가 연습이 필요하다. 이러한 전통적 연습은 순환적 부분 기능의 실행이 필요한 첫 번째 사례 유형과 관계될 수도 있다. 이 연습 역시 미시적 수준의 계열화의 한 부분으로 취급되며, 파트 C(12장)에서 살펴본다.

거시적 수준에서 기능군들은 고정된 순서로 학습해야 한다고 정의될 수 있다. 이러한 생각은, 이들 기능군이 기능 위계 내의 수직적 관계에 비유되는 위계적 관계를 가진다는 것이다. 그래서 전문가는 기능군 1을 실행하지 못할 경우 기능군 2를 실행하지 못하며, 마찬가지로 기능군 1, 2를 실행할 수 없으면 기능군 3을 실행하지 못한다. 예를 들어, 부품에 대한 오류 진단에 앞서 부품 수리하는 법을 학습할 경우, 또는 자동 수치 제어(CNC) 코드 작성법을 배우기에 앞서 자동 수치 제어(CNC) 코드 편집법을 먼저 배우는 경우, 또는 통계적 분석 계획을 배우기 이전에 통계 분석 결과 해석을 먼저 배우게 되는 경우에 이러한 관계가 발견된다(Gropper, 1983). 역순(reverse ordering) 혹은 대응적 실행(counter-to-performance)이 이들 계열화에 공통적으로 나타난다. 즉, 기능군들을 정상적으로 실행되어야 할 시간적인 순서보다는 다양한 순서로 학습할 수 있다.

Gropper(1973)는 거시적 수준의 계열화를 위한 이러한 후행 연쇄 기법의 중요성을 설명하려고 거시적 계열화의 "모형화 근거(modeling rationale)"를 제시하였다. 그는 교수 체계 설계를 가르치는 데 필요한 역순의 계열화에 대해 설명한다. 첫 번째 기능군에서, 학습자들은 교수 자료들을 시도하고 수정하는 법(교수체제 설계 과정의 마지막 주요 부분)을 학습한다. 첫 번째 기능군에서는 학습자들에게 과제 설계를 위한 모형 산출(과제 설명에서부터 자료 개발에 이르기까지)이 주어진다. 다음으로 연속하는 기능군들에서는 학습자들이 교수 자료들을 설계하고 개발하는 방법을 배운다.

Gropper에 의하면 전략을 짜거나, 계열화를 하거나, 과제를 분석하는 등의 과제들을 실행하도록 요구되기 전에, 학습자들은 몇 가지 모형들의 산출을 검사해 볼 기회를 가진다. 그래서 학습자들은 자기들이 관찰해 온 모형에 대한 과제의 연속적 실행 방법의 기초를 다지게 된다.

기술적 기능 훈련 맥락의 한 예로서, 컴퓨터 프로그래머를 위한 훈련 프로그램에서 활용될 기능군은 다음과 같다(Deimel & Moffat, 1982; van Merriënboer, & Krammer, 1987).

- **기능군** 1(cluster 1): 기존의 컴퓨터 프로그램을 실행하고 장단점을 평가하기
- **기능군** 2(cluster 2): 기존의 소프트웨어 설계와 컴퓨터 프로그램을 읽고 따라 해 보며(hand-tracing) 평가하기
- **기능군** 3(cluster 3): 기존 소프트웨어 설계와 프로그램을 수정하고 완성하며 확충하기
- **기능군** 4(cluster 4): 새로운 소프트웨어와 컴퓨터 프로그램을 설계하고 개발하기

또다른 예로 De Croock, van Merriënboer와 Paas(1994)는 화학 시스템의 오류 진단을 위한 훈련 프로그램에서 다음과 같은 두 가지 기능군을 활용한다.

- **기능군** 1(cluster 1): 정상적으로 작동하는 화학적 프로세스의 상태를 예측하거나 설명하기
- **기능군** 2(cluster 2): 화학적 프로세스의 오작동을 진단하기

거시적 수준의 계열화에 활용되는 기능군 정의는 비교적 자유롭게 할 수 있다. 그러나 아래의 지침들은 유용한 기능군을 정의하는 데 도움이 될 것이다.

- 첫 번째 기능군은 학습자로 하여금 적정한 시간 범위 내에서(시간순 혹은 날짜순으로), 가장 단순하지만 전문가들이 접하곤 하는 실제적인 사례의 연습을 시작할 수 있도록 해야만 한다.
- 현장 전문가에 의해 실행될 수도 있는 실제적 과제들을 반영해야만 한다.
- 각 기능군은 원리화된 기능의 분해에서 분석했던 부분 기능에 의존해야 한다.
- 각 기능군은 후속 기능군의 학습을 촉진해야만 한다.
- 각 기능군은 가급적이면 다른 기능을 형성하는 부분 기능에도 의지하는 것이 좋다.(예: 중첩)

■ 최종 기능군은 원리화된 기능의 분해에서 확인된 부분 기능에 의지해야 한다. 왜냐하면 그 부분 기능들은 전체의 복합적 인지 기능을 대표하기 때문이다.

이 절을 요약하면, 거시적 수준의 계열화를 위해 부분 과제 접근법과 전체 과제 접근법을 구분할 수 있다는 것을 살펴보았다. 하나의 대안으로 거시적 수준의 계열화를 위한 혼합법이 제안되었는데, 혼합법에서는 훈련 프로그램을 위한 거시적 계열화를 구성하는 수많은 기능군들이 확인되었다. 몇 주 안에 학습할 수 있는 복합적 인지 기능을 위해서는, 전체 기능에 일치하는 단 하나만의 기능군이 있다는 점에 주목하자. 그래서 10장에서 살펴보겠지만, 설계자가 즉각적으로 사례 유형의 계열화를 진행할 수 있게 된다.

6.6 분석과 설계를 위한 시사점

원리화된 기능의 분해의 주요 결과 중 하나는, 복합적 인지 기능을 구성하는 부분 기능들에 대한 설명이다. 나아가, 이 부분 기능들은 순환적이거나 비순환적인 것으로 분류되었다. 훈련을 위해 선택된 이 부분 기능들은 심층적으로 분석되어야만 한다. 순환적 기능을 위해서, 분석에는 요구되는 실행에 대한 알고리즘 설명(7장)과 알고리즘의 올바른 실행(8장)에 선수되어야 할 지식도 함께 포함된다. 비순환적 기능을 위해서는 대체로 이들 기능 실행의 근간이 되는 도식적 지식 구조나 정신적 모형의 분석을 먼저 시작해야 한다(9장). 아울러 이 지식을 효과적으로 활용할 수 있는, 문제 해결을 위한 발견적 학습법과 체계적 접근법(예: 전략적 지식)을 분석한다(10장).

원리화된 기능의 분해의 또다른 결과는, 대체로 적은 수의 기능군들로 구성된 코스를 위한 거시적 수준의 계열이다. 각 기능군 안의 사례 유형(중간 수준의 계열화)에 대해 좀더 깊이 상세화하려면, 부분 기능들 간의 시간 관계(예: 대등한 관계) 혹은 기능의 실행을 뒷받침하는 정신적 모형들에 대한 분석이 실시되어야 한다. 이러한 중간 수준의 계열화로 분석 단계를 마무리하게 되는데, 10장에서 이에 관해 논의한다. 설계 단계(파트 C)에서는 학습자들이 마주하게 될 해결 예, 문제들이 개별 사례 유형별로 계열화될 것이며(미시적 수준의 계열화), 개별적인 하나의 사례 유형에 적용되거나 문제 또는 해결에 적용될 교수 전략과 전술이 선택될 것이다.

6.7 요약

6장에서는 원리화된 기능의 분해에 대해 살펴보았다. 첫째, 원리화된 기능의 분해가 교수체제 설계의 맥락에서 적용되었다. 둘째로는, 원리화된 기능의 분해의 네 가지 주요 기능(부분 기능에 대한 확인, 설명, 분류 및 거시적 수준의 계열화)이 논의되었다. 이 장은 다음과 같이 간략히 요약될 수 있다.

- 교수체제 설계의 맥락에서 원리화된 기능의 분해는 일반적으로 요구 분석이 실시된 후에 실행된다. 흔히 직무 분석과 유사하며 후속 과제 분석을 위한 주요 입력물을 제시하기도 한다.

- 부분 기능의 확인에는 수직적(선행적) 관계와 수평적(일시적, 동시적) 관계를 반영하는 기능 위계의 개발이 필요하다. 이 과정은 전문가들과의 긴밀한 협력을 통해 실시될 수 있다.

- 경험적 접근법은 대상 집단의 출발점 행동 수준을 분석해서 바람직한 실행과 비교한다. 따라서 훈련 프로그램은 실제 행동과 바람직한 행동 사이의 격차 혹은 실행 결핍에 초점을 맞춘다.

- 분석한 부분 기능들은 실행 목표에서 기술되며, 실행 목표는 반드시 최종 목표 행동, 필요한 도구와 대상, 수행을 위한 조건과 기준을 명확히 밝혀야 한다.

- 부분 기능의 분류는 부분 기능이 훈련을 통해 가르쳐지는지의 여부와 관계가 있다. 어떤 사람은 훈련에서 특정 부분 기능을 제외시키도록 결정할 수도 있다. 왜냐하면 모든 학습자들에 의해 이 부분 기능들이 이미 학습되었거나, 기능들을 모두 가르치기에는 가용한 교수 시간이 충분하지 않을 수도 있기 때문이다.

- 또다른 부분 기능 분류는 최종 목표 행동이 순환적인 것이나 비순환적인 것인지 여부에 관심이 있다. 서로 다른 상황들에서 동일한 방법으로 실행되는 폐쇄 기능들(closed skills)이 순환적인 것으로 분류되며, 문제 상황에 따라 다양한 방식으로 실행되는 열린 기능들(open skills)은 비순환적인 것으로 분류된다.

- 계열화에 관계된 보편적 구분은 부분 과제 대 전체 과제 계열화이다. 부분 과제 접근법에서는 부분 기능들이 한 번에 하나씩 훈련되며 점차적으로 결합된다. 전체 과제 접근법에서는 모든 부분 기능이 동시에 훈련된다. 혼합법에서는 각각의 기능군에 대해 사례 유형을 정의한 다음, 부분 과제에 대한 거시적

계열을 결정하기 위한 기능군과 전체 과제에 대한 중간 수준의 계열을 결정하기 위한 기능군을 정의한다.

핵심 개념

경험적 접근법	empirical approach
계열화(거시적 수준, 중간 수준, 미시적 수준)	sequencing(on the macro, meso, micro-level)
기능군	skill clusters
기능 위계	skills hierarchy
내용 전문가	subject matter experts(SMEs)
대상	objects
도구	tools
부분 과제 또는 부분–전체 접근법	part-task or part-whole approaches
부분 기능들 간의 관계	relationships between constituent skills
(수직적, 선행적, 수평적, 일시적, 동시적)	(vertical, prerequisite, horizontal, temporal, simultaneous)
실행 결핍	performance deficiencies
실행 기준	performance standards
실행 목표	performance objectives
실행 조건	performance conditions
역순	reverse ordering
열린 기능	open skills
요구 분석	needs analysis
요구 사정	needs assessment
원리화된 개념 분해	principled skill decomposition
이중 분류	double classification
전체 과제 또는 전체–부분 접근법	whole-task or whole-part approaches
조건 단순화	simplifying conditions
직무 분석	job analysis
최종 목표	terminal objectives
출발점 수준의 실행	entry level performance
폐쇄 기능	closed skills
학습 위계	learning hierarchy
합리적 접근법	rational approach
후행 연쇄	backward chaining

제 **7** 장 순환적 부분 기능

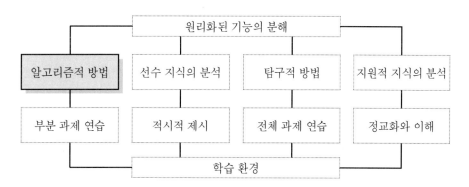

파트 B2의 개요도. 순환적 부분 기능의 분석

이 장은 복합적 인지 기능의 순환적 측면을 분석하는 방법 및 기법에 대해 설명하고 있으며, 그 분석은 주로 전문가가 업무를 수행할 때 밟는 절차나 규칙과 관련된다. 기본적으로 그 분석 방법은 규칙적이며 상당히 영역 특수적 속성이 있어 그 절차 또는 규칙을 익숙한 문제들에 적용하면 일반적 목적 달성을 보장받을 수 있다는 것을 의미한다. 이 장에서 논의될 과제 분석 방법을 통해 확인된 이러한 절차나 규칙들은 상당히 "강력한 방법"인 반면 유연성이 거의 없다. 따라서 이러한 절차나 규칙들은 새로운 문제 상황에서는 별로 유용하지 못하다.

이 장의 구성은 다음과 같다. 7.1절에서는 순환적 부분 기능의 유형을 구분한다.

어떤 기능들(예: 컴퓨터 시스템에 로그인하기, VCR 프로그래밍하기, 계산하기)은 시간순으로 쉽게 정렬될 수 있는 단계를 지니고 있는 반면, 어떤 기능들(예: 문장 편집하기, 컴퓨터 프로그램 코드화하기, 운전하기)은 그런 시간적 순서성이 결여되어 있다. 7.2절과 7.3절에서는 시간순으로 정렬될 수 있는 단계를 포함하고 있거나 그렇지 못한 순환적 부분 기능의 과제 분석 방법을 논한다.

7.4절에서는 순환적 부분 기능 분석에 대한 경험적 접근과 더불어 분석 결과의 다른 공통적 특성에 대해 검토한다. 7.5절은 설계 활동과 다른 분석에 대한 주요 시사점에 대해 언급하고 간략한 요약으로 마무리된다.

7.1 순환적 부분 기능의 유형

3장에서 논의된 바와 같이, 순환적 부분 기능은 원칙적으로 산출 체제에 따라 만들어질 수 있다. 즉, 순환적 부분 기능은 선언적(단정적) 지식을 거의 사용하지 않는 상당히 영역 특수적인 IF-THEN 규칙들로 구성된 비순서적인 집합으로 만들어질 수 있다. 그러나 교육 목적상 이러한 심리적 분석을 얼마나 상세히 해야 하는가는 그리 필수적인 것이 아니다. 더욱이, 교수 개발 프로젝트시에는 이러한 분석에 얼마나 많은 양의 업무가 소요되는지를 종종 고려하지 않는다. 이러한 이유로 특정한 순환적 부분 기능의 구체적 특징을 이용하는 대안적 분석 방법이 이용될 수 있다. 이 장은 순환적 부분 기능 분석에 적합한 모든 분석 기법의 개관에 그 목적이 있지 않다(개요 파악을 위해서는 Jonassen, Hannum, & Tessmer, 1989 참조). 따라서 이 장에서는 가장 핵심적인 분석 방법들만 논의될 것이다.

유용한 분석 방법 선택시 고려되어야 할 순환적 부분 기능의 첫 번째 특징은 그 기능 수행시 시간적 절차(예: 의사 결정 또는 행위 단계)가 관련되어 있는가이다. 시간적 절차가 있는 경우, 그 기능의 분석을 위해서 일반적으로 "절차적 분석"이라고 명명된 방법을 사용한다. 반면, 시간적 절차나 단계가 결여된 순환적 부분 기능 분석을 위해서는 "규칙에 기반"한 접근법이 적용된다. 고려되어야 할 두 번째 특징은 의사 결정 법칙의 조건이나 그 주요 활동들이 관찰 가능한가 그렇지 않은가이다. 그림 7.1은 이러한 두 가지 특성으로 인해 순환적 부분 기능 분석 방법이 어떻게 네 가지 주요 영역으로 구분되는가를 보여 준다.

1. 이 단계는 시간적 절차를 나타내며, 활동은 대체적으로 관찰 가능하다(즉, 행동적이며 관찰 가능함).

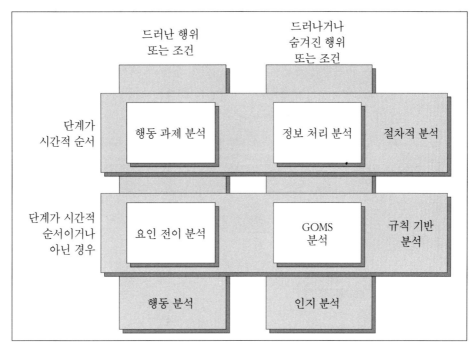

그림 7.1 과제 분석 방법의 네 가지 주요 범주

2. 이 단계는 시간적 절차를 나타내며, 활동과 활동 조건이 관찰 가능하거나 그렇지 않다(즉, 정신적이고 관찰 가능하지 않음).

3. 이 단계는 시간적 절차를 나타내지 않으며, 활동 조건이 대체적으로 관찰 가능하다(즉, 외생적 조건임).

4. 이 단계는 시간적 절차를 나타내지 않으며, 활동 조건이 관찰 가능하거나 그렇지 않다(즉, 인지적 목표).

주목할 점은 이렇게 분류된 영역들이 결코 단순하지 않다는 점이다. 이러한 분석 방법들은 점점 더 강력해져, 시간적 절차나 단계를 나타내지 않는 기능을 다루는 방법이 시간적 절차를 나타내는 기능을 다룰 수 있게 된다. 또한, 관찰 가능하지 않은 활동이나 활동 조건을 다루는 방법으로 관찰 가능한 활동이나 활동 조건을 포함하는 기능을 다룰 수 있다. 다음에 이어지는 두 절에서는 순환적 부분 기능 분석의 절차적 접근 방법과 규칙 기반 접근 방법을 논한다.

7.2 절차적 분석

절차적 분석이란 관련된 단계에 시간적 절차가 내재된 순환적 부분 기능을 분석하는 일련의 과제 분석 방법이다. 이 분석의 결과를 "절차"라고 부르는 이유는 바로 여기에 있다. 절차 분석 방법들은 다음과 같이 하나의 연속선상에 놓고 볼 수 있다. 한쪽 끝은 주로 관찰이 가능하면서 시간상 엄격한 순차적 특성을 지닌 단계를 포함하는 절차이고, 다른 한쪽은 관찰하기 어려우면서 시간상 순차적 특성이 상당히 약한 단계를 포함하는 절차이다(P. Merrill, 1987). 이 양 극단은 흔히 "행동 과제 분석"과 "정보 처리 분석"으로 불린다(그림 7.1 참조). 비록 이 두 방법은 쉽게 연합될 수 있으나 이 단원에서는 양 극단만을 다루고자 한다.

행동 과제 분석

행동 과제 분석은(Gilbert, 1962: Gropper, 1974) 행동주의의 영향으로부터 발전되었으며, 주로 관찰 가능한 단계가 내재되어 있는 순환적 부분 기능을 분석하는 데 특히 유용하다. 이러한 유형의 분석에서 그 단계는 "행동"만을 의미하며 의사 결정은 고려되지 않는다. 복합적 인지 기능에 해당되는 절차는 주로 도구 조작 처리 순서이거나 조립 작업, 서비스 그리고 수리 업무이다. 이 기능은 관찰 가능한 단계와 그 과제를 완수하기 위해 반드시 실행되어야 할 하위 단계가 선형적 순서로 되어 있다.

행동 과제 분석을 수행하는 절차는 단순하다. 우선 순환적 부분 기능 또는 그 기능의 수행 목표를 설명하는 것과 더불어, 그 과제의 일련의 각 단계가 관찰 가능한 것임을 확인한다. 그리고 한 명 이상의 전문가가 그 과제를 수행하고 그 수행 과정을 면밀히 관찰한다. 전문가가 수행하는 모든 단계와 하위 단계를 관찰 가능한 용어로 기록한다. 긴 과제의 경우 여러 수준의 단계와 하위 단계가 있을 수도 있으며, 과제를 수행하는 전문가에게 현재 하고 있는 일을 말로 설명하게 하는 것이 유용할 수도 있다. 분석 결과를 전문가와 검토하고 (1) 빠진 단계 및 하위 단계가 없는지, (2) 모든 단계 및 하위 단계가 관찰 가능한 형태로 기록되었는지, (3) 모든 단계들과 같은 수준의 하위 단계가 같은 크기인지, (4) 각 최하위 수준의 단계가 더 이상 나누어질 수 없는지를 확인한다(그렇지 않다면 하위 단계로 나누어져야 함). 마지막으로, 학습자들은 만들어진 절차를 표준으로 하여 과제를 수행해 본다. 다음 예는 워드프로세서를 시작하는 행동 과제를 분석한 절차이다.

단계 1. 컴퓨터를 켠다.

하위 단계 1.1   전원 버튼을 누른다.

하위 단계 1.2   스크린에 C: \ 가 나타날 때까지 기다린다.

단계 2. 윈도우를 시작한다.

하위 단계 2.1   WIN이라고 타이핑한다.

하위 단계 2.2   ENTER 키를 누른다.

하위 단계 2.3   윈도우 창이 나타날 때까지 기다린다.

단계 3. 워드프로세서 프로그램을 시작한다.

하위 단계 3.1   마우스 포인터를 움직여 Win Word라고 표시된 아이콘에 댄다.

하위 단계 3.2   왼쪽 마우스 버튼을 빠르게 두 번 클릭한다.

하위 단계 3.3   스크린에 빈 문서가 나타날 때까지 기다린다.

정보 처리 분석

정보 처리 분석은 초기 인지심리학으로부터 발전되었으며, 교수설계 분야에서 가장 잘 알려진 분석 방법이다. 특히 이 분석 방법은 관찰이 가능한 단계와 관찰이 가능하지 않은 단계가 내재된 순환적 부분 기능의 분석에 유용하다. 여기서의 단계들은 행동일 수도 있고 의사 결정일 수도 있다. 의사 결정 단계의 포함으로 단계의 순서를 정하는 데에 영향을 주는 의사 결정에 주의를 기울일 수 있게 되므로 절차의 일부를 반복하거나 명료한 경로를 따를 수 있게 된다.

복합적 인지 기능의 경우 정보 처리 분석 절차는 알고리즘 실행이라는 공통적 특징을 공유하는 일련의 다양한 과제들로 광범위한 분야에 걸쳐 있다. 정보 처리 분석의 결과는 대개 순서도[28]에 나타낸다. 이 순서도에 나타나는 일련의 단계들은 대개 선형적 속성이 있으나, 포함된 의사 결정 (단계)부분으로 인해 반복이나 단계의 선택도 허용된다.

정보 처리 분석은 전통적 방식의 프로그래밍 작업처럼 매우 힘든 작업이다. 주기적 하위 기능(또는 그 기능의 수행 목표)에 대해 기술할 때, 우선 그 과제에 관찰 가능하거나 그렇지 않은 단계(의사 결정 단계 포함)가 순서에 따라 어느 정도 나열될 수 있는지를 확인한다. 그 후 유능한 과제 수행자가 그 과제를 수행하게 하고, 동시에 어떻게 그 과제를 수행하는지를 말로 표현하면서(생각을 밖으로 말하기) 머릿속으로 그 업무를 따라 해 본다. 과제 수행자가 하는 관찰 가능하거나 그렇지 않은 모든 행동과 의

---

28) 훌륭한 대안으로 유사 프로그램 언어, 구조화된 개요, 또는 실질적으로 긴요한 프로그램 언어가 쓰일 수 있다.

사 결정을 표나 과제 수행 개요서에 기록한다. 서로 다른 의사 결정 단계를 포함하는 모든 형태의 과제를 대상으로 이 과정을 반복하여 특정 의사 결정 순간으로부터 발생될 수 있는 모든 가능한 부문들을 포함시키도록 한다. 결과를 검증하여 모든 (정신적) 행위와 의사 결정, 그리고 의사 결정으로부터의 발생 가능한 부문이 포함되었는지를 확인하고, 모든 단계의 상세 수준 정도가 비슷한지도 확인하라.

다음 단계로, 과제의 개요를 이용해 업무 순서도를 만드는 것이 아주 중요하다. 가장 단순한 형태의 순서도는 세 가지 기본 요소를 갖추고 있다.

- **사각형**: 관찰 가능한 또는 그렇지 않은 행동을 나타냄.
- **다이아몬드**: 의사 결정을 나타냄.
- **화살표**: 단계의 순서를 나타내며 추가적인 부문 또는 반복을 나타낼 때 사용함.

순서도의 검증은 대개 여러 차례의 주기에 거쳐 이루어지는 과정이다. 내용 전문가에게 순서도가 정확하고 완전하다는 검증을 받아야 한다. 이 때 가장 중요한 점은 모든 가능한 의사 결정과 의사 결정으로부터 생성된 부문이 나타나 있느냐를 확인하는 것이다. 내용 전문가와 더불어 그 과제를 교육시킨 경험이 있는 교사나 훈련자도 순서도의 질 향상에 도움을 줄 수 있는 중요한 정보를 제공할 수 있다. 끝으로, 대상 구성원들에게 순서도에 따라 그 과제를 수행토록 하라. 이러한 검증 과정은 서로 다른 경로를 거치는 모든 유형의 과제에 실시되어야 한다. 만일 그 과제 수행이 매끄럽지 못하면 원활히 수행되지 못했던 단계를 세분하거나 예기치 못했던 부문을 추가해야 한다.

그림 7.2는 주기적 하위 기능인 뺄셈을 위한 부분 순서도의 한 예이다. 이 순서도에 나타난 대부분의 행동과 의사 결정(감소, 더하기, 빼기)이 관찰 가능하지 않은 점을 주목하라. 그러나 어떤 것은 관찰될 수 있다(예: 차액 쓰기).

순서도를 한 페이지에 다 나타낼 수 없을 때 원 기호를 사용하여 다른 페이지 순서도의 어느 부분과 연결되는지를 나타낸다. 각 단계를 쉽게 나타내기 위해서는 종종 순서를 매긴다. 그림 7.2에서 1, 2, 3, …은 행동의 순서를 A, B, C, …는 의사 결정 순서를 나타낸 것이다. 길고 복잡한 순서도는 여러 수준으로 나누어 그 기능을 나타낸다. 즉, 상위 수준 순서도는[29] 좀더 일반적인 단계를 나타내고 하위 수준 순서도는 각 일반 단계를 상세히 나타낸다.

정리하면, 행동 과제 및 정보 처리 분석 모두 좀더 상세한 행동 또는 단계로 나누

---

29) 이 경우, 상위 수준 순서도는 과제 수행의 일반적 접근법을 나타내며 SAP 차트(체계적 문제 해결 접근, 10.2절 참조)와 매우 유사하다.

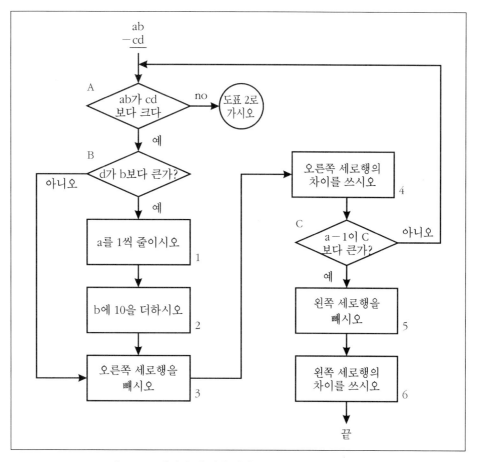

그림 7.2 두 자리 숫자 뺄셈 절차를 나타내는 순서도의 일부

고, 나눈 단계들을 올바른 실행 순서에 따라 재정렬한다. 행동 과제 분석이 관찰 가능한 행동을 주로 다루는 반면, 정보 처리 분석은 관찰이 힘든 행동이나 의사 결정도 다룰 수 있다. 정보 처리 분석의 이용 관찰이 가능한 단계가 선형적으로 진행되는 과제를 분석할 경우, 순서도에는 관찰 가능한 행동을 나타내는 일련의 직사각형 박스들이 주로 그려질 것이며, 다이아몬드 박스(의사 결정을 위한)는 거의 없을 것이다.

7.3 규칙 기반 분석

규칙 기반 분석이란 일련의 과제 분석 방법으로, 키보드나 제어 조정 장치 다루기, 편집하기 등 시간적으로 순서를 갖지 않는 단계가 내재된 순환적 부분 기능의 분석에 적절하다. 원래 규칙을 기술할 때는 어떤 조건하에서 어떤 특정 행동이 적용되는지를 명기해야 한다. 규칙 기반 분석은 절차적 분석 방법과 마찬가지로 하나의 연속선상에 놓고 볼 수 있다. 연속선상의 한쪽 끝의 경우, 규칙에는 주로 관찰 가능한 행동들이 상술되어 있으며, 이러한 행동들은 외관상 보여질 수 있는 구체적 조건하에서 수행되어야 한다. 다른 한쪽 끝에는 특정 인지 목표[30] 달성을 위해 수행되어야 할 관찰이 가능한 (또는 그렇지 않은) 행동이 명시된 규칙이 있다. 이 단원에서는 요소 전이 분석과 GOMS 분석에 대해 논한다. 요소 전이 분석은 그 연속선상의 왼쪽(관찰 가능한 쪽)에, GOMS 분석은 오른쪽(관찰이 힘든 쪽)에 각각 배치될 수 있다.

요인 전이 분석

비교적 적용이 쉬운 순환적 부분 기능을 분석하기 위한 규칙 기반 분석은 요인 전이 분석[31]이다. 요인 전이 분석은 Reigeluth와 Merrill(1984)이 개발한 확장 과제 분석 절차의 일부이다. 요인 전이 분석은 전문가가 의사 결정 관련 과제를 수행할 때 사용하는 규칙을 알아 냄으로써 순환적 부분 기능을 분석하기 위해 특별히 개발된 과제 분석 방법이다. 요인 전이 분석에 있어서 핵심은 구체적 조건, 요인 또는 의사 결정에 영향을 주는 외적 사실, 그리고 그러한 결정 뒤에 따르는 행동이 무엇인가를 확인하는 것이다. 4C/ID 모형에서 다음 단계들은 요인 전이 분석[32]의 실행과 관련된다.

1. 과제를 잘 수행하기 위해 고려되어야 할 모든 요인을 분석하라.
2. 각 요인 또는 결합된 요인을 위해 필요한 의사 결정 규칙을 확인하라.
3. 각 요인 또는 의사 결정 규칙을 고려해야 하는 시기를 결정하기 위한 상위 수준 규칙에 대해 말하라.

내용 전문가와의 인터뷰, 자료 연구, 그리고 필요하다면 관찰을 통해 그 과제를 수행하는 데 중요한 모든 요인 또는 조건을 확인하고 기록한다. 예를 들어, 중앙값을 구하는 데 사용되는 공식을 선택하는 단순한 순환적 부분 기능의 경우, 관심사는 그 데이터가 어떻게 구성되었는가(예: 빈도 분포로 구성되었는지, 그렇지 않은지)와 데이터의 수가 얼마나 되는가이다.

　　그 의사 결정에 영향을 미치는 여러 가지 요인은 비교적 같은 수준의 상세한 요인

---

30) 이는 자료 지향적 정보 처리 유형과 목표 지향적 정보 처리 유형 사이에 나타나는 공통적 차이와 유사하다.

31) 이러한 분석 유형의 전이 형태는 "절차적 중첩"이라는 개념과 일치한다.

32) 요인 전이 분석에 대한 자세한 설명은 Reigeluth & Merrill(1984)을 참고하라.

을 포함하는 일반적인 요인으로 묶을 수 있다. 먼저 일반적인 요인을 분석한 후 상세한 요인을 분석한다.

둘째, 각 요인 및 결합된 요인의 의사 결정 규칙을 확인하고 그 중요도에 따라 순서를 정한다. 이러한 의사 결정 규칙은 의사 결정시 요인들이 어떻게 검토되어야 하는지를 지정한다. 의사 결정 규칙의 단순한 예는 다음과 같다.

(규칙 1) IF 데이터가 빈도 분포 형태로 그룹이 형성되면

THEN 이 공식을 사용하라. 중앙값 $= ll + ((n/2) - cf/fi) \times i$

(규칙 2) IF 데이터가 홀수이면

THEN 이 공식을 사용하라. 중앙값은 $(n+1)/2$의 결과이다.

(규칙 3) IF 데이터가 짝수이면

THEN 이 공식을 사용하라. 중앙값은 $(n/2) + (n/2 + 1)/2$의 결과이다.

이 부분에서 공식에 대한 이해는 그리 중요치 않다. 특정 요인이 특정 공식을 선택하는 데 영향을 미친다는 점만 주목하면 된다. 마지막으로, 소위 공동 규칙을 확인 기록해야 한다. 이러한 규칙은 다음의 경우에 결정을 내릴 때 사용한다. (1) 어떤 요인 또는 의사 결정 규칙을 언제 고려해야 하는지, (2) 두 개 이상의 요인 또는 의사 결정 규칙이 서로 상충할 때 어떤 요인 또는 의사 결정 규칙을 사용해야 하는지이다. 일례로, 위의 예에서 규칙 1과 2 또는 규칙 1과 3은 항상 상충하는데, 그 이유는 빈도 분포에서 묶이는 데이터의 수는 항상 홀수나 짝수이기 때문이다. 이를 해결하기 위한 공동 규칙은 다음과 같다.

(규칙 4) IF 데이터가 빈도 분포 형태로 그룹이 형성되지 않으면

THEN 규칙 2와 3만을 사용하라.

GOMS 분석

인지 목표를 고려하는 순환적 부분 기능을 분석하기 위한 규칙 기반 분석은 GOMS 분석이다. GOMS란 목표, 조작자, 방법, 규칙 선정의 분석을 뜻한다. GOMS 분석은 Card, Moran, Newell(1983)의 인간-기계 상호 작용에 대한 연구에 그 근간을 두고 있으며, 그 후 Kieras(1988b, 1990; Kieras & Polson, 1985; Polson, 1993)가 한층 더 개선하였다. 과제 분석 방법은 구체적 조건이나 요인을 분석의 기초로 삼지 않는 대신, 학습자(수행자)가 달성해야 하는 목표와 하위 목표 구조의 분석에 그 기초를 둔다. 과

제는 방법과 조작이 순서대로 정렬된 연합된 목표 구조와 위계적으로 구성된 방법들의 집합체로 분석된다. 특히 과제는 다음 요소에 따라 분석된다.

- 목표는 과제, 하위 과제, 인지적 조작, 또는 물리적 조작을 수행하는 목적을 말한다. 목표들은 방법과 조작을 순서적으로 정렬한 상관된 목표들의 구조로 조직된다.

- 조작은 버튼을 누르거나, 스위치를 작동하는 것과 같은 기초적인 물리적 행동과 더불어 읽기, 어떤 사항 회상하기, 목표 세우기 등 정신적 조작을 말한다.

- 방법은 특정한 목표나 하위 목표 수행을 위한 연속적인 조작을 말한다. 상위 방법은 초기 과제를 일련의 하위 과제로 나누는 반면, 하위 방법은 하위 과제 수행을 위해 필요한 실제 행동을 만든다.

- 선택 규칙은 특정 방법의 사용 시기 선택 상황을 말한다[33]. 따라서 선택 규칙은 목표 달성을 위한 방법이 여럿 있을 때 언제 각 방법이 적절한지를 알려준다.

GOMS 분석의 실행은 많은 시간을 요하는 지루한 일이다. Kieras(1990)는 과제 목표의 구조를 기술하지 말 것과, 방법과 목표를 상의 하달식 및 수평 우선 확장식으로 할 것을 제안한다. 또한, 비교적 읽고 쓰기 쉬운 자연어판 GOMS(소위 NGOMSL)를 정의하였다. 과제 또는 그것과 관련된 수행 목표의 설명과 더불어, 우선 초기 과제를 일련의 하위 과제로 분석하는 상위 수준의 방법을 찾는 것이다. 그 후, 하위 과제 완수에 필요한 일련의 직무를 설명하는 중간 수준의 방법을 찾고, 각 직무의 수행을 위해 필요한 실제 행동을 만드는 하위 수준의 방법을 찾는다. 그 결과, 방법과 관련된 목표로 구성된 피라미드형의 위계가 만들어지는데, 이 위계의 맨 위는 좀더 일반적인 절차적 정보로 구성되고 맨 밑은 특정한 조작 정보로 이루어진다. GOMS 분석시 흔히 일어날 수 있는 실수는 초기 조작을 너무 빨리 지정하려다가 장황하고 상세한 절차 관련 설명을 늘어놓게 되는 것이다. 이런 이유로 Kieras(1990)는 방법과 관련 목표를 체계화하기 위해 최소한 3단계의 수준을 이용할 것과, 각 방법은 5단계 이상 되지 않게 할 것을 권장한다.

　　Elkerton과 Palmiter(1991)은 하이퍼카드 자료를 만드는 업무를 어떻게 GOMS를 이용해 분석하는지 그 예를 보여 준다. 분석 결과, 이 과제에 128가지 방법이 있음을 보여 주었다. 최상위의 두 가지 방법이란, 완전히 새로운 하나의 하이퍼카드 파일(스

---

33) GOMS 분석의 선택 규칙은 FTA의 공통 규칙(common rules)과 매우 유사하다.

표 7.1 "필드 지우기" 과제에 사용되는 방법과 선택 규칙(NGOMSL; Elkerton & Palmiter, 1991)

"필드 지우기" 목표 수행 방법:

    단계 1: 필요한지 결정하라. 필요하다면 "필드 선택하기"를 수행하라.

    단계 2: 특정 필드 지우기 방법을 사용하라.

    단계 3: 달성된 목표를 보고하라.

"필드 선택" 목표 수행 방법:

    단계 1: 필요한지 결정하라. 필요하다면 브라우즈(browse) 도구를 이용하여 필드가 있는 카드로 이동하라.

    단계 2: 도구 메뉴에서 필드를 선택하라.

    단계 3: 카드와 배경에 있는 필드가 나타나는 것을 확인하라.

    단계 4: 필드를 클릭해 선택하라.

    단계 5: 달성된 목표를 보고하라.

"'특정 필드 지우기" 사용시 적용될 수 있는 선택 규정:

    필드를 다른 곳에 붙이려면 편집 메뉴에서 "필드 자르기"를 선택하라.

    필드를 완전히 지우려면 편집 메뉴에서 "필드 지우기"를 선택하라.

    (대안: 키보드의 Delete 키 누르기)

    달성된 목표를 보고하라.

택)을 만들거나 비슷한 파일을 복사하고 변형하는 것이다. 표 7.1은 "파일 지우기"라는 과제를 위한 NGOMSL의 선택 규칙과 방법을 보여 준다. GOMS 분석의 완전성 여부 확인을 위해 행동 대상 매트릭스를 사용할 수 있다. 이 경우 아홉 가지 행동(작품 구상, 만들기, 복사, 삭제, 수정, 이동, 선택, 명료화, 검사)과 일곱 가지 대상(하이퍼카드 파일, 하이퍼카드 배경, 하이퍼카드 페이지, 버튼, 필드, 필드 안의 문장, 필드 안의 그림)으로 매트릭스가 만들어진다. 그리고 분석을 완료하기 위해 매트릭스의 각 목표에 하나 또는 그 이상의 방법을 대응한다.

예를 들어 방법은 필드 지우기, 하이퍼카드 파일 만들기, 버튼 선택하기 등과 관련될 수 있으나, 하이퍼카드 배경 이동하기 같은 목표는 가능하지 않을 수 있다.

이 단원을 요약하면, 순환적 부분 기능 분석을 위해 두 가지의 규칙 기반 방법을 논했다. FTA는 과제 수행에 영향을 미치는 구체적 조건이나 요인에 초점을 두었고, GOMS 분석은 인지 목표와 그것에 관련된 방법의 피라미드형 직계제에 주요 관심을 두었다. 이 두 가지 유형의 분석을 통해, 과제를 일련의 규칙이나 방법 그리고 규칙 간 선택을 위한 일련의 상위 규칙(공통 규칙 또는 선택 규칙으로 언급된)으로 기술하였다. 이 두 분석 방법은 심리적 생산 체제 분석과 매우 유사하다. 또한, GOMS 분석시

Anderson의 ACT* 이론(3장 참조)과 마찬가지로 목표 구조를 사용한다. 사실 NGOMSL 표상에서 나온 ACT*와 같은 산출 규칙 표상의 자동 산출은 기술적으로 가능하다.

7.4 분석 방법의 공통적 측면

이 장에서 다루어진 분석 기법들은 공통점이 많다. 심리학적으로 말하자면, 이러한 분석 기법들은 순환적 부분 기능을 마치 자동적 처리처럼 취급하여 분석한다. 이렇게 분석하는 데는 그만한 이유가 있다.

설계 단계에서 확인된 절차나 규칙의 편집(심지어 하위 강화의 자동화)을 촉진하는 정보 제공(13장) 및 연습 설계(12장)를 위한 교수 방법이 선택될 것이다. 분석 방법 간에 공통적으로 갖고 있는 특성들은 다른 분석 유형을 하나로 묶을 수 있게 하고, 분석을 어느 정도 상세히 해야 하는가에 대한 지침을 공통적으로 제시해 주며, 경험적 분석에 대한 일반적 접근 방법을 설명해 주고, 학습자 행동 시뮬레이션의 장점에 대한 논의를 가능케 한다. 다음에서 이러한 특성들을 간략히 논의한다.

분석 방법 통합

일련의 순환적 부분 기능 규칙들을 분석한 후 늘 얻게 되는 결과는 어떻게 과제가 수행되는가를 기술한 방법이다. 즉, 주로 절차적 지식을 기술하는 것이다. 이러한 이유로 분석 결과의 일부는 서로 매우 비슷할 수 있다. 예를 들어, 낮은 단계의 GOMS 분석 방법은 행동 과제 분석의 결과와, FTA의 공동 규칙들은 GOMS 분석의 규칙 선택과, 그리고 정보 처리 분석에서의 명료한 의사 결정과 그 결과 나타나는 행위는 FTA 또는 GOMS 분석의 규칙들과 서로 매우 유사하다. 이런 유사성은 특정한 순환적 부분 기능을 분석할 때 다른 유형들의 분석은 종종 서로 유연하게 결합됨을 의미한다.

모든 분석 방법들이 과제를 어떻게 수행하는가에 초점을 맞춘 결과, 과제 수행을 위한 학습[34]에 필수적인 지식에 대한 정보가 결여된다는 것이다. 이 선수 지식에 대한 분석은 다음 장에서 좀더 논의한다. 여기에서 생각해 봐야 할 문제는 과연 어떤 지식이 과제 분석에서 명기한 바를 올바로 수행하는 과제를 학습하는 데 핵심적 역할을 할

---

[34] 이는 절차화 과정을 의미하며, 이로 인해 선언적 지식이 산출물의 일부가 되어 그것을 상당히 영역 한정적으로 만든다.

것인가이다. 이런 유형의 분석은 흔히 교수 분석으로 불리며 과제 분석과 직접 연계되어 수행될 때는 조합 분석이라고도 한다(Dick & Carey, 1996).

분석의 정도

이 장에서 논의된 분석 기법의 공통된 문제점은 분석시 어느 정도 상세히 분석해야 하는가 그 수준을 정하는 것이다. 최하위 수준의 분석은 얼마나 상세해야 하는가? 분명한 것은 손가락 까닥거리기나 눈알 움직이기와 같은 낮은 단계의 운동 기능, 또는 장기 기억 장소에서 하나의 사실을 끄집어 내거나 작동 중인 기억 장소에서 하나의 사실을 지우는 것과 같은 단순한 두뇌 작용 단계까지 분석을 한다는 것은 매우 비효율적이라는 것이다. 이 문제를 해결하는 일반적 방법은 학습자가 이미 숙달한 기본적 수준까지 분석을 계속하는 것이다. 이는 학습 대상자의 출발점 행동 수준 분석은 과제 분석에 포함되어야 한다는 것을 의미한다. 이렇게 함으로써 사소하거나 불필요한 교수설계 업무를 추가하지 않으면서 학습 대상자에 대해서 충분한 정보를 제공하는 과제 기술이 가능하다.

이 과정은 최하위 능력의 학습자가 더 이상의 훈련 없이도 그 최하위 단계 또는 규칙을 이용할 수 있다는 것을 전제로 한다. 이 때 생각해 볼 수 있는 근본적인 질문은 "선수 지식을 갖고 있는 학습자는 이 최하위 단계를 정확히 수행할 수 있을까?"이다. 즉, 교수는 과제 분석을 거쳐 적절한 크기로 개발되며 출발점 단계에 있지 않은 모든 내용을 교육하나, 이미 학습된 단계나 규칙에 대해서는 신경을 쓰지 않는다.

경험적 접근: 전형적 오류

종종 경험적 방식을 보완적으로 사용하여 순환적 부분 기능 분석(전문가들이 어떻게 수행하는가)을 적절히(합리적으로) 수행한다. 이러한 방식에 있어서 관심을 두어야 할 것은, 분석을 위한 절차나 법칙을 적용할 때 학습 대상 그룹을 대표하는 학습자에서 발견되는 전형적 문제, 오류 또는 실수이다. 이러한 문제나 오류는 두 영역으로 나눌 수 있다.

- 합리적 과제 분석 결과 확인된 단계나 규칙의 적용이 어렵고 위험하며, 학습 대상 그룹을 대표하는 학습자가 종종 수행하지 않는 경우
- 합리적 과제 분석 결과 확인되지 않은 단계나 규칙임에도 학습 대상 그룹을 대표하는 학습자가 적용하는 경우. 이러한 단계나 규칙은 흔히 절차적 결함, 불

량 규칙, 또는 오류투성이 규칙으로 불린다.

교수 자료 제작시 경험적 분석을 함으로써 학습자가 쉽게 오류를 범하거나 실수하는 단계나 규칙에 설계자가 주의를 기울일 수 있게 하며, 학습자가 처한 곤경을 극복하거나 범한 실수로 인한 잘못된 결과를 만회할 수 있도록 오류 회복을 위한 정보를 포함시킬 수 있게 한다. 더욱이, 오류가 많은 절차적 단계나 잘못된 규칙들은 학습자의 행동을 진단하거나 설명할 때 사용될 수 있으며, 학습자의 수행 수준에 대한 피드백 정보를 제공할 때 그 근거로 사용될 수도 있다.

진단 및 인지적 시뮬레이션

절차상의 일련의 규칙 또는 규정집은 진단 도구로 사용될 수 있다. 예를 들어, 행동 과제 분석 결과에 따른 절차를 따름으로써 교사는 학습자가 과제 수행을 올바로 하지 못한 것을 일련의 하위 단계 수행을 실패한 것으로 분석할 수 있다. 그런 후, 교사는 필요한 수정 조처를 확인한다. 마찬가지로, 컴퓨터 기반 교수체제는 학습자가 특정 업무를 수행할 때 사용하는 규칙을 자동으로 찾아 낼 수 있고, 언제 학습자가 필요한 규칙을 사용하지 않는지 또는 예상치 않은 규칙을 사용하는지 등을 알아 낼 수 있다. 이 과정은 절차 추적 또는 모형 추적으로 알려져 있으며, 이를 통해 학습자가 남긴 소위 "모형 흔적"[35]을 찾을 수 있다.

여러 학자들(예: Anderson, Boyle, Corbett, & Lewis, 1990; Kieras, 1988a, 1990)은 순환적 부분 기능을 스스로 수행할 수 있는 산출 체제 또는 다른 형태의 형식적 컴퓨터 시행 대행 체제를 구축하여 주어진 과제를 인지적으로 처음부터 끝까지 마음 속으로 한번 재현해 볼 것을 강력히 권고한다. 컴퓨터 기반 인지적 시뮬레이션의 장점은 완전한 분석을 보장한다는 것이다. 그러나 이러한 장점보다 더 큰 단점은 시뮬레이션의 시행을 위해서 종종 상당한 노력이 요구된다는 점이다. 컴퓨터 기반 인지적 시뮬레이션의 좀더 중요한 장점은, 컴퓨터 기반 교수체제가 학습자의 행동을 추적하여 오류나 차선적인 행동에 대해 즉각적 피드백을 제공한다는 것이다. 이러한 방법은 지능형(개인)교수 시스템으로 알려진 컴퓨터 기반 교수 시스템 뒤에 이어 가끔 나온다. 이 시스템 개발에 소요되는 시간을 고려할 때, 대단히 핵심적인 순환적 측면의 복합적 인지 기능의 훈련 설계를 위해 좋은 방법을 제공한다.

---

35) 이 접근 방법의 복잡성은 학습자가 합리적 분석에서 알려지지 않은 규칙이나 단계를 사용할 수 있다는 점과, 그럼에도 불구하고 순환적 부분 기능의 올바른 수행을 위한 대안을 제공하는 것이다.

인지적 시뮬레이션의 두 가지 일반적 문제점은 학습자의 출발점 행동 수준을 나타내는 것과 관계되어 있으며, 그 시뮬레이션이 행동을 진단하는 데 사용되면 행동을 해석하는 것은 모형 추적에 적합하지 않다.(즉, 그 문제점들은 규칙으로 설명될 수 없다.) 첫 번째 문제의 유용한 해결 방법은 학습자의 시작점 수준에 맞는 낮은 단계의 일반적인 반복 업무 또는 매크로(일련의 명령어들을 하나의 명령으로 만들어 실행하는 것)들을 모아 정보 집합체를 만드는 것이다. 이렇게 모아진 자료는 학습의 크기가 학습자 시작점 수준을 고려해 적절한지를 확인하는 사전 검사를 만드는 데 사용될 수도 있다. 두 번째 문제 해결을 위한 일반적 접근 방법은 불량 규칙 또는 오류투성이 규칙을 모은 정보 집합체를 만드는 것이다. 이러한 규칙들을 통해 원형 진로를 벗어난 학습자의 행동을 진단 해석하고, 그런 일탈이 일어날 경우 상세한 도움과 피드백을 제공할 수 있는 근거를 제공한다. 이러한 문제들은 주로 지능형 (개인)교수 시스템에서 연구되는 것이며 여기에서는 다루지 않기로 한다.

7.5   분석과 설계를 위한 시사점

순환적 부분 기능(절차 또는 일련의 규칙들)의 분석 결과는 다른 분석과 설계 활동에 영향을 준다. 분석 단계에서 그 결과들은 선수 지식 또는 교수 분석을 분석하는 데 주요한 자료가 된다(8장 참조). 여기서 고려해야 할 점은 어떤 지식 요소들(사실, 단순한 쉐마)이 절차나 규칙을 배우는 데 필수적인 것인가이다.

순환적 및 비순환적인 것으로 이중 분류된 하위 기능의 경우는 지원적 지식을 분석함으로써 교수 분석을 보충할 필요가 있다. 즉, 선수 지식 요소와 다른 관련 지식 요소의 관계를 형성하는 것이다(9장 참조). 그리고 절차나 일련의 규칙들로 문제를 해결할 수 없을 경우, 학습자가 사용하는 문제 해결 및 발견적 교수법에 대한 시스템적 접근을 분석함으로써 알고리즘 과제 분석을 보충할 필요가 있다(10장 참조).

설계 단계에서 우선 시사되는 바는 연습 설계에 관한 것이다. 선별된 순환적 부분 기능을 위한 부분 과제 연습은 최종 전체 과정 수행의 유창성 향상을 위한 것이다. 알고리즘 과제 분석을 통해 밝혀진 절차와 규칙은 절차와 규칙을 훈련시키기 위해 사용될 연습 항목을 정하는 데 사용되며, 복잡하거나 대규모인 절차나 규칙인 경우 연습 항목의 순서를 정하는 데 사용된다. 또한, 연습 및 훈련에 적절한 교수 방법을 결정하기 위해서도 가끔 사용한다. 이러한 주제들은 12장에서 다룬다.

설계 단계의 또다른 시사점은 정보 제시 설계에 관한 것이다. 일반적으로 단순화된 단계표, 순서도, 의사 결정 규칙 또는 방법들은 공식 서면 지침서, 작업 보조 도구, 도움 시스템 등 교수 자료의 일부로 쓰일 수 있다. 이러한 절차적 정보 또는 두드러진 단계는 학습자가 필요할 때 제시하는 것이 바람직하다. 더욱이, 절차를 기술함으로써 학습자의 행동을 기록할 수 있고 오류를 진단하며, 잘못되거나 최상이 아닌 행동에 대해 즉각적인 피드백을 제공할 수 있다. 이러한 적시적 정보 제공의 형태는 13장에서 논의한다.

7.6 요약

이 장에서는 순환적 부분 기능 분석에 쓰이는 몇몇 대표적인 과제 분석 기법에 대해 논의하였다. 단계에 순차성이 있는 기능을 분석(행동 과제 분석, 정보 처리 분석)하는 기법과 그렇지 않은 기능의 분석(요인 전이 분석, GOMS 분석)에는 차이가 있었다. 모든 기법들은 과제 수행을 논리적으로 기술하는 것에 초점을 맞추고 있으며, 특정 기능의 분석시 서로 결합될 수도 있다. 다른 공통적 특성들은 분석시 상세 정도, 경험적 접근 방법의 사용, 그리고 분석 결과를 학습자 행동의 진단에 적용하는 것과 관계가 있다. 이 장의 내용은 다음과 같이 요약될 수 있다.

- 과제 수행에 관련된 절차가 순차성이 있을 경우(시간적 순서와 관련될 경우) 절차적 분석이 사용될 수 있으며, 순차성이 없을 경우 규칙 분석이 사용될 수 있다.
- 행동 과제 분석과 정보 처리 분석은 절차적 분석의 예이다. 행동 과제 분석은 겉으로 드러난 행동에 중점을 두며, 정보 처리 분석은 겉으로 드러나거나 그렇지 않은 의사 결정 및 행동에 중점을 둔다.
- 요인 전이 분석과 GOMS 분석은 규칙 분석의 예이다. 요인 전이 분석은 대개 겉으로 드러난 행동(요인)에 중점을 두며, GOMS 분석은 주로 드러나지 않는 (인지 목표) 것의 행동 조건에 중점을 둔다.
- 순환적 부분 기능의 분석을 위한 기술들은 공통점이 많으며, 특정 과제 분석 시 서로 결합될 수 있다.
- 분석의 상세 정도는 주로 학습 대상자의 출발점 수준에 의해 결정된다. 최하위 수준 단계는 선수 지식을 이미 터득하였다고 가정할 때 학습자가 정확히 수행할 수 있는 단계이어야 한다.
- 경험적 접근은 학습자가 쉽사리 생략하거나 어려워하는 단계에 대한 정보를

제공하거나, 학습자가 사용한 잘못된 단계나 규칙(절차적 오류, 불량 규칙, 오류 특성의 규칙)에 대한 정보를 제공한다.

■ 확인된 절차 또는 일련의 규칙은 학습자의 행동을 추적하거나 오류에 대한 즉각적 피드백을 제공하는 데 사용될 수 있다. 이 모형 추적 패러다임은 인공지능 개인 교수 시스템이나 교사에 의해 사용될 수도 있다.

핵심 개념

공동 규칙	common rules
교수 분석	instructional analysis
규칙 기반 분석	rule-based analysis
낟알 크기	grain size
대상 집단의 초기 단계	entry level of the target group
드러난 단계	covert steps
모형 흔적	model tracing
목표	goals
방법	methods
불량 규칙	malrules
선수 지식	prerequisite knowledge
선정 규칙	selection rules
숨겨진 단계	overt steps
오류투성이 규칙	buggy rules
요인 전이 분석(FTA)	factor-transfer analysis(FTA)
의사 결정 규칙	decision rules
인지적 시뮬레이션	cognitive simulation
절차적 분석	procedural analysis
절차적 오류	procedural bugs
정보 처리 분석	information processing analysis
조작	operations
조합 분석	combination analysis
진단	diagnosis
행동 과제 분석	behavioral task analysis
행위 대상 매트릭스	action-object matrix
GOMS 분석	GOMS analysis
NGOMSL	NGOMSL

제 **8** 장

선수 지식의 분석

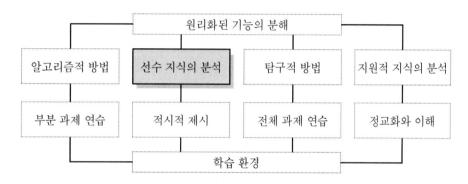

파트 B3의 개요도. 선수 지식의 분석

이 장에서는 선수 지식 분석을 위한 방법 및 기법에 대해 설명한다. 순환적 부분 기능 분석의 절차적 또는 규칙 기반 분석은 어떻게 특정 과제가 수행되는지 보여 주지만, 그 과제를 수행할 수 있기 위해서 무엇을 배워야 하는지에 대해서는 알려 주지 않는다. 그러나 선수 지식 분석은 이러한 문제를 해결한다. 선수 지식이란 순환적 부분 기능을 설명하는 규칙 또는 절차의 올바른 수행과 효율적 학습을 가능케 하는 지식을 말한다. 이 분석 과정은 교수 분석으로 불리며(Hoffman & Medsker, 1983), 절차 또는 규칙 기반 분석과 동시에 수행될 때는 조합 분석으로 불린다(Dick & Carey, 1996).

순환적 부분 기능에 필요한 선수 지식의 분석 방법들은 순환적 부분 기능 분석 방법과 마찬가지로 본래 위계적 특성이 있다(사실을 분석하는 경우를 제외하고). 순환적 부분 기능 분석은 학습 대상자가 이미 마스터한 기능의 수준까지 절차적 단계나 법칙에 따라 분석된다. 또한, 순환적 부분 기능의 선수 지식을 분석할 때는 각각의 절차적 단계 또는 규칙을 학습하기 위해 필요한 지식 역시 학습자가 이미 알고 있는 수준까지 분석한다. 그 분석의 대상은 주로 사실들과 단순한 쉐마(독립된 별개의 개념, 계획 및 원칙)이며, 이들은 순환적 부분 기능의 올바른 수행을 기술하는 규정을 적용하기 위해 또는 절차적 단계의 올바른 시행을 위해 최소 한도만 필요하다.

　이 장의 구조는 다음과 같다. 8.1절에서는 선수 사실의 분석에 대해 간략히 논의하며, 8.2절에서는 미리 알아야 할 개념, 계획, 원리에 대한 분석에 대해 언급한다. 8.3절에서는 이러한 분석 방법들의 몇몇 공통된 특성을 살펴본다. 이 단원들은 분석의 위계적 특성, 논리적 분석을 경험적 분석으로 보충하는 데 있어 바람직한 점, 그리고 군집 분석시 이미 확인된 선수 지식을 재조직할 수 있는가에 대한 가능성 등을 다룬다. 분석 및 설계 활동에 대한 주요 시사점은 8.4절에서 다루어진다. 그리고 마지막으로 요약이 따른다.

8.1　사실 분석

기본 교수 분석 방법은 절차 또는 규칙 기반 분석에서 확인된 각각의 절차적 단계나 규칙하에 있는 순환적 부분 기능의 학습을 위해 미리 학습되어야 하는 것을 개략적으로 기술하는 것이다. 따라서 각 절차적 단계 또는 규칙에 대해 다음 질문이 제기되어야 한다. 이 절차적 단계의 수행 또는 규칙의 적용을 올바로 할 수 있기 위해 학습자가 미리 알고 있어야 할 것(그래서 미리 학습해야 할 것)은 무엇인가? 만약 이 질문에 대한 대답이 가장 하위 능력 수준의 학습자도 이미 잘 알고 있을 정도의 지식이라면 더 이상 그것을 기술 및 분석할 필요가 없다.

　"사실"은 가장 단순한 유형의 선수 지식이다. 왜냐하면 "사실"은 우리가 세상에 대해 알고 있는 바를 표현하기 때문이다. "사실"은 단정적 지식의 기본 구성 단위로 알려진 명제와도 일치한다(3장 참조). 사실 관련 선수 지식의 분석과 연관된 질문은 "단계 또는 규칙의 올바른 적용을 위해 필요한 사실을 학습자가 아직 모르고 있는가?"이다. 예를 들어, "POWER라고 쓰인 버튼을 누르시오."라는 절차적 단계와 관련된 사실은 POWER 버튼이 기계의 뒤에 위치해 있다는 것이다. 또다른 예는, "자료가 빈도 분포에 몰려 있으면 '중앙값=ll+((n/2)−cf/fi) * i'라는 공식을 사용하라."라는 규칙과 관련된 사실은 ll이 lower limit의 약어라는 것이다.

사실은 인지의 기본 구성 단위이기에 사실을 알기 위해 알아야 하는 것은 없다. 즉, 사실 학습이 가능하도록 하는 사실은 없다. 어떤 의미에서 사실은 암기될 수밖에 없다. 이 말은 학습자가 선수 지식으로 확인된 모든 사실을 반드시 암기해야 한다는 뜻은 아니다. 이와 반대로, 잘 설계된 학습 환경은 절차나 규칙을 연습해야 할 순간에 그 절차적 단계나 규칙을 학습하기 위해 필요한 사실을 반복적으로 제시한다. 이 방법으로 사실 관련 선수 지식을 절차 관련 지식에 통합하여 연습 기능으로 발전된다. 더욱이, 사실의 분석은 교수설계자의 주의를 특정 절차적 단계나 규칙을 적용하거나 수행하는 데 필수적인 원칙, 계획 또는 개념 쪽으로 돌릴 수 있다. 일례로, 새로운 사실에 대해 기술할 때 학습자가 알지 못하는 개념을 사용할 수 있다. 다음 장에서 이러한 단순한 쉐마 분석에 대해 논의한다.

8.2　단순한 쉐마의 분석

인지적 쉐마는 사실과는 달리 사람들이 세부적인 것을 추상화하거나 대상, 사건 또는 절차 등을 특정한 종류나 영역으로 분류할 수 있도록 돕는다. 독립된 개념, 계획, 원리 등과 같이 단순한 쉐마는 한정된 숫자의 인지 단위와 단위 간 관계를 갖는다(4장 참조). 예를 들어 "저항기"라는 개념의 단순한 쉐마일 경우, 저항기의 주요 속성을 "특징 나열표"에 열거하여 사람들이 어떤 것이 저항기이고 어떤 것이 아닌지를 구별하게 한다. 이 개념보다 더 복잡한 쉐마의 예는 다른 전기 장치들(트랜지스터, … 등)과의 비교, 전압·전류·저항과 관련된 기능, 저항기의 다른 종류 및 부품에 대한 설명 등을 들 수 있다.

선수 지식 분석을 위해 복잡한 쉐마가 아닌 단순한 쉐마에 초점을 둔다. 그 이유는 지식 컴파일화이다. 지식 컴파일화는 복합적 인지 기능의 재현성의 습득을 위한 주요 학습 과정으로, 생산과 관련된 단정적 지식의 제한된 부호화에 관심을 둔다. 반면, 그 기능을 수행하기 위해 그 영역에 대한 심오한 이해가 요구될 경우 좀더 복잡한 쉐마가 유용할 것이다. 특히 비순환적 부분 기능과, 순환적임과 동시에 비순환적으로 이중 분류된 하위 기능일 경우에 유용하다. 다음 단원에서 개념, 계획 및 원리의 분석에 대해 다룰 것이다. 9장에서는 좀더 복잡한 쉐마의 분석을 다룬다.

개념 분석

개념이란 사물, 사건 등 실체를 그것의 성격적 특징에 따라 분류하는 것을 말한다. 즉, 서로 다른 경우라도 공통적 특성을 공유하면 같은 이름을 사용한다. 심리학적으로 볼 때, 이렇게 서로 다른 경우는 특정 개념에 속한 여러 사례들의 성격을 나타내는 일련의 제안에 관련된 개념 연결 고리(노드)로 볼 수 있다. 예를 들어, "카메라"라는 개념은 카메라의 종류나 상표와 같은 좀더 큰 규모의 경우를 모아 놓은 것이다(니콘 2안 반사 카메라, 하셀볼드의 전경 카메라 등). 그러나 이러한 경우들은 모두 몇몇 공통된 특징, 속성, 또는 특성을 공유한다. 그 특성이란 사진을 만들 때 사용된다는 것과 렌즈를 갖고 있다는 것, 그리고 그림 정보 저장을 위해 광각 필름을 사용한다는 것 등이다. 개념 분석의 주요 활동은 이러한 특성들을 확인하는 것이다. 가장 현저한 특성은 주로 개념의 정의에 포함된다. 일례로, 카메라는 "렌즈를 이용해서 모습을 투영하여 광각 필름 위에 사진을 만드는 기기"로 정의할 수 있다.

　　교수 분석시 선수 개념 분석을 위한 관련 질문은 다음과 같다. 학습자가 어떤 절차(절차적 분석의 경우)나 규칙(규칙 기반 분석의 경우)을 정확히 수행하기 위해 필요한 개념 중 아직 습득하지 못한 개념이 있는가? 예를 들어, 카메라 수리의 한 절차인 "카메라에서 렌즈를 빼시오."라는 단계의 수행에서 "카메라"라는 선수 개념일 수 있다. 또한, "필드를 지우려면 편집 메뉴에서 필드 지우기를 선택하시오."라는 메뉴 사용 원칙을 올바로 수행하기 위해 "편집 메뉴"는 선수 개념일 수 있다(표 7.1 참조). 이러한 것들이 정말 선수 개념이 되는지, 그렇지 않은지는 학습자의 출발점 지식 수준이 이러한 개념들을 이미 포함하고 있는지, 그렇지 않은지에(알고 있는지 또는 그렇지 않은지에) 따라 결정된다.

　　특정 영역에 속한 개념은 고찰 중에 있는 순환적 부분 기능의 수행에 필요한 객체와 도구에 관계되어 있다. 이러한 객체와 도구는 원리를 갖춘 기능의 분해 과정에서 확인되었다(6장). 비록 이러한 개념들은 만질 수 있고 눈에 보이는 것에 의존하지만, 정신적 이미지를 분석하는 것은 그 개념들의 특징 분석에 필수적인 보충 요소이다. 설계자는 이러한 개념의 특징적 요소를 귀납적으로 유출해 낼 수 있고, 도구와 객체들의 정신적 이미지를 습득할 수 있게 하는 물리적 모형[36](그림, 사진, 실물 교재 등)을 개발해야 한다. 훌륭한 물리적 모형은 그 도구나 객체의 부분, 하위 부분과 이러한 부분들의 상대적 위치(즉, 시스템의 위상 기하학), 그리고 필요할 경우 소리나 냄새 또는

---

36) 물리적 모형은 기능 모형과 구분되어야 한다. 기능 모형은 객체와 도구의 부분들이 어떻게 작동하는지를 보여 준다(작동 방식 관련 지식). 여기에 대한 설명은 9장을 참조하라.

다른 감각으로 도구나 객체의 모습을 나타낸다.

도구나 객체 관련 선수 지식은 전형적으로 하나씩 모아지는데, 그 이유는 절차적 단계 또는 규칙은 주로 도구나 대상의 특정 부분에 의존하기 때문이다(예: 수준 통제기 조정 – 만약 기계가 고장으로 정지하면 재시작 버튼을 누르시오. 여기서 수준 통제기와 재시작 버튼은 도구나 객체이 일부일 뿐임). 순환적 부분 기능을 위한 도구와 객체의 선수 지식을 분석한 후 우선 해야 할 것은 전체 도구 또는 객체의 물리적 모형을 개발하는 것이다. 그리고 각 절차적 단계들의 수행 또는 규칙의 적용에 필수적인 그 부분과 하위 부분들에 주의를 기울인다. 이러한 목적 달성을 위해 3D 모형 및 분해 조립도가 사용될 수 있다. 즉, 그 모형이 특정 단계나 규칙과 연계된 것만 포함하게 되면 순환적 부분 기능의 분석과 그것의 선수 지식 간의 좋은 전체도를 확보할 수 있다. 마지막으로, 물리적 모형에 속한 부분 및 하위 부분들과 전체 도구 또는 객체에 대해 설명하는 특징 모음 목록과 정의를 만든다.

따라서 순환적 부분 기능 수행을 위해 학습해야 하는 선수 개념의 분석 결과는 도구 및 객체의 관련 부분 및 그 개념들을 묘사하는 정의와 특징 모음 목록으로 이루어진다. 이 때 주의할 점은 학습자가 습득하지 못한 개념이 정의와 특징 모음 목록에 사용될 수 있다는 것이다. 이러한 개념들 역시 분석되어야 하며, 전체 분석 과정은 확인된 각 개념이 학습 전 학습자가 이미 습득한 그 개념이 되는 정도까지 반복되어야 한다. 즉, 개념 분석은 수직 관계가 전제되는 관계를 나타내는 부분에서의 위계적 형태의 분석이다(Tennyson & Cocchiarella, 1986).

계획 분석

계획은 목적들이 어떻게 시간 또는 공간과 관계되어 있는가를 보여 주는 단순한 쉐마이다. 이를 통해 사람들은 행위, 기능 또는 사건의 유형을 설계하거나 이해한다. 4C/ID 모형에서 계획은 절차 또는 특정 영역에 한정되는 규칙과 구별되며, 문제 해결의 체제적 접근(SAPs)과도 구별된다. 여기에는 세 가지 이유가 있다. 첫째로 가장 중요한 이유는 설계와 절차, 특정 영역에 한정되는 규칙 및 SAPs 간의 차이와 관련이 있다. 절차, 특정 영역에 한정되는 규칙 및 SAPs는 목표 구조를 행동[37])을 조직화하는 하나의 방법으로 사용할 수 있으나, 이러한 것들은 과제 수행자가 달성해야 할 목표에만 집중한다. 반면, 여기서 언급되는 계획은 과제 수행자가 설계 또는 연구한 어떤 인공물의 목표 구조에 초점을 맞춘다. 따라서 목표는 과제 수행자 또는 문제 해결자의 행

---

37) 행동은 GOMS 분석(7.3절)과 SAP 분석(10.2절)에서 예로써 명시되었다.

동과 직접적으로 관련되지 않는다.

두 번째 이유는 계획과 절차 또는 특정 영역에 한정되는 규칙 간의 차이에만 관련되어 있다. 계획은 선언적 구조를 갖고 있으며, 사건, 기능 또는 행위를 그들의 목적 관점에서 어떻게 구성할지에 대한 일반적 설명만을 제공하고 그 목적들이 어떻게 달성될 수 있는지에 대한 상세한 정보는 제공하지 않는다. 반면, 절차 및 특정 영역의 규칙은 특정 행위의 수행 및 특정 결정의 수락으로 목표를 달성할 수 있는 방법에 대해 체계적으로 설명한다. 마지막으로 세 번째 이유는 설계와 SAPs 간의 차이와 관계가 있다. 계획은 학습자가 달성해야 할 목표와 직접적으로 관련되어 있지 않아 대개 설명적 형태로 서술된다. 반면, SAPs는 학습자가 달성해야 할 목표와 직접적으로 연관이 있어 규범적 형태로 서술되는 것이 특색이다. 그러나 설계와 SAPs의 기억 관련 인지적 표상은 동일할 수 있다.

요약하면, 계획은 목표 구조를 갖는 쉐마이며 특정한 인공물을 위한 목표가 구성되는 방법을 설명한다. 계획은 관련 용어인 템플릿, 지침, 건축용 블록과 함께 전형적인 해결 양식으로 간주될 수 있으며, 건축, 기계 부품, 컴퓨터 프로그램, 전자 회로 등과 같은 인공물의 설계, 수리 또는 연구와 관련된 업무의 핵심 선수 지식이 된다. 개념과 마찬가지로, 계획도 현재 공통의 목표 구조를 공유하는 서로 다른 경우에 같은 이름을 사용할 수 있다. 단순한 예로 "B형 가족용 주택"의 계획은 공간적 구성 또는 작은 집의 기능과 관련되어 있다. 관련 주요 목표는 다음과 같다.

- 집에 들어가기
- 화장실 가기
- 일상적인 일 하기
- 요리하기
- 잠자기
- 세탁 및 옷 차려입기

"B형 가족용 주택"의 목표들을 조직하기 위한 이러한 계획은 앞의 네 가지 목표를 1층 것으로 한데 묶고, 마지막 두 목표를 2층 것으로 묶는 것이다. 정형화된 1층 방식은 복도, 화장실, 거실, 그리고 2층으로 가는 계단의 형태이다. 거실은 전형적으로 개방형 주방과 연결된다. 정형화된 2층 방식은 중앙 복도와 부모 방, 2개의 자녀 방, 그리고 화장실 형태이다. 이런 계획이 많은 경우에 적용되는 것은 틀림없다. B형 가족용 주택들이 서로 매우 다른 것처럼 보이나, 집에 적용된 공통적인 계획으로 인해 사람이 집 안에서 헤매는 경우가 적다. 화장실(계단에서 가장 가까운 문)이나 부엌(거실의 뒤쪽

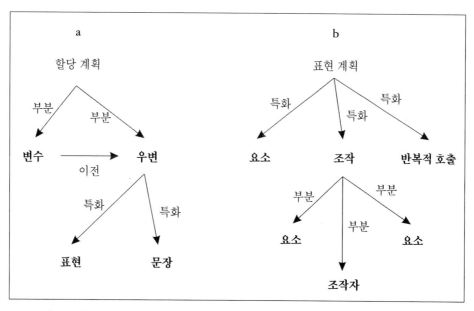

그림 8.1 할당 계획 목표 구조(a)와 할당 계획에 선수되어야 할 표현 계획의 목표 구조(b)

구석)을 찾기가 쉽다. 계획 분석의 주요 활동은 이러한 공통 목표 구조를 찾는 것이다.

교수 분석에서 선수 계획의 분석과 관련된 질문은 "규칙의 적용이나 절차의 시행을 올바로 하기 위해 필수적인 계획 중 학습자가 아직 습득하지 못한 것이 있는가?"이다. 예를 들어, 컴퓨터 프로그램 작성의 "만약 당신의 목표가 변수에 값을 부여하는 것이라면 할당문을 사용하시오."라는 규칙에는 "할당(을 위한) 계획"이 사전 필수적일 수 있다. 그림 8.1a는 이 할당 계획의 목표 구조를 보여 준다. 이 설계는 프로그램에서 달성되어야 할 두 개의 목표로 구성되어 있다. 변수 및 오른쪽을 설정하고, 변수가 먼저 설정되어야 한다. 더욱이, 오른쪽은 문장 또는 표현의 두 가지로 분화될 수 있다. 이 목표 구조는 모든 가능한 유형의 배정을 나타낸다. 같은 경로를 따라 좀더 일반적인 계획들이 정의될 수 있다. 일례로, 일반적인 "반복 계획"은 FOR, WHILE, REPEAT UNTIL과 같은 반복 명령이 공통적으로 갖는 목표 구조를 설명할 수 있다(Schonewille, 1995).

따라서 순환적 부분 기능의 수행을 위한 학습에 선수되어야 할 계획의 분석 결과는 일련의 목표 구조로 이루어져 있다. 종종 일람표나 도표는 목표들 간의 공간 또는 시간적 관계를 나타내는 데 유용하다. 이 때, 목표 기술이 학습자가 아직 습득하지 못한 계획을 반복적으로 요구할 수 있다는 점에 유의하는 것이 중요하다. 예를 들어, "배정 계획"은 코딩 작업을 가능한 목표로 표현하며, 그 목표 자체가 계획을 필요로 하기 때문에 배정 계획의 사전 필수 요소이다. 이러한 표현 계획은 그림 8.1b에 설명되어 있다. 더불어, 그 목표는 표현 계획의 "반복적 호출" 같은 개념처럼 학습자가 미처 습득하지 못한 개념을 언급할 수 있다. 이 때, 그 개념은 그것의 특성에 따라 분석되어야 한다. 개념 분석과 마찬가지로, 사전 필수 계획과 개념 분석의 전체 과정은 그 분석이 학습 대상자의 출발점 수준에 도달할 때까지 반복되어야 한다.

원리 분석

원리는 하나의 변화가 다른 변화와 어떻게 관련되는지를 설명하는 단순한 쉐마이다. 변화 간 관계는 (상관 관계를 포함하지 않는)상관 관계적이거나 인과 관계적이다. 특정한 변화나 추론한 결과로 현상을 예측하거나 특정한 변화의 결과로 현상을 설명함으로써 원리는 함의를 이끌어 낸다. 4C/ID 모형은 발견적 교수법과 원리를 구분한다. 원리는 과제 수행자의 행동과 직접적인 관련이 없으며, 설계와 같이 주로 기술적 형태로 서술된다. 반면, 발견적 교수법은 과제 수행자가 달성해야만 하는 목표와 직접적으로 관계되어 있어 전형적으로 규정적인 형태로 서술된다. 그러나 원리의 인지적 표상과 발견 학습의 그것이 기억에서는 같을 수 있다.[38]

원리는 왜 특정 절차 단계를 수행해야 하며 특정한 규칙을 적용해야 하는지를 이해하기 위해 종종 미리 습득하고 있어야 할 중요한 지식이다. 이 점에 대해 문제 해결 시 특정 단계에 어떻게 접근할 것인가에 대한 유용한 방법들을 제공할 수 있는 발견 학습과 비교해 보자. 개념과 계획처럼, 사람들은 원리를 이용해 변화 관계를 내포한 과정들을 언급하는 서로 다른 사례들에 같은 이름을 붙일 수 있다. 원리는 매우 일반적인 변화 관계를 언급하는 것일 수 있으며, 이 경우 에너지 보존의 법칙이나 수요 공급의 법칙과 같은 법칙의 형태를 갖는다. 또한 원리는 숫자가 더해지는 순서와 그것의 합계 간에 관계가 존재하지 않듯이 변화 관계가 없는 수학 같은 특정 영역처럼 변화 관계가 없는 상태를 말하는 것일 수 있다. 또는 특정한 체제에서의 변화 관계를 의미할 수 있다. 예를 들어, C라는 밸브를 열면 X라는 부분에 증기 공급이 증가된다. 가설 이해(5장)에 따라 원리라는 지식은 절차나 규칙의 효과적 적용에 매우 중요하다. 원리는 절차를 기계적으로 학습하는 것과 이해를 바탕으로 절차를 학습하는 것을 구별짓는다.[39]

원리의 교수 분석시 주요 활동은 변화 관계를 확인하는 것이며, 이러한 변화 관계

---

[38] SAPs와 설계의 인지적 표상도 마찬가지임을 참고하라.

[39] 이는 주로 파악력 또는 낮은 단계의 이해와 관련된다. 심도 있는 이해는 인과적 지식 또는 정신적 모형을 필요로 한다.

는 왜 특정 단계 또는 규칙이 적용되는지를 이해할 수 있게 해 준다. 따라서 사전에 어떤 원리가 필요한지를 분석하기 위한 질문은 다음과 같다. 이해력을 갖고 단계를 수행하거나 규칙을 적용하기 위해 반드시 필요한 원리들 중 학습자가 아직 습득하지 못한 것이 있는가? 일례로, 이진법 숫자 뺄셈에 관한 절차에서 "a에서 1씩 빼고 10을 b에 더하시오."라는 단계의 선수 원리는(그림 7.2의 단계 1과 2 참조) "표 왼쪽 열의 각 값은 오른쪽 열의 10배이다." 즉, 그 원리는 마지막에서 두 번째 열은 10, 세 번째 열은 100 등으로 되는 것을 보여 준다. 이 원리는 왜 이러한 단계들이 수행되는지 그 이유를 설명한다.

　따라서 순환적 부분 기능을 수행하기 위한 학습의 선수 원리를 분석한 결과 일련의 변화 관계로 구성되어 있음을 나타낸다. 이러한 몇몇 변화 관계는 학습자가 미처 습득하지 못한 선수 원리를 필요로 할 수도 있다. 예를 들어, "밸브 C를 개봉하면 X에 증기 공급이 증가한다."라는 원리를 잘 이해하기 위해서는 "X 부분에 증기 공급의 증가는 X 부분에 있는 액체의 온도를 증가시킨다."라는 선수 원리에 대한 이해를 필요로 할 수 있다. 또한, 관계 변화에 대한 설명은 학습자에게는 아직 알려지지 않은 개념을 소개할 수 있으며, 이로 인해 이러한 개념들에 대해 위계적 분석을 추가적으로 실시할 필요가 있게 된다.

　요약하면, 이 단원에서는 상호 밀접히 관련된 세 가지 유형의 교수 분석이 논의되었다. 그것은 특징 목록과 물리적 모형에서의 개념 분석, 목표 구조에서의 계획 분석, 그리고 변화 관계에서의 원리 분석이다. 세 가지 유형의 분석은 서로 엮어질 수 있으며, 개념, 계획 및 원리가 학습자의 초기 학습 단계와 같아질 정도까지 계속해서 반복된다.

8.3 분석 방법의 공통점

선수 지식 분석 방법들 간에는 공통점이 많다. 분석 방법의 시작은 절차 또는 규칙 기반 분석의 결과로부터 시작되며, 올바른 절차 단계 실행 또는 규칙 적용에 필요한 지식을 분석한다. 설계 단계에서 정보 제공 설계(13장)를 위한 교수 방법들은 학습되어야 할 규칙 또는 절차들의 밝혀진 필수 선수 지식의 신속한 융합을 촉진하기 위해 선택될 것이다. 더욱이 분석 방법들은 자연적으로 위계적 형태로 통합되며, 경험적 분석과 필적할 만한 필요 조건을 내세운다. 그리고 분석 결과의 일반 구조를 도출한다. 이러한 측면들은 다음 단원에서 간략히 언급된다.

위계적 분석에서 연합적 분석까지

순환적 부분 기능 분석과 하위 기능들의 필수 선수 지식의 분석은 모두 위계적이다. 이는 두 가지 방법으로 나타낼 수 있다. 첫째, 순환적 부분 기능 그 자체와 그것의 선수 지식은 학습자가 이미 습득한 절차 단계, 규칙, 개념, 원리 또는 계획의 단계에 이를 때까지 분석되며, 일반적으로 이런 반복되는 과정을 너무 일찍 중단하지 않는 것이 중요하다. 교사, 특히 내용 전문가들은 종종 학습자가 선수 지식을 충분히 갖고 있다고 생각한다. 경험적으로 보면, 가장 하위 수준의 학습자가 습득했을 수준까지 모든 선수 지식이 분석되기 위해서는 교사나 내용 전문가가 지정한 학습 초기 단계의 한두 단계 아래까지 분석해야 한다.

둘째, 위계적 속성은 분석 방법들 간의 관계에서 나타난다. 학습 위계에 관한 Gagné(1968, 1985)의 생각에서 나타나듯이, 절차적 단계나 규칙을 학습하는 사람은 우선 이러한 규칙에 내재하는 개념부터 학습해야 한다. 쉽게 말해 규칙은 두 개 또는 그 이상의 개념 간의 관계이고, 이러한 개념들은 그것의 일부인 규칙을 학습하는 데에 필요 전제 조건이다. 비슷한 이야기로, 개념을 학습하려면 학습자는 이러한 개념들의 중요한 특징들을 구분할 수 있어야 하며, 이는 분별하기가 개념 학습의 필요 전제 조건임을 암시한다.

이 장과 7장에서 다룬 분석 방법 간에는 서로 비교할 수 있을 만큼 유사한 위계적 관계가 존재한다. 절차적 단계와 규칙은 특정한 순환적 부분 기능의 수행에 필요 전제 조건이다. 하위 수준의 쉐마는 단계와 규칙의 수행에, 그리고 사실은 하위 수준의 쉐마의 학습에 필요 전제 조건이다.

이러한 위계적 접근의 직접 적용시 중요한 점은 하위 기능에 대한 고도의 영역 한정적 및 논리적 설명이 가능하다는 것이다. 정의에 따르면, 비순환적 부분 기능은 상황에 따라 매우 달리 실행되기 때문에 이러한 설명이 가능하지 않다. 여기서 핵심적인 질문은 어떤 지식이 비순환적 부분 기능의 실행에 유용할 수 있을까이다. 위계적 분석과는 달리, 이 질문에 대답하는 것은 좀더 연합적인 유형의 분석과 관계가 있으며, 이를 통해 문제 해결에 효과적인 방법의 기초가 될 수 있는 복합적 인지적 쉐마를 밝혀 낼 수 있다. 이러한 지원적 지식은 다음 장에서 다룬다. 또한, 지원적 지식의 효과적 사용에 유용할 수 있는 발견적 학습 및 문제 해결의 체계적 접근의 분석은 10장에서 다룬다.

경험적 분석

순환적 부분 기능의 학습 및 교수는 학습자가 이미 갖고 있는 지식으로 인해 습득해야 할 필수 선수 지식의 습득을 방해받을 수 있다. 따라서 학습 대상자가 갖고 있는 오개념[40] 분석은 매우 중요하다. 예를 들면, 전기 회로 설계에 있어서 "전지"라는 개념이 오개념이 될 수 있다. 이 분야 초보자는 전지를 종종 전류 흐름의 잠재적 차이의 원천이 아닌 전류의 지속적 원천지로 본다(Cohen, Eylon, & Ganiel, 1983). 그런 잘못된 특징이 "전지"라는 개념에서 기인한다고 여기는 것은 아마도 과제 수행에 부정적일 수 있다.

오개념이라는 용어는 소위 결함 많은 계획, (계획 지식을 위한)미숙한 계획과 오해 또는 (원리 지식을 위한)미숙한 이해와 함께 종종 넓은 의미로 사용된다. 결함 있는 계획의 예는 파일에 이름을 정하는 절차에서 예시해 볼 수 있다. "파일 1과 2의 이름 바꾸기"라는 절차에서 하나의 절차적 단계를 가정해 보면, 다음과 같은 결함 있는 계획을 세운다.

첫 번째 목표: 파일 1의 이름을 파일 2의 이름으로 바꾼다.
두 번째 목표: 파일 2의 이름을 파일 1의 이름으로 바꾼다.

이 결함 있는 계획의 결과는 두 파일이 같은 이름(즉, 파일 2의 이름)을 갖게 되는 것이다. 이 미숙한 계획이 사람에게는 정확한 행동 지침을 제공하나 컴퓨터에 제공하는 것으로는 유용치 않다. 이 계획에서 원하는 결과를 얻기 위해서는 "더미 파일(dummy file)"이 필요하다.

마지막으로, 물리에서 뉴턴의 제3의 법칙과 관련되는 오해의 예로 작용 반작용 법칙이 있다. 이 법칙에 대한 흔한 몰이해는, 소총의 반동이나 뛸 때 발이 바닥을 미는 것과 같이 움직이는 물체와만 관계가 있고, 땅 위에 서 있는 사람이나 책상에 놓여 있는 책과 같이 움직이지 않는 것과는 관계가 없는 것으로 이해하는 것이다(Brown, 1992).

오개념의 경험적 분석시, 특정한 순환적 부분 기능을 올바로 수행하는 데 필요한 모든 선수 지식에 대한 철저한 기술로부터 시작하는 것이 가장 효과적이다. 그 후 각 개념, 계획 또는 원칙에 대해 학습자 집단의 선수 지식 습득을 방해할 수 있는 어떤 오

---

40) 매일 매일의 기능에 있어서 어떤 것이 특정한 순환적 부분 기능을 수행하는 데 오개념일 수 있으나 다른 기능을 수행하는 데에는 오개념이 아닐 수 있다. 따라서 선입관(편견), 미숙한 개념, 직관이 보다 더 일반적 용어일 수 있다. 마찬가지로, "결함 많은 계획"과 "오해"는 미숙한 계획이나 직관적 계획 또는 이해로 부를 수 있다.

개념이나 결함 많은 계획, 또는 몰이해는 없는지를 확인한다. 일반적으로, 고려 중인 기능을 가르친 경험이 있는 교수자나 훈련 조교가 이러한 질문에 대한 가장 훌륭한 대답을 줄 수 있다. 오개념이 중요한 역할을 하는 분야에 있어서는 현존하는 오개념들을 경험적으로 조사해 볼 필요가 있다.

선수 지식의 재조직

긴 절차나 일련의 큰 규칙이 필요한 지식을 분석하면 순환적 부분 기능의 수행을 위해 사전 필수적인 다양한 사실, 개념, 계획 및 원리들을 찾아 낼 수 있다. 이러한 분석 과정에서 주시해야 할 점은 그 선수 지식들이 절차적 단계 또는 규칙에 따라 조직된다는 점이다. 각각의 선수 지식은 특정한 절차적 단계 또는 규칙과 관련이 있다. 4C/ID 모형은 정보 제시 설계의 건전한 기초를 제공하기 위한 최상의 조직이라고 간주된다. 선수 관련 지식은 학습자가 필요로 하는 바로 그 시점, 즉 그 기능을 연습하는 동안 관련된 규칙이 적용되어야 하거나 관련된 절차적 단계가 수행되어야 할 때에 제시될 수 있다. 심리학적 관점에서 볼 때 이러한 형태의 "적시" 정보 제공은 지식의 편성을 촉진하며, 선언적 관련 지식을 추후 연습 기능이 되는 특정 영역의 절차적 지식(즉, 산출) 사이에 끼워 넣는 데 도움을 준다.

그러나 적시 정보 제공을 사용하는 상황들이 실제적으로 가능하지 않을 수 있다. 특히, 많은 학습자들이 임해야 할(예: 많은 형태의 직무 중 훈련) 문제에 대해 통제할 수 없을 경우 더 그렇다. 그런 경우 두 가지 대안을 만들 수 있다.

- 연습 동안 선수 지식에 쉽게 접근하거나 사용할 수 있는 학습 보조 도구, 매뉴얼, 또는 도움 체제
- 연습 전 학습자가 선수 지식을 암기토록 하는 교수 자료

학습 보조 도구, 매뉴얼, 또는 도움 체제의 개발을 위해 절차적 단계 또는 규칙에 따른 선수 지식의 구성을 고집할 수 있다. 그 후 학습자는 자신이 달성코자 하는 목적, 내리려는 결정 또는 하려는 행동에 따라 필요한 정보를 찾을 수 있다[41]. 그러나 만약 그 과제 수행 전에 암기해야 할 정보가 많으면 선수 정보를 작은 군집으로 다소 의미 있게 재조직하는 것도 종종 필요하다. 이 과정이 군집 분석이다. 단순한 예로, 특정한

---

41) 이러한 것들은 과제 지향 학습 보조물 또는 지원 체제의 예이며, 시스템 지향 학습 보조물 또는 는 지원 체제와 대조된다. 시스템 지향 방식에서 도구나 물체를 이용해 수행될 수 있는 기능들은 학습 보조물 또는 지원 체제의 내용을 조직하는 데 사용된다.

항공 화물 수송 절차에 필요한 선수 사실들은 약어로 표시된 도착지명일 수 있다(예: JFK는 뉴욕, AMS는 암스테르담, BCN은 바르셀로나 등). 학습 보조물 또는 도움 체제 방식은 이러한 정보를 작은 군집으로 만들 필요가 없다. 따라서 만약 학습자가 항공 화물을 뉴욕으로 수송하기 위해 학습 보조물 또는 도움 체제를 이용해 이 장소를 찾으면 JFK라는 약자를 찾게 된다. 그러나 만일 이 선수 정보가 이러한 절차를 따르기 전에 반드시 외우고 있어야 할 사항이라면 암기 활동을 용이하게 하기 위해 군집을 정해야 한다. 이것의 유용한 예는 "유럽의 도착지", "북미의 도착지", "아프리카의 도착지" 등으로 군집을 짓는 것이다. 선수 정보를 제시하기 위해 사용되는 이러한 암기 방법은 4C/ID 모형에서는 권장되지 않는다는 사실을 주목할 필요가 있다.

8.4 분석과 설계를 위한 시사점

선수 지식의 분석으로 순환적 부분 기능 분석 단계가 끝난다. 복합적 인지 기능은 늘 다수의 순환적 부분 기능과 연관되기에, 이러한 재현 기능과 그것들의 선수 지식의 분석은 분석이 모두 끝날 때까지 진행되어야 한다. 재현 기능들이 분석되는 순서는 중요치 않으나 단순한 것부터 시작하는 것이 유용할 수 있다. 또한 몇몇 순환적 부분 기능들은 중복 분류될 수 있는데, 이는 일련의 규칙들이 훈련 후 학습자가 처할 수 있는 모든 상황에 대처할 수 있도록 해 줄 수 없다는 것을 뜻한다. 이러한 기능들을 위해 확인된 선수 지식은 지원 지식 분석(9장)이나, 기능의 수행에 관련되어 생소한 문제 해결 상황에 도움이 될 수 있는 지식에 중요한 기여를 할 수 있다. 더욱이, 전략적 지식의 분석(10장)은 그러한 생소한 상황에 대처하기 위한 SAPs와 발견적 학습에 대해 기술할 수 있다.

교수설계 단계의 관점에서 보면, 확인된 선수 지식은 연습시 학습자에게 제공되어야 할 중요한 정보의 일부를(절차나 규칙에 대한 기술과 수행에 대한 피드백과 함께) 제공한다. 이 정보 제공은 하나의 독립된 순환적 부분 기능과 연계된 부분 과제의 맥락에서뿐만 아니라 전체 과제를 연습하는 반복적 측면과 관계된 전체 과제 연습 맥락에서도 매우 중요하다. 4C/ID 모형에서는 특정한 절차적 단계의 수행이나 규칙의 정확한 적용을 위해 필요한 때, 즉 "적시"에 이 정보를 제공할 것을 권고한다. 대안적으로 선수 지식은 학습 보조물, 업무 보조물, 또는 지원 체제에서 연습시 쉽게 활용될 수 있도록 제공될 수 있다. 이런 유형의 정보 제공은 13장에서 좀더 다루어진다.

8.5 요약

이 장은 선수 지식(사실과 개념, 계획 및 원리와 같은 단순한 쉐마)의 분석을 위한 몇 몇 기법 및 방법에 대해 언급하고 있다. 이 모든 방법들은 순환적 부분 기능의 수행을 기술하는 규칙 적용 또는 절차적 단계의 정확한 수행에 최소한으로 필요한 지식을 위계적으로 기술하기 위함이다. 분석은 학습 대상자가 이미 습득한 선수 지식 수준까지 이루어진다. 다른 일반적 측면들은 오해, 결함 많은 계획, 또는 오개념의 분석과 관련된 논리적 분석의 확장성과 군집 분석에서 확인된 선수 지식의 재조직 선택권에 관련되어 있다. 이 장은 다음과 같이 정리될 수 있다.

- 선수 지식의 분석은 순환적 부분 기능의 절차 또는 규칙 기반 분석의 결과에서 출발한다.
- 특정 단계를 수행하거나 규칙을 정확히 적용하는 데 최소한으로 필요하나 학습자가 습득하고 있지 못한 모든 사실 및 단순한 쉐마(개념, 계획, 원리)는 선수 지식 분석시 확인된다.
- 개념들은 개념 및 물리적 모형과 관련된 실제 예의 독특한 특징을 나타내는 특징 목록과 도구나 물체, 그리고 그 부분의 외관을 기술하는 물리적 모형으로 분석된다. 개념은 물체, 사건, 또는 과정의 분류를 고려한다.
- 계획은 목표 구조들로 분석되며, 이것은 인공 구조물에서 어떻게 목표, 기능 또는 행위가 조직되는가를 설명한다. 동의어는 템플릿, 신호, 건축용 블록이다. 이것은 인공 구조물의 설계 및 이해를 고려한다.
- 원리는 관계 변화로 분석되며, 이는 하나의 변화가 다른 것의 변화와 어떻게 연관되는지를 설명한다. 이것은 왜 특정 단계들이 수행되고 특정한 규칙들이 적용되는지에 대한 약간의 제한된 이해를 고려한다.
- 선수 지식의 분석은 위계적이며 반복적인 과정이다. 이 과정은 최하위 능력의 학습자가 학습하고 있는 지식의 수준까지 진행된다.
- 선수 지식 분석의 경험적 접근을 통해 학습자의 선수 지식 습득에 방해가 될 수 있는 몰이해, 문제점 많은 계획과 같은 편견이나 오개념에 대한 중요한 정보를 찾아 낼 수 있다.
- 선수 지식은 과제 수행을 기술하는 단계 또는 규칙에 따라 구성된다. 만약 학습자가 기능 수행 또는 연습을 하기 전에 선수 지식을 기억해야 한다면 군집 분석 방법을 이용해 그 지식을 재구조하는 것이 필요할 수도 있다.

핵심 개념

개념 분석	concept analysis
계획 분석	plan analysis
교훈	beacons
군집 분석	cluster analysis
기본 구성 요소	building blocks
도움 체제	help systems
목표 구조	goal structures
물리적 모형	physical models
미숙한 또는 직관적 개념	naive or intuitive concepts
미숙한 또는 직관적 계획	naive or intuitive plans
미숙한 또는 직관적 이해	naive or intuitive understandings
변화 관계	change relationships
사실 분석	fact analysis
업무 보조 도구	job aids
연합적 분석	associative analysis
오개념	misconceptions
오류투성이 계획	buggy plans
오해	misunderstandings
원리 분석	principle analysis
위계적 분석	hierarchical analysis
지원적 지식	supportive knowledge
특징 목록	feature lists
형판	templates

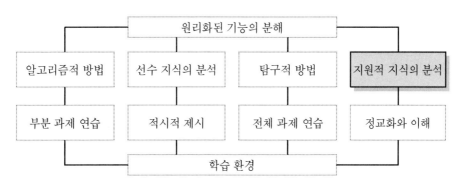

파트 B4의 개요도. 지원적 지식의 분석

이 장은 복합적 인지 기능의 비순환적 측면을 실행할 때 이를 지원하는 지식의 분석 기법 및 방법을 다룬다. 분석은 전문가 수행의 근저를 이루는 정신적 모형과 같은 복합적인 인지적 쉐마들을 주로 참조한다. 그러한 쉐마들은 서로 매우 상관 관계가 높은 쉐마로서 특정 하위 문제를 영역에 배당하는 데 유용한 축약성을 제공하며, 이러한 영역들은 특정한 접근 방법이 하나의 해결책을 끌어 내거나, 정형화된 해결 유형에서 문제 해결의 설계 또는 구성을 하고, 과정 또는 작업 도구를 추론하게 한다. 그런 쉐마들 덕택에 학습자는 익숙하지 않은 상황들을 그들에게 일반화된 지식의 관점으로 해석할 수 있다. 유추는 쉐마의 효과적 사용시 거치는 중요한 과정이다. 비교적 "강력한" 이 방법은 학습자로 하여금 구체적인 상황에 대한 일반화된 쉐마를 나타낼 수 있게 함으로써 특정 문제 또는 하위 문제를 해결한다(5장 참조).

순환적 부분 기능과 비순환적 부분 기능 분석 간에는 분명한 차이가 있다. 순환적 부분 기능을 위한 기본 접근 방법은 그 기능이 어떻게 실행되는지 정확히 기술하고(7장), 그 기능의 정확한 실행과 원활한 습득을 돕는 선수 지식을 분석한다(8장). 비순환적 부분 기능의 경우 그 기능이 어떻게 실행되는지에 대한 논리적인 설명을 제시하기란 불가능하나, 문제 해결을 위한 체제적 접근(SAPs)이나 발견적 교수법 같은, 반드시 그렇지는 않지만 그 기능의 수행에 도움을 줄 수 있는 전략적 지식을 찾아 낼 수 있다(10장). 이런 이유로, 지원적 지식을 전략적 지식 사용에 "선수되어야 하는 것"으로 간주하는 것은 옳지 않다. 대신 지원적 지식과 전략적 지식 간에는 양 방향 관계[42]가 있는 것으로 여겨지며, 이 두 유형의 지식은 복합적 인지 기능의 비순환적이며 문제 해결과 관련된, 집약된 측면의 실행에 유용할 수 있다. 이 지식은 특정 문제 해결을 위한 "강력한 방법"을 제시하지는 못하나 분명히 행동의 유연성을 허용한다.

이 장의 구성은 다음과 같다. 9.1절에서는 연합적이며 관계 지향 접근인 지원적 지식의 분석이 가능한 시작점에 대해 논의하고, 9.2절에서는 복합적인 쉐마에서 식별이 가능한 서로 다른 유형의 관계를 기술한다. 9.3절은 개념적 쉐마(개념 위계, 개념도, 의미론적 망 포함), 목표-계획 위계, 인과 및 기능 모형, 정신적 모형 등 서로 다른 유형의 복합적인 쉐마 분석을 다룬다. 9.4절에서는 지원적 지식 분석 방법의 몇몇 일반적 측면을 검토한다. 이러한 것은 습득할 지식을 학습자의 선수 지식과 연계하는 분석의 관계 결합 필요성과 관련되어 있으며, 논리적 분석을 순수한 정신적 모형의 경험적 분석으로 보충하는 것과도 연관된다. 9.5절에서는 다른 분석 및 설계 활동의 주요 시사점은 다루며, 간략한 요약으로 이 장을 마무리한다.

9.1 연합적 접근법

복합적인 인지적 쉐마는 개념, 계획 및 원리 같은 명제와 단순한 쉐마를 밀접하게 연관이 높은 인지적 구조들로 서로 연관시킨다. 지원적 지식의 분석 방법들은 비순환적 부분 기능의 실행에 도움이 될 수 있는 새로운 인지 단위와의 의미 있는 관계를 확립한다. 새 인지 단위와의 관계 정립은 분석 방법이 연합적으로 되게 한다. 다음과 같이 분석을 위한 세 가지 출발점이 있다.

---

42) 지원적 지식과 전략적 지식 간의 관계는 10장에서 자세하게 논의된다.

- 비순환적 부분 기능에 대한 설명 또는 그것의 연관된 수행 목표
- 비순환적 부분 기능의 실행을 위한 포괄적인 방향을 제시하는 특정한 발견적 교수법에 대한 설명 또는 문제 해결을 위한 체제적 접근(SAPs) 단계
- 절차적 단계 또는 규칙 및 이중으로 분류된 순환적 부분 기능 관련 선수 지식에 대한 설명

첫 번째 단계는 비순환적 부분 기능 또는 그것의 수행 목표에 대한 설명을 분석의 주입력 정보로 받아들이는 것이다. 내용 전문가에게 다음과 같은 기본 질문을 한다. 어떤 사실, 개념, 계획, 또는 원리가 비순환적 부분 기능의 실행에 도움을 줄 수 있는가와 그 인지 단위들이 어떻게 연관되는가? 일례로, 어떤 유형의 컴퓨터 프로그램 오류가 수정되어야 하는가를 아는 것은 "컴퓨터 프로그램 오류 수정"이라는 비순환적 부분 기능 실행을 수월하게 할 수 있다. 이런 유형의 컴퓨터 프로그램 오류로는 잘못된 출력 정보를 내는 프로그램, 부호화(즉, 고차원적 프로그램 언어로 만들어진 컴퓨터 프로그램을 기계어로 바꾸는 작업)가 안 되는 프로그램, 실행이 안 되는 프로그램 등이 있다. 이 세 유형 모두 "오류 프로그램"이라는 개념으로 어느 정도 서로 연관된다. 또한, 각 오류 프로그램의 오류는 서로 다른 원인을 가질 수 있다. 부정확한 출력 정보를 갖는 프로그램을 야기하는 원인과 결과의 관계로는 다음과 같은 것이 있을 수 있다. "잘못된 입력 정보는 프로그램이 부정확한 출력 정보를 산출하게 한다." 또는 "설계상의 오류는 프로그램이 부정확한 출력 정보를 산출하게 한다." 이러한 분석은 컴퓨터 프로그램의 오류 제거 작업을 위한 지원적 지식을 상세히 설명하는 수준까지 계속될 수 있다.[완전한 분석을 위해서는 Foshay(1983)를 참고하라.]

지원적 지식의 분석은 통상적으로 비순환적 부분 기능의 실행을 위한 발견적 교수법 및 문제 해결을 위한 체제적 접근(SAPs)을 제시하는 전략적 지식이 분석된 후에 이루어진다(10장 참조). 다른 방법은 비순환적 부분 기능의 분석을 전략적 지식을 분석하는 데서부터 시작하는 것이다.[43] 어떤 대안이 선택되는가는 주로 그 기능의 속성에 달렸다. 만일 내용 전문가가 그 기능은 발견적 교수법, 경험에 의거한 방법 및 체계적 접근법의 적용으로 대부분 쉽게 기술된다고 하면, 아마도 전략적 지식의 분석부터 시작하는 것이 가장 좋을 것이다. 만약 전략적 지식의 분석이 지원적 지식의 분석보다 먼저 이루어졌다면, 비순환적 부분 기능을 위한 지원적 지식의 분석을 하기 위해 해야

---

43) 또다른 방법은 순환적 부분 기능의 절차 또는 규칙 기반 분석이 조합 분석에서 선수 지식의 분석과 함께 동시에 실행될 수 있듯이 전략적 지식과 지원적 지식의 분석이 동시에 실행되는 것이다.

할 근본적인 질문은 다음과 같다. 어떤 사실, 개념, 계획 또는 원리가 각각의 발견적 교수법의 적용이나 체계적 문제 접근 각 단계의 실행에 유용하며, 어떻게 이러한 인지 단위들이 서로 연관되어 있는가? 예를 들어, 컴퓨터 프로그램 오류 수정을 위한 체계적 접근 단계를 다음과 같이 분류할 수 있다. (1) 프로그램 평가, (2) 오류 확인, (3) 오류 위치 확인, (4) 오류 수정으로 분류할 수 있으며, 각 단계는 발견적 학습 상황과 관련된다(McCoy-Carver & Klahr, 1986). 그리고 각 단계와 각 발견적 학습을 위해 지원적 지식이 분석된다.

마지막으로 세 번째 단계는 순환적 및 비순환적으로 이중 분류된 하위 기능에 주로 유용하다. 그 기능들을 위해 선수 지식에 대한 설명뿐만 아니라 그 기능의 실행 방법에 대한 알고리즘적 설명을 활용할 수 있다. 그러나 그 알고리즘은 학습자가 학습 후 처하게 될 수 있는 모든 상황에 대처할 수 있을 정도로 효과적이지 않다. 따라서 학습자는 문제 해결 행동 방식과 가능하면 비교적 효과적인 쉐마에 기초한 행동 방식을 사용해야 할 것이다. 이 시점에서 선수 지식에 대한 설명은 지원적 지식의 분석을 위한 중요한 출발점을 제공한다. 다음과 같은 기본 질문을 할 수 있다. 만약 그 논리로 해결할 수 없을 때 선수 지식으로 묘사된 것 말고 어떤 사실, 개념, 계획 또는 원리가 그 기능을 실행하는 데 유용할까? 그리고 이러한 것들이 선수 지식과 어떻게 연계되어 있는가? 결론적으로, 지원적 지식의 분석을 위해 다른 시작점을 택할 수 있으며, 그것들과 관련된 약간 다른 질문들을 이용할 수 있다. 그러나 핵심은 복합적인 쉐마를 구성하는 인지 단위 간에 존재하는 관계의 정립에 있다. 관계의 주요 유형은 다음 단원에서 살펴본다.

9.2 관계 유형

지원적 지식 분석에서 중점을 두어야 하는 것은 복합적인 쉐마를 구성하는 요소(또는 노드)인 고립된 사실들 또는 단순한 쉐마가 아니라, 그러한 요소 간의 의미 있는 관계(또는 링크)이다. 인지 단위 간 이러한 의도적 관계로 인해 특정한 문제 상황에 대한 논리적 판단을 내릴 수 있으며, 그 상황을 일반적 관점에서 이해할 수 있다. 다른 저자들은 복합적인 쉐마에 사용되는 다른 유형의 관계 단위 — 어의적 연결망이나 인과적 연결망 — 를 제안한다.(간략한 개관을 위해서 Allen & Hoffman, 1993을 참조하라.) 다음으로 저자가 확인한 관계 조작자의 주요 유형을 개략적으로 살펴본다.

종 관계

종(種) 관계는 특정 인지 단위(주로 하나의 개념)가 다른 인지 단위의 일원임을 보여준다. 예를 들어, "개"와 "고양이" 이 두 개념은 "포유류" 개념으로 볼 때 같은 종에 속하기 때문에 종 관계를 갖는다. 마찬가지로, "포유류"와 "어류" 이 두 개념은 "동물" 개념으로 볼 때 같은 종에 속하기 때문에 역시 종 관계를 갖는다. 종 관계는 개념의 위계를 정하는 데 사용될 수 있으므로 다음과 같이 구분할 수 있다.

- **최상위 개념.** 이 개념들은 위계상 상위에 위치한다. 예를 들어, "동물"이란 개념은 "포유류"와 "어류" 개념보다 상위에 위치하며, "포유류" 개념은 "개"와 "고양이" 개념보다 상위에 위치한다. 최상위 개념은 위계상 아래에 위치한 개념의 논의를 위한 전후 문맥을 제공한다.
- **등위 개념.** 이 개념들은 위계상 동위에 위치한다. 예를 들어, "포유류"와 "어류" 그리고 "개"와 "고양이"라는 개념들은 등위 개념이다. 등위 개념은 개념의 비교 및 대조를 위한 토대를 제공한다.
- **하위 개념.** 이 개념들은 위계상 하위에 위치한다. 예를 들어, "포유류"와 "어류"란 개념은 "동물"이란 개념보다 하위이며, "개"와 "고양이"란 개념은 "포유류"란 개념의 하위에 속한다. 하위 개념은 같은 유형의 개념 분석을 위한 토대를 제공한다.

경험적 관계는 종 관계의 특별한 유형이다. 이 관계는 학습자에게 이미 친숙한 개념 또는 개념 집합체의 구체적 예를 보여 준다. 경험적 관계의 포함으로 복합적인 쉐마는 객체의 분류를 특정한 부류에 속하게 할 뿐만 아니라, 기존의 이용 가능한 사전 지식과 연결되어 그 영역의 심도 있는 이해를 가능케 한다.

부분 관계

부분 관계는 특정 인지 단위가 다른 인지 단위[44]의 속성 또는 한 부분임을 나타낸다. 예를 들어 "키보드", "주장치", "화면"이란 개념은 모두 다 "개인용 컴퓨터"란 개념의 부분이기 때문에 이러한 개념들은 "개인용 컴퓨터"와 부분 관계를 갖는다. 유사 관계와 마찬가지로 부분 관계는 인지 단위의 부분-전체 위계의 경계를 정하는 데 사용될 수

---

44) 같은 유형의 관계가 특정 목록에 사용되며, 각 특징은 개념 또는 물리적 모형의 한 속성이다. 그리고 물리적 모형 또는 개념의 각 요소는 도구 또는 객체의 한 부분이다.

있다. 최상위 부분은 위계의 상위에 있으며, 그보다 하위에 있는 부분들을 논하기 위한 전후 상황을 제공한다. 등위 부분은 위계상 동위에 위치하며, 등위 부분을 비교하거나 대조하는 데 필요한 토대를 마련한다. 그리고 하위 부분은 그 위계의 하위에 위치하며, 위계상 상위에 있는 부분들을 분석하기 위한 토대를 제공한다. 부분 관계를 포함하고 있는 복합적인 인지적 쉐마는 개념을 다른 개념의 부분으로 찾을 수 있게 하고, 개념 정의 및 설명을 허용한다.

장소 관계

장소 관계는 하나의 특정한 인지 단위가 다른 인지 단위[45]와 상관(相關)하여 시간 또는 공간적으로(안, 위, 밑, 전, 후 등) 특별한 장소를 갖고 있음을 보여 준다.

예를 들어, 파스칼이라는 컴퓨터 프로그래밍에 관한 지원 지식에는 다음과 같은 정보가 포함된다. 프로그램의 제목은 변인과 상수를 선언한 부분의 앞에 위치하며, 그 다음에 절차와 기능에 대한 설명이 따른다. 그리고 그 뒤에 주 프로그램이 위치한다. 다른 간단한 예로서 "연소"와 "실린더"라는 개념 간의 관계를 내부 연소 엔진의 실린더에서 연소가 발생됨으로 표현할 수 있다. 장소 관계를 포함하는 복합적인 인지 지식 구조로 인해 학습자는 특정 객체, 사건, 활동의 요소들이 특정한 조직을 시간 또는 공간적으로 나타내는 이유를 이해할 수 있으며, 인공물을 연구 및 설계하는 동안 그 요소들을 계획 또는 정형화된 해결책에 결합시킬 수 있게 된다.

인과 관계

인과 관계는 특정 인지 단위("원인")의 변화는 다른 인지 단위("결과")의 변화와 관계가 있다는 것을 보여 준다.[46] 인과 관계는 개연적일 수 있다. 즉, 운전 과속과 치명적 사고 간의 관계처럼 하나의 변화가 때때로 어떤 결과를 수반한다. 또한, 인과 관계는 필연적일 수 있다. 즉, 이산화탄소의 양과 스모그 간의 관계처럼 하나의 변화가 반드시 어떤 결과를 수반한다. 인과 관계는 종종 둘 이상의 인지 단위와 관련이 있다. 그 이유는 특정한 하나의 결과는 하나 이상의 원인에 의해 발생되기 때문이다. 이 경우, 원인들 간에는 "AND" 또는 "OR" 관계가 성립될 수 있다. 이러한 다중 인과 관계의 예

---

45) 같은 유형의 관계가 계획 또는 목표 구조에 사용되며, 각 목표는 그 계획의 부분을 구성하는 다른 목표들과 상관하여 특별한 장소에 위치한다.

46) 같은 유형의 관계가 원리(principle)에 사용되며, 둘 이상의 개념은 변화 관계로 서로 연관되어 있다.

로는 습도와 산소(라는 원인이 결합)가 부식(이라는 결과)을 초래하는 것, 또는 누수, 부식, 기계적 결함(중 하나)이 밸브의 오작동을 일으키는 것 등이 있다.

유사(類似) 인과 관계로는 자연적인 과정 관계(natural process relationship)가 있다. 이 관계는 대개 한 사건이 다른 사건과 동시에 일어나거나 한 사건 발생 후 다른 사건이 발생할 경우 적용된다(A와 B가 동시에 발생하거나, A가 발생한 후 B가 발생하거나, B가 발생한 후 A가 발생하는 경우). 이 경우, 어느 것이 원인이고 어느 것이 결과인지에 대한 방향성은 없다. 인과성은 수반되지 않으며 단지 상관 관계만 있을 뿐이다. 이러한 관계의 예로는 아침 해돋이(해돋이로 인해 아침이 되는 것인가? 아니면 아침이기에 해돋이가 있는 것인가?) 또는 대류 현상(증발, 액화, 또다시 증발)이 있다. 인과 관계 그리고/또는 자연 과정 관련 관계를 갖고 있는 복합적인 인지적 쉐마로 인해 기계 장치의 작동 또는 과정에 대한 (인과적)논리가 가능하게 된다.

유사 관계

유사 관계는 특정 인지 단위가 다른 인지 단위와 유사한지 그렇지 않은지를 보여 준다. 유사 관계의 중요한 유형은 유추 관계 또는 은유이다.

이 관계는 인지 단위를 관심 영역 밖에 있는, 그러나 친숙한(잘 알려진) 유사 개념에 연관시킨다. 경험적 관계와 마찬가지로 유추 관계 역시 새로운 개념, 계획 또는 원리와 학습자의 선수 지식을 서로 연계할 수 있다. 다음은 유추 관계의 예이다. 원자는 태양계와 비슷하며, 전선 안의 전류의 흐름은 파이프 안의 물 흐름과 비슷하다. 이러한 유추는 유사점과 다른 점을 토론할 수 있는 토대를 제공한다. 또한 학습할 개념, 계획 및 원리들을 경험적 분석에서 확인될 수 있는 오개념, 오류투성이의 계획, 오해와 비교 및 대조하는 데 있어 유사 관계는 중요하다.

다른 유형의 관계

이 단원에서 언급된 관계 유형들은 지원 지식 분석에서 자주 쓰인다. 그러나 다른 유형의 관계는 서로 차별될 수 있으며, 이러한 유형의 관계들로 바로 앞장에서 심도 있게 논의된 필요 조건 관계(A가 B를 가능케 함), 무의미하고 임의적으로 연결하는 사실적 관계(A가 B를 암시함)[47], 또는 적용 관계(applies relationship)(A를 B에 적용함,

---

47) 이 관계는 임의적이기 때문에 사실 또는 명제들을 이해할 수 없으며 암기할 뿐이다. 이 단원에서 논의되는 다른 모든 관계들은 의미를 전달하며 그래서 비임의적이다.

Lindsay & Norman, 1977)를 생각해 볼 수 있다. 그리고 자연어에서는 좀더 많은 유형의 관계들이 서로 차별된다.

지원 지식 분석시 어떤 관계가 복합적 인지 지식 구조 분석에 유용한지의 판별은 그 영역의 성격, 특히 지원적 지식의 분석이 필요한 비순환적 반복 기능의 성격에 달려 있다. 몇몇 비순환적 반복 기능을 위한 지원 지식의 분석시 "A는 B와 관계 있다." 또는 "A는 B와 연관되어 있다."와 같이 한정되지 않은 (막연한)관계 하나면 충분할지도 모른다. 개념도 작성시 하나의 막연한 관계를 사용하는 것은 일상적이다. 이 단원에서 논의된 관계들만으로 개념, 질적 논리, 인과적 논리의 분류 및 확인 또는 인공물 설계시 수반되는 비순환적 하위 기능을 위한 지원 지식을 충분히 분석할 수 있다. 다른 유형의 관계가 그 분석의 질을 향상시킬 수 있을지는 설계자가 결정한다. 그러나 분석 과정 관리를 용이하게 하기 위해 일련의 관계를 최소로 가져가는 것이 바람직하다. 복합적인 쉐마 분석은 다음 단원에서 구체적으로 논의한다.

9.3 복합적 쉐마 분석

복합적 쉐마 분석에서는 다양한 보편성 또는 추상성 정도를 지니는 인지 단위들은 의도적이며 의미 있는 관계로 서로 연관되어 있다. 새로운 생각, 관련된 생각, 그리고 연관된 선수 지식들 간의 의도적인 관계는 이해를 도울 뿐만 아니라 한 영역 안에서 추론할 수 있게 한다.

교수설계자 관점에서 볼 때, 이러한 관계들은 학습자 스스로 쉐마의 습득 또는 구성을 촉진하는 문제 및 해결 사례를 선정하는 데 사용될 수 있다(Braune & Foshay, 1983). 원리, 계획, 개념 및 발의 등 모든 종류의 인지 단위 간에 관계가 성립될 수 있다. 그러나 분석 과정의 단순화를 위해 다음 세 가지 유형의 지원적 지식을 구분한다(Dijkstra & van Merriënboer, 1996; Reigeluth & Stein, 1983).

- **개념 모형**(conceptual models). 이 복합적 인지 쉐마의 주요 인지 단위 유형은 개념이다. 이러한 개념들은 주로 분류화, 서술 및 질적 추론(즉, 비인과적 관계를 나타내는 용어를 포함한 추론)과 관련된 비순환적 기능의 지원적지식이다.
- **목표-계획 모형**(goal-plan models). 이 복합적 쉐마의 주요 인지 단위 유형은 장소 관계와 연관된 개념과 계획이다. 이러한 개념 및 계획들은 주로 인공물의 설계 및 의사 결정과 관련된 비순환적 기능의 지원적 지식이다.

- **인과 모형**(causal models).　이 복합적 인지 쉐마의 주요 인지 단위 유형은 인과 관계 또는 자연적 과정 관계와 연관된 개념과 원리이다. 이러한 개념과 원리들은 주로 도구의 작동을 이해하거나 도구의 작동 과정을 인과적으로 추론하는 것과 관련된 비반복적 기능의 지원적 지식이다.

다음 절에서 위 모형들을 논의한다. 특히, 이러한 모형들이 어떻게 소위 정신적 모형들로 결합될 수 있는지에 대해 논의한다.

개념 모형

개념 모형은 대부분의 인지적 단위 또는 집합점들이 개념이기에 복합적인 쉐마로 간주될 수 있다. 개념 모형은 활동, 사건, 사물의 서술 또는 분류화와 관계된 비순환적 하위 기능을 위한 지원 지식의 주요 형태이다. 개념 모형은 개념 간 주요 관계 유형에 따라 여러 형태로 구별된다. 우선 개념 위계[48]란 개념 모형이 있으며, 이 모형은 부분 관계(이 경우 위계는 부분법으로 불림)나 종 관계(이 경우 위계는 분류법으로 불림)를 갖는다. 개념 위계 분석(Tiemann & Markle, 1985)은 특정한 비순환적 하위 기능을 수행하는 데 필요한 사물 또는 도구를 분석하는 데 중요하다.

　　일례로, "PID 통제기(균형적 통합 차동 통제기란 생산 과정을 자동적으로 통제하는 기기이다.)의 오작동을 진단할 수 있기 위해서는 흐름 통제기, 수평 통제기, 온도 통제기 같은 다양한 유형의 PID 통제기에 대한 지식을 필요로 한다. 또다시 위계상 좀 더 낮은 단계에서 다른 유형의 흐름 통제기, 수평 통제기, 온도 통제기가 계속 있을 수 있다. 종종 이러한 종(種) 분석은 부분 분석과 함께 이루어지며, PID 통제기의 다른 부분 및 하위 부분이 부분법에 기술된다.

　　개념 모형의 두 번째 유형은 개념 지도(예: Stewart, 1984)이다. 여기서 정의되지 않은 관계는 집합점들을 연결하며, 이는 "개념 A는 개념 B와 C, 그리고 개념 D는 …와 관련되어 있다."라는 정도의 의미이다. 이 정의되지 않은 관계는 전 단원에서 언급된 모든 관계와 명기되지 않은 다른 관계들을 포함한다. 이 때, 일(정)방향적 관계 또는 연결(개념 A에서 B로의 화살표로 표기)과 양 방향적 관계 또는 연결(개념 A와 B 간에 선이나 양 방향 화살표로 표기)은 서로 구분된다. 개념 위계와는 달리 개념 지도는 전형적으로 이질적이다. 즉, 각 개념은 개념 지도 안에 있는 다른 하나 또는 그 이상의 개

---

48) 이 유형의 위계는 기능 위계와 구분되어야 한다. 기능 위계에서 주요 수직 관계는 필요 전제 조건 관계이며, 부분 관계 또는 종 관계이다.

념과 관련된다. 예를 들어, "화면 내용 구성"시 사용되는 순환적 부분 기능을 위한 필요한 지원 지식으로 가독성과 관련된 글자체, 글자 크기가 있으며 이는 여백, 자간 및 글자색의 사용과 관련된다. 이러한 모든 개념은 화면 크기 및 보는 거리와 관련되며, 밑줄, 이탤릭, 볼드체와 같이 강조하기 위한 기법과도 여러 모로 관계된다. 이러한 연대적 유형 분석은 그 기능의 수행에 도움이 될 수 있는 모든 개념들이 파악될 때까지 지속된다. 그러나 개념 지도에서의 문제점은 연결들에 명칭을 달지 않는다는 것과, 그 연결들이 의미를 담고 있기는 하나 그 의미가 종종 불분명한 속성이 있다는 것이다.

개념 모형의 세 번째 유형은 의미망이다(1967년 Quillian에 의해 소개됨). 이런 조직망은 관계에 명칭이 부여된 개념 지도로 볼 수 있다. 그림 9.1은 "화면 내용 구성" 기능을 위한 몇몇 지원적 지식을 보여 주는 의미망의 한 예이다. 개념 지도와 의미망은 복합적 인지 기능의 비순환적 측면을 수행하는 데 도움이 되는 복합적인 인지적 쉐마를 잘 설명할 수 있으나, 그 분석 기술을 연필과 종이를 이용하여 실시한다면 그 과정은 매우 힘든 작업이 될 것이다. 대개 내용 전문가와 상의하며 분석을 진행하기 때문에 개념 지도 및 의미망을 종이에 그리면 수정하기 어렵다. 더욱이, 개념 지도 및 의미

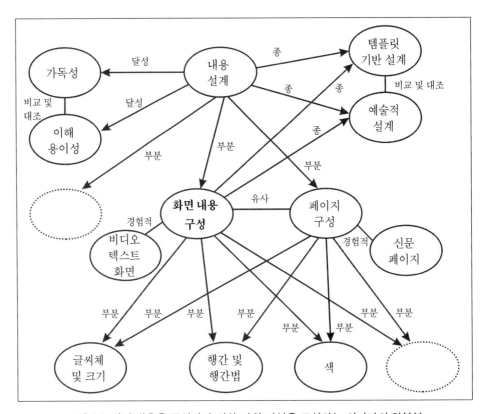

그림 9.1 화면 내용을 구성하기 위한 지원 지식을 표상하는 의미망의 일부분

망의 크기가 너무 커서 그 전체를 보기란 매우 힘들다. 이러한 이유로, 개념 지도 및 의미망 개발을 위한 전용 컴퓨터 프로그램을 사용하는 것이 바람직하다. 시중에 훌륭한 프로그램들이 있으며, 교수설계에 있어 이러한 하이퍼텍스트 또는 하이퍼미디어 시스템은 개념 모형을 전달하는 데 매우 적절하다.

목표-계획 위계

목표-계획 위계는 대부분의 정보 단위(노드)가 계획 또는 목표 구조로 구성된 복잡한 인지 쉐마이며, 인공물의 설계 또는 이해를 수반하는 비순환적 부분 기능을 위한 주요 지원 지식 유형이다. 목표-계획 위계는 특정 영역의 문제 해결에 서로 연계되어 도움을 줄 수 있는 일련의 정형화된 추상적 해결 유형을 제공한다. 일례로, 컴퓨터 프로그래밍에서 일반 입력-산출 과정과 같은 상위 단계의 프로그래밍 계획은 매우 일반적 목표들과 관련되며, 광범위한 범위의 프로그래밍 문제에 적용될 수도 있다. 폐회로 구조 계획 또는 분기 계획과 같은 중간 단계 계획들은 덜 일반적인 목표와 관련된다. 마지막으로, 변수값을 인쇄하는 프로그램의 부호화 작업 또는 절차 머리 부분 부호화 작업을 위한 계획과 같은 하위 단계 계획들은 매우 구체적 목표와 관련되며, 보다 더 작은 범위의 하위 문제에 적용될 수 있다.

　　그림 9.2는 컴퓨터 프로그램 계획을 위한 목표-계획 위계의 한 부분을 보여 준다 (Schonewille, 1995; Tekinerdogan, 1995). 이 위계는 필수적인 프로그래밍 언어의 일반 폐회로 구조에만 관계된다. 실제로는 상당히 많은 링크가 다른 유형의 프로그래밍 계획과 함께 존재한다. 여기서 계획 간 위계 관계는 부분 관계이거나 종 관계이다. 그리고 계획을 설명할 때 이전과 이후 같은 공간적 장소 관계가 사용된다. 대개 부분 관계와 종 관계를 사용함으로써 기본 구조가 위계적이지만, 다른 유형의 관계를 나타내기 위해 추가로 십자 링크가 사용될 수도 있다. 예를 들어, 선수 관계는 과제 계획 사용 능력이 폐회로 계획 사용 능력을 가능케 하는 것을 보여 주며, 유사 관계는 CASE 계획과 IF 계획 간 유사성을 나타낼 수 있는 것 등이다. 이러한 결과 서로 얽힌 위계로 불릴 수 있는 프로그래밍 영역 모형이 나타난다. 교수설계에서 이러한 영역 모형은 지원 지식의 표상뿐만 아니라 컴퓨터 기반 교수체제에서 지식 기반으로도 사용될 수 있다.

인과 모형 및 기능 모형

인과 모형은 대부분의 정보 단위(노드) 또는 인지 단위가 원리 및 개념으로 이루어진 복잡한 인지 쉐마이며, 이러한 원리 및 개념은 인과적 또는 자연적 과정의 관계로 서

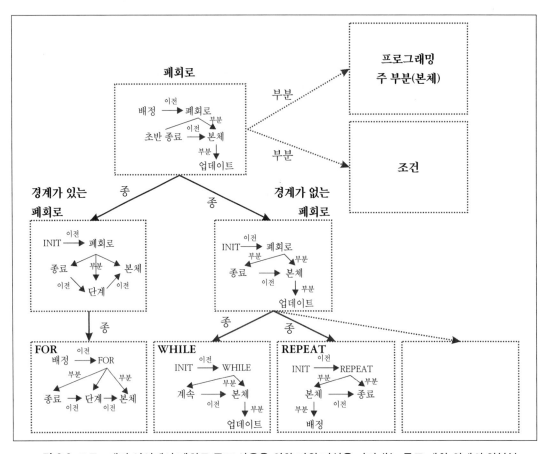

그림 9.2 프로그래밍 영역에서 폐회로 구조 사용을 위한 지원 지식을 나타내는 목표 계획 위계의 일부분

로 연결되어 있다. 인과 모형은 예측, 설명, 원인 분석 및 사건 해석을 포함하는 비재현적 부분 기능을 위한 중요한 지원 지식이다. 비교적 단순한 유형의 인과 모형은 원리들의 위계이다. 개념 위계에 있어 원리 간은 부분적이거나 유형적 관계로 연결된다. 예를 들면 Tennyson, Welsh, Christensen, Hajovy(1985)는 구두점의 콤마, 콜론, 세미콜론의 사용을 위한 문법적 원리의 위계를 기술한다.

이 위계에서 좀더 일반적인 원리들은 위계의 제일 위에 있으며, 문장의 구두점 찍기를 설명한다. 좀더 구체적인 원리들은 위계의 아래에 있으며, 독립절 및 종속절의 구두점 찍기를 설명한다.

복잡한 인과적 관계는 "AND/OR" 그래프로 설명될 수 있으며(Collins & Stevens, 1983), 이 그래프는 개념 군집 간을 인과 또는 자연적인 과정 관계로 서로 연결한다. 하나의 원리가 한 개념에서의 변화를 다른 개념에서의 변화와 연결하는 반면, 이 그래프는 많은 수의 개념들 간의 인과적 의존 관계를 나타낸다. 사실, AND/OR 그래프는

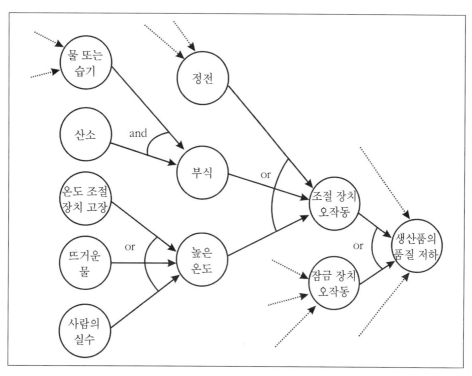

그림 9.3 오작동 진단을 위한 지원 지식을 나타내는 오류 계통도 또는 인과 모형의 한 부분.

아주 일반적 형태의 오류 계통도(fault tree: 결함수)이다. 오류 계통도를 이용한 분석 시(Wood, Stephens, & Barker, 1979) 한 시스템에서 일어날 수 있는 모든 실패 원인 들 간의 관계가 확인된다. 일례로, 가공 산업의 오류 관리 영역에서 결과 예상 계통도 는 특정 제어 장치의 오작동에 관련된 인과적 관계를 설명할 수 있다. 오작동은 고온 또는 부식으로 인해 일어날 수 있고, 부식은 물과 산소의 결합으로 발생되며, 고온은 온도 조절 장치의 오류나 더운 날씨 또는 사람의 과실 등으로 발생될 수 있다. 이는 그 림 9.3에 나타낸 바와 같다.

과제 수행을 위해 필요한 도구 및 물체에 관련되어 인과 모형은 종종 그 도구 또 는 물체가 어떻게 작동할지를(작동 지식) 설명하는 기능 모형[49]으로 불린다. 기능 모 형은 시스템의 추상적 개념, 기계의 한 부분, 또는 조작되어야 하는 과정을 나타내며, 위계에 대한 설명을 제공한다. 이 위계는 (특정 상황하에서 그것이 어떤 효과를 갖는 지) 학습자로 하여금 예상 또는 암시할 수 있도록 하거나 (주어진 특정한 상황에서 무 엇이 그것을 유발하였는지) 무슨 일이 벌어지는지를 설명 또는 추론하게 한다. AND/ OR 그래프나 오류 계통도와 마찬가지로, 기능 모형 역시 조작을 필요로 하는 과제(바

---

49) 물리적 모형(8.2절 참조) 및 기능 모형은 모두 도구 모형의 예이다.

람직한 효과가 나타났을 때, 그것을 발생시키는 데 필수적인 원인들을 정리함)나 문제를 해결하는 과제(바람직하지 않은 효과가 나타났을 때, 그것을 발생시켰을 만한 원인들을 확인함)의 수행시 유용할 수 있다. 교수설계할 때 컴퓨터 기반 과정 시뮬레이션과 개요 설계도는 기능 모형과 의사 소통하기 위해 매우 유용할 수 있다.

정신적 모형

매우 복잡한 선험적 쉐마들로 간주될 수 있는 정신적 모형(Gentner & Stevens, 1983; Rogers, Rutherford, & Bibby, 1992)에서 노드는 사실, 개념, 계획이거나 원리이며 모든 형태의 관계가 사용될 수 있다. 또한, 노드는 절차적 지식 구조(절차 및 규칙)나 전략적 지식 구조(체계적 문제 접근, 발견적 학습)를 참조할 수 있다. 즉, 정신적 모형은 복합적 인지 기능 수행을 가능케 하는 지식의 전체를 대표한다. 몇몇 연구자들은 이 지식을 절차적 및 선언적 지식과는 근본적으로 다른 것으로 보는 반면, 사람들이 (즉, 인지적 쉐마로) 형태, 구조, 그리고 여러 객체, 사건 및 활동의 기능, 일련의 절차, 규칙, 체계적 문제 접근을 나타내는 일련의 고도로 연관된 선언적 지식 구조와 이러한 객체, 사건 및 활동을 추론하는 발견적 학습, 의도적 행동을 산출하는 발견적 학습을 갖고 있다고 주장할 수도 있다(Anderson, 1988 참조).

분석적 관점에서 볼 때, 정신적 모형의 분석은 분명한 하위 기능 및 선언적 지식 구조의 분석과 비교할 때 비교적 덜 발달되어 있어 부담되는 활동이다. Reigeluth (1987b; Reigeluth & Stein, 1983)는 단순화 과정에 유용한 접근법을 제안하였다. 이전에 주장된 바와 같이, 서로 다른 비순환적 하위 기능이나 복합적 인지 기능은 그것들을 지원하기 위한 지식을 위해 서로 다른 지배적 구조를 갖는다. 지배적 형태의 지원적 지식은 소위 내용을 조직하는 데 사용될 수 있다. Reigeluth에 따르면, 지배적 형태의 지원적 지식을 세 가지로 나눈 것은 이전에 (1) 개념 구조를 갖는 개념 모형, (2) 절차적 구조[50]를 갖는 목표-계획 위계, (3) 이론적 구조를 갖는 인과 모형을 구분한 것과 일치한다.

정신적 모형 분석에 있어서 지배적 형태의 지원적 지식(즉, 개념 모형, 목표-계획 위계나 인과 모형)부터 분석을 해야 한다. 정신적 모형의 일부를 구성하는 다른 형태의 지식은 전부 다 내용을 조직하는 것과 연계된다. 대체로 이러한 부가적 내용은 분

---

50) 이 용어는 오해의 소지가 있는데, 모든 기능은 어떤 의미에서 절차적 구조를 갖고 있기 때문이다. 4C/ID 모형이 중요하게 여기는 것은 목표가 시간 및 공간과 어떻게 연계되어 있는가를 아는 지식이다.

석 단계에서 확인된 모든 형태의 지식과 관련된다.

- 내용을 조직하는 것과 알려지지 않은 방법으로 연관된 절차나 규칙(7장)
- 절차나 규칙을 정확히 수행하는 데 필수적인 지식(8장)
- 다른 유형의 지원적 지식(9장)
- 지원적 지식의 사용에 유용할 수 있는 발견적 교수법 및 체계적 문제 접근(10장)

9.4 분석 방법의 공통적인 측면

지원적 지식의 분석 방법들은 인지 단위 간 의미 있는 관계 수립을 강조한다. 이러한 형태의 분석이 갖는 연합적 속성으로 인해 그 분석을 언제 멈춰야 할지를 결정하는 것과 그 분석 결과를 학습자들의 이전 지식에 명확히 관련시키는 것이 어려울 수 있다. 더욱이, 그 분석 결과와 이러한 사전 지식은 일치하지 않을 수 있다. 이러한 측면들을 다음 부분에서 간략히 언급하고자 한다.

연합적 분석에서 위계적 분석까지

학습자가 이미 숙달한 지식 수준에 도달해서야 필요 조건 관계가 확인된다는 점을 고려할 때, 지원적 지식 분석은 위계적 과정보다는 연합적 과정으로 보는 것이 근본적으로 맞다. 왜냐하면, 비임의적이며 때로는 비위계적인 관계들이 비순환적 하위 기능 수행에 유용할 수 있는 지식들 간에 성립되기 때문이다.[51] 이는 분석가에게 두 가지 중요한 질문을 제기한다.

- 지원적 지식의 분석은 언제 끝나야 하나?
- 지원적 지식은 학습자의 사전 지식에 어떻게 연계되나?

첫 번째 질문과 관련하여, 지원적 지식의 분석시 심각한 위험은 이 과정을 너무 오래 지속하는 것이다. 어떤 의미에서는 모든 것이 서로 연관되어 있기에 분석가들은 상호 관련된 인지 단위의 위계 또는 이질적 연결망을 상당량 형성하게 된다. 이러한 과정을 한정하기 위해 내용 전문가(SMEs)에게 구축된 각각의 새 관계와 추가된 각각의 새 인

---

51) 이러한 관점에서 볼 때, 복합적 쉐마의 분석보다 복합적 쉐마의 종합에 대해 이야기하는 것이 좀더 편리하다.

지 단위에 대해 다음과 같이 문의하는 것이 매우 중요하다. 이 관계가 고려하고 있는 비순환적 하위 기능의 수행에 정말로 유용한가? 그리고, 지원적 지식의 분석이 전략적 지식의 분석(10장 참조)과 연합되면 이 질문은 좀더 상세화될 수 있다. 새롭게 추가된 관계가 체계적 문제 접근의 특정 단계를 수행하거나 특정한 발견적 교수법(학습)을 사용하는 데 정말로 도움이 될 수 있는가? 일반적으로, 내용 전문가가 특정 관계가 비재현적 하위 기능 수행에 유용한지를 설명할 수 없다면 그 새로운 관계를 추가해서는 안된다.

두 번째 질문과 관련하여, 지원적 지식을 학습자가 이미 보유하고 있어 사용 가능한 지식과 연결하는 관계를 사용하는 것이 매우 중요하다. 세 가지 유형의 관계가 이러한 목적 달성에 매우 유용하다.

- 경험적 관계
- 유추적 관계
- 필요 전제 조건 관계

경험적 관계는 지원적 지식의 특정 부분을 학습자에게 이미 잘 알려진 구체적 예나 사건에 연계한다. 유추적 관계는 지원적 지식의 부분을 관심영역 밖에 있는 잘 알려진 공통점에 연계한다. 그리고 마지막으로 필요 전제 조건 관계는 학습자가 이미 숙달한 수준에 도달한 후에야 지원적 지식의 분석을 위해 사용될 수 있다. 사실, 위계적 분석은 개념 모형, 목표 지향 위계, 또는 인과 모형의 각 인지 단위에 적용될 수 있다. 따라서 이 과정은 8장에서 논의된 선수 지식의 분석과 동일하다.

경험적 분석

복합적 인지 기능의 비순환적 측면을 수행하는 것과 관련된 지원적 지식의 학습은 소위 순진한 정신적 모형의 존재로 인해 심각하게 제한받을 수 있다. 대상 그룹의 일원들이 갖고 있는 정신적 모형을 분석하는 것이 중요할 수 있으며, 이를 통해 미숙한 정신적 모형을 교수설계시 고려할 수 있다. 미숙한 정신적 모형은 개념 영역, 목표-계획 영역, 또는 인과 영역에 서로 다른 형태로 존재할 수 있다. 일례로, 모두가 공유한 "인터넷"이라는 순진한 개념 모형은 모든 컴퓨터가 하나의 중앙 서버에 연결된 중앙 통제 시스템으로 보는 것이다. 컴퓨터 프로그래밍이라는 문맥에서의 순진한 모형은 컴퓨터는 지능적인 체제여서 컴퓨터에게 명령을 내리는 것은 사람에게 지시하는 것과 같다는 것이다. 그리고 인과적 및 기능 모형에 관련하여, 대부분의 사람들은 바닷물의 흐름이 달의 공전 및 지구의 자전과 어떻게 연관되었는지 또는 TV가 어떻게 작동하는 지에 대해 미숙한 관점을 갖고 있다.

　　미숙한 정신적 모형은 바꾸기가 매우 힘들다. 심지어 개념 변화 분야의 연구도 밝혔듯이, 특정 분야의 전문가가 특정 현상에 대한 자신의 정확한 정신적 모형을 개발했을 수 있으나 일상 생활에서는 여전히 연관된 미숙한 정신적 모형에 의존한다. 예를 들어, 통계학자는 "도박사의 잘못된 믿음"에 문제가 있다는 것(의 부정확성)을 대해 너무나 잘 알고 있을 것이다.(예: 이 미숙한 모형은 동전 던지기에서 앞이 여러 차례 잇달아 나온 상황에서 동전을 던졌을 때 뒤가 나올 확률을 1/2 이상으로 예상하는 것이다.) 그러나 그 통계학자가 카지노에서 빨간색 패를 잇달아 받을 경우, 바로 그 다음에 선택하여 돈을 거는 패를 검정색일 것이다. 교수설계시 미숙한 정신적 모형과 좀더 정확한 모형 간의 (비)유사성을 강조하는 것과 발견 학습은 미숙한 정신적 모형으로 인해 발생될 수 있는 문제를 극복하는 중요한 방법이다. 14장에서 이러한 교수 방법을 언급할 것이다.

9.5　분석과 설계를 위한 시사점

지원 지식 분석의 주목적은 비순환적 하위 기능 수행을 가능케 하는 복합적 인지 쉐마를 기술하는 데에 있으며, 전략적 지식의 분석(10장), SAPs, 그리고 비순환적 하위 기능 또는 복합적 인지 기능의 온전한 수행을 안내할 수 있는 발견적 학습을 분석함으로써 이를 보완한다. 전략적 지식의 분석은 지원적 지식의 분석 전이나 후 또는 동시에 실시된다. 확인된 지원 지식과 학습자의 사전 지식 간의 연계는 매우 중요하며, 경험적 관계 및 유추적 관계와 더불어 필수 전제 관계는 이러한 목적의 달성을 위해 사용될 수 있다. 특히 개념 모형, 목표-계획 위계 또는 인과 모형의 각 인지 단위에 8장에서 언급된 위계적 분석을 시행하여 학습자가 이미 습득한 지식을 지원 지식에 연계할 수 있다.

　　순환적 기능으로 분류된 대부분의 하위 기능을 위한 지원 지식을 분석해야 할 이유는 없으나, 만약 훈련 후 대면하게 될 상황을 논리적 절차나 규칙으로 해결할 수 없거나 그 하위 기능의 수행을 위해 그 영역에 대한 깊은 이해가 도움을 줄 것으로 예상된다면, 지원 지식의 분석이 필요할 수 있다. 그러한 하위 기능들은 이중(순환적 및 비순환적)으로 분류되어야 한다. 그렇게 되면 선수 지식(하나의 개념, 계획, 또는 원리)의 분석 결과는 지원 지식 분석의 입력 정보가 될 수 있다.

설계 단계와 관련해 볼 때, 확인된 지원 지식은 연습 단원의 수행에 앞서 학습자가 발견해야 하거나 학습자에게 제시되어야 할 정보의 주요 부분을 제공한다. 이러한 고차적 쉐마의 발견 또는 제시는 전체 과제 연습과 관련될 때만 중요하며, 이러한 과제 연습은 주로 복합적 인지 기능 전체를 연습하는 데 비순환적 측면과 관계된다.

4C/ID 모형은 그 정보와 더불어 귀납적 접근 및 발견적 방법을 용이하게 상세화하는 교수 방법의 사용을 권유한다. 이러한 유형의 정보 제시에 대해서는 SAPs 및 발견적 교수법에 대한 정보 제공과 복합적 인지 기능의 비순환적 측면에 대한 피드백 제공에 대한 안내와 더불어 14장에서 좀더 설명된다.

9.6 요약

이 장에서는 지원 지식의 분석 기법 및 방법에 대해서 논의하였다. 지원 지식은 인지 단위 간에 비임의적이며 유의미적인 관계가 존재하는 것이 특징이며, 여러 유형의 관계에 대해 논의하였다. 지원 지식 분석을 위한 모든 방법들은 비순환적 하위 기능의 수행에 도움을 제공할 수 있는 지식을 연계하여 기술하는 것을 목적으로 한다. 분석은 새로운 관계 및 인지 단위가 비순환적 하위 기능 수행에 중요한 합의를 만들어 내는 한 계속되어야 한다. 더욱이 경험적, 유추적 및 사전 필수적 관계를 사용하여 학습자의 기존 사전 지식에 지원 지식을 연계하는 것은 매우 중요하다. 분석 방법은 개념 모형, 목표-계획 위계, 인과 모형 또는 이러한 정신적 모형의 조합에 집중될 수 있다. 미숙한 정신적 모형은 경험적 분석을 통해 확인될 수 있다. 이 장의 내용은 다음과 같이 정리될 수 있다.

- 지원 지식의 분석은 근본적으로 볼 때 연합적 과정이며, 이를 통해 비순환적 인지 기능 수행에 도움이 될 수 있는 인지 단위들 간의 유의미한 관계가 정립된다.
- 중요한 관계 유형은 종 관계 및 경험 관계, 부분 관계, 위치 관계, 인과 및 자연 과정 관계, 그리고 (비)유사 및 유추 관계와 관련된다. 다른 유형의 관계들(예를 들어 선수 관계 또는 사실 관계) 역시 지원 지식에서 구별될 수 있다.
- 개념 모형은 복합적 쉐마이며, 이의 유력한 정보 단위(노드)는 개념이다. 개념 위계, 개념 지도, 유의미적 연결망은 개념 모형의 예이다. 그것들은 유목화, 서술, 질적 추론과 관련된 하위 기능을 위한 지원적 지식이다.
- 목표-계획 위계는 복합적 쉐마이며, 이의 유력한 유형의 정보 단위는 계획이

다. 그것들은 이해 및 예술품 디자인과 관련된 하위 기능을 위한 지원적 지식이다. 서로 꼬인 위계는 비위계적 관계를 이용해 구축할 수도 있다.

■ 인과 모형과 기능 모형은 복합적 쉐마이며, 이의 유력한 정보 단위는 원리이다. 그것들은 도구의 작동 또는 과정에 대한 인과적 추론을 포함하는 하위 기능을 위한 지원적 지식이다.

■ 정신적 모형은 개념 모형, 목표-계획 위계, 인과 모형을 배합한 것이다. 또한 그것들은 다른 유형의 지식들(규율 및 절차, 선수 지식, 전략적 지식)을 포함할 수도 있다. 일반적으로 하나의 내용 조직 유형을 선택하고, 그 조직된 내용에 다른 유형의 지식을 더하는 것이 가장 좋은 방법이다.

■ 지원 지식의 분석시 새롭게 추가된 인지 단위 또는 관계들이 복합적 인지 기능의 비순환적 측면을 수행하는 데 도움이 될 수 있을지를 보증하기 위해 내용 전문가에게 확인을 받아야 한다. 학습자의 지원 지식을 사전 지식에 연계하기 위해 경험적, 유추적, 선수적 관계를 사용하라.

■ 미숙한 정신적 모형은 경험적 분석에서 확인될 수 있다. 이러한 모형은 잘 바뀌지 않는다. 유사 관계를 이용하여 미숙한 정신적 모형을 좀더 정교한 정신적 모형과 비교 및 대조한다.

핵심 개념

개념 모형	conceptual model
개념 위계	concept hierarchy
개념 지도	concept map
경험적 관계	experiential relation
기능 모형	functional model
등위 개념	coordinate concepts
목표-계획 모형	goal-plan model
목표-계획 위계	goal-plan hierarchy
미숙한 정신적 모형	naive mental models
부분 관계	part-of relation
분류학	taxonomy
사실적 관계	factual relation
서로 얽힌 위계	intertwined hierarchy
연합적 분석	associative analysis
오류 계통도(결함수)	fault tree

유사 관계	similarity relation
유추 관계	analogical relation
의미망	semantic network
이질적 연결망	heterarchy
인과 관계	cause-effect relation
인과 모형	causal model
자연적인 과정 관계	natural process relation
장소 관계	location relation
적용 관계	applies-to relation
조직 내용	organizing content
종 관계	kind-of relation
최상위 개념	superordinate concepts
파톤학	partonomy
하위 개념	subordinate concepts

전략적 지식 분석과 중간 수준의 계열화

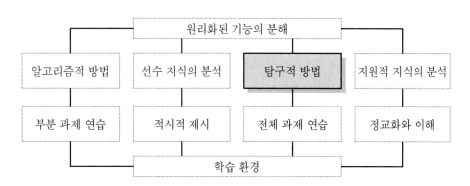

파트 B5의 개요도. 비순환적 부분 기능의 분석

이 장에서는 전략적 지식 분석을 위한 방법과 기술들에 대해 설명할 것이다. 전략적 지식은 학습자가 새로운 상황에 체계적으로 접근해서 문제를 해결할 때 자기가 보유한 자원을 효과적으로 정리할 수 있도록 도와 준다. 전략적 지식 분석은 주로 발견법의 구체화와 문제 해결의 체계적 접근에 관계되는 방법으로서, 전문가들은 익숙지 않은 문제를 해결할 때 이를 활용한다. 발견법이란 전문가들이 하나의 비순환적 부분 기능을 수행하기 위해 사용하는 서술적 원리, 지침, 경험적 방법을 지칭한다. SAPs와 관련해서 살펴보면, 전략적 지식은 복합적 인지 기능 전체를 구성하는 부분 기

능을 통합 조절 및 통합할 때 전문가들이 사용하는 계획을 지칭하기도 한다.[52]

순환적 부분 기능을 위한 과제 분석(7장 참조)과는 대조적으로 이 장에 기술된 분석들은 본질적으로 알고리즘적인 방법은 아니다. 즉, 그러한 지식을 익숙하지 않은 문제나 그러한 측면에 적용하는 것만으로 문제 해결을 자동적으로 보장받을 수는 없다는 것을 시사한다. 대신, 서로 다른 문제 상황에 동일한 전략적 기술을 사용할 수 있다 (종종 해결할 수도 있다). 전략적 지식은, 과제 수행자가 그러한 영역에 대해 사고하는 데 도움이 되는 지원적 지식도 가지고 있는 경우에만 유용하다. 이러한 이유로, 전략적 지식 분석은 항상 지원적 지식 분석으로 보충되어야 한다(9장).

이 장에서도 역시 4C/ID 모형의 분석 단계에 대한 내용을 마무리한다. 설계 단계로의 진입 전 교수 내용을 한층 더 계열화하는 것이 중요하다. 거시적 수준의 계열화에서 정의한 바 있는 기능군에 기초하여(6장 참조), 중간 수준의 계열화(meso-level sequencing)는 이제 학습자들이 훈련하는 동안 부딪히게 될 예제나 문제의 범주 또는 사례 유형의 순서를 설정하는 데 사용하게 된다. 이어서 전체 과제 접근법을 사용하게 되는데, 여기에서는 학습자들의 전문성이 향상됨에 따라 점차 쉬워지는 단순화된 조건하에서 전체 기능을 훈련하게 된다.

본 장은 다음과 같이 구성되어 있다. 10.1절에서는 원리 전이 분석을 다루는데, 이 분석법은 비순환적 부분 기능을 수행하는 데 필요한 절차를 만들어 내는 데 사용하는 발견법을 분석하는 방법이다. 10.2절에서는 SAP 분석에 대해 기술하는데, 여기서 우리는 비순환적 부분 기능이나 일련의 비순환적 기능을 포함하고 있는 전체 복합 기능을 수행하는 데 기저가 되는 전체 계획을 확인할 수 있다. 10.3절에서는 원리 전이 분석과 SAP 분석의 공통점을 언급할 것이다. 즉, 두 가지 분석 방법을 결합하는 것과, 전략적 지식 분석에 대한 경험적 접근법, 그리고 지원적 지식 분석으로 이 분석법들을 보완하는 일의 중요성에 대해 논의하고자 한다. 10.4절에서는 중간 수준의 계열화에 대한 일반적인 세 가지 전체 과제 접근법에 관해 논해 볼 것이다. 이 세 가지 방법은 점진적 정신적 모형과, SAP에 있어서의 최단 경로 혹은 단순화 조건 접근법, 그리고 강조 조작 접근법이다. 교수설계를 위해 이 장에 기초된 활동들의 시사점은 10.5절에서 논의되고, 간략한 요약을 끝으로 이 장을 마무리한다.

---

52) 혹은, 서로 다른 기능군이 중간 수준 계열화의 일부로 정의된 경우라면 SAP는 어떤 특정한 기능군을 구성하는 부분 기능의 조정 및 통합을 가리키게 된다.

10.1 발견법 분석

ID 분야의 많은 전문가들은 발견법, 경험법, 혹은 특정한 가이드라인을 복합적 인지 기능 분석의 일부로 분석하는 일의 중요성을 강조한다. 그러나 발견법 분석에 대한 체계적인 접근법을 문헌 혹은 연구 보고서에서 설명한 예는 거의 없다. 아마도 가장 광범위하고 입증이 잘 된 접근법은 원리 전이 분석(principle-transfer analysis: PTA)이다. PTA는 Reigeluth와 Merrill(ETAP, 1984)이 개발한 확장 과제 분석 절차(Extended Task Analysis Procedure)의 일부분이다. 이것은 효과적 과제 수행에 기저가 되는 발견법을 확인함으로써 하나의 비순환적 부분 기능을 분석하기 위해 특별히 개발된 과제 분석적 접근법이다.[53]

이러한 발견법은 유능한 과제 수행자가 어떤 주어진 상황과 그 상황의 특수한 환경에 대응하는 데 적합한 특정 문제 상황 절차를 만들어 내기 위해 사용하는 것이다. 결과적으로, PTA는 인지적 혹은 운동적 영역에서 무언가를 하기 위한 절차를 만들어 내는 활동을 수반하는 부분 기능을 위해 우선적으로 실행되어야 한다. PTA의 주요 대안이 되는 것으로는 규칙 기반 분석(7장 참조)과 SAP 분석(10.2절 참조)이 있다. 4C/ID 모형은 다음을 사용할 것을 제안한다.

- 순환 기능으로 분류된 기능들을 위한 규칙 기반 분석법. 이 분석법은 절차를 만들어 내는 대신 수행하기 위한 지식을 기술한다. 순환 및 비순환 기능으로 이중 분류되는 여러 핵심 기능들에 대해서는 그 기능의 여러 다른 점들을 기술하기 위해 PTA와 규칙 기반 분석 유형이 함께 사용될 수도 있다.
- 일련의 부분 기능들로 이루어진 복합 기능을 위한 SAP 분석. 사실 이러한 SAP 분석은 보통 일부 PTA와 결합되어 사용된다. SAP에서 규정한 각 단계나 (하위)목표에 대해서는 발견법을 적용하여 이러한 단계 혹은 목표를 성취하는 데 도움을 줄 수 있다.

4C/ID 모형의 맥락에서 다음 단계들은 원리 전이 분석을 수행하는 데 관련된 것

---

53) ETAP에서 비순환적 기능은 전이 과제(transfer tasks)로 표시되나 이 책에서는 "비순환적 부분 기능"이라는 용어를 사용하였는데, 그 이유는 복합적 인지 기능의 전이 역시 순환적 부분 기능들 사이에서 절차적 중복의 기능을 하기 때문이다. 더구나 발견법은 ETAP에서 원리(principles)로 불리나 이 책에서 "발견법"이라는 좀더 규정적인 용어를 사용한 것은, 선수 지식 분석에서 확인되었듯이, 혹은 인과적 및 기능적 모형의 일부로서 지원적 지식 분석에서 확인되었듯이, 기술적(descriptive) 원리와 구별하기 위함이다.

이다(PTA에 대한 자세한 내용은 Reigeluth & Merrill, 1984 참조).

1. 발견법 범주를 분석한다.
2. 주요 발견법을 분석한다.
3. 발견법을 사용하기 위한 공통 규칙을 진술한다.

첫째, 여러분은 문서의 분석뿐 아니라 내용 전문가들과의 인터뷰도 근거로 하여, 그 기능 수행시 긴요한 발견법의 전체 범주를 확인하여 목록을 작성해야 한다. 발견법의 각 범주는 유사한 인과 관계를 다루고 있으며, (a) 과업 수행자가 앞으로 성취해야 할 전체 목표(이러한 목표들은 SAP 분석을 통해 확인할 수 있음을 주목할 것)나 (b) 일반적 수준으로 기술된 좀더 기본적인 원리와 관련이 있는 경향이 있다. 예를 들어, Reigeluth와 Merrill(1984)은 군사 보고서 준비라는 비순환적 부분 기능의 한 예를 보여 주고 있다. 여기에서 발견법의 한 범주는 "보고 대상자의 능력을 보고서 내용 작성시 고려하는 것"이며, 또다른 범주는 "보고 대상자의 능력과 장비 설치 요구를 보고 계획에 연계하는 것"이다.

둘째, 각 범주 안에 있는 모든 발견법을 명시해야 한다. 발견법은 학습자가 그 기능을 수행할 방법을 결정하기 위해 사용해야만 하는 규정적 원리들이다. 발견법은 본질적으로 IF-THEN(만약 …라면 해야 한다.) 형식에서 가장 잘 형성되는 인과 관계 진술이다. 예를 들어 첫 번째 범주(보고 대상자의 능력을 보고서 내용 작성시 고려하기)에 있어서 발견법은 다음과 같다. "만약 보고 대상자가 높은 수준의 비밀 문서 취급 인가증을 소지한 경우라면 보고시 더 많은 양의 정보를 제시할 수 있다." 혹은 "보고 대상자가 높은 수준의 전문 지식을 가지고 있다면, 보고시 좀더 다양하고 복합적인 전문 정보를 제시할 수 있다."

마지막으로, 발견법의 순서 및 우선 순위를 결정하기 위한 이른바 "공통 규칙"을 확인하여 목록을 작성해야 한다. 이것은 어떤 주어진 상황에서든 활동을 제대로 수행하기 위한 올바른 절차를 만드는 데 중요하기 때문이다. Reigeluth와 Merrill(1984)이 공통 규칙이라고 부르는 것은 다음 절에 논할 SAPs와 거의 동일하다. 그것은 기본적으로 과제 수행자가 달성해야 할 목표를 배열하고 조직화한 것이다. 예를 들면, 군사 보고서를 준비하기 위한 공통 규칙은 다음과 같다. "먼저 활용할 수 있는 자료를 훑어 보고 사령부의 요구나 위협 요소의 특성과 잘 맞지 않는 유형의 자료는 배제한 후, 보고 대상자의 요구에 부응할 수 있도록 선택된 자료를 수정한다." 공통 규칙에 제시된 각각의 목표는 일련의 발견법과 상응한다. SAPs 분석은 10.2절에서 좀더 상세히 논의한다.

10.2 SAPs 분석

체계적 문제 해결 접근법(Systematic Approaches to Problem solving; SAPs)은 어떤 특정 영역에서 문제를 해결할 때 반드시 달성해야 하는 목표와 하위 목표를 명백히 하는 규정적인 계획이다. 따라서 이 접근법은 유능한 과제 수행자나 전문가들의 수행을 특징짓는 통제 구조 또는 목표를 기술한다. 또한 각각의 (하위)목표에 도달하는 데 유용한 발견법에 대해서도 설명해 준다. SAPs는 반드시 훈련을 요하는 전체 복합 기능을 포함하여 일련의 부분 기능으로 이루어진 복합적 인지 기능뿐 아니라 하나의 비순환적 부분 기능에 대해서도 상세히 기술할 수 있다. 특히 복합적 인지 기능을 위한 SAPs의 경우, 전체 기능을 이루고 있는 부분 기능들의 조화와 통합에 주의를 기울일 수 있는 기회를 제공함으로써 중요한 분석 결과를 제공한다.

SAPs 분석에 대한 체계적 접근법은 Mettes와 Pilot(1980; Mattes, Pilot, & Roossink, 1981)에 의해 기술된 바 있다. 과제 분석적 접근법은 전체 복합 인지 기능을 분석하는 데 특히 적합하다. 이 접근법에서는 기술적인(descriptive) 문제 해결 모형[4장에서 소개한 용어 정의에서는 스크립트(script)라 불림]을 만드는 것부터 시작할 것을 제안하는데, 그 이유는 전문가나 교사들도 자신들의 분야에서 희망하는 문제 해결 과정에 대한 정확한 설명을 곧바로 제공하기가 쉽지 않을 때가 종종 있기 때문이다. 기술적인(descriptive) 모형에 도달하기 위해, 전문가와 교사는 그들의 분야에서 전형적인 유형의 문제에 직면하게 되며, 그러한 문제를 해결할 때 생각하는 것을 입 밖으로 내야 한다. 다음으로 단계 및 하위 단계 상에서의 문제 해결 과정을 전반적으로 기술하기 위해 사고의 과정을 말로 표현하고, 이를 기록한 내용(thinking-aloud protocols)을 해석한다. 예를 들어 Mettes, Pilot, Roossink(1981) 세 사람은 열역학 문제를 해결하기 위한 체계적 접근법의 주요 단계를 다음과 같이 기술하였다.

- **1단계.** 문제를 정확히 이해하기 위해 문제 내용을 철저히 읽는다.
- **2단계.** 쉐마를 작성함으로써 미지의 사실과 기초 자료를 면밀히 분석한다.
- **3단계.** 그것이 표준 문제인지 아닌지를 정한다. 만약 표준이 되는 문제가 아니라면, 그 문제를 변형하여 표준 문제로 만드는 데 사용할 수 있는 미지의 사실과 기초 자료 사이의 관련성을 찾아본다.
- **4단계.** 반복 작업을 실시한다.
- **5단계.** 답을 점검해 보고 결과를 해석한다.

SAP는 위와 같은 단순화된 예보다는 훨씬 정교한 기술(descriptive) 모형을 기반으로 전개된다. 4C/ID의 맥락에서 다음 3단계는 이 SAP의 발전에 있어서 매우 현저히 나타난다.

1. 각 단계 및 하위 단계 내에서 학습자가 도달해야 하는 목표 및 하위 목표를 정한다.
2. 각각의 (하위)목표를 달성하기 위해서 사용할 수 있는 발견법을 분석한다.
3. 순서도나 선형적 형태로 SAP를 기술한다.

첫 번째 단계에서는 문제 해결자가 도달해야 할 목표 및 하위 목표의 구조를 정의하는 체계가 기술된다. 예를 들어, 열역학 문제를 해결하기 위한 세 번째 단계의 목표는 그 문제를 표준 문제로 변형하는 것이다. 이 때 (a) 만약 그것이 표준 문제라면 그것의 하위 목표와 같이 설정하고, (b) 표준 문제가 아니라면 유용한 핵심 관계를 기록하며, (c) 핵심 관계에 기초하여 문제를 표준 문제로 전환하고, (d) 핵심 관계의 확인으로 해결 가능한 일련의 오차를 내지 않는다면 재구성, 특수 사례, 또는 유추를 통해 문제를 해결해야 한다.

둘째, 각각의 목표 및 하위 목표에 도달하는 데 도움을 주는 발견법을 확인한다. 앞서 기술한 바와 같이 SAP 분석과 원리 전이 분석(PTA)을 결합하는 것이 좋을 것이다. 이제 각각의 지정된 목표는 유사한 인과 관계를 다루는 발견법의 범주를 정하는 데 사용된다. 여기에 덧붙여 Mettes, Pilot, Roossink(1981) 세 학자는 발견법을 명료하게 상술하기라는 목표를 달성하기 위한 발견법을 다음과 같이 제시하였다.

- 학습자에게 아직 알려지지 않았고, 가장 중요한 문제 해결을 위해 꼭 필요한 발견법만을 포함시킨다.
- 학습자가 쉽게 이해할 수 있는 방식으로 발견법을 구성하고 단호한 분위기를 조성하며, 이러한 것들이 원하는 행동의 도출을 위한 지도라는 것을 분명히 한다.
- 발견법의 내용은 가능한 한 완벽하게 만들되, 동시에 전체 훈련 프로그램에 걸쳐 적합성을 확보할 수 있도록 일반적이어야 한다.

세 번째 단계로, SAP는 순서도(SAP 차트라고도 함)나 목표 및 하위 목표 선형적 순서로 기술된다. 특정 목표가 이전 단계 목표의 달성 여부에 달려 있듯이 SAP 차트도 그렇게 사용될 것이다. 그림 10.1은 열역학 문제를 해결하기 위한 SAP 차트의 단순화된 예를 보여 준다. 이 도표에서 각각의 상자는 달성해야 할 목표 및 하위 목표에 대응된다. 각 상자 안의 내용은 이러한 (하위)목표 달성에 도움이 되는 발견법에 대응된다.

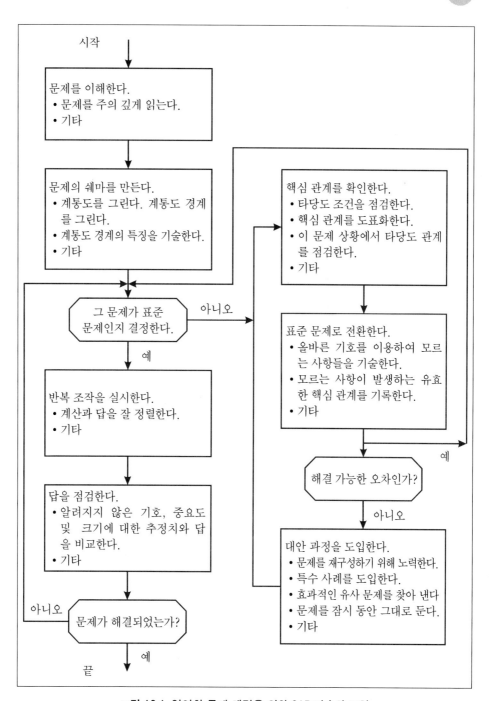

그림 10.1 열역학 문제 해결을 위한 SAP 단순화 모형

선형적 형태로 구성된 SAP의 또다른 예로, Tromp(1989)는 프로그래밍 문제의 분해를 위한 체계적인 접근법을 제시한다.

- 문제를 잘 읽는다.
- 입력과 출력 조건들을 표시한다.
- 문제를 분류한다.
- 그 문제를 이미 알고 있는 사항 중 하나로 인식하려고 애쓴다.
- 필요한 목표들을 확인한다.
- 그 목표에 적용하는 데 필요한 행동들을 확인한다.

여기서 주목할 점은 선형 형식의 SAP와 행동 과제 분석 결과 간뿐만 아니라 SAP 차트와 정보 처리 분석 결과 사이에도 명확한 유사성이 있다는 것이다. 그러나 이런 유형의 분석 간의 차이를 강조하는 것이 중요하다. 행동 분석과 정보 처리 분석은 매우 구체적이고 논리적인 과제 수행에 대한 설명을 제공한다. 정해진 순서에 의해 단계를 밟아 과제를 수행하거나 활용할 만한 규칙을 적용함으로써 작업을 정확하게 수행할 수가 있게 되는데, 그 이유는 모든 단계와 규칙들이 대상 그룹의 입문 수준에서 정해지기 때문이다. 이와는 확실히 대조적으로, SAP 분석은 매우 일반적인 속성을 가진 체계적 문제 접근법을 기술할 수 있게 한다. 즉, 달성해야 할 목표와 목표 달성에 도움이 될 수 있는 발견법에 대한 설명을 제공해 주는 정도이다. 목표는 대상 그룹의 수준에 있지 않기 때문에 문제가 반드시 해결된다는 보장은 없으며, 발견법은 이러한 목표들의 달성을 도울 수 있는 경험적 방법일 뿐이다. 따라서 SAP는 문제 해결 과정에서 단순한 안내 역할을 할 뿐이다. SAP에 따라 학습자들은 문제 해결 과정 "지시"를 받는데, 이를 통해 전체 계획의 달성이라는 힘들고 긴 과정을 줄여 줄 수 있다.

10.3 분석 방법의 공통점

원리 전이 분석과 SAP 분석은 공통점이 많다. 심리학적으로 말해서 이 두 방식은 비순환적 부분 기능을 마치 통제된 과정처럼 분석한다. 그럼에도 불구하고 체계적 접근과 발견법의 안내를 받기 때문에 상당히 효율적이다. 설계 단계에서는 연습 설계(11장)와 정보 제시(14장)를 위한 교수 방법을 선택하여 전략적 지식의 습득을 촉진한다. 두 분석 기법 간의 공통점은 "미숙한" 전략을 가려 내기 위해 두 분석 방법을 하나로 묶어 동일한 경험적 접근법으로 사용할 수 있게 한다. 또한 두 분석 방법은 지원적 지식 분석과 가장 잘 결합된다.

SAP와 원리 전이 분석의 결합

PTA와 SAP 분석 간 주요 상이점은, PTA는 우선 발견법으로 분류되고 나중에 통제 구조(공통 규칙이라고 함)로 진행된다는 점이다. 반면에 SAP 분석은 통제 구조로 시작해서 발견법으로 진행한다. 만일 SAP 분석이 비순환적 부분 기능을 분석하는 데 주된 방법으로 쓰인다면, 그 단계나 목표는 뒤이은 PTA에 입력 정보로서 발견법의 범주를 제공한다. PTA가 비순환적 부분 기능을 분석하는 주된 방법으로 쓰인다면, 확인된 발견법들은 뒤이은 SAP 분석에 입력 정보를 제공하게 된다. 그러면 SAP 분석은 공통 규칙분석을 위한 좀더 완전한 방법으로 취급될 수 있다. 하지만 SAP 분석이나 PTA로 시작하는 데에는 충분한 이유가 있다. 일반적으로 SAP 분석은 복합적 기능이나 심지어 복합적 인지 기능 전체를 분석하는 데 더 좋다. 그 이유는 전체 과제의 수행을 위한 체계적 방법을 정확히 서술할 수 있기 때문이다. 이러한 방식을 시행할 때는 서로 다른 부분 기능들의 조화와 통합을 고려해야 한다. 반면에 PTA는 단일 비순환적 부분 기능을 분석하는 데 좀더 적절한 방법이다.

경험적 방법

전문가들이 사용하는 SAP나 발견법의 논리적 분석을 경험적 방법으로 보충하는 것이 바람직한 경우가 많다. 그리고 나면, 대상 학습자들에게 주로 적용되는 접근법이나 발견법에 대한 정보가 수집된다. 전문가들이 사용하는 방법과 초보자들이 사용하는 접근법은 현저히 다를 수도 있다. 예를 들어, 전자 시스템의 고장 수리시 대개 초보자들은 모든 회로 구성 부품들을 무작위로 이것저것 시험해 보는 시행 착오적 접근법을 따르게 마련이다. 이와 대조적으로 전문가들은 일종의 양분 또는 공간 분할 전략을 사용하는데, 이 때 회로를 반복적으로 두 부분으로 나눈 뒤 어느 부분에 오류가 있는지를 추론해 낸다. 또다른 예로, 소프트웨어 설계 분야의 초보자들은 전형적으로 하향식(top-down) 및 깊이 우선(depth-first)의 프로그래밍법을 사용한다. 그들은 프로그램의 문제점을 여러 개의 하위 문제점으로 분해한 뒤에 발견된 하위 문제에 대한 해결책을 즉각 실행함으로써 하위 문제들 간의 관계 경로를 잃어버리게 되는 것이다. 그들은 모든 하위 문제에 대한 코드를 실행한 뒤, 소단위의 코드들끼리 연결하고 차선책인 부분적 해결안을 수정하고 프로그램 오류를 찾아 제거하느라 많은 시간을 허비한다. 이와는 대조적으로 전문가들은 하향식 및 폭 우선 방식의 접근을 함으로써 하위 문제와 부분적 해결안 간의 관계를 잘 관리할 수 있는 보다 나은 해결책을 만들어 낼 수 있다.

위와 똑같은 유형의 차이점은 발견법을 사용할 때도 발견된다. 예를 들어, 초보 항공기 관제사들은 발견법을 여러 가지 소소한 것들을 수정하는 가이드라인으로 사용하는데, 그것은 이 방법이 한 대의 항공기를 안내하는 데 가장 쉬운 방법이기 때문이다. 하지만 전문가들은 되도록 적은 수의 좀더 큰 오류를 수정하는 데 사용한다. 그럼으로써 좀더 많은 수의 항공기를 관제할 수 있기 때문이다. 앞에서 살펴본 군사 보고의 경우로 돌아가 보면, 초보자들은 주어진 시간에 가능한 한 많은 정보를 보고 대상자에게 제공하려고 애쓰지만, 전문가들은 제시되는 정보의 양을 보고 대상자의 기밀 문서 취급 인가 수준 혹은 선행 지식과 관련하여 조절한다. 이러한 차이로 인해, 설계될 수업은 예상되는 행동(경험적)과 달성하려는 행동(합리적) 사이의 차이에 초점을 맞추어야 한다. 예를 들어, 훈련 중 학습자의 수행에 제약을 가함으로써 체계적 방법을 적용하도록 강요할 수 있을 것이다. 학습자에게 워크시트나 구조화된 답안 형식과 같은 특정한 보조 교구를 제공함으로써 효과적인 발견법을 적용하도록 유도할 수 있다. 차선적 접근법이나 발견법의 부정적인 효과를 보여 주는 해결 예제들을 보여 주면, 학습자들은 더욱 효과적인 방법과 발견법 등에 주의를 기울이게 되기도 한다. 11장에서는 이와 관련된 교수법들에 대해 더 논해 볼 것이다.

지원적 지식과 전략적 지식의 관계

전략적 지식의 분석에 대한 논의의 결론을 내리자면, 지원적 지식(9장)과 전략적 지식의 관계에 주목하는 것이 중요하다. 심리학적 관점에서 보면, 두 유형의 지식은 공히 선언적 내지 쉐마와 같은 지식 구조로 보일 수도 있다(4장 참조). 이들의 주된 차이점은, 지원적 지식이 외부 세계의 사건, 행위, 사물을 설명하는 관련 개념, 원리, 계획으로 이루어져 있는 반면, 전략적 지식은 세상에서 우리 자신들의 활동을 조직하는 데 사용되는 계획, 원리에 관여한다는 것이다. 따라서 두 지식 간의 차이점은 그 표현 형식이 아니라 그 기능인 것이다. 지원적 지식은 기술적인(descriptive) 관점을 갖고, 전략적 지식은 처방적인 관점을 갖는다. 결과적으로 어느 관점에서 스크립트나 계획이라고 불리는 것이 다른 관점에서 보면 SAP라고 불리며, 또 어느 관점에서는 원리라고 불리는 것이 다른 관점에서 보면 발견법이라고 불리는 것이다.

이러한 관점은 선수 지식과 영역 특수적인 절차 지식 사이의 관계와는 근본적으로 다른 지원적 지식과 전략적 지식의 관계를 이끌어 낸다. 선수 지식은 영역 한정적 절차의 학습과 수행을 가능하게 하는 반면, 지원적 지식과 전략적 지식 간에는 일방적인 관계란 없다. 앞에서 논한 바대로 4C/ID 모형은 양 방향 관계가 있다고 가정한다. 첫째, 발견법과 SAP 사용의 효율성은 복잡한 쉐마에서 조직되는 풍부한 지원적 지식의 가용성에 달려 있다고 생각된다. 그래서 학습자의 특정 영역 지식이 잘 조직화되어 있을수록 학습 전략이나 발견법을 적용하여 원만한 문제 해결로 이어질 가능성이 높아진다. 또한 그 반대의 경우도 성립한다. 만일 학습자가 효과적으로 활용할 수 있는 전략적 지식을 가지고 있다면 풍부한 지원적 지식 기저가 주효할 것이다.[54] 지원적 지식과 전략적 지식 간의 양 방향적 관계는 둘 중 하나가 없는 경우 다른 쪽도 쓸모 없게 된다는 것을 보여 준다. 결과적으로, 지원적 지식과 전략적 지식을 분석한 후 스스로에게 다음 두 가지의 질문을 해 보아야 한다.

- 지정된 지원적 지식을 효과적으로 활용할 수 있게 해 주는 전략적 지식을 모두 명시했는가? 그렇지 않다면 전략적 지식을 더 명시해야 한다.
- 지정된 전략적 지식을 효과적으로 활용할 수 있게 해 주는 지원적 지식을 모두 명시했는가? 그렇지 않다면 지원적 지식을 더 명시해야 한다.

지원적 지식과 전략적 지식 둘 다를 분석함에 있어서 궁극적인 기준은 물론 분석의 출발점이 되었던 비순환적 부분 기능의 수행에 도움이 될 수 있어야 한다는 것이다. 더구나 이 두 가지 지식 유형은 모두 인지 쉐마의 형식으로 표현될 수 있기 때문에, 컴파일화를 허용할 만큼 자주 사용되는 경우라면 두 가지 다 영역 한정적 산출물에서 컴파일될 수 있다. 컴파일된 산출물은 이러한 쉐마를 더 이상 참조하지 않은 인지적 쉐마를 사용할 때와 같은 효과를 나타낸다. 원칙적으로, 특정한 교수 전략과 발견법의 사용을 보여 주는 인지적 모의 연습은 영역 한정 규칙에 기반을 둘 수 있게 된다. 이를 좀더 명확히 하면, 3장에서 논한 바 있는 물체를 철하는 시스템 부분을 참고해 볼 수 있다. 이 시스템은 나란히 있는 두 물건을 취해서 두 개 중 작은 것을 큰 것 위에 철하는 과정을 반복하는 전략을 채택하고 있다. 하지만 이 예를 더 명확히 살펴보면, 이런 종류의 전략 모의 연습에는 다음과 같은 결점이 있다. (1) 유일하거나 고정된 일련의 전략만이 제시되기 때문에 다른 대안 전략을 융통성 있게 사용하지 못한다. (2) 거기에 사용된 전략을 명확하고 정확하게 제시하지 못한다.

교수 측면에서 보면, 전략적 지식을 명확하고 정확하게 보여 주는 인지적 시뮬레이션을 구축하는 것이 때로는 바람직할 것이다. 컴퓨터 기반 교수 체제에서는 그러한

---

54) 대안은 지식 기반이 약한 방법이나 영역 보편적 산출물로 해석된다는 것인데, 이는 훨씬 비효과적인 인지적 처리 유형에 속한다.

인지적 시뮬레이션으로 학습자가 사용한 전략적 지식을 추적하여 이들의 지식에 대한 피드백을 제공할 수도 있을 것이다. 이 목표를 달성하는 데에는 여러 가지 방법이 있다. 예를 들어, 발견법은 여러 가지 자유 변수를 가진 산출물로 모형화될 수도 있고, 다소 약한 방법이 ATC*에서 모형화되는 방법과 유사하게 발견법이나 SAP가 일반적 산출물로 해석되는 선언적 구조로 모형화될 수도 있으며, 발견법은 퍼지 논리에 기반을 둔 전문가 체제에서 퍼지 규칙으로 모형화될 수도 있다. 그러나 모형 전략 지식에 대한 방법의 논의는 이 책의 범위를 넘어서는 부분이다.

10.4   중간 수준의 계열화

복합적 인지 기능의 분석은 학습자가 훈련을 받는 동안 직면하게 될 사례 유형[55] 순서를 기술함으로써 마무리해야 한다. 이런 사례 유형은 학습자가 학습하게 될 해결 예제나 문제의 특성을 규정한다. 미시적 계열화 과정에서 한 개 이상의 기능군이 확인되었다면(6장), 각 기능군에 대한 일련의 사례 유형을 확인해야 한다. 사례 유형에 대한 단순화된 예를 제공하기 위해, 아이들에게 뺄셈을 가르치고 있다고 가정해 보자. 다음과 같은 유형들이 포함될 것이다.

- **사례 유형 1.** 각 자리의 윗수가 아랫수보다 항상 크거나 같은 경우의 뺄셈 문제(34 − 11, 879 − 325)
- **사례 유형 2.** 각 자리의 윗수가 아랫수보다 작지만 0은 아닌 경우의 뺄셈 문제(23 − 14, 321 − 133)
- **사례 유형 3.** 각 자리의 윗수가 아랫수보다 작거나 0인 경우의 뺄셈 문제(80 − 11, 301 − 142)

위의 예시에서 보듯이 일련의 사례 유형은 전형적으로 단순한 것에서 복잡한 것으로의 순서를 갖는다. 하지만 이런 단순한 것에서 복잡한 것으로의 순서를 설계하는 방법도 여러 가지가 있다. 4C/ID 모형은 특정 기능군에 대해 명시하였듯이 각각의 사례 유형별을 위해 전체 과제(whole task)를 훈련하는 사례 유형의 순서를 제시한다. 이는

---

55) 몇 가지 대체할 수 있는 용어로는 문제군(problem sets)(White & Frederiksen, 1990), 등위 계층(equivalence classes)(Scandura, 1983), 또는 사례(cases)(Leshin, Pollock, & Reigeluth, 1992)가 있다. 저자가 여기서 더 넓은 의미의 사례 유형(case types)을 사용한 것은 구체적인 사례와의 구별을 짓기 위함이다. 사례는 예제나 문제를 다른 형태와도 연관시킬 수 있다.

위에 구분한 세 가지 사례 유형을 위해 전체 과제를 연습하는 것과 같다. 이 방법은 학습자로 하여금 훈련 과정 중 점진적으로 다양화되는 기능에 대한 온전한 시각을 빨리 획득할 수 있도록 해 준다. 이상적으로는, 첫째 사례 유형은 이 분야의 전문가들이 접할 수 있는 가장 단순한 종류의 문제들을 이미 포함하고 있어야 한다. 그리고 더 복잡한 기능을 위해 모든 유형의 사례는 관련된 부분 기능들의 조화와 통합에 주의를 집중할 수 있는 기회를 제공해야 한다.

중간 수준의 계열화에 대한 이러한 접근법은 Reigeluth의 정교화 이론(1987b; Reigeluth & Stein, 1983)의 기초를 이루는 줌 렌즈 메타포(zoom-lens metaphor)와 일치한다. 누군가 카메라의 줌 렌즈를 이용해 사진을 조사하려 한다면 넓은 각도에서 시작할 것이다. 이 방법은 세부적인 것을 보여 주지 못하나 사진 전체와 그 사진의 주요 부분, 그리고 그 주요 부분들 사이의 관계를 보여 준다. 사진의 각 부분을 확대하면 그 (하위)부분을 더 상세히 볼 수 있고 하위 부분들 간의 관계도 볼 수 있다. 이 전략을 전체-부분(Whole-Part) 접근법이라고도 부르는 이유가 여기에 있다. 전체 사진의 확대 및 축소 과정을 계속하면 학습자는 점차적으로 그 그림에 대해 원하는 수준의 상세함 및 범위에 이를 수 있게 된다.

지원적 지식과 전략적 지식의 양 방향적인 관계 때문에, 일련의 정교한 사례 유형들은 정신적 모형과 같은 지원적 지식의 분석 결과나 복합적 인지 기능 전체에 대한 SAP 분석 결과에 기반을 둘 수 있다. 또한 일련의 사례 유형들은 원리화된 기능의 분해 결과에 직접적인 기반을 둘 수도 있다. 이러한 가능성이 다음 세 가지 접근법에 반영되어 있다.

- **정신적 모형의 발달**(mental model progressions). 더욱더 정교해진 지원적 지식을 설명하는 일련의 정신적 모형에 기반을 둔 사례 유형(9장 참조)
- **SAP에 대한 가정 단순화**(simplifying assumptions on a SAP). 일반적으로 한 번에 하나씩 느슨해지는 단순화 조건들을 이용한 일반적 과제 접근법을 설명하는 전체 과제 해결을 위한 일련의 체계적 문제 해결 접근법(SAP)에 기반을 두는 사례 유형
- **강조 조작 방법**(Emphasis Manipulation Approach). 기능 위계에 직접적으로 기반을 두며, 훈련시 서로 다른 부분 기능들이 강조되는 일련의 사례 유형을 개발한다.

정신적 모형의 발달

정신적 모형의 발달은 가장 단순하고 대표적이며, 근본적이고 구체적인 개념을 포함한 모형으로부터 시작해야 한다. 그러나 이 모형은 학습자들이 임할 수 있는 중요한 문제들을 조직할 수 있을 만큼 강력해야 한다. 그리고 후속 모형이 이전 모형의 일부 혹은 한 측면에 복합성과 세밀함을 부가하여 정교화하거나 그 영역에서의 문제 해결을 위한 대안을 제공한다. 이 과정은 일정한 수준의 정교화나 여러 가지 다른 관점들을 제시해 주는 일련의 정신적 모형이 달성될 때까지 지속되며, 이는 요구된 도착점 행동의 기저를 이룬다. 일반적으로, 각 후속 모형들에서는 학습자가 새로운 사례 유형을 해결할 수 있어야 한다.

White와 Frederiksen(1990; Frederiksen & White, 1989)은 정신적 모형의 발달에 기반을 둔 사례 유형을 확인할 수 있는 좋은 예를 제시한다. 이들은 전기 회로의 설계와 고장 수리에 기초가 되는 일련의 정신적 모형들에 대해 설명하고 있다. 이 영역에 있어서 모형들은 주로 인과적인 것인데, 전기 회로의 기능과 회로 안의 장치들(배터리, 저항기, 축전기, 증폭기, 전구 등등)을 관장하는 원리에 대해 기술하고 있다.

- **영순위 모형**(zero-order models). 영순위 모형의 원리는 저항이나 전압, 전류가 거의 없거나 전혀 없는 상태를 회로 내 장치의 작동에 연관짓는 것이다. 이 모형들은 디지털 회로의 총체적인 작동 상태에 관한 질적인 추리를 용이하게 해 주며, "이 회로에서 불이 켜질까, 안 켜질까?"와 같은 질문에 답하는 데 사용할 수 있다.

- **일순위 모형**(first-order models). 일순위 모형의 원리는 어떤 한 부분의 변화를 다른 곳의 변화에 연결짓는 것이다(예: 전류, 저항, 전압상의 변화 간의 관계). 이것들은 아날로그 회로에 대한 질적인 추론을 용이하게 해 주는데, 이를테면 그런 회로들이 입력 전압의 변화에 어떻게 반응하는가에 관한 추론과 같은 것들이다. 또한 이 원리들은 "다른 장치의 저항을 줄이면 이 장치를 흐르는 전압이 증가하는가?"와 같은 질문에 답하는 데 사용된다.

- **양적 모형**(quantitative models). 양적 모형의 원리는 양적인 설명을 하는 Kirchov의 전압 법칙이나 Ohm의 법칙과 같은 전기 법칙들을 보여 준다. 이 모형들은 전기 회로 내에 실제로 흐르는 전류와 전압의 계산을 용이하게 해 주며, "이 회로의 X와 Y 지점에 흐르는 전압이 얼마인가?"와 같은 질문에 답하는 데 사용된다.

표 10.1 정신적 모형의 발달 이론에서 추론한 사례 유형들

정교화 수준	사례 유형
1단계 모형: 전압 추론하기	
1.1. 영순위 모형 • 기초적인 영순위 회로 이론 • 전도율의 유형	1. 회로 내 전압 분배 방식의 이해를 요하는 사례
1.2. 일순위 모형 • 피드백의 개념 • 아날로그 회로	2. 피드백의 발견과 이해를 요하는 사례
1.3. 양적 모형 • Kirchov의 전압 법칙 • 전압 분할기	3. 서로 다른 지점에 흐르는 전압 측정을 요하는 사례
2단계 모형: 전류 추론하기	
2.1. 영순위 모형 • 전류에 관한 기초 원리 • 저항의 존재 유무와 전류	4. 병렬 회로에서 전류에 관한 추론을 요하는 사례
2.2. 일순위 모형 • 전압, 전류, 전항의 관계 연결짓기 • 트랜지스터 회로 내에서의 전파	5. 직렬 및 병렬 회로에서의 전류 변화에 대한 직접적 추론을 요하는 사례
2.3. 양적 모형 • Ohm의 법칙 • Kirchov의 법칙	6. 대수 방정식 조작을 요하는 사례

표 10.1에 나타나 있듯이, 이러한 모형들은 교수 순서를 정하기 위해 보다 높은 정교화 수준(즉, 전압에 대한 추론 모형, 전류에 대한 추론 모형 등)과 결합될 수 있다. 각각의 모형은 중요한 일련의 실제 과제, 즉 수업 이수 후 실무 환경에서 수행되어야 할 조건이나 기준을 포함한 유사 과제들을 수행할 수 있도록 해 준다. 이러한 사례 유형은 고장 수리나 설계와 관련된 것들이며, 표의 오른쪽 칸에 간략히 나타나 있다.

나아가, 기능 모형(functional models)(회로의 고차원적 목적과 기능을 설명하는 원리)이나 환원 모형(reductionistic models)(각 장치들의 미시적인 행위를 설명하는 전기 이론)과 같은 다른 유형의 모형들을 사용하여 회로 작동에 관한 다른 시각을 제시할 수 있을 것이다. White와 Frederiksen(1990)이 그러한 인과 모형들, 특히 영순위 모형을 사용했는데, 이는 사례 유형을 설정하기 위한 목적뿐 아니라 전기 회로의 문제점 해결과 설계를 위한 학습 환경의 핵심인 시뮬레이션을 도출하고(전기 시스템 고장 수리에 대한 질적 이해), 이런 환경에서 회로 작동에 대한 설명을 이끌어 내기 위한 것이다.

인과 모형 대신 정신적 모형의 점진적 정교화는, 목표-계획 위계나 개념적 모형이 지배적인 영역에서는 다소 다른 형태를 취할 수도 있다.[56] 예를 들어, 컴퓨터 프로그램의 개발이나 설계를 위한 목표-계획 위계는 아래의 세 가지 계획만을 포함하는 가장 단순한 정신적 모형으로 나타내어질 것이다.

- **할당 계획**(assignment plan). 변수에 값을 할당하는 계획
- **반복 계획**(iteration plan). 어떤 특정한 컴퓨터 부호들을 반복하는 계획
- **선택 계획**(selection plan). 실행할 부호와 실행하지 않을 부호를 선택하여 특정한 부호만 실행하는 계획

첫 번째 사례 유형은 이 세 가지 계획의 구체적인 형태만 사용하는 컴퓨터 프로그램의 설계와 실행에 관련된다. 예를 들어 할당 명령문, LOOP-EXITWHEN-ENDLOOP 구조와 같은 반복 유형, 그리고 IF-ELIF-ELSE-ENDIF 구조 같은 선택 유형이다. 이 모형의 첫 번째 정교화는 REPEAT-UNTIL, WHILE-ENDWHILE, FOR-ENDFOR 같은 다른 반복 계획이다. 두 번째 정교화는 배열이나 기록과 같은 더 복잡한 데이터 구조를 제공함으로써 할당 계획과 변수를 확대해 볼 수 있게 한다. 세 번째 정교화는 사례 구조 등과 같은 대안이 되는 선택 계획을 제공하는 것이다.[57] 가장 간단한 모형을 포함한 모든 모형들은 학습자에게 실제적인 과제를 실행하기에 충분한 정보를 제공한다는 사실을 파악해야 한다. 따라서 모든 모형은 중요한 사례 유형들을 조직할 수 있어야 한다.

SAP상에서의 가정 단순화

사례 유형 조직을 위한 두 번째 접근법은 전체 복합 인지 기능의 체계적 접근법에 대해 기술하는 SAP에서 출발한다. 이 SAP가 흐름도(즉 SAP 차트)의 형태로 되어 있다면, 최단 경로 접근법(shortest path approach)에서 흐름도를 통해 점차적으로 복잡해지는 "경로"를 확인할 수 있다. 경로란 서로 다른 특징을 지닌 문제들에 대한 전체 SAP

---

56) 예를 들어, Reigeluth의 정교화 이론(1983, 1987)에서는 개념과 이론, 절차의 영역에 따라 약간씩 다른 계열화 전략에 대해 기술하고 있다.

57) 이 분석은 기능군이 새로운 소프트웨어 디자인과 컴퓨터 프로그램의 설계 및 개발에 초점을 맞추는 것으로 가정한다. 일반적으로 컴퓨터 프로그래밍의 복잡성으로 인해 일련의 기능군이 필요하다(6장 참조).

내의 여러 목표 및 하위 목표의 서로 다른 배열을 일컫는다. 전체 기능의 가장 단순한 형태는 보통 흐름도 상의 "최단 경로"에 해당할 것이다. 점차적으로 더 복잡해지는 경로는 경로 분석(path analysis)(P. Merrill, 1980, 1987; Scandura, 1983)으로 알려진 과정에서 뒤이어 확인될 수 있다. 보통 경로가 복잡할수록 더 많은 결정 사항이나 도달해야 할 목표를 포함한다. 또한, 더 복잡한 경로일수록 보다 단순한 단계들을 포함하고 있는데, 이는 사례 유형의 순서를 결정하기 위해 경로의 위계를 조직하기 위함이다. 예를 들어, 그림 10.1에 나와 있는 부분적 SAP 차트의 경로들을 통해 다음과 같은 순서의 사례 유형을 도출할 수 있다.

- **사례 유형** 1.   열역학의 표준 문제들
- **사례 유형** 2.   핵심 관계를 밝혀 표준 문제로의 전환이 가능한 비표준 문제들
- **사례 유형** 3.   재구성, 특수 사례, 유추를 사용하여야 표준 문제로 전환이 가능한 비표준 문제들

확실히 최단 경로 접근법은 주로 선형적 특성을 지니는 SAPs처럼 결정 사항이나 대체할 수 있는 부분이 별로 없는 SAPs에는 유용하지 않다. 이 때문에 Reigeluth와 Rodgers(1980)는 가정 단순화 또는 조건 단순화 방법(simplifying conditions approach)에 대해 기술했는데, 이것은 최단 경로 접근법을 좀더 일반화한 것으로 보면 된다. 단순화 조건 방법에서는 전체 기능의 수행을 단순화할 수 있는 모든 조건이 확인되고, 전문가들이 접하게 되는 가장 단순하면서 실제적인 사례를 이용해 교수가 시작된다. 이 사례에는 가장 중요하고 포괄적이며 근본적인 조건들만 포함되어야 한다. 다음으로 단순화 조건들은 한 번에 하나씩 완화되어 교수 기반 사례는 훈련 프로그램 기간 동안 점점 더 복잡해진다.

강조 조작 접근법

Gopher, Weil, Siegel(1989) 세 사람은 앞의 두 방법의 세 번째 대안으로 강조 조작 접근법에 대해 연구하였다. 이 방법의 주요 장점은 중간 수준의 계열화를 개발하기 위해 정신적 모형의 점진적 정교화나 SAP의 단순-복잡 경로 범위 둘 중 어느 것도 필요하지 않다는 점이다. 대신 복합적 인지 기능을 부분 기능들로 해체해야 한다. 이 방법의 한 가지 단점은 고도로 복합적인 기능에 대해서는 효과가 떨어진다는 점일 것이다.

강조 조작 접근법에서 훈련 기간 내내 학습자들은 복합적인 전체 과제의 복합성에 최대로 노출된다. 하지만 훈련 기간의 다른 단계 중에는 다른 부분 기능군들이 강

조된다. 이렇게 함으로써 학습자가 전체 과제를 보는 눈을 잃지 않고서 강조된 부분에 집중할 수 있게 해 준다. 그러나 학습자들은 그와 동시에 과제에서 강조되지 않는 측면에 대한 수행의 대가 또한 배우게 된다. 훈련 과정 동안 어떤 부분 기능 세트는 강조하고 어떤 것은 강조하지 않기 위해서 학습자들은 강조점의 변화에 따라 우선 순위를 조사하여 주의 분산에 변화를 주어야 한다. 따라서 이 방법은 학습자가 관련된 기능들을 효과적으로 조정하고 통합할 수 있도록 해 주는 인지적 쉐마나 인지적 전략의 개발을 할 수 있을 것으로 기대된다.

사례 유형에 따라 어떤 부분 기능들을 강조하고 어떤 부분 기능들을 강조하지 않을지 잘 선택하는 것이 이 방법의 성공 여부를 결정하는 것 같다. Gopher와 Siegel (1989)은 강조 부분 기능 세트를 다음과 같이 제안하였다.

- 기능 자체가 어렵고 학습자의 큰 노력을 요하는 기능
- 기능을 적용할 때, 전체 기능을 위해 수행의 양식면에서 뚜렷한 변화를 가져오는 기능
- 기능 상호간에 충분히 다른 기능

이러한 조작 기능들은 인지 전략을 대규모로 비축할 수 있게 한다. 흥미로운 것은 교사 연수 분야[특히 마이크로 티칭(micro teaching) 분야]에서의 훈련 전략이 강조 조작 접근법과 아주 흡사한 경우가 많다는 것이다. 예를 들어, 교사 연수를 위한 사례 유형의 단순화된 계열화는 다음과 같은 것들을 강조하는 수업을 할 수 있다.

- **사례 유형 1.** 발표 기능
- **사례 유형 2.** 질문 기능
- **사례 유형 3.** 토론 기능
- **사례 유형 4.** 이상의 사례들에서 나오는 모든 기능

Gopher, Weil, Siegel(1989)은 매우 복잡하고 어려운 컴퓨터 게임인 Space Fortress Game에서 전통적인 전체 과제 접근법(통제 집단)을 이용한 강조 조작 접근법의 효과를 경험적으로 비교하였다. 훈련 후 강조 조작 접근법으로 훈련을 받은 집단이 통제 집단보다 전체 과제 수행에서 훨씬 뛰어났다. 이러한 결과는 Fabiani, Buckley, Gratton, Coles, Donchin, Logie(1989)의 연구에서도 똑같이 나타났다. Fabiani 등은 또 Frederiksen과 White(1989)의 점진적 정신적 모형 접근법과 강조 조작 접근법을 서로 비교하였다. 점진적 정신적 모형 접근법은 수행 측정에 있어서 통제 집단과 강조 조작 접근법 둘 다에 비해 더 우세하였다. 그러나 강조 조작 접근법은 다른 과제의 간

섭에 좀더 강한 저항력을 보여 주었다. 이러한 결과를 볼 때, 어느 한 가지 방법만을 권장하는 것은 어려우며, 특별히 두드러지는 사례 유형이 없는 단순한 전체 과제 접근법보다는 이 두 접근법이 더 우수한 것으로 보인다.

요약하자면, 중간 수준의 계열화를 위한 세 가지 접근법을 정신적 모형의 발달, 단순–복잡 경로 또는 SAP를 위한 조건 단순화, 그리고 체계적 강조 조작 접근법을 토대로 살펴보았다. 이 세 가지 방법은 모두 전체 과제의 단순–복잡 순서에 바탕을 두고 일련의 사례 유형들을 정의한다. 또한 이 방법들은 부분 기능이 아닌 전체 기능의 수행을 계열화의 출발점으로 삼는다. 여기서 "전체 기능"이란 고찰 중에 있는 기능군집을 일컫는다는 사실이 중요하다(6장 참조). 이것은 완벽한 훈련 프로그램을 위한 전체 복합 인지 기능과 똑같지 않을 수 있다. 4C/ID 모형은 사용하는 방법에 있어서 중립적이다. 유일하게 필요한 조건은 전체 과제를 단순–복잡 접근법으로 계열화할 수 있어야 한다는 것이며, 이렇게 하여 일련의 정돈된 사례 유형 세트를 만들어 내는 것이다.

10.5 분석과 설계를 위한 시사점

전략적 지식의 분석은 주로 비순환적 부분 기능의 수행을 안내하는 역할을 해 주는 체계적 문제 접근법과 발견법을 기술하는 데 그 주목적을 둔다. 대개 지원적 지식의 분석이 이를 보충하는데(9장 참조), 이는 두 지식 유형 간의 양 방향적 관계 때문이다. 전략적 지식 분석 이전이나 이후 또는 동시에 수행될 수 있다.

10.4절에서 설계 단계에 관한 중요한 함축적 의미를 이미 언급하였다. 전체 복합 기능의 수행을 뒷받침해 주는 전략적 지식은 SAP로 설명될 수 있는데, 이것은 이 SAP에서 지정된 각 (하위)목표의 달성에 도움을 주는 발견법의 분석과 결국 합쳐지게 된다. 9장에서 분석해 본 SAP나 지원적 지식은 훈련을 받는 동안 학습자들이 직면하게 될 사례 유형들의 순서를 규정하는 데 사용될 것이다. 각 기능군에 대한 이러한 사례 유형들의 순서는 설계 단계에서 가장 중요한 입력 중의 하나로 간주된다. 각 사례 유형에 대한 해결 예제나 문제들을 자세히 기술함으로써 훈련 프로그램의 기초 청사진을 만들어 내게 된다.

더구나, 이 장에서 기술한 방법들을 이용하여 분석된 SAPs와 발견법은 전체 과제 연습의 설계와 전체 과제 연습의 맥락에서 정보의 제시를 위한 정보를 제공한다. 연습의 설계와 관련해서는 발견법이나 SAPs를 사용하는 학습자를 돕기 위해 과정 중심 문제 형식들을 규정할 수 있다. 예를 들어, 체계적 문제 해결 접근법을 사용할 때 학습자들을 지원하기 위해 연습 문제지를 제공할 수가 있으며, 또는 학습자에게 유용한 발견법 적용을 유도하기 위해 "인지적 도구"를 개발할 수도 있을 것이다. 이러한 유형의 문제 해결 지원이나 스캐폴딩에 대해서는 11장에서 논의될 것이다. 정보 제시와 관련해서는 학습자가 연습하기 전 SAPs나 발견법을 명시적으로 제시할 수 있다. 그런 다음, 학습자에게 지원적 지식을 제공하여 연습과 수행이 좀더 효과적으로 이루어지게 한다. 이런 유형의 정보 제시 방법은 14장에서 살펴보고자 한다.

이 장에서는 이 책의 파트 B를 마무리지어 보았는데, 개별적인 부분 기능의 수행을 위한 조건과 기준을 포함하는 훈련 프로그램을 마친 후 요구되는 도착점 행동에 대한 명확한 인식을 얻기 위해 원리화된 기능의 분해에 대해 기술하는 것으로 시작하였다. 그리고 학습자가 훈련 중 직면하는 사례 유형들을 기술하기 위해서 중간 수준 계열화에 대한 기술로 끝을 맺었다. 사실, 원하는 도착점 행동에 대한 수행 측정법(예: 공식적인 시험 절차, 직무 표본, 가상 모의 시험)을 개발하기 위해 필요한 모든 정보들은 분석 단계에서 사용할 수 있게 된다. 그러한 측정 도구들은 학습자에게 기준이나 조건이 명시된 기능 수행의 실제적이고 전형적인 문제나 상황을 제공함으로써, 훈련 과정이 끝난 후에 복합적 인지 기능의 유창성 수준을 평가할 수 있도록 해 주어야 한다. 일반적으로, 훈련 프로그램 설계를 실제로 시작하기 전에 수행 측정 방법을 개발하는 것을 권장한다. 그렇게 함으로써 개발된 수행 측정 방법은 원하는 도착점 행동에 초점을 맞춰 교수를 설계할 수 있게 한다. 이 책은 주로 복합적 인지 기능 분석과 훈련 설계에 관한 것이기 때문에 수행 기반 평가 개발에 대해서는 더 이상 다루지 않는다.

10.6 요약

이 장에서는 먼저 전략적 지식을 위한 두 가지 과제 분석 기술에 대해 살펴보았다. 하나는 원리 전이 분석으로서 비순환적 부분 기능 수행을 위한 절차 창출을 뒷받침하는 발견법을 확인하게 해 주는 것이고, 다른 하나는 SAP 분석으로서 체계적 문제 해결 접근법을 특징짓는 계획이나 목표 구조를 확인하게 해 준다. 두 방법의 몇 가지 공통점에 대해서도 언급하였다. 후반부에서는 학습자들이 훈련 기간 중 접하게 되는 사례 유형들의 순서를 확인할 수 있는 중간 수준의 계열화에 관한 방법을 살펴보았다. 세 가지 중간 수준 계열화 방법에 대해 살펴보았는데 그것은 다음과 같다. 첫째, 정신적 모형의 발달에 기반을 둔 계열화 방법, 둘째, 수행 조건의 완화된 단순화를 통한 SAP의 단순-복잡 유형에 근거한 계열화 방법, 셋째, 사례 유형들 간의 강조 조작에 기반을 둔 계열화이다. 본 장은 다음과 같이 요약될 수 있다.

- 전략적 지식 분석을 위한 두 가지 방법은 원리 전이 분석 방법과 SAP 분석 방법이다. 원리 전이 분석 방법은 비순환적 부분 기능 수행을 관장하는 발견법 또는 규정적 원리를 기술하고, SAP 분석은 체계적 문제 해결 접근법을 특징짓는 규정적 계획을 기술한다.

- 원리 전이 분석은 비순환적 부분 기능의 수행을 위한 절차를 만들기 위해 유능한 작업 수행자가 사용하는 발견법을 확인하게 해 준다. 여기에는 발견법의 범주, 각 범주별 주요 발견법, 발견법이 사용되는 순서를 기술해 주는 규칙 등이 포함되어 있다.

- SAP 분석은 체계적 문제 해결 접근법을 따르기 위해 유능한 작업 수행자가 사용하는 계획과 목표의 구조를 확인해 준다. 여기에는 도달해야 할 목표 및 하위 목표, 각 (하위)목표에 도달하는 데 사용되는 발견법에 대한 확인, 그리고 SAP 차트나 직선적 배열 형식 등의 결과를 기술하는 활동이 포함되어 있다.

- 전략적 지식 분석에 대한 경험적 접근법은 목표 집단이 실제로 사용하는 전략과 발견법에 대한 중요한 정보를 도출해 준다. 교수법은 원하는 행동(추론적)과 기대되는 행동(경험적) 사이의 차이점에 초점을 맞추어야 한다.

- 전략적 지식은 지원적 지식과 양 방향적 관계가 있으므로 어느 하나가 다른 하나를 효과적으로 이용할 수 있게 해 준다. 두 가지 모두 본질적으로 선언적 쉐마 지식 구조로 간주된다. 그리고 둘 다 비순환적 부분 기능 수행의 질을 높이는 데 기여한다.

- 중간 수준의 계열화를 위한 세 가지 보편적인 방법은 다음과 같다. 첫째, 정신적 모형의 점진적 정교화 이론에 기반을 둔 계열화(즉, 지원적 지식에 기반을 둔), 둘째, SAP 수행을 위한 조건의 단순화에 기반을 둔 계열화(즉, 전략적 지식에 기반을 둔), 셋째, 전체 과제 안에서 비순환적 부분 기능 군집 간의 작동 강조에 기반을 둔 계열화이다.

- 중간 수준 계열화에 대한 바람직한 접근법에서는 전체 기능을 간단한 것으로부터 복잡한 것의 순서로 연습하기 위한 일련의 사례 유형들을 도출해야 한다. 여기에서 "전체 기능"이란 특정 기능군집이라고 했을 때의 기능을 일컫는다. 4C/ID 모형은 중간 수준 계열화에 사용되는 구체적인 접근법과 관련해서 중립적인 모형이다.

핵심 개념

가정 단순화	simplifying assumptions
강조 조작 분석	emphasis manipulation approach
경로(순서도 또는 SAP 차트에서)	paths(in a flow-chart or SAP-chart)
경로 분석	path analysis
공통 규칙	common rules
말로 표현해 낸 프로토콜	thinking-aloud protocols
사례 유형	case types
실행 측정법	performance measures
양적 모형 대 질적 모형	quantitative vs. qualitative model
영순위 모형	zero-order model
원리 전이 분석	PTA: Principle-Transfer Analysis)
인지 전략 모의 연습	simulating cognitive strategies
일순위 모형	first-order model
전략적 지식과 지원적 지식 간의 양 방향적 관계	two-directional relationship between strategic and supportive knowledge
정신적 모형의 발달	progressive mental models
조건 단순화	simplifying conditions
줌 렌즈 비유	zoom-lens metaphor
최단 경로 접근법	shortest-path approach
SAP 분석	SAP analysis
SAP 차트	SAP-chart

Part B를 위한 참고 자료

Rossett(1987)는 훈련 욕구 평가와 욕구 분석에 대한 소개를 하고 있다. 교수 내용 계열화에 있어서 학습 위계와 이론적 기능 해체의 사용에 관해서는 Gagné, Frederiksen 그리고 White(1989)의 저서에 소개되어 있다. Jonassen, Hannum, Tessmer(1989), 그리고 Merrill(1987)의 저서에서는 직무와 과제 분석의 기술과 방법에 대한 개요를 살펴볼 수 있다. 과제 분석에 대한 규칙 기반 접근법은 ETAP 절차(Reigeluth & Merrill, 1984)와 GOMS 분석(Kieras, 1988b)의 일부로 기술되어 있다. 미숙한 정신적 모형에 관한 다양한 견해들은 Gentner, Stevens(1983), Rogers, Rutherford 그리고 Bibby (1992)의 공저로 간행된 책에서 찾아볼 수 있다.

복합적 인지 기능을 위한 훈련의 설계 Part C

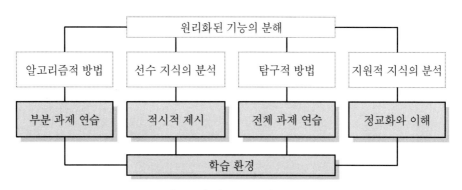

파트 C의 개요도. 설계 단계

파 트 C에서는 복합적 인지 기능을 위한 학습 환경 설계와 산출에 관해 살펴본다. 한 기능을 가르는 훈련 체계는 어떤 것이든지 연습 설계와 정보 제시 설계 사이를 구분할 수 있다. 복합적 인지 기능은 이러한 구분을 통해서만 습득될 수 있기 때문에, 연습의 설계나 해결 예제와 문제에 대한 상세한 기술, 그 밖에 학습자가 접하게 될 상황들에 주로 초점을 맞추어야 한다. 연습 설계에 필요한 기본적인 정보는 이미 분석 단계에서 수집되었다.

■ 첫째, 그 정보는 기능 연습을 위한 대략적인 계열화와 관계가 있다. 거시적 수준의 기능군 계열화(6장)에서는 부분 기능군집들이 훈련 프로그램에서 어떤

순서로 다루어지는지, 그리고 사례 유형의 중간 수준 계열화(10장)에서는 각 기능군집에 대해 다루어질 단순-복잡식 사례 유형들을 보여 준다.

■ 둘째, 그 정보는 전체 복합적 인지 기능 전체나 비순환적 부분 기능 수행에 도움이 되는 체계적 문제 해결 접근법과 발견법에 대한 설명과 관계 있으며(10장), 복합적 인지 기능의 순환적 양상들이 절차나 규칙의 측면에서 볼 때 어떻게 정확히 수행되는지에 대해 좀더 명확히 기술한다(7장).

4C/ID 모형의 핵심은 전체 과제 연습의 설계에 관한 것이다. 이 설계 과정에서 학습자가 부딪히게 되는 구체적인 상황들(해결 예, 여러 형식의 문제)은 각 유형별로 미시적으로 계열화된다. 기본적인 개념은, 학습자가 전체 과제를 실행하는 중에 처음에는 지원을 해 주어야 하지만 전문성이 향상될수록 이러한 지원을 줄여 가는 것이다. 이 과정을 스캐폴딩이라 부른다. 이것은 주로 문제 해결 지원, 즉 체계적 문제 접근 방식의 적용, 전체 과제 수행에 도움이 되는 발견법의 사용과 관련한 지원을 말한다. 전체 과제 연습의 설계는 훈련 프로그램에 관한 기본적인 청사진을 만들어 준다. 만일 순환적 부분 기능의 자동화로 인한 전체 과제의 개선을 기대할 수 있다면, 선택된 그 부분 기능들을 위한 부분 과제 연습을 이 청사진과 연계할 수 있을 것이다. 부분 과제 연습시 스캐폴딩을 제공하는 것은 주로 절차 지원, 즉 정확한 과제 수행을 설명하는 절차나 규칙과 관련한 지원이다.

정보 제시 설계는 연습 설계와 통합되어 있으면서 동시에 항상 연습 설계에 종속된다. 복합적 인지 기능의 습득은 정확한 수행과 관련된 정보 제시로 촉진될 수 있다. 분석 단계에서 정보 제시 설계에 필요한 기초적인 정보 역시 수집되었다.

■ 첫째, 이 정보는 기능의 순환적 양상들이 어떻게 수행되어야 하는지를 기술해 주는 절차와 규칙들(7장－동일한 정보가 연습 설계와도 관련됨을 주목할 것), 그리고 그러한 절차와 규칙을 사용하기 위한 선수 지식과 관계된다(8장).

■ 둘째, 이 정보는 전체 복합 인지 기능이나 그러한 기능의 비순환적 측면을 수행하는 데 안내 역할을 해 주는 체계적 문제 해결 접근법과 발견법에 대한 기술(10장－동일한 정보가 연습 설계와도 관련됨을 주목할 것), 그러한 비순환적 측면들(9장)의 수행에 도움이 되는 지원적 지식과 관계된다.

전체 과제 연습에 있어서 순환 기능에 관련된 정보 제시인지 비순환 기능에 관련된 정보 제시인지에 따라 뚜렷한 차이가 있다. 순환적 측면에 관련된 정보(규칙, 절차, 선수 지식)는 학습자가 제한적으로 부호화할 수 있는 방식으로 적시에 제시된다. 또한 순환적 부분 기능의 수행의 질에 대한 즉각적인 피드백이 이루어져야 한다. 반면에, 비순환적 측면에 관련된 정보들(체계적 문제 접근법, 발견법, 지원적 지식)은 정교하게 암호화하거나 이미 존재하는 선언적 지식과 연결하는 식으로 연습 단위 이전에 제시된다. 또한, 비순환적 부분 기능 수행의 질에 대하여 시간적 간격을 두고 정보 가치가 높은 피드백을 제공해 주어야 한다. 모든 정보는 훈련 프로그램을 위한 기본 청사진과 함께 제시된다. 부분 과제 연습의 맥락에서는 순환적 부분 기능에 대한 정보를 제시하는 방법이 고려되어야 한다.

학습 환경 설계에 대한 기본적인 접근법은 파트 C의 다섯 개 장에 걸쳐 상세하게 소개된다. 이 다섯 개의 장에서는 다음의 내용에 초점을 맞추고 있다.

- 전체 과제 연습의 설계와 훈련 프로그램을 위한 기초적 청사진의 개발
- 선택된 순환 기능을 위한 부분 과제 연습의 설계
- 전체 과제 연습이나 부분 과제로서 연습되는 순환적 부분 기능 또는 전체 과제 연습의 순환적 측면들을 위한 적시적인(JIT) 정보 제시
- 전체 과제의 비순환적 측면의 수행에 도움이 되는 정보의 정교화를 촉진할 수 있는 정보 제시
- 개발된 청사진을 기반으로 한 학습 환경의 구축과 제작

11장에서는 전체 과제 연습의 설계에 대해 논한다. 설계가 잘 된 전체 과제 연습은 귀납적 처리를 함으로써 인지적 쉐마 개발을 증진시킬 수 있어야 한다. 이 목표에 도달할 수 있을 것으로 보이는 교수 방법은 산출 지향 및 과정 지향 문제 형식 두 가지 모두에 관련이 있다. 이 교수 방법들은 연습의 가변성, 맥락적 간섭과 같은 전체 과제 문제들을 위한 미시적 수준의 계열화 기법 및 스캐폴딩에 대한 여러 가지 다른 방법을 제시한다. 모든 교수법들은 학습자들이 연습을 하는 동안 의식적인 주의력을 이끌어 내고, 당면한 상황으로부터 사려 있는 추상적 개념을 유발한다.

12장에서는 부분 과제 연습의 설계에 대해 논한다. 부분 과제 연습은 자동화로 인하여 궁극적인 전체 과제 수행의 유창성이 현저히 개선될 수 있는 순환적 부분 기능에 대해서만 이루어진다. 이러한 부분 과제 연습은 지식 컴파일화로 상황 특수성이 매우 높은 자동화된 규칙들의 신속한 개발을 촉진하기 위해 설계한다. 제시된 교수 방법은 몇 가지 유형의 연습 항목과 미시 수준의 계열화 기법(분절화, 단순화, 분할)에 관계된 것들이다. 또한 반복 훈련과 과잉 훈련을 위한 교수 방법도 살펴본다.

13장에서는 복합적 기능의 순환적 양상(전체 과제 연습의 맥락에서)이나 단일 순환 부분 기능(부분 과제 연습의 맥락에서)의 수행에 선행되는 정보의 적시적인 제시를

위한 교수법을 보여 준다. 이 장에서 논의될 핵심적인 부분은 분할, 시범, 페이딩 (fading), 그리고 즉각적인 피드백이다. 구획짓기가 중요한 이유는, 비교적 적은 양의 새로운 정보를 동시에 제시하면 처리 과부하를 막을 수 있기 때문이다. 시범은 규칙이나 절차 적용에 대해 설명하고, 그러한 규칙과 절차의 올바른 적용에 필수적인 개념, 원리, 또는 계획을 예시하는 데 필요하다. 페이딩은 학습자의 전문성이 증가함에 따라 제시되는 정보의 양을 줄이기 위해 적용되어야 하는 방법이다. 마지막으로 기능의 순환적 측면 수행의 질에 대한 즉각적인 피드백이 주어져야 한다.

14장에서는 전체 과제 연습의 맥락에서 복합 기능의 비순환적 측면에 도움이 될 수 있는 정보의 정교화를 촉진시키는 교수 방법을 제시한다. 이러한 방법들은 "심층적" 이해를 제공해야 한다. 여기서는 관계의 정립에 중점을 두는 설명적 접근법뿐만 아니라, 귀납적인 접근법과 발견적 방법이 논의된다. 모든 방법들은 습득된 특정 지식 부분에 대한 다각적인 검색 통로를 마련함으로써, 제시된 정보가 비순환적 기능 수행에 도움이 될 수 있는 기회를 늘리고자 노력한다. 분할, 시범, 페이딩, 피드백에 대한 함축적 의미를 살펴본다.

15장은 전반적인 훈련 전략의 구성과 학습 환경의 구축 및 제작에 대해 기술한다. 이 과정은 최종 청사진을 구성하는 4C/ID 모형의 네 가지 구성 요소(컴파일화, 제한적 부호화, 정교화, 귀납) 각각에 맞게 선택된 교수법을 기반으로 하여 이루어진다. 매체의 최종 선택에 관심을 집중하여, 4C/ID 모형에 따라 설계된 학습 환경에 대한 몇 가지 예시를 제시한다. 학습의 전이에 관련하여, 이러한 환경에서 학습하고 있는 학습자들로부터 수집한 경험적 자료도 제시한다.

전체 과제 연습의 설계: 귀납적 추론 촉진

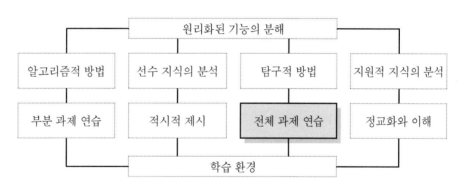

파트 C1의 개요도. 전체 과제 연습의 설계

이 장은 전체 과제 연습의 설계를 위한 교수 전략 및 전술을 기술한다. 전체 과제 연습의 설계는 주로 학습자가 훈련받는 동안에 직면하게 될 문제들을 세목화하는 것에 주로 관계된다. 이 장에서 기술된 활동의 결과는 훈련 프로그램에 대한 첫 번째 청사진으로서, 학습자가 훈련받는 동안 무엇을 해야 될 것인가를 기술하고 있다.[58] 이 청사진은 기타 설계 활동에 대한 골격으로 볼 수도 있다. 비순환적 부분 기능

---

[58] 이것은 주제의 제시를 골격으로 사용한 다음 본골격에 연습 항목을 추가하는 수많은 기타 ID 모형과 대조를 이룬다.

이나 순환적 부분 기능의 습득을 돕기 위해 제시되는 순환적 부분 기능 및 정보를 위한 추가적인 연습은 기본 골격에 연결된다. 기본적인 골격은 다음과 같이 구성된다.

- **기능 군집**(skill clusters).　학습자가 추후에 임하게 될 "전체 과제"를 설명(거시적 계열화, 6장 참조)
- **사례 유형**(case types).　학습자가 각각의 기능 군집에서 추후 임하게 될 전체 과제에 대한 단순–복합 사례를 기술(거시적 계열화, 10장 참조)
- **특정 문제**.　학습자가 각 사례의 유형과 각 기능 군집에서 추후 임하게 될 문제점 또는 해결 예를 기술

전체 과제 연습은 주로 비순환적 기능의 수행과 관련이 있는 인지적 쉐마의 습득과 구성에 초점을 두고 있다. 이러한 쉐마는 새롭고 친숙하지 않은 문제 상황에서 행동(반응)을 하는 데 유용하리라 생각된다. 장려되어야 할 핵심 과정은 구체적인 경험을 기반으로 하는 쉐마의 추상 관념인 **귀납적 처리**(inductive processing)이다. 귀납적 처리 과정은 최소한 어느 정도는 전략적 제어의 대상이 된다. 이것은 학습자의 의식적인 주의 및 사려 깊은 추상 관념을 요구할 수 있다. 교수 전략 및 전술은 반드시 학습자의 사려 깊은 추상 관념을 촉진시켜야 한다. 또한 본장에서 명시한 바와 같이 전체 과제 연습에 임하는 것은 비순환적 부분 기능은 물론 순환적 부분 기능의 적용을 필요로 한다는 것을 분명히 해야 한다. 관련된 순환적 기능의 경우 추가적인 부분 과제 연습이 때때로 필요할 수 있다(12장). 또한 지침 및 피드백을 포함한 정보 제시를 위한 요건은 순환적 부분 기능(13장) 및 비순환적 부분 기능(14장)에 따라 다르다.

　　본장은 학습자가 직면하게 될 전체 과제 문제의 유형과 계열을 명시하는 데 필요한 활동에 대해 설명한다. 11.1절은 한 가지 사례 유형에 대한 해결 예나 문제를 수집하는 방법에 관한 질문을 기술하고, "문제들"과 관련된 몇 가지 차이점과 다른 종류의 "해결 예"를 간략히 논의하고 있다. 11.2절과 11.3절은 결과 지향 문제 형식과 과정 지향 문제 형식을 각각 기술하고 있다. 적당한 문제 형식을 선택하기 위한 주요 지침은 11.4절에 기술되어 있다. 11.5절은 거시적 문제의 계열화에 대해 논의하고, 다양한 연습, 문제 형식 및 스캐폴딩(scaffolding)에 대한 계열화 원리를 설명한다. 11.6절은 훈련 프로그램의 첫 번째 청사진의 개발을 위한 지침을 제시하고 있다. 그리고 간략한 요약으로 이 장의 결말을 맺는다.

11.1 문제 또는 해결 예에 대한 설명

학습자에게 제시하기 위한 문제 및 해결 예를 조사, 기술하는 과정은 통상적으로 특정한 기능군집(거시적 계열화 동안 정의된 것) 및 이 군집 내의 독특한 사례 유형(거시적 계열화 동안 정의된 것)[59]과 연관된다. 예를 들면 문제 또는 해결 예의 설명은 다음과 같이 시작된다.

- **군집 1.** 잘 작동하는 화학 공정의 시스템 상태를 예견하고 설명하는 것 / **사례 유형 4:** 공급 변수(feed parameter)에서 큰 변화 때문에 불완전한 과정
- **군집 3.** 기존의 소프트웨어 디자인 및 컴퓨터 프로그램의 수정, 완성 및 확대 / **사례 유형 5:** 포인터 데이터 형식을 사용하지 않으면서 500종의 파스칼 코드를 사용하는 컴퓨터 프로그램

또한, 각각의 기능군집 및 사례 유형을 위해서 필요한 구성 기술에 대한 설명뿐만 아니라, 이러한 기능의 수행을 위한 선수 지식 및 지원적 지식에 대한 설명도 있다. 이런 과제 분석 정보는 문제 또는 해결 예를 기술 및 조사하는 과정을 안내하는 데 사용된다. 이 과정이 첫 번째로 기술될 것이며, 그 다음에 여러 종류의 문제 형식을 구별하기 위한 모형이 제시된다.

문제 또는 해결 예 설명 및 모색

학습자에게 제시하는 데 적합한 문제점을 수집하기 위한 가장 일반적인 기법은 과제 영역 전문가, 그리고 그 영역을 가르친 경험이 있는 훈련 교사와 면담하고, 기존의 훈련 프로그램, 교과서 및 문서를 연구하는 것이다. 여기서 문제를 기술하기 위한 최선의 방책은 전문가들이 접할 수 있는 문제 상황으로서뿐만 아니라(예: 한 가지 사례 유형에 대한 추가적인 설명), 그 문제 해결을 위한 수용 가능한 해결책을 포함하는 해결 예로서 기술하는 것이다. 이것은 기존의 문제 형식(다음 절 참조)에서의 선택을 좀더 쉽게 한다. 그러나 일부 기술적인 영역에서 학습자에게 제시하기 위해 수용될 수 있는 해결책을 찾거나 또는 생성하는 것이 상당한 시간을 요하는 과제가 될 수 있다는 점을 기술하여야 한다. 특수한 사례 유형에 대한 모든 문제와 해결 예가 기술된 이후에, 설계자는 다음을 해야 한다.

---

59) 덜 복합적인 인지 기능을 위해서는 단지 한 가지 기능 군집 그리고/또는 한 가지 사례 유형만 존재할 수 있다는 것을 주목해야 한다.

- 각각의 해결 예가 사례 유형에 적합한지 검토한다.
- 전체 해결 예 모음집이 이러한 사례 유형의 문제 해결에 필요한 모든 부분 기능 및 지식을 잘 보여 주는지를 검토한다. 그렇지 않은 경우에는 다음과 같이 할 수 있다:
  - **해결 예 추가**—이런 사례 유형과 관련된 모든 기능 그리고/또는 지식 구조가 다루어지지 않은 경우
  - **과제 분석 수정**—해결 예 모음집이 분석되지 않은 여러 기능 그리고/또는 지식 구조를 필요로 하는 경우
- 모든 해결 예가 정의될 때까지 각 기능군집 및 사례 유형에 대해 이 과정을 계속한다.

문제 형식을 구별하기 위한 모형

문제 형식을 구별하기 위한 모델은 Newell과 Simon(1972)이 인간의 문제 해결에 관한 영향력 있는 작업을 통해 제시하고 있다. 그들은 이 문제 공간에서의 발견적 탐구 과정으로서 문제 해결을 기술한다. 문제 공간은 다음에 의해 정의된다. (1) 문제의 초기 상태에 대한 표상, (2) 문제 상태 처리에 유용한 일련의 연산자, (3) 수용 가능한 목표 상태의 기준. 따라서 문제 해결은 초기 상태를 목표 상태로 변환시키는 일련의 연산자 또는 **해결책**을 찾기 위해서 상태에 일시적으로 적용하는 연산자를 말한다. 그림 11.1에 명시된 바와 같이 4개의 요소는 다음과 같이 문제 해결 과정을 기술하는 것과 관련이 있다.

- 연구 중에 있는 시스템과 관련되는 기지의 상태. "상태"라는 용어는 반드시 광의로 해석되어야 하며, 동력 시스템의 시간 제약적 반응에도 관련될 수 있다.
- 수용 가능한 목표 상태의 기준
- "기지의 상태"에서 "목표 상태"로의 전이를 가능하게 하는 일련의 연산자 또는 해결책
- 해결을 위해 연산자를 일시적으로 적용하는 문제 해결 과정 그 자체

이러한 기본적인 쉐마는 전체 과제 연습의 맥락에서 학습자에게 제시될 수 있는 모든 문제 형식을 기술하는 데는 충분한다. 첫째, 이것은 사용자로 하여금 산출 지향 해결 예와 과정 지향 해결 예를 구별할 수 있게 한다. 산출 지향 해결 예는 문제 해결 과정 자체에 전혀 신경 쓰지 않는다. 이런 사례들은 단지 기지의 상태, 목표 상태 및 해결책

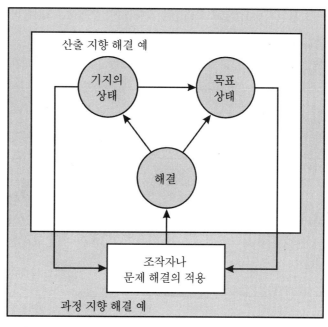

그림 11.1 과정 지향 해결 예 또는 모형화 예에서 산출 지향 해결 예를 구별하는 모델

을 포함하고 있을 뿐이다. 과정 지향 해결 예는 문제 해결 과정 자체에 신경을 쓴다. 따라서 이것들은 해결책을 찾는 데 사용되는 SAP 방법 및 발견적 방법의 적용 사례를 보여 주고 있으며(그림 11.1에서 하단 박스 참조), **모형화 예**[60]라 칭하기도 한다.

산출 지향 해결 예는 기술적 훈련에서 가장 흔하게 사용되고 있다. 예를 들면, 전기적 문제 해결에서 주어진 상태는 미지의 상태에 있는 전기 회로이며, 목표 상태는 고장난 부품처럼 상태가 이미 파악된 검증된 전기 회로이고, 해결책은 목표 상태에 도달하는 데 필요한 모든 조치(결함수를 면밀히 검토하고, 진단 시험을 실시하는 등)와 관련이 있다. 소프트웨어 설계에서 기지의 상태는 가용한 정보 및 자원과 관련이 있고, 목표 상태는 고객이 요구하는 정보와 관련이 있으며, 해결책은 고객이 원하는 결과물을 산출할 수 있는 컴퓨터 프로그램과 관련이 있다. 최종적인 사례로, 항공 교통 통제에서 기지의 상태는 잠재적으로 위험한 상황을 알려 주는 레이더 및 음성 정보와 관련이 있고, 목표 상태는 안전한 상황을 알려 주는 동일한 시스템과 관련이 있으며, 해결책은 항공기 속도 및 방향을 확인하고 조종사에게 안전한 상황으로 인도하는 데 필요한 비행 방향을 알려 주는 것과 같은 모든 조치와 관련이 있다.

따라서 해결 예는 기지의 상태, 목표 상태 및 해결책을 기술하는 것으로서 간단히

---

60) 이 책의 후반에서 해결 예라는 용어는 결과 지향 해결 예를 의미하며, 모형화 예라는 용어는 과정 지향 해결 예를 뜻한다.

정의될 수 있다. 문제 형태 또는 (단순히) **문제**에는 대개 이런 요소들 중 한 가지가 누락되어 있다. 게다가 이런 예시에서 명확해야 하는 것은, 목표 상태와 주어진 상태가 때때로 명확히 정의되긴 하지만 잘못 정의될 수 있어 관련된 부분 기능 중 하나가 되는 학습자 부분에 관한 문제 분석을 요구할 수도 있다는 것이다. 또한 이런 문제들은 한 가지 최적의 해결책이 있다는 것을 나타내면서 구성이 잘 되어 있을 수 있으나, 복합적 인지 기능의 맥락에서는 대개 비구조화되어 있으며, 이 경우 수많은 수용 가능한 해결책이 존재할 수 있다.

　　모형화 예는 기지의 상태, 목표 상태 및 해결책은 물론 해결책 도달에 필요한 문제 해결 과정도 함께 포함하고 있다. 따라서 문제 해결에 도움을 줄 수 있는 발견법 및 체계적 문제 접근법에 주의를 기울인다. 해결 예에 관련한 해당 문제 형태에는 대개 이런 요소들 중 한 가지가 누락되어 있다. 다음 절은 산출 지향 문제 형태와 과정 지향 문제 형태에 대해서 각각 기술하고 있다.

11.2　산출 지향 문제 형태

학습자에게 문제를 제시하는 데는 여러 가지 방식이 있으며, 이러한 방법들은 주로 세 가지 문제 요소(기지의 사실, 목표, 해결) 중 실제로 학습자에게 어떤 것이 제시되느냐에 달려 있다. 표 11.1은 이것에 대한 개요를 제시하고 있다. 다른 형태와 구별이 되는 반면, 이 표는 문헌에 제시되고 논의되어 온 대다수의 문제 형식을 제시하고 있다.

　　본절에서 각각의 문제 형태는 간략히 기술될 것이다. 11.4절은 학습 과제의 난이도(좀 더 솔직히 말하면, 특정 문제 형태와 관련된 인지적 부하에 대한 평가), 비순환적 부분 기능을 연습하는 데 있어서 문제 형태의 적합성, 교수 후 실행(post-instructional

표 11.1 산출 지향 문제 형태의 개요

문제 형태	주어진 상태	목표	해결책
전통적인 문제	+	+	?찾아 냄
해결 예	+	+	+
완성형 문제	+	+	?완결됨
목표 부재 문제	+	?정의됨	?찾아 냄
역순 문제	?예견	+	+
모방 문제	+유사물	+유사물	+유사물
	+	+	?찾아 냄

performance)의 일치성이나 현실 문제에의 근접 정도가 특정 형태의 선택시 어떻게 사용될 수 있는지에 대해서 논의할 것이다. 그러므로 각 문제 형태에 대한 설명은 다음에 대해 주의를 요한다.

- 과제를 수행하는 동안 인지적 과부하의 위험
- 관련된 외생적 인지 부하의 양, 즉 학습과 직접 관련이 없는 인지적 부하
- 전체 과제 수행의 맥락에서 과잉 학습이 요구될 수도 있는 순환적 부분 기능을 연습할 가능성
- 실제 과제와의 근접성

전통적인 문제

전체 과제 문제를 "전통적인" 문제로 동일하게 취급하는 사람이 많다. 전통적인 문제에서 학습자는 몇 가지 기지의 사실 및 종종 하나의 특정한 목표와 직면하게 되며, 과제는 목표에 도달하기 위한 해결책을 찾는 것이 된다. 예를 들면, 과제는 동력 시스템의 기능 장애 구성품 진단, 컴퓨터 프로그래밍, 위험한 항공 교통 상황 통제, 사용할 통계적 기법, 전자 회로 설계 등이 될 수 있다. 전통적인 문제가 높은 위험성이 있는 인지적 과부하를 학습자에게(특히 초보 학습자) 야기한다는 사실이 여러 기술적 영역에서 잘 알려져 있다. 이러한 **인지적 과부하**는 많은 실수 또는 잘못을 야기하고, 과정의 진로를 잃게 하며, 동기 부여를 낮춘다. 가장 주목할 점은 학습 과정을 손상시킬 수 있다는 것이다. 전통적 문제의 세 가지 약점은 다음과 같다.

- 이것들은 문제의 상태, 정확한 해결책, 또는 해결 단계로 주의를 돌리지 않게 하기 때문에 특수한 문제 유형에 대한 일반화된 해결책을 반영하는 인지적 쉐마를 습득하기 위해 좋은 해결책에서 조심스럽게 요점을 발췌하거나, 귀납적 과정을 사용하는 것을 어렵게 한다.
- 이것들은 문제를 공략하는 방법에 대한 어떠한 힌트도 제공하지 않는다. 잘 알려진 현상은 학습자가 주변 문제들과 비슷한 해결 예를 찾기 위해서 자신들의 교재를 탐색한다는 것이다(예: van Merriënboer & Paas, 1989; Pirolli & Anderson, 1985). 이처럼 힘든 탐색 과정(예: Bassok, 1990; Gick & Holyoak, 1983)은 학습과 직접 관련이 없으며, 외생적 인지 부하를 증가시킨다.
- 이것들은 대개 학습자로 하여금 해결책 달성을 위해서 수단–목적 분석과 같

은 거꾸로 하는 문제 해결 전략을 사용하도록 자극하면서 달성되어야 할 특정 목표를 제공한다(3장 참조). 이런 전략은 학습자와 직접 관련이 없기에 외생적 인지 부하를 증가시킨다.

그럼에도 불구하고 전통적인 문제가 사용되고 있는 이유는 무엇일까? 그 이유는 간단하다. 그 문제들은 대개 전문가들이 실제로 직면하는 과제를 나타내기 때문이다. 따라서 학습자는 전통적인 문제 해결 능력을 반드시 습득해야 한다. 그러나 다른 한편으로 교육뿐만 아니라 많은 기술 교육 프로그램에 있는 결함 중 하나는, 스스로 많은 전통적인 문제를 해결하도록 하는 것이 그런 문제들의 해결을 학습하는 최고의 방법이라는 전통적인―그러나 대체적으로 부정확한―지혜이다. 그러나 대개의 경우 그렇지 않다.

해결 예

전통적인 문제 해결에 근본적인 대안은 해결 예[61]를 사용하는 것이다. 따라서 문제 해결은 주어진 상황, 목표 및 목표 달성을 위한 훌륭한 해결책에 대한 설명을 포함하고 있는 해결 예에 관한 연구로 대치된다. 아울러, 나타내려는 주요 특징에 대해 주석을 달아 해결 예의 주요 특징을 확인할 수 있도록 하는 것이 바람직하다(Anderson, Boyle, Corbett, & Lewis, 1990). 전통적인 문제와는 대조적으로 해결 예는 학습자로 하여금 일반화된 해결책을 유추할 수 있도록 하는 문제 상태 및 관련 연산자(예: 해결 단계)에 초점을 둔다. 아무것도 수반될 필요가 없을 때 외생적 인지 부하는 낮다. 이는 해결 예의 연구가 같은 문제를 실질적으로 해결하는 것 이상으로 쉐마 습득 및 수행 전이를 촉진할 것이라는 반직관적인 예상을 하게 한다.

실제로 이런 예상에 대한 지원은 여러 주제 영역에서 발견된다(예: Paas, 1992; Paas & van Merriënboer, 1994a; Sweller & Cooper, 1985). 인상적인 실례로 Zhu와 Simon(1987)은 해결 예가 전통적인 교실 수업을 대치할 수 있다는 것을 장기간에 걸친 일련의 연구에서 발견하였다. 한 연구에서, 그들은 3년의 수학 과정을 해결 예를 강조함으로써 2년 내에 마칠 수 있다는 것을 발견하였다. 이런 연구에서 얻은 일반적 결론은, 해결 예를 평상시보다 훨씬 더 많이 사용하는 것이 학습 결과물과 전이에 도움이 된다는 것이다. 게다가 학습자는 설명 위주의 문장보다는 해결 예를 핵심적이며 가

---

61) 일부 저자들은 해결 예를 완전히 기술하기 위해서 worked-out problem, worked problem, worked examples, 또는 example solution이라는 용어를 사용한다.

장 자연스러운 학습 자료로 간주한다(예: Lieberman, 1986; Pirolli, 1991; Segal & Ahmad, 1993).

이것은 해결 예를 사용하는 데 전혀 결함이 없다는 것을 의미하는 것이 아니다. 해결 예에 대한 연구는, 전체 과제의 맥락에서 순환적 부분 기능을 연습하는 것이 수용 가능한 도착점 행동(exit behavior)을 달성하는 데 필요할 수 있다고 하더라도 순환적 부분 기능을 연습할 기회를 전혀 제공하지 않는다. 실제 과제로 연습할 수 없다는 사실 또한 학습자의 동기에 역효과를 줄 수 있다. 또한, 해결 예의 과다한 사용은 학습자의 새롭고 독창적인 문제 해결책 모색 능력을 억제하여 판에 박힌 해결 방식을 갖게 한다(Smith, Ward, & Schumacher, 1993 참조). 그리고 좋은 해결 예의 설계는 어려운 과제임이 입증되었다. 일례로, 학습자에게 다양한 정보 소스(예: 텍스트, 도형)를 통합하도록 요구하는 해결 예는 그것들이 외생적 인지 부하를 증가시키기 때문에 종종 비효과적이다(Sweller & Chandler, 1994; Sweller, Chandler, Tierney, & Cooper, 1990; Ward & Sweller, 1990).

마지막으로 분명히 해야 할 것은, 본절에서 논의한 바와 같이 해결 예가 전통적 연습을 **대체한다**는 점이다. 확실히 해결 예는 연습을 **보완**(supplement)하는 데 사용될 수 있으며, 사용되어야 한다. 연습을 대치하는 해결 예의 주요 목표는 전체 과제 수행(즉, 수행 목표를 달성하는 것)에서 전문성을 습득하는 것인 반면에, 보완적 해결 예의 주요 목표는 그런 전문성을 개발하는 데(즉, 지원적 목표를 달성하는 것)에 도움이 될 수 있는 정보를 정교화하는 것이다. 이런 보완적인 해결 예는 종종 사례 연구의 형식을 갖는다. 일반적으로 해결 예가 연습에 직접 통합될수록 사례 연구의 중요성의 감소가 예상된다. 아울러 4C/ID 모형은 정보 제시 맥락에서 사례 연구의 제시에 대해 좀더 기술하고 있다(14장 참조).

완성형 문제

완성형 문제는 기지의 상태, 목표 상태 및 부분적 해결책이 학습자에게 제시된 문제이다(van Merriënboer, 1990a, 1990b). 학습자의 과제는 부분적 해결책을 완성하는 것이다. 완성형 문제는 소프트웨어 설계, 전자 회로 설계, 산출 과정 계획, CNC 프로그래밍, 건축학 등과 같은 설계 지향적 주제 영역에서 특히 유용한 것 같다. 완성형 문제는 해결 예와 전통적인 문제들 간에 다리를 제공한다. 해결 예는 완전한 해결책이 있는 완성형 문제처럼, 그리고 전통적인 문제는 해결책이 전혀 없는 완성형 문제로 단순히 볼 수 있다.

완성형 문제는 해결 예 및 전통적인 문제의 강점을 확실히 결합할 수 있다. 해결 예처럼 이것은 전형적으로 외생적 인지 부하를 감소시킬 것이다. 학습자들은 드러내 놓고 해결 예를 연구하라고 자극받지 않는 반면, 그들은 완성형 문제에서 제공된 부분적 해결 예를 반드시 조심스럽게 연구해야 한다. 그렇지 않으면 해결책을 정확하게 완결시키지 못한다. 또한 학습자가 주도적으로 해결책을 구성하기 때문에, 완성형 문제는 전체 과제 수행의 맥락에서 학습자에게 순환적 부분 기능을 연습할 기회를 제공한다. 또한 문제 형태는 종종 실제적인데, 이는 단체 작업이 기술적 설계 과제―타인에 의해서 부분적으로 마련되는 설계를 완성시키는 작업이 수시로 발생됨―시 흔한 것이기 때문이다. 완성형 문제는 컴퓨터 프로그래밍, 통계적 셋업 설계, 목적 지향 소프트웨어 설계, CNC 프로그래밍 같은 영역에는 효과적인 것으로 입증이 되었다(예: van Merriënboer, 1990b; van Merriënboer & De Croock, 1992; van Merriënboer & Krammer, 1990; Paas, 1992). 이런 영역에서 완성형 문제는 전통적인 문제보다도 좀 더 귀납적인 처리, 우세한 쉐마 획득, 더 높은 전이 수행을 일관성 있게 산출한다.

완성형 문제의 주요 결점 중 하나는 해결책을 구성하는 데 시간이 많이 든다는 것이다. 여기서 교수법 설계자(instructional designer)에게 물어야 할 기본 질문은 "학습자들에게 해결책의 어느 부분을 제시할 것인가?" 또는 반대의 입장에서 "학습자들이 어느 부분을 완성하기를 원하는가?"이다. 훌륭한 완성형 문제는 통상적으로 학습자가 (1) 해결책을 완성할 수 있기 전에 부분적 해결책을 이해하는 것과, (2) 사소하지 않은 완성을 수행하는 것을 요구하기에, 여전히 교수 설계자들이 상당 부분 자유롭게 역할을 수행할 여지를 제공한다. 또다른 결점으로서, 완성형 문제는 해결 예에서처럼 창조적인 문제 해결책 마련을 억제할 수 있다. 마지막 결점은, 설계 과제와 관련이 없는 영역에서 완성형 문제의 유용성에 관해서 알려진 사실이 거의 없다는 것이다.

목표 부재 문제

"목표 부재 문제"라는 용어는 어느 정도 혼동스러우나, 종종 특정한 목표가 없는 문제를 언급할 때 사용된다. 특정 목표 문제의 단순 예로는, "자동차가 마지막 10분 동안 직선으로 가속을 하여 이 시간에 100m를 주행하면 **차의 최종 속도는 얼마인가?**"이다. 이 문제의 마지막 문장을 "**가능한 많은 변수의 값을 계산하라.**"로 대치함으로써 이 문제를 목표가 없는 것으로 쉽게 만들 수 있다. 또다른 사례로서, 문제 해결 영역에서 전통적인 문제는 통상적으로 학습자에게 특정한 기능 장애의 원인을 찾도록 요구한다. 선택적으로 목표 부재 문제는 시스템 작용의 특정한 유형과 일치하는 모든 가능한 결점의 나열을 요구한다(White & Frederiksen, 1990). 일부 복합적 영역은 특정 목표 문제에 의해 특성화된다. 그리고 종종 그 문제들을 목표가 없는 것으로 만들 수 있게 된다.

특정 목표 문제와 비교해서 목표 부재 문제는 학습자가 목표로부터 거꾸로 진행하는 것을 방해한다. 수단-목표 분석에서처럼 목표로부터 후행 작업하는 학습자는 여러 가지 문제 상태 조작에 너무 몰두하게 되어서 쉐마 획득이 감소된다. 대신, 목표 부재 문제는 학습자가 기지의 사실로부터 앞으로 나아가게 한다. 이는 인지 부하를 감소시켜[컴퓨터 모델을 위한 Sweller(1988)를 참조] 학습 또는 쉐마 획득을 용이하게 하는데, 그 이유는 학습자가 문제 공간을 좀더 자유롭게 탐색할 수 있기 때문이다. 여러 영역에서 목표 부재 문제가 전통적인 특정 목표 문제보다도 더 나은 쉐마 획득과 더 높은 수행 전이를 유도한다는 것이 입증되었다(Aryes, 1993; Owen & Sweller, 1985; Sweller, Mawer, & Ward, 1983). 또한 목표 부재 문제는 종종 실제와 같은 과제를 반영하고, 비순환적 부분 기능을 연습하는 데 완벽한 기회를 제공할 수 있다. 따라서 특정 목표 문제 영역에서 좀더 효과적 연습을 위해서 문제들을 목표 부재 문제로 전환하는 것이 바람직한 경우가 종종 발생한다.

역순 문제

역순 문제는 해결책과 제시된 목표를 제시하며, 학습자는 별개의 주어진 상황의 함의(含意)를 찾아 내야 한다. 문제 해결의 맥락에서 Halff(1993)는 "역순 문제 해결"을 학습자에게 특정한 구성품에 결함이 있다는 것을 알려 준 문제를 제시하는 것으로 설명하였다. 그런 후 학습자는 이 정보에 근거한 관찰의 결과를 예상하도록 요구받는다. 그러나 역순 문제는 다른 영역에서도 사용될 수 있다. 예를 들면, 소프트웨어 엔지니어링의 영역에서 특정 목표 달성을 위해 설계된 알고리즘을 제시할 수 있다. 그러면 학습자는 다른 상황(예: 별개의 입력)에서의 알고리즘 행동을 예견함으로써 알고리즘의 장단점을 평가할 수 있다. 역순 문제는 외생적 인지 부하를 감소시키는데, 그 이유는 학습자가 유용한 해결 예를 찾을 필요가 없으며, 전행 전략을 적용할 수 있기 때문이다. 그러나 저자는 역순 문제를 다른 문제 형태와 비교하는 경험적 결과를 인식하지 못했다.

역순 문제의 결점 중의 하나는, 학습자가 해결책을 적극적으로 구성하지 않기 때문에 문제들은 전체 과제 수행의 맥락에서 순환적 부분 기능을 연습할 기회를 제공하지 않는다는 것이다. 또한 과제의 진위성에도 의문의 여지가 있다. 일부 주제 영역에서 역순 문제 해결은 전문가의 기능 레퍼토리의 일부가 될 수 있지만, 다른 영역에서는 그렇지 않을 수도 있다. 다른 문제 형태와의 비교에서 역순 문제는 해결 예와 가장 유사하다. 해결 예에 비해 중요한 이점은, 역순 문제는 학습자로 하여금 해결책에 적극적으로 개입하도록 요구한다는 점이다.

모방 문제

유용한 해결 예 탐색시 발생되는 외생적 인지 부하를 줄이기 위한 한 가지 접근법은 비슷하거나 유사한 문제에 대한 해결 예와 전통적인 문제를 드러내 놓고 제시하는 것이다. 각각의 해결 예는 풀어야 할 문제의 해결 방법을 위한 청사진을 제공하며, 해결 단계에 주의를 집중시킨다. 필수 모방은 학습자가 해결 예와 전통적인 문제 사이에 유사점을 확인하고, 새로운 해결책을 자세히 기록하기 위하여 해결 예를 사용해야 된다는 점에서 세련된 인지 과정이다(Holyoak & Koh, 1987; Novick & Holyoak, 1991; Reed, Dempster, & Ettinger, 1985). 모방 문제는 비순환적 부분 기능을 연습할 좋은 기회를 제공한다. 또한 이 과제는 거의 실제 과제와 같다. 전문가들은 종종 자신의 문제 해결 행동을 안내하기 위해 특정한 해결 예에서의 자신들의 지식에 의존한다. 모방 문제가 쉐마 획득 동안에 발생된 수많은 실수를 감소시키고, 쉐마 획득을 고양시키며, 전이 수행을 증가시키는 것으로 밝혀졌다(Cooper & Sweller, 1987).

　모방 문제의 주요 결점은, 대상자가 학습자가 직면하게 될 전통적인 문제에 대한 완전한 공통점을 제공하는 유용한 해결 예를 찾아야 한다는 것이다. 이것은 시간을 요하는 어려운 과제이다. 풀어야 할 문제와 불완전한 공통점을 제공하는 해결 예를 제공하는 것은 오히려 해롭다. 모방 문제가 해결 예 및 완성형 문제와 공유하는 또다른 결점은 모방 문제가 창조적인 해결책 모색을 방해할 수 있다는 점이다.

　주목할 만한 것은 모방 문제가 유추적 문제 해결의 하나의 보조 형태로서 보여질 수 있다는 점이다. 모방 문제는 학습자로 하여금 새로운 문제의 해결책에 **구체적인** 해결 예의 특징을 상세히 설명하도록 요구한다. 따라서 학습자가 "알고 있다"는 것에 대한 가정은 없다(Robertson & Kahney, 1996). 반면, 유추적 문제 해결은 대개 새로운 문제의 해결책을 위해 **추상적인** 해결 예를 제공하는 인지적 쉐마의 특징을 상세히 설명(매핑)하는 것을 포함하고 있다. 이 책의 파트 A에서 논의한 바와 같이, 바로 이런 유추적인 처리가 원전이(far transfer)의 달성에 중요하리라 예상된다. 본절에서 논의된 모든 문제 형태는 "추상적인 해결 예"의 개발을 촉진할 것이다.

11.3 과정 지향 문제 형태

지금까지 논의된 바와 같이, 문제 형태는 해결책 달성에 필요한 인지적 과정에 뚜렷한 주의를 기울이지 않았다. 제시된 문제 해결 모델이 명시한 바와 같이 문제 해결책에 대한 발견적 탐색 또는 해결책을 찾기 위한 연산자의 일시적인 적용은 문제 해결에서 가장 기본적인 과정이다. 이 과정은 10장에서 분석된 것으로 – 문제 해결을 위한 체계적인 접근법(SAPs)과, 이런 과정을 좀더 효율적으로 하는 데 도움이 될 수 있는 관련된 발견적 방법의 관점에서 주로 다루었다. 이 절에서는 전문가와 같은 문제 해결 접근법을 사용하는 데 있어서 학습자 지원을 위한 주요 교수 전술이 논의될 것이다.

전통적인 문제와 모형화 예

과정 지향적 해결 예 또는 모형화 예로부터 유래한 전통적 문제는 학습자에게 하나의 목표와 몇몇 가지의 사실을 제시해 준다. 목표를 달성하기 위한 하나의 해법을 찾는 것이 과제이다. 그러므로 전통적인 문제들은 (결과 지향적)해결 예들로부터 유래한 전통적인 문제와 동일하며 똑같은 장단점을 갖는다.

한편, 모형화 예는 일반적인 해결 예와는 분명히 다르다. 모형화 예에는 과정 기술이 포함되는데, 이는 모형화 예가 그림 11.1에 나타난 모든 네 가지 요소(하단 박스의 내용을 포함)를 포함하고 있다는 것을 의미한다. 예를 들면, 모형화 예는 문제에 임하고 있는 한 전문가가 문제 해결책을 찾기 위해 어떤 것을 하고 있고, 왜 그것을 하는지를 보여 줄 수 있다. 그러한 모형화는 한 명의 전문가가 하나의 해결책을 찾기 위해 거쳐야 하는 숨겨진 정신적 과정들을 열어 보여 준다. 이를 통해 학습자들은 전문가들이 어려운 상황에서 조리 있게 추론하여 문제를 해결하고 곤경을 극복하기 위해 어떻게 체계적 접근법과 발견법을 이용하는지를 볼 수 있다.

원칙적으로 모형화 예들은 전통적인 문제 해결 대용으로 사용될 수 있다. 해결 예에 필적할 만한 이점과 단점을 기대할 수도 있는데, 그 이유는 모형화 예와 해결 예는 모두 전통적 문제보다는 낮은 인지 부하를 초래할 것이며, 문제의 상태 및 연관된 조작자들에게 주의를 집중시킬 것이기 때문이다. 게다가, 모형화 예는 조작자의 선발을 돕는 발견법과 체계적 문제 접근법에 관심을 가진다. 그러나 저자는 쉐마 획득과 전이에 관한 전통적 문제 해결과 모형화 예의 효과를 비교한 실험에 대해 잘 알지 못한다. 일상에서 모형화 예들은 대개 연습의 대용으로 사용된다. 따라서 이에 대해서는 13장과 14장에서 좀더 자세히 다루어질 것이다.

실행 제약

실행 제약이란, 학습자가 전문가들이 사용하는 것과 같은 일련의 발견법 또는 SAP(또는 10장에서 설명하였듯이 SAP의 단순화된 버전)를 적용토록 하는 모든 전술을 가리킨다. 예를 들면, 대부분의 컴퓨터 프로그래밍을 위한 SAP는 최소한 세 가지 일반적 단계로 구분된다. (1) 프로그램이 반드시 달성해야 할 목표들을 수립하기 위한 프로그래밍 문제를 분석, (2) 목표 달성에 적절한 프로그래밍 계획 또는 템플릿(template)을 선택함으로써 하나의 해법을 구성, (3) 그러한 프로그래밍 계획들을 구체적 예를 들어 나타냄으로써 하나의 해법을 실행한다. 컴퓨터 프로그래밍 교수를 위한 컴퓨터 기반 교수 체계인 BRIDGE(Bonar & Cunningham, 1987)는 특정한 순서로 위의 세 단계가 진행되도록 되어 있기 때문에 학습자의 수행을 제약한다.

또다른 흥미로운 예로서 Dufresne, Gerace, Thibodeau-Hardiman과 Mestre (1992)는 물리 수업 중 학습자들이 위계적 분석 도구를 사용하여 전문가같이 문제를 분석하도록 강제하였고, 도구는 학습자들이 이 분야 전문가들이 분석하는 방법과 일치하는 방법으로 문제 분석을 수행하도록 질적 질문을 요구하였다. 이들은 다른 그 무엇보다도 물리 문제의 난해한 구조를 보다 잘 파악하는 능력이 보여 주듯 쉐마 획득에 있어서 이러한 조작의 긍정적 효과를 보고하였다.

과정 활동지와 인지적 도구

유사하나 덜 지시적인 방법은 학습자들에게 SAP를 반영한 배치도가 있는 특별한 활동지를 제공하는 것이다(예: Mettes, Pilot & Roossink, 1981). SAP의 단계는 이 활동지에 주요 단어들로 나타낼 수 있다. 작업의 성격에 따라 종이 또는 온라인 도구로 제공되는 이러한 활동지의 이용은 목전의 문제를 체계적으로 접근하도록 학습자를 자극하리라 예상된다. 게다가, 교육자가 학습자의 작업을 가까이서 잘 지켜볼 수 있게 하며, 학습자가 적용한 문제 해결 전략에 대한 피드백을 제공할 수 있게 해 준다.

약간 다른 접근법으로, 학습자들에게 전문가처럼 목전의 문제에 접근할 수 있도록 하는 인지적 도구를 제공할 수 있다.[62] 예를 들면, van Joolingen(1993년)은 시뮬레이션을 통해 화학적 결함 분석을 학습하고 있던 학습자들에게 가설 메모장을 제공

---

[62] 인지적 도구의 또다른 유형은 과제 수행자로부터 문제 해결 과제의 순환적 측면들을 이어받을 수 있다. 하지만 그러한 "우리를 똑똑하게 만드는 것들"(Norman, 1993)은 그 도구가 교육 이후 환경에서도 이용 가능할 때 유용한 것으로 생각된다. 만약 그렇지 않으면, 전체 기능의 순환적 측면에서 수행 훈련을 충분히 제공하는 것이 바람직하다.

하였다. 이 메모장은 실험 시작 전에 발생될 수 있는 결함과 관련된 모든 가설을 간결하게 공식화하도록 학습자들을 자극할 것으로 기대되었다. 하지만 van Joolingen의 연구에서 학습자들은 그 메모장을 많이 사용하지 않았다. 이는 덜 지시적인 방법의 사용 전에 실행 제약의 사용을 고려해야 하는 이유가 될 수 있다.

문제 형태의 결합

위에서 언급한 과정 지향적 문제 형태(수행 제약, 활동지, 인지 도구)는 분명히 전통적인 문제 해결법과 결합될 수 있다. 하지만 결과 지원 또는 과정 지원 둘 중 하나를 초래하는 문제 형태는 뚜렷한 대안이 아니라 학습자 행동을 스캐폴딩하기 위한 보완적인 접근법으로 보아야 한다. 결과 및 과정 지향적 문제 형태를 결합함으로써 문헌에서는 거의 논의되지 않았던 새로운 문제 형태의 기반을 만들어 낸다.

하나의 예로서 BRIDGE(Bonar & Cunningham, 1987)에서 사용된 과정 지원은 해결 예로 주어질 수 있다. 그리고 각 해결 예는 프로그래밍 문제의 목표 분해, 이 문제 해법 계획의 명세화, 그리고 마지막으로 이러한 명세서를 구체적이고 운영 가능한 컴퓨터 프로그램으로 실행하는 것으로 이루어진다. 이러한 모든 결과들은 학습자에 의해 조사되어야 한다. 그리고 다른 예로서 Dufresne 등(1992)에 의해 제시된 과정 지원 역시 완성형 문제를 위해 제시될 수 있다. 그 다음, 각 완성형 문제는 이미 전문가들에 의해 답이 제시된 몇몇 질문과 학습자들에 의해 완성되어야 할 질문으로 이루어진 질적 질문의 목록으로 구성된다. 그러므로 많은 새로운 문제 유형들은 다른 산출 및 과정 지향적 문제 형태의 기반 위에 구성될 수 있다. 주제 영역과 학습자들의 요구 사항에 가장 잘 맞는 문제 형태를 개발하는 것은 교수설계자의 창의적 과제이다.

11.4 문제 형태의 선정

모든 문제 형태가 모든 주제 영역에 똑같이 유용한 것이 아니기에 최상의 형태 선정을 위한 정확한 지침을 제공하는 데 어려움이 있다. 일반적 지침으로 인지 부하 이론(Sweller, 1988; Sweller & Chandler, 1991)이 문제 형태 선정시 이용될 수 있다. 이 이론은 두 가지 기본적 원칙으로 요약될 수 있다(Paas, 1993; Paas & van Merriënboer, 1994b).

1. 인지 과부하 예방. 이 원칙은 학습자들의 능력 한도를 넘어서는 문제를 제시하

는 데 이용되는 일반적인 지침과 일치한다.

2. (a) 외생적 인지 부하를 줄이고, (b) 학습 관련 인지 부하를 늘림으로써 주의를
   전환(즉, 귀납적인 과정과 쉐마 획득)

그러므로 설계자는 먼저 현재 사례 유형을 위해 선택된 문제를 다루게 되면 인지 과부
하를 일으키는지 고려해야 한다. 이는 학습자의 사전 경험뿐만 아니라 사례 유형의 복
잡성의 한 기능이다. 그리고 특히 이전 기능군과 사례 유형을 다룸으로써 얻은 경험이
다. 만약 사례 유형이 "비교적 쉬워" 학습자들이 인지 과부하를 갖게 될 위험이 없다면
전통적인 문제를 제시하는 것이 바람직할 것이다. 이러한 문제들은 훈련 후 학습자들
이 직면하게 될 실제 과제를 반영하며, 관련된 모든 부분 기능을 연습할 수 있는 기회
를 제공한다. 그리고 가공된 문제들과는 반대로, 그것들은 새롭고 창의적인 아이디어
산출을 제한하는 타의적 복종에 이르게 하는 어떠한 새로운 경험도 제공하지 않는다
(Smith, Ward, & Schumacher, 1993).

하지만 복합적 인지 기능 훈련의 맥락에서의 표준 상황은 그만큼 높은 인지 부하
를 예상한다는 것이다. 특히 학습자가 새로운 사례 유형을 다루기 시작할 경우에 더욱
그러하다. 그래서 낮은 외생적 인지 부하와 연관된 문제 형태를 선택함으로써 인지 부
하를 줄이는 것이 바람직하다. 인지 부하 효과에 기초해서 서로 다른 문제 형태를 비
교하는 것은 매우 어렵지만,[63] 다음 목록은 증가하는 인지 부하에 기초한 문제 형태를
정리하기 위한 것이다.

결과 지향 문제 형태

- 해결 예
- 유용한 해결이 학습자들에게 제공된 반대 문제와 모방 문제
- 학습자들에게 해법의 한 부분으로 제공해야 하는 목적 부재 문제와 완성형 문
  제
- 전통적인 문제

과정 지향 문제 형태

- 모형화 예
- 수행 제약 문제

---

63) 이러한 입장의 설명을 위한 보통 사례는 완성형 문제가 제공한다. 한 극단적인 형태에서 볼
때 이는 전통적인 문제와 같은 반면(그러므로 높은 부하와 관련됨), 다른 극단적인 형태에서
보면 가공된 사례와 같다(그러므로 낮은 부하와 관련됨).

- 과정 활동지 또는 인지 도구와 결합된 문제
- 전통적인 문제

게다가, 선정된 문제 유형은 학습자들의 전문성이 증가함에 따라 변화한다. 결과 그리고 과정 지향적 문제 형태의 공통적인 측면은, 그것들이 학습 과제 수행과 관련된 인지적 부하를 줄이고 귀납적인 과정과 쉐마 획득을 자극함으로써 학습자를 인지적으로 돕는다는 것이다. 학습자의 스캐폴딩은 가끔 해법(해결 예, 모방 문제, 역순 문제, 완성형 문제)의 일부분을 제공하거나 수행을 강요하거나 지원함으로써 달성된다. 하지만 스캐폴딩은 종종 과제를 비현실적으로 만든다. 이러한 이유로 대개 스캐폴딩의 정도는 학습자가 더 많은 전문성을 얻게 됨에 따라 줄여야 한다. 예를 들면, 모형화 예의 특정한 사례 유형으로 시작해서 모방 문제로 진행하고 전통적인 문제로 끝낼 수 있다. 이러한 계열화 원칙은 다음 절에서 다루어질 것이다.

11.5 전체 과제 문제의 계열화

학습자들이 하나의 특정한 사례 유형에서 직면하게 될 전체 과제 문제는 계열화되어야 한다. 해결 예와 문제를 일관되고 적절하게 계열화할 수 있는 능력은 학습 환경의 설계에 있어서 핵심 요인으로 간주될 수 있다(Collins, Brown & Newman, 1987). 일반적으로 전체 과제 문제의 미시적 수준의 계열화를 위해 단순한 것부터 복잡한 것으로의 전형적 계열화는 쉐마 획득을 방해할 수 있기 때문에 최선은 아니다. 그 대신, 고도의 가변적 계열화는 귀납적인 과정과 학습의 전이를 보다 잘 유발한다. 이 절에서는 다음을 논의할 것이다.

- 미시적 수준의 계열화를 위한 아치형의 교수 전술로서 연습의 가변성
- 문제 형태와 계열화 간의 복잡한 관계
- 학습자들의 전문성 증가에 따른 스캐폴딩의 감소

연습의 가변성

일반화 및 전이의 촉진을 위해 가장 많이 추천되는 방법은 연습의 가변성을 이용하는 것이다. 연습의 가변성은 학습자의 인지 쉐마 개발을 권장한다. 왜냐하면 유사한 특징을 찾아 내고 관련된 특징과 관련되지 않은 특징을 구분할 수 있는 확률을 높이기 때문이다. 연습의 가변성은 훈련의 전이에 긍정적 효과를 일관되게 가져다 준다

(Cormier & Hagman, 1987; Shapiro & Schmidt, 1982; Singley & Anderson, 1989). 여러 ID 모형들은 연습의 가변성을 높이기 위한 전술을 포함한다(예: Gropper의 "다양한 연습 사례들", 1983; Merrill의 "사례의 일탈", 1983). 이 전술에 의하면, 비순환적 하위 기능들은 문제 상황 그리고/또는 조건에 대한 서로 다른 과제 변이 요소의 수행을 요구하는 조건하에 실시되어야 한다. 이러한 문제 상황이나 조건은 과제 제시 방법, 특성 명시의 특징, 과제가 수행되어야 하는 상황, 과제의 친밀성 등 다른 과제의 범위에 맞게 가변성을 증가시킨다. 게다가, 몇몇 연구자들은 연습의 가변성을 훈련 프로그램에 적용할 때 학습자 인지를 높이기 위해 학습자들에게 왜 이것이 필요한지를 어느 정도 알려 주어야 한다고 주장한다(예: Annett, 1989).

연습의 가변성과 밀접하게 관련된 전술은 고도의 맥락적 간섭을 적용하는 것이다(Gabriele, Lee, & Hall, 1991; Jelsma, 1989; Jelsma & van Merriënboer, 1989; Lee & Magill, 1985; Shea, Kohl, & Indermill, 1990; Shea & Zimny, 1983). 이러한 전술의 적용은 비순환적 하위 기능들이 고도의 방해 조건 아래서 수행된다는 것을 시사한다. 한 문제를 위해 수행되는 기능은 이전 또는 이후 문제를 위해 수행되는 기능과 상충될 수 있다. 이는 무작위로 각각 다른 해법을 요구하는 제한적인 문제들을 반복적으로 제시함으로써 발생될 수 있다(즉, 임의 실습 스케줄). 예를 들어, 세 가지 유형의 오작동($m1$, $m2$, $m3$)이 각 시스템의 네 가지 다른 요소($c1$, $c2$, $c3$, $c4$)에서 발생되는 고장 수리 과제를 훈련한다고 가정하면, 낮은 맥락적 간섭 조건은 다음과 같은 블록 단위의 실습 스케줄을 만들어 내면서 다른 유형들 이전의 오작동에 대한 고장 수리를 실습하게 될 것이다.

m1c1, m1c2, m1c3, m1c4, m2c1, m2c2, m2c3, m2c4, m3c1, m3c2, m3c3, m3c4, m4c1, m4c2, m4c3, m4c4

이와 반대로 고도의 맥락적 간섭 조건은 임의로 그러한 사례들을 계열화할 것이다. 연습의 가변성은 일반적으로 훈련 전이의 결정적 요인으로 간주되는 반면, 맥락적 간섭에 대한 연구에 따르면 훈련 전이의 정도를 결정하는 것은 소위 그것의 가변성뿐만 아니라 문제 획득에 걸쳐 그 가변성이 구조화된 방식이다.

연습의 가변성과 고도의 맥락적 간섭은 전형적으로 실습과 관련된 인지 부하를 높인다는 것에 주목하라. 매우 다양한 문제들의 계열화와 이러한 문제들의 해법과의 대립은 획득된 인지 쉐마의 응용력 범위를 넓히거나 제한할 수 있는 기회를 귀납적인 과정에 제공하는 반면, 이러한 귀납적인 과정은 인지 부하를 높이는 학습자의 주의 깊은 개입을 필요로 할 수 있다. 이러한 인지 부하는 외재적인 것이 아니며, 그와는 반대로 학습과 직접적으로 관련된 귀납적인 과정과 연관이 있다. 이는 두 가지 중요한 의미를 갖는다.

첫 번째 시사점은 고도의 가변적 계열화가 전이에는 긍정적 효과를 갖는 것이 분명하나, 미리 규정한 수행 수준에 도달하기 위해 필요한 훈련 시간이나 문제의 수에는 부정적 효과를 미친다는 것이다. 이러한 현상은 전이 패러독스라 불린다(Jelsma, 1989; Gick & Holyoak, 1987 참조). 이 패러독스는 여러 ID 모형들이 단순-복잡순 문제 계열을 왜 규정하는지 그 이유를 말해 준다. 그러한 순서는 학습된 과제(학습 유지용 문제)와 거의 같은 과제의 수행을 위해 미리 정한 수준을 달성하는 데 종종 효과적이다. 그러나 대개 훈련의 전이를 거의 일으키지 않으며, 교육받은 과제(전이 문제)와 다른 전이 과제의 만족스러운 수행 수준의 달성에 비효과적이다. 두 번째 시사점은 고도의 가변적 계열화는 인지 부하를 용이하게 유도하며, 이는 특히 학습자에게 고도의 인지 부하를 취하는 문제 형태와 결합될 때 그렇다는 것이다. 이에 대해서는 다음 절에서 좀더 논의할 것이다.

계열화와 문제 형태

고도의 인지 부하를 유발하는 계열화의 한 유형(즉, 고도의 연습 가변성, 고도의 맥락적 간섭)을 마찬가지로 고도의 인지 부하를 유발하는 문제 형태(예: 실행 제약이 없는 전통적인 문제)와 결합하는 것은 종종 학습 및 전이에 부정적인 효과와 함께 인지 과부하를 일으킨다. 이러한 문제의 전형적인 해결법은 전통적인 문제 사용을 고수하는 것과, 인지 부하를 낮추기 위해 단순한 문제에서 복잡한 문제로의 순서를 지키는 것이다. 4C/ID 모형은 이러한 방법을 거부한다. 이는 첫 번째 인지 부하 원칙(인지 부하 예방)과 일치하지만, 두 번째 원칙과는 일치하지 않는다. 즉, 귀납적인 과정과 연관될 인지 부하는 줄어들고 외생적 인지 부하는 변하지 않는다.

반면, 낮은 부하 문제 형태(예: 해결 문제, 완성형 문제, 수행 제약을 가진 문제)와 결합된 고도의 가변적 계열이 인지 부하를 낮추기 위해 규정된다. 이러한 방법은 인지 과부하를 방지하는 첫 번째 부하 원칙, 두 번째 원칙과도 일치한다.

즉, 귀납적인 과정과 관련될 인지 부하는 영향력을 받지 않으며 외생적 인지 부하는 줄어든다. 이러한 인지 부하 이론의 해석(Sweller, 1988)은 문제 형태와 계열화 사이의 상호 작용을 예측한다. 고도의 인지 부하를 갖는 문제 형태(예: 수행 제약을 받지 않는 전통적인 문제)의 경우, 가변성이나 맥락적 간섭의 변화는 인지 과부화를 통해 학습자가 달성할 수 있는 귀납적 과정 및 전이에 약간 또는 전혀 효과가 없다. 다른 한편, 비교적 낮은 인지적 부하와 관련된 문제 형태(예: 해결 예, 완성 과제, 수행 제약을 받는 문제)의 경우, 문제 계열의 가변성 또는 맥락적 간섭을 높이는 것은 결국 귀납적인 과정 및 전이를 강화할 것이다. 이러한 상호 작용은 몇몇 연구들에서 발견되었으며, 고도의 가변성을 가진 계열화 전략과 결합된 낮은 부하 문제 형태에 지속적으로 우수한 효과를 보여 주고 있다(Paas & van Merriënboer, 1994a, 1994b).

계열화 및 스캐폴딩

한 가지 특정 사례 유형 문제에 임하는 학습자들은 지식을 습득하는 과정에 있으며, 학습 과정 초기에 고도의 인지 부하를 일으키는 전통적 문제는 이와 같은 유형의 문제 해결을 위한 유용한 쉐마를 개발한 후 보통 또는 낮은 인지적 부하를 일으킬 수 있다. 따라서 설계자는 지식과 기능을 습득한 학습자들이 보다 효과적으로 문제를 해결할 수 있다는 점을 계열화할 때 고려해야 한다. 이렇게 함으로써 설계자는 학습자들에게 제공되는 스캐폴딩의 정도를 줄이고, 보다 실제적 과제(authentic task)를 다룰 수 있게 된다.

결과적으로, 전형적인 문제 순서는 학습자들이 전문성을 습득하게 되면서 스캐폴딩 양을 축소시킨다. 예를 들어, van Merriënboer(1990a, 1990b, 1992)는 학습자들이 한 사례 형태에서 많은 전문성을 습득하게 됨에 따라 불완전한 해결책의 점점 더 큰 부분을 완성해야 하는 완성 문제에 기반한 계열화 전략을 제안하였다. 그러나 다른 여러 대안이 가능하다. 학습자들에게 제시할 "해법"을 찾기 어려운 경우의 주제 영역에서 과정 지향 접근법을 채택할 수 있다는 점이 또 하나의 예가 될 것이다. 따라서 모형화 예 연구에 착수하고, 풍부한 수행 제약 사항 그리고/또는 수행 지원을 위한 워크시트를 통해 전통적 문제의 해결을 계속할 수 있으며, 전통적인 문제로 마무리할 수 있다. 특정 사례 유형 연습 과정의 끝 단계에서 학습자들이 해결해야 하는 이러한 전통적인 문제의 경우, 종착점 행동 기준으로서 구체화된 조건 및 기준을 고려하는 것이 중요하다(6장 참조).

본 단원의 기본 계열화 전략은 다음의 교수 전략으로 요약할 수 있다.

- 한 가지 사례 유형의 경우, 문제를 계열화할 때 고도의 다양성 그리고/또는 고도의 맥락적 간섭을 적용할 것
- 인지 과부하 위험이 존재할 경우, 낮은 인지 부하와 연관된 문제 형태(산출 지향 문제 형태, 과정 지향 문제 형태, 또는 이 둘의 조합)를 사용할 것
- 대체적으로 학습자들이 전문성을 습득해 감에 따라 스캐폴딩의 양을 줄이고

보다 실제 문제 형태 쪽으로 원활히 진행할 것. 단, 이러한 실제 문제 형태는 요구된 목표 행동을 위한 기준과 조건을 반영해야 함.

11.6 훈련 프로그램을 위한 1단계 청사진

그림 11.2는 거시적 수준, 중간 수준, 미시적 수준 계열화로부터 발생하는 훈련 프로그램의 기본적인 청사진을 나타내며, 여기서 미시적 수준의 계열화는 전체 과제 연습을 상술한 것 중 일부분이다. 설계자 관점에서 볼 때, 이 배열도는 기본적으로 최상위 수준과 세 개의 계열화 수준에서 복합적 인지 기능을 갖는 계층 구조이다. 즉, (1) 과제들이 연이어 "전체 과제"로 취급되는 것을 기술하는 기능 집단, (2) 각 전체 과제에 대해 단순 사례에서부터 복합 사례까지를 나타내는 사례 유형, (3) 형태와 순서뿐만 아니라 각 사례 유형별로 학자들이 직면할 문제를 설명하는 특정 전체 과제. 학습자의 관점에서 볼 때, 이 청사진은 연구되어야 할 모형화 예 또는 해결 예, 반대 문제, 완성형 문제, 워크시트와 조합된 전통적 문제 등 매우 상이한 형태를 취하는 일련의 문제들로만 보일 수도 있다. 더구나, 이러한 문제 해결을 위해 이용 가능한 산출 지원(product support)과 과정 지원(process support)은 톱니 패턴(sawtooth pattern)을 따른다.

그림 11.2에 제시된 청사진은 훈련 프로그램을 온전히 기술하기 위해 보다 공들여 마무리될 수 있다. 주요 상세 기술은 이후 각 장에서 논하기로 한다.

- 특정한 순환적 부분 기능을 위해 필요한 종착점 행동을 달성하려면 부분 과제 연습이 추가적으로 필요할 수 있다. 이러한 추가 연습의 설계를 위한 교수 전략 및 전술은 12장에서 논의된다.
- 전체 과제 또는 부분 과제 상황에서 수행된 순환적 부분 기능의 수행에 전제 조건이 되는 정보는 반드시 제시되어야 한다. 이 정보 제시를 위한 교수 전략 및 전술은 13장에서 논의된다.
- 전체 과제 상황에서만 수행된 비순환적 부분 기능 수행에 도움이 되는 정보는 반드시 제시되어야 한다. 이 정보 제시를 위한 교수 전략 및 전술은 14장에서 논의된다.

역동적 문제 선정 및 구성

개별화된 컴퓨터 기반 교수 시스템 설계에서는 문제 형태 및 문제 순서(즉, 청사진)를

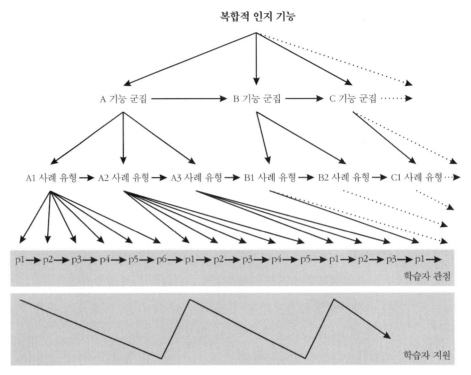

그림 11.2 훈련 프로그램을 위한 기본 청사진: 일련의 전체 과제 문제를 초래하는 세 개의 계열화 수준

미리 규정하지 않고, 다른 것들보다는 학습자의 진도에 기초하여 "현장"에 적합한 문제 형태 및 문제 순서를 교수 프로그램을 통해 구성하는 것이 바람직할 수 있다. 따라서 이 장에서 논의된 교수 전략과 전술을 보다 더 정교하게 다듬어 교수설계 및 교수 실행과 관련된 지식을 명쾌하고 분명히 제시하는 실행 가능한 **컴퓨터 기반 교수 모형**을 구현해야 한다(관련 개요에 대해서는 Dijkstra, Krammer, & van Merriënboer, 1992; Tennyson, 1994; Tennyson & Barron, 1995; van Merriënboer, 1994a, 1994b 참조).

van Merriënboer, Krammer, Maaswinkel(1994; Krammer, van Merriënboer, & Maaswinkel, 1994) 및 van Merriënboer, Luursema, Kingma, Houweling, & De Vries (1995)는 서로 다른 완성 과제 유형의 역동적인 온라인 생성을 위한 컴퓨터 기반 교수 모형에 대해 논의해 왔다. 이 모형은 퍼지 논리 전문가 시스템 형식을 취한다. 또다른 이론주의 형태를 사용하나 같은 맥락에서 Aleven과 Ashley(1992)는 해결 예 또는 사례 연구의 구성을 위한 교수 모형을 논의해 왔다. Halff(1988), Lesgold, Bonar, Ivill, Bowen(1987), McArthur, Stasz, Hotta, Peter, Burdorf(1988) 및 van Merriënboer (1994b; van Merriënboer & Luursema, 1995)는 교수 모형의 문제 계열화를 논의해 왔다. 이 책에서는 컴퓨터 기반 학습 환경하의 설계 전략 및 전술에 관한 기술적 구현을

완벽하게 다루고 있지는 않으며, 15장에서 이들 쟁점 중 일부분을 언급하기로 한다.

11.7 요약

11장은 전체 과제 연습의 설계에 대한 설명을 제공한다. 전체 과제 연습은 귀납적 과정을 통해 쉐마 획득을 촉진해야 한다. 첫 번째로 서로 다른 문제 형태를 구분하기 위한 모형을 논의하였다. 그 다음, 적합한 형태 선정 지침과 함께 산출 지향 문제 형태와 과정 지향 문제 형태를 설명하였다. 연습, 문제 형태, 그리고 스캐폴딩의 가변성을 미시적 수준 계열화와 연계하였으며, 마지막으로 훈련 프로그램의 1단계 청사진 개발을 제시하였다. 이 장의 내용은 다음과 같이 간략하게 요약할 수 있다.

- 전체 과제 연습의 설계는 귀납적 과정과 쉐마 획득을 촉진할 수 있어야 한다. 그것은 1단계 훈련 프로그램 청사진을 도출함으로써 다른 설계 활동 결과와 연계될 수 있다.
- 산출 지향 해결 예(또는 단순히 해결 예)와 과정 지향 해결 예(또는 모형화 예)를 서로 구분할 때 인간 문제 해결 모형(model of human problem solving)을 적용할 수 있다. 또한, 이 두 가지 형태의 해결 예로부터 여러 문제 형태를 도출할 수 있다.
- 산출 지향 문제 형태는 전통적 문제, 해결 예, 완성 문제, 목표 부재 문제, 반대 문제 및 모방 문제 등을 포함한다. 그러나 다른 문제 형태도 개발될 수 있다.
- 과정 지향 문제 형태는 전통적 문제, 과정 활동지(process worksheet) 또는 인지 도구를 갖춘 문제, 수행 제약 사항을 가진 문제 및 모형화 예를 포함한다. 이러한 문제 형태들은 산출 지향의 문제 형태와 결합될 수 있다.
- 한 가지 사례 유형의 문제들을 계열화할 때 고도의 가변성 그리고/또는 고도의 맥락적 간섭을 적용해야 한다. 이것이 높은 인지 부하를 발생시키는 경우, 외생적 인지 부하를 줄이는 문제 형태(산출 지향 문제 형태나 과정 지향 문제 형태, 또는 이 두 형태의 조합)를 적용해야 한다.
- 한 가지 사례 유형 해결을 위해 학습자들이 보다 많은 전문성을 습득해 감에 따라 스캐폴딩의 양을 줄여야 한다. 이는 전형적으로 대부분의 결과 그리고/또는 과정 지원, 그리고 전통적이고도 보다 실제에 가까운 문제로 진행하는 등 문제의 계열화를 정하게 된다.
- 개발된 청사진은 일종의 골격이며, 다음을 통해 보다 정교하게 구성할 수 있

다. (1) 선정된 순환적 부분 기능을 위한 추가 연습, (2) 순환적 부분 기능의 수행에 전제 조건이 되는 정보 단위, (3) 비순환적 부분 기능의 수행에 도움이 되는 정보 단위

- 개별화된 컴퓨터 기반의 훈련 프로그램 개발시, 청사진을 미리 규정하지 않는 것이 바람직할 수 있다. 그런 후, 문제 형태 및 문제 계열화 생성을 역동적으로 제어하는 교수 모형이 규정될 수 있다.

핵심 개념

계열화 × 문제 형태 상호 작용	sequencing × problem format interaction
과정 지향 해결 예	process-oriented worked-out examples
(또는 모형화 예)	(modeling examples)
과정 활동지	process worksheets
맥락적 간섭	contextual interference
모방 문제	imitation problems
모형화	modeling
목표 부재 문제	goal-free problems
문제 공간	problem space
문제	problems
반대 문제	reverse problems
보조 해결 예	supplementary worked-out examples
사례 연구	case study
산출 대 과정 지향 문제 형태	product vs. process-oriented problem formats
산출 지향 해결 예	product-oriented worked-out examples
(또는 단순한 해결 예)	(or simply worked-out examples)
스캐폴딩	scaffolding
실제적 과제	authentic tasks
실행 제약	performance constraints
연습 다양성	variability of practice
완성형 문제	completion problems
유추적 문제 해결	analogical problem solving
인지 과부하	cognitive overload
인지 도구	cognitive tools
인지 부하론	cognitive load theory
전이 패러독스	transfer paradox
전체 과제 연습	whole-task practice

전통적 문제	conventional problems
제시된 상태	given state
주의 전환	redirecting attention
청사진	blueprint
최종 상태	goal state
컴퓨터 기반 교수 모형	computer-based instructional modes
해결 문제	worked-out problems

제 12 장 부분 과제 연습의 설계: 컴파일화 촉진

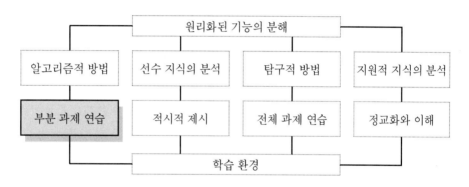

파트 C2의 개요도. 부분 과제 연습의 설계

이 장에서는 부분 과제 연습을 설계하기 위한 교수 전략과 전술에 대해 기술한다. 이 장에 깔린 기본적 개념은 널리 수용된 구성 요소 유창성 가설(예: Carlson, Khoo, & Elliott, 1990)로, 최종 전체 과제의 유창성을 높이기 위하여 순환적 부분 기능의 집중적인 부분 과제 연습으로 전체 과제 연습을 가끔 보완하여야 한다. 부분 과제 연습의 설계는 각각 연습되어야 할 순환적 부분 기능의 선정과 연습 항목의 설명, 정확한 실행을 위한 항목의 계열화, 그리고 종종 높은 수준의 자동화에 도달하기 위한 과잉 훈련의 설계에 관한 것이다. 이 장에서 기술된 활동 결과 훈련 프로그램을 위한 청사진과 연계시킬 수 있는 순환적 부분 기능의 추가 연습에 대한 상세한 설명을 제공한다.

부분 과제 연습의 주목적은 순환적 부분 기능의 수행을 통제하는 영역별 특정 규칙을 신속히 개발하는 것이다. 그러한 규칙들은 익숙한 상황에서 신속하고 유창하며 힘들이지 않고 쉽게 하는 행동의 기초가 될 것이다. 촉진되어야 할 핵심 학습 과정은 **편집적 처리**이며, 매우 높은 수준의 자동화가 요구된다면 촉진되어야 할 핵심 학습 과정은 **강화**가 될 것이다. 새로이 습득한 지식은 기억 속에서 다시 끄집어 내어 좀더 보편적인 절차들로 해석하기 위해 활성화될 필요가 더 이상 없기 때문에, 이러한 과정을 통해 수행이 크게 가속화되며 처리 용량은 대폭 감소하게 된다. 연습 설계와 관련하여 그러한 과정들은 전략적인 통제의 대상이 아니라는 점을 주목할 필요가 있다. 그것들은 주로 연습의 양과 질이 하는 기능이다. 편집적 처리(compilative processing)는 역시 그 기능을 수행하는 데 전제가 되는 정보를 제공하기 위해 그 자체에 필요한 조건을 지니는 특성이 있다. 이러한 정보의 제시는 13장에서 논의하게 될 것이다.

이 장에서는 부분 과제 연습을 위한 순환적 부분 기능을 선택하고, 학습자들에게 제공될 연습 항목의 형태와 순서를 명기하는 데 필요한 활동들에 대해 설명하고자 한다. 12.1절에서는 언제 전체 과제 연습을 부분 과제 연습으로 보충해야 할 것인지, 그리고 어떤 순환적 부분 기능이 부분 과제 연습을 위해 선택될 것인지에 대한 문제를 다룬다. 12.2절에서는 부분 과제 연습을 위한 가장 일반적인 유형의 연습 항목에 대해 설명한다. 연습 항목에 대한 미시적 수준의 계열화는 12.3절에서 논의된다. 부분 과제 연습은 높은 수준의 자동화를 목표로 하는 경우가 종종 있기 때문에, 12.4절에서는 과잉 훈련에 대해 특별히 고려해야 할 몇 가지 사항을 제시한다. 12.5절에서는 부분 과제 연습과 훈련 프로그램의 기본 청사진을 연계하기 위한 지침을 제시한다. 그리고 간략한 요약으로 본장을 맺는다.

12.1 부분 과제 연습의 고찰

순환적 부분 기능을 위해 추가적 부분 과제 연습을 제공하는 것이 반드시 필요한 일인가? 그 대답은 그렇지 않다는 것이다. 전체 과제 연습은 종종 전체 복합적 인지 기능을 형성하는 비순환적인 부분 기능과 순환적인 부분 기능 모두를 연습할 수 있는 충분한 기회를 제공해 준다. 또한 다음 장에서 논의되겠지만, 훈련 프로그램의 설계에 있어서 우리는 정보 제시 맥락하에서 순환 및 비순환적 부분 기능의 다른 속성(즉, 다른 내재적 학습 과정)을 다룰 수도 있을 것이다.

여기서 훈련 프로그램을 위한 기본 청사진이 되는 일련의 전체 과제 문제는 늘 비순환적 부분 기능보다 순환적 부분 기능을 더욱 연습시킨다는 사실을 주목해야 한다. 이러한 차이는 단지 순환적 기능의 반복적인 특성에 기인한다. 학습자들이 어떤 역학 시스템의 고장을 수리하고 있다고 가정해 보자. 오작동을 일으키는 부품을 진단해야 할 각 전체 과제 문제는 학습자들에게 비순환적 부분 기능의 조합, 다른 발견법 혹은 다른 SAP의 예시, 또는 다른 보완적 지식의 활용을 요할 것이다. 그러나 한계를 벗어난 상황을 가려 내기 위한 표준 테스트 수행이나 제어판 조작과 같은 관련 순환 기능은 보통 반복 수행되며, 각 전체 과제 문제도 같은 방식으로 진행된다.

그럼에도 불구하고, 전체 과제 훈련만으로는 원리화된 기능의 분해 중 규정된 최종(종착점)행동의 요구 수준까지 도달하기 위한 순환적 부분 기능의 연습을 충분히 제공하지 못하는 상황이 있을 수 있다(6장). 기본적인 문제는 순환 및 비순환 부분 기능 간의 학습 속도가 크게 다르다는 것이다. 특히 순환적 부분 기능이 고도의 자동화 수준에서 수행되어야 한다면, 전체 과제 연습의 맥락에서는 제공될 수 없는 많은 양의 연습 항목이 필요할 것이다.[64] 그러한 경우, 필요한 도착점 행동의 달성을 위해 추가적인 부분 과제 연습이 필요하다. 이 절에서는 추가적인 부분 과제 연습을 필요로 하는 순환적 부분 기능의 선택에 대해 논의할 것이다. 여기에 덧붙여, 구성 요소 유창성 가설을 다시 한 번 살펴봄으로써 전체 과제와 부분 과제 연습 사이의 관계를 명시하고자 한다.

부분 과제 연습을 위한 순환적 기능 선정

원리화된 기능의 분해(6장)에서는 중복되는 세 가지 기능 범주가 순환적으로 분류되었다. 첫 번째 범주는 일관된 기능 혹은 폐쇄 기능과 관련된다. 그러한 기능들은 상황이 달라져도 변하지 않는 규칙이나 절차를 사용하는 것으로 특징지을 수 있다. 그러한 순환적 기능을 위해 요구된 종착점 행동은 늘 고도의 자동화를 필요로 하지는 않는다. 즉, 그 기능을 정확히 수행하는 능력이 충분한 경우가 많다. 아래의 경우에만 이 범주에서의 순환적 부분 기능을 위한 추가적 부분 과제 훈련을 고려해야 한다.

- 기능 자체가 높은 인지 부하와 연관되어 있을 때
- 기능 위계가 수직적 관계일 때. 이는 그 위계보다 더 높은 위치에 있는 다른 많

[64] 관련 문제로는 서로 다른 순환적 부분 기능에 대한 불균일한 학습 속도의 문제가 있을 것이다. 이것은 또한 고도의 자동화가 요구되는 경우 순환적 요소들의 차별적 훈련을 필요로 하게 된다.

은 부분 기능의 수행을 가능하게 하는 것을 보여 줌.

■ 기능 위계가 수평적 관계일 때. 이는 (a) 다른 많은 부분 기능들과 동시에 수행되어야 하거나, (b) 입력을 제공해 주는 다른 많은 부분 기능들보다 앞서 수행되어야 함을 의미한다.

더욱이, 이러한 순환적 부분 기능을 위해서는 높은 자동화를 목표로 하는 추가적인 부분 과제 연습이 전체 과제 연습을 더욱 효과적으로 만들 것이다. 그리고 나서 전체 과제 연습을 하는 동안 더욱 많은 처리 자원들이 귀납적 처리 과정에 이용 가능하게 됨으로써 전이를 향상시킨다. 따라서 추가적인 부분 과제 연습은 충분한 교수 시간이 가능한 경우(불행히도 그런 경우가 많지 않다.) 활용되어야 할 것이다. 예를 들어, 디지털 회로 고장을 수리하는 상황에서 Boolean 기능을 적용하거나, 원격 통신의 작업 상황에서 인쇄된 문서를 원인과 문제 유형별로 분류하는 일 등을 통해 추가적인 연습을 제공할 수 있을 것이다.

두 번째 범주는 첫 번째와 중복되는 부분이 있다. 이 범주 역시 일관된 기능, 특히 결정적으로 중요한 일관된 기능과 관련되며, 잘못 실행할 경우 생명의 위험과 물질의 상실 혹은 장비의 손상을 초래할 수 있다. 이 범주의 순환적 기능을 위해서는 추가적인 부분 과제 연습이 적극 권장되는데, 실제로도 필요한 경우가 많다. 종착점 행동은 일반적으로 완전히 자동적이어야 하는데, 이는 막대한 부분 과제 연습을 요한다. 예로는, 항공 교통 관제의 맥락에서 레이더 스크린을 통해 위험한 항공 교통 상황을 탐지하는 것이나, 원자력 발전소 감독 관리 업무 상황에서 특정한 제어판을 조작하는 것을 들 수 있다.

세 번째 범주도 두 번째 범주와 중복된다. 이것 역시 매우 핵심적으로 중요한 기능, 특히 가변 기능이나 개방 기능과 관련된다. 이러한 결정적 핵심 가변 기능은 상황에 따른 가변적 수행으로 특징지어진다. 이 때문에 그러한 기능들에 대한 연산적인 분석은 막대한 양의 작업을 요하며, 사실상 결코 완결되지 못한다. 다른 결정적 핵심 기능에 있어서 이러한 절차들에 대한 추가적인 부분 과제 연습이 바람직하다. 예를 들어, 추가적인 연습에는 화학 공장에서 오작동을 진단하기 위해 오류 계통도(fault tree: 결함수)를 자세히 검토하는 절차, 혹은 심각한 엔진 손상을 입은 항공기를 착륙시키는 절차를 훈련하는 것 등이 포함될 수 있다. 여기서 주목할 점은 그 절차들이 효과가 없는 상황도 언제나 있기 마련이라는 것이다. 이러한 이유로 인해, 그 기능들은 순환 및 비순환적 기능으로 중복 분류되는 경우가 많다(6장 참조). 일반적으로 학습자들은 이러한 사실을 반드시 배워야 하며, 그 절차 자체를 적용하는 데 있어서 어려움에 봉착

할 경우 "문제 해결 모드"로 전환하는 훈련을 받아야 한다.

구성 요소 유창성 가설의 한계

구성 요소 유창성 가설은 교사들의 실제적 지혜의 일부라고 할 수도 있다(LaBerge & Samuels, 1974; Lesgold, 1984). 또한 실제로 이것을 뒷받침해 주는 경험적 증거도 있다(예: Beck, Perfetti, & McKeown, 1982; Mané, Adams, & Donchin, 1989). 이 가설은 기술 훈련 부분 과제 연습뿐 아니라, 아동에게 곱셈표에 대한 반복 훈련을 시키거나, 종합적 독서 방법을 가르치기 전에 단어들과 그 단어들의 의미를 인식시키기 위해 집중적인 반복을 시키는 것, 그리고 악기를 가지고 음계를 연주하는 것과 같은 활동에 대한 이론적 근거를 제공해 준다. 이 가설을 이론적으로 정당화하자면, 전체 과제 연습 이전 혹은 동시에 선정된 순환적 부분 기능을 자동화하면, 이러한 전체 과제를 수행하는 동안 인지 부하를 감소시킴으로써 비순환적 부분 기능의 실행과 관련된 모든 부분 기능의 조화에 몰두하여 사용할 수 있는 인지적 자원을 가능케 해 준다.

그러나 여기서 몇 가지 중요한 사항을 언급할 필요가 있다. 6장에서 논의한 바와 같이, 특정한 부분 기능만 따로 분리해서 수행하는 것은 전체 과제의 맥락에서 실행하는 것과는 다른 것으로 보인다. 즉, 이것은 다른 정신적 표상으로 이어지며, 별개의 부분 기능만을 집중적으로 연습한 후 그 기능의 자동화가 전체 과제의 맥락에서 수행될 때 자동화가 그대로 보존되지 않는 것이다. 4C/ID 모형이 계열화를 위해 혼합 접근법을 사용한 이유가 바로 여기 있는 것이다. 이러한 견해를 뒷받침하는 것으로서, Carlson, Sullivan, Schneider(1989, Carlson, Khoo, & Elliott, 1990 참조)는 단순한 형태의 구성 성분 유창성 가설에 대한 지지를 전혀 발견하지 못했다. 심지어 전체 과제(논리 회로 오류 수정)를 연습하기 전의 집중적인 부분 과제 연습(Boolean 기능을 위한 8000개에 이르는 연습 항목)은 최종 전체 과제 수행의 유창성에 아무런 효과도 주지 못했다. 그러나 더욱 재미있는 사실은, 부분 과제 연습이 단순한 형태의 전체 과제에 노출된 이후에 유용한 것으로 나타났다는 것이다(Carlson, Khoo, & Elliott, 1990). 이러한 결과는 10장에서 논의한 중간 수준의 계열화 전략과 완벽한 일치를 이룬다는 점을 주목해야 한다. SAP나 점진적 정신적 모형, 혹은 강조의 촉진을 통한 경로에 근거한 그러한 모든 배열에 있어서, 부분 기능 연습은 전체 과제의 맥락 속에서만 일어난다.

따라서 성공적인 부분 과제 연습을 위해서는 적절한 인지적 맥락 속에서 부분 기능을 실행하는 것이 반드시 필요한 것 같다. 이렇게 함으로써 학습자는 그 순환적 기

능을 전체 과제 실행 속에 통합시킬 필요가 있는 활동들을 구별해 낼 수 있게 된다
(Schneider & Detweiler, 1988). 전체 과제 훈련에 앞선 집중적인 부분 과제 훈련이나
실제 훈련 프로그램에 선행하는 반복 훈련 과정처럼 적절한 인지적 상황이 없는 부분
과제 연습은 효과가 없는 것 같다. 대신에, 학습자가 부분 과제 연습을 필요한 전체 과
제 실행과 연계 및 통합시킬 수 있을 때에 부분 과제 연습을 제공하는 것이 가장 중요
하다. 이것은 부분 과제 연습과 훈련 프로그램 세부 계획의 연계에 관한 것이므로
12.5절에서 더 논의하기로 한다.

　　이 절을 요약하자면, 부분 과제 연습이 항상 꼭 필요한 것은 아니라는 점을 명백
히 해야 한다. 그러나 생명의 위험이나 물질 및 장비의 망실 또는 손상과 관련하여 매
우 핵심적인 순환적 부분 기능에 대한 반복 훈련은 제공할 필요가 있을 것이다. 또한
(a) 높은 인지 부하를 야기하거나, (b) 다른 부분 기능들을 용이하게 해 주거나, (c) 다
른 부분 기능들과 동시에 실행되거나 그것들에 입력 정보를 제공하는 경우, 특히 추가
적 연습을 위한 훈련 시간이 허용되는 경우 순환적 부분 기능으로 여겨질 수 있다. 부
분 과제 연습을 제공하려면, 학습자들이 부분 과제 연습을 전체 과제의 맥락 속에 올
바로 위치시킬 수 있는 방식으로 제공해야 할 것이다.

12.2　부분 과제 연습 항목

학습자에게 전체 과제 문제로 제시할 수 있는 해결 예 혹은 해결 문제를 찾기는 어려
운 반면, 순환적 부분 기능에 대한 시범이나 연습 항목에 대한 설명은 복잡하지 않은
과정이다. 출발점은 선택된 순환적 부분 기능에 대한 분석 결과이다(분석 기법은 7장
참조). 그러한 논리적 분석의 결과는 다음과 같을 것이다.

- 행동 과제 분석에 기인하는 계열화된 일련의 단계
- 절차 혹은 정보 처리 분석에 기인하는 플로우 차트(흐름도)
- 요인 전이 분석 혹은 GOMS 분석에 기인하는 영역 한정적 결정 규칙

간단히 말하면, 적합한 해결 예는 주어진 상황과 목표, 그리고 주어진 상황에서 그 목
표에 도달하기 위한 연산이나 절차를 학습자에게 제시해 주어야 한다. 연습 항목의 형
태는 그러한 해결 예들로부터 추론될 수 있다. 언뜻 보기에도 이것은 전체 과제 문제
를 위한 다른 유형의 해결 예에 기초가 되는 모형과 유사하다. 여기서는 이러한 상응
성에 대해 먼저 다루어 보고자 한다. 따라서 연습 항목을 위한 몇 가지 일반적인 형태

에 대해 논의할 것이다.

절차 적용하기 대 문제 해결하기

11장에서는 전체 과제 연습을 문제 영역에서의 발견적 탐색 과정, 혹은 간단히 말해 문제 해결하기로 설명하였다. 이러한 과정에서, 초기 상태를 만족스러운 목표 상태를 위한 몇몇 기준을 충족시키는 새로운 상태로 변화시키는 일련의 조작자를 찾기 위해 조작자들은 잠정적으로 문제 상태에 적용된다(Newell & Simon, 1972, 그림 11.1 참조). 탐색 과정은 10장에서 분석된 바와 같이 발견법 및 체제적 문제 접근법의 안내를 받는다.

선택된 순환적 부분 기능에 대한 부분 과제 연습을 위해 이 과정은 극단적인 형식을 취한다. 훈련이 잘 된 순환적 기능을 위해서는 문제 공간을 통해 분기되지 않는 하나의 통로를 따라 탐색을 실시한다. 따라서 외부 관찰자에게 그러한 행동의 결과는 연산적 혹은 "단지 반복되는 일(routine)"처럼 보일 것이다. 이러한 이유로 이 유형의 행동을 문제 해결로 분류하지 않는 이들이 많다. 하지만 이것을 우리가 생각할 수 있는 가장 극단적이고 효율적인 유형의 문제 해결이라고 부르는 것도 똑같이 정당화될 수 있다.[65] 탐색 과정을 규정하는 연산 방식은 7장에서 분석했던 바로 그 절차와 영역 한정적 규칙인 점을 명확히 하여야 한다.

따라서 부분 과제 연습에서 중요한 것은 해결책을 찾는 것보다 일련의 영역 한정적 규칙이나 절차를 적용하는 것이다. 이것은 두 가지 의미를 지닌다. 첫째, (산출 중심)해결 예와 모형화 예 간의 구별은 의미가 없는데, 그 이유는 단순히 그 절차를 실행하는 것이 해결책이기 때문이다. 어떤 절차나 일련의 영역 한정적 규칙에 대한 해결 예는 보통 시범이라고 불린다(Gropper, 1983; Merrill, 1983). 그것은 연산의 실제적인 실행뿐 아니라 주어진 상태와 요구된 목표 상태에 대한 설명도 수반한다. 둘째, 학습 과제의 문제 해결이 빈약한 특성을 나타내기 위해 "문제" 대신에 "연습 항목"이라는 용어가 사용된다.

연습 항목을 위한 형태

전체 과제 문제에 있어서 학습자들에게 순환적 기능을 위한 연습 항목을 제공하는 방

---

65) 극단적이고 가장 효과적이지 않은 측면에서, 문제 공간은 조작자의 임의적 선택이나 "시행 착오"를 통해 탐색된다. 외부 관찰자에게 이것은 막연한 발버둥으로 보일 것이다(Ohlsson & Rees, 1991).

표 12.1 순환적 부분 기능에 대한 연습 항목의 전형적인 형태

연습 항목 형태	주어진 상태	목표	절차/연산 방식
전통적인 연습 항목 또는 생성 항목	+	+	?실행
교정 연습 항목	+	+	?교정
인식 연습 항목	+	+	?지정
(하위)목표 연습 항목	+	?상술	?상기
시범*	+	+	+

*시범은 사실상 결코 적합한 연습 항목이 아니다. 본문 참조.

법은 주로 세 가지 관련 요소(기지의 상태, 목표, 절차) 중 실제로 그들에게 제시되는 것에 따라 여러 가지가 있다. 표 12.1에는 가장 일반적인 연습 항목 형태에 대한 개요가 제시되어 있다.

학습자가 반응을 만들어 내야 하기 때문에 "생성 항목(produce item)"이라고 불리기도 하는 **전통적인 연습 항목**(Gropper, 1983)은 학습자를 기지의 상황 그리고/또는 목표에 직면하게 하고 그 절차를 실행하게 한다.[66] 예를 들어, 공정 통제시 한계를 넘은 상황을 탐지하거나, 레이더 스크린 상에서 항공기를 관찰함으로써 위험한 상황을 파악하거나, 문제 유형에 따라 문서들을 분류하는 것 등을 위해 하나의 표준 절차를 수행하는 것이 과제이다. 부분 과제 연습의 주된 목표는 그러한 전통적인 연습 항목들에 대해 집중적인 연습을 제공하는 것이다. 이 때문에, 맨 처음부터 전통적인 연습 항목을 활용하는 것이 일반적으로 권장된다. 그러나 다른 덜 어려운 연습 항목을 제한적으로 사용해야 하는 상황들도 있을 것이다. 예를 들어, Schneider(1985)는 레이더 스크린을 통해 항공기 궤적을 예측하는 연습에 대해 설명한다. 이 과제에 있어서 기지의 상태(즉, 레이더 화면상에서 재빨리 사라져 버리는 목표물)를 검사하기 어렵기 때문에, 그 과제를 배우고 있는 관제사가 활성 기억 속에 이러한 정보를 그대로 보유할 필요가 없도록 화면상에 비행 경로가 그려져 있는 연습 항목들을 처음부터 제공할 수도 있을 것이다. 세 가지 다른 일반적인 상황이 다음에 제시되어 있다.

- 한 절차에서의 몇 가지 단계나 결정 사항, 혹은 일부 의사 결정 규칙은 경험적 분석을 통해 확인되었듯이 잘못되기가 쉽다.
- 다음의 이유 때문에 어떤 절차나 결정 규칙을 사용해야 할지를 인식하기가 어

---

66) 해결 문제와 역순 문제는 예외지만, 전체 과제 문제는 순환적 부분 기능을 위한 전통적인 연습 항목을 자연적으로 포함한다는 것에 주목해야 한다.

렵다.

- 서로 매우 유사한 상황 그리고/또는 목표를 위한 다른 절차와 규칙이 있다.
- 서로 다른 상황과 목표에 대해 매우 유사한 절차나 규칙이 있다.

■ 절차가 길거나 복잡하고 결정 규칙의 단위가 크다.

학습자들은 교정 연습 항목을 통해 잘못된 단계 그리고/또는 결정 사항을 알아 내고 정확한 사항을 제공함으로써 부정확한 연산의 시범을 교정하도록 지시받는다. 교정 연습 항목은 틀리기 쉬운 절차를 연습하는 데 있어서 특히 유용하다. 그리고 학습자들은 "전형적인" 오류를 보여 주는 시범을 보게 되고, 그러한 오류를 찾아 내어 교정해야 한다. 학습자의 주의는 사용자가 쉽게 오류를 범하는 규칙, 의사 결정, 단계에 집중된다. 한 가지 간단한 예로, 뺄셈 연산에서의 전형적인 오류는 차용 단계(한 단계 위의 자릿수에서 빌려 오는 것)를 깜빡하는 것이다. 예를 들면, 32 빼기 15에서 (a) 2 빼기 5는 12 빼기 5, 따라서 7이 되고, (b) 3 빼기 1은 2, (c) 따라서 정답은 27이라는 식이다. 여기서 학습자의 과제는 빠진 단계를 찾아 내어 수정하는 것이 된다.

인식 연습 항목은 학습자로 하여금 일련의 절차들 중에서 정확한 절차를 선택해 내도록 하는 것이다. 그러한 항목들은 특정한 상황 그리고/또는 목표를 위해 어떤 절차나 의사 결정 규칙을 사용해야 할지 인식하기 어려운 경우 특히 유용할 수 있다 (Gropper, 1983). 더욱이 유사한 절차를 짝지음으로써 한 절차 혹은 그 외 절차를 적용하는 데 기초가 되는 조건에 주의를 집중하게 된다. 특정 워드프로세서로 작업할 때 텍스트를 볼드체로 설정하는 방법을 설명해 주는 결정 규칙이 한 가지 단순한 예가 될 수 있다. 이를 위해 어떤 규칙은 〈F6〉를 누르라고 지시하며, 또다른 규칙은 먼저 그 텍스트에 "블록"을 씌운 다음 〈F6〉를 누르라고 할 것이다. 그러나 첫 번째 규칙은 앞으로 타이핑해야 할 텍스트에 적용될 수 있고, 두 번째 규칙은 이미 타이핑된 텍스트에 적용될 수 있다. 인식 연습 항목은 조건에 따른 이러한 차이점에 초점을 맞춘다.

목표 혹은 하위 목표 연습 항목은 학습자들에게 기지의 상황에서 성취해야 할 목표를 열거할 것을 요한다. 그러한 항목들은 특히 절차가 길거나 복잡한 경우에 유용하며, 최종 목표로 가는 도중에 하위 목표에 연속적으로 도달해야 한다는 것을 그 특징으로 한다. 절차에 대한 부분적인 시범을 보이면, 학습자들은 그 다음 하위 목표가 무엇이 될지를 상술해야 한다. 한 예로서, Halff(1993)는 고장 수리 맥락[이 경우 고장 결과 예상 계통도(fault tree)를 면밀히 살피기 위한 절차를 적용]에서의 그러한 연습 항목을 "이정표 연습"으로 불렀다. 고장 결과 예상 계통도를 탐색하는 절차에 대한 부분적 시범을 보여 주면, 그 다음 학습자들은 다음 이정표를 지정해야 한다.

마지막으로, 시범은 학습자에게 기지의 상황과 도달해야 할 목표, 그리고 그 목표에 도달하기 위해 필요한 논리적 행동에 대한 시범을 제공해 준다. 전체 과제 연습의 맥락에서 해결 예나 모형화 예를 사용하는 것과는 크게 대조적으로, 절차에 대한 시범은 전통적인 부분 과제 연습을 대신할 수 없다(11장 참조). 그 이유는 다른 학습 과정들이 기능 습득의 기초가 되기 때문이다. 쉐마 습득과는 대조적으로 컴파일화와 그에 이은 강화를 포함한 규칙 자동화는 주로 연습량에 비례한다. 이 때문에 시범은 항상 연습의 보충적인 역할을 한다. 시범의 목표는 연습을 시작하기 위해 필요한 정보를 제시해 주는 것이다. 따라서 4C/ID 모형에서는 정보 제시 맥락에서의 시범의 활용에 대해 다루고 있다(13장 참조).

이 절을 마무리하면, 부분 과제 연습을 위해 선정된 순환적 부분 기능에 대한 전통적인 연습 항목들은 단순히 학습자로 하여금 특정한 규칙(알고리즘)을 적용하도록 한다는 사실을 살펴보았다. 관찰하기 힘든 항목, 실수하기 쉬운 규칙(알고리즘), 혹은 서로 다른 규칙을 복합적 규칙과 혼합하는 위험성 등 특정한 상황하에서만 다른 유형의 연습 항목들(교정 항목, 인식 항목, 하위 목표 항목)이 사용될 것이다. 그리고 그런 경우라 할지라도, 그러한 항목 유형들은 전통적인 항목의 반복 훈련을 빨리 시작하기 위해 계열화될 것이다. 이러한 계열화 전략은 다음 절에서 논의해 보고자 한다.

12.3 연습 항목의 계열화

학습자가 임하게 될 선택된 순환적 부분 기능을 위한 연습 항목들은 계열화되어야 한다. 일반적으로, 계열화는 필요한 지식 컴파일화를 촉진하기 위해 실행을 반복하게 하고, 그로 인해 학습자들이 전통적인 연습 항목의 반복 훈련을 가능한 한 빨리 시작할 수 있게 해야 한다. 복합적인 알고리즘(예: 여러 의사 결정 및 경로가 있는 흐름도, 큰 단위의 의사 결정 규칙)을 위해서는 전형적인 "단순 → 복잡"식의 순서 배열이 이러한 목표에 도달하는 데 가장 효과적인 방법이다.[67] 연습 항목들은 단순 → 복잡식의 알고리즘에 따라 활용 및 계열화된다. 이 절에서는 다음과 관련한 미시 수준의 연습 항목 계열화에 대해 논의해 보고자 한다.

---

67) 이것은 전체 과제 문제를 계열화시키기 위한 원리와는 크게 차이가 있다는 사실을 주목해야 한다. 여기서, 부분-전체 접근법은 미시 수준의 계열화를 위해 적용된다.

- 복합적 알고리즘
- 연습 항목의 형태
- 연습 항목의 분기

복합적 알고리즘 처리

복합적 알고리즘이나 큰 규칙 단위 등의 특징을 갖는 순환적 기능에 있어서, 부분–전체 접근법은 이러한 기능들을 연습하는 데 가장 일반적인 해결책을 만든다. 전체 알고리즘은 부분별로 분해되며, 학습자들은 전체 순환적 기능 연습을 시작하기 전에 각 부분별로 집중적인 훈련을 받는다. Wightman과 Lintern(1985)은 순환적 기능이 개별적으로 훈련될 수 있게 부분별로 분류하는 세 가지 계열화 전략으로 구분하였다. 그것은 분절화, 단순화, 분별화이다.

분절화(segmentation)를 활용하면, 알고리즘을 별개의 시간적 혹은 공간적 부분으로 분류할 수 있다. 전체 알고리즘은 자체의 하위 목표에 대응되는 식별 가능한 종결점을 가진 일련의 하위 과제로 간주된다. 그것은 행동 과제 분석에 기인하는 계열화된 일련의 단계들에 가장 쉽게 활용될 수 있다. 이러한 방법의 한 예로서, Landa(1983)는 복잡한 절차를 분절별로 분류하고 그 부분들을 전진 연쇄 방식(소위 눈덩이 접근법)으로 연습하는 방법을 제안했다. 따라서 어떤 절차를 A, B, C 세 부분으로 나눈다면, 연습 항목은 먼저 A 파트를 적용할 것을 요하고, 그 다음 A와 B 파트, 마지막으로 A, B, C 파트를 적용해야 한다. 분절화 방법은 지각적 운동 과제 훈련에 매우 효과적인 것으로 나타난다. 그러나 이 접근법이 인지 기능을 연습하는 데에는 심각한 한계를 갖고 있다는 지적이 있다(예: Carlson, Sullivan, & Schneider, 1989).

단순화(simplification)를 활용하면, 점차적으로 더욱 복잡한 유형의 절차를 나타내는 부분들로 나누어진다. 이 방법은 정보 처리 분석의 흐름도에 용이하게 사용할 수 있다. 중간 수준(meso-level)의 계열화(10장) 맥락에서, 경로 분석은 문제 해결을 위한 "분기된" 체계적 접근법에서 단순 → 복잡 경로를 확인하는 한 방법으로 이미 논의된 바 있다. 그러한 기술은 SAP 차트에 적용되었는데, 거기서 그 단계와 의사 결정은 대상 집단의 도입 단계에 있지 않았다. 그러나 동일한 기법이 알고리즘 흐름도에 사용될 수 있다. Scandura(1983)는 단순한 것에서부터 복잡한 부분으로 연습하는 방법을 제안한다. 따라서 연습 항목은 먼저 절차의 가장 단순한 형태(즉, 경로)를 적용한 뒤, 그 다음으로 단순한 형태를 적용하는 식으로 되어야 한다. 그러한 과정은 가장 복잡한 형태의 절차에 도달할 때까지 계속된다. 그림 7.2에 제시된 바와 같이 두 자리 수 뺄셈을 위한 흐름도를 다시 살펴보면 다음 순서와 같이 될 것이다.

- ab가 cd보다 크고, d는 b보다 크지 않고, (a−1)은 c보다 크지 않은 경우[두 자리 수 뺄셈(ab−cd), 예: 33−12, 42−21]
- ab가 cd보다 크고, c는 b보다 크며, (a−1)이 c보다 크지 않은 경우(두 자리 수 뺄셈, 예: 33−19, 42−27)
- ab는 cd보다 크고, d는 b보다 크며, (a−1)은 c보다 큰 경우(두 자리 수 뺄셈, 예: 33−24, 42−37).
- ab가 cd보다 작은 경우(두 자리 수 뺄셈, 예: 33−52, 42−67).

끝으로 분별화(fractionation)를 활용하면, 기능에 따른 별개의 부분으로 절차를 나눌 수 있다. 이러한 기법은 요인 전이 분석이나 GOMS 분석에서 초래되는 영역 한정적 의사 결정 규칙에 쉽게 사용될 수 있다. 예를 들어, 문서 작성에 기초가 되는 의사 결정 규칙이 확인되었다고 가정할 때 논리적 행동은 글자체나 크기 변경, 문서 출력, 페이지 레이아웃 설정, 문서의 저장, 복구 등과 같은 문서 작성 기능에 연관될 것이다. 그 다음 연습 항목들은 각각의 기능별로 구분되고, 그러한 각 기능들과 관련된 규칙을 적용시켜야 한다. 각 기능을 위한 연습 항목의 순서 배열은 보통 중요하지 않으며, 자연 과정을 따르는 순서가 가장 일반적이다. 한 가지 기능 안에 많은 규칙들이 포함된 경우, 새로운 규칙을 적용해야 하는 연습 항목은 새로운 규칙의 습득을 방해하지 않기 위해 예전 규칙들에 충분히 숙달되었을 때 소개되어야 한다. 만약 특정한 규칙이 학습자들로 하여금 실수하기 쉽게 한다면, 학습 과정 초기의 학습자들이 그러한 규칙과 관련된 행위를 "할 수 없게" 하고, 학습자들의 전문성이 향상되었을 때만 그러한 행위를 하게 하는 것을 생각해 볼 수 있다. 이러한 방법은 어린이의 자전거에 달린 훈련용 바퀴(보조 바퀴)의 용도와 유사점이 있어 종종 "훈련용 바퀴 방법(training wheels approach)으로 불리기도 한다(Carroll & Carrithers, 1984).

분절화, 단순화, 분별화는 전통적인 연습 항목과 쉽게 접목될 수 있는 계열화에 대한 접근법을 제시해 준다. 예를 들어, Halff(1993)는 분절화 방법을 전통적인 연습 항목과 결합하는 방법을 제안했다. 고장 수리 행위를 가르치는 데 있어서 일반적인 접근법은 오류 계통도(fault tree)를 면밀히 살피는 절차를 가르치는 것이다. 그러한 절차는 전형적으로 길고 복잡한데, 분절화 방법은 자체 하위 목표 또는 "이정표"를 갖는 부분별로 구분짓는 데에 사용될 수 있다. 그런 다음 연습 항목은 학습자들에게 다음 이정표(하위 목표)를 제공하며, 그들로 하여금 그 이정표에 도달하기 위해 필요한 절차를 적용하도록 한다. 다음 절에서 간단히 다루어지지만, 복합적 절차를 처리하기 위한 부분 과제 접근법은 다른 유형의 연습 항목과도 결합될 수 있다.

계열화와 연습 항목

만약 알고리즘이 사람들로 하여금 쉽게 실수하게 하거나, 서로 다른 알고리즘끼리 쉽게 혼합된다면, 덜 어려운 유형의 연습 항목으로부터 시작하여 전통적인 연습 항목 쪽으로 진행되도록 연습 항목들을 계열화할 수도 있을 것이다. 이것은 전체 과제 문제에서 주어질 수 있는 산출 및 과정 지원과 견줄 만한 일종의 절차 지원을 제시하고 있는 것이다.[68] 연습 항목의 순서 배열을 위한 잘 알려진 전략 중 한 가지인 REP 계열(인식-교정-산출, Gropper, 1983)은 학습자로 하여금 어떤 알고리즘을 적용해야 하는지를 인식하게 하는 항목 인식에서 시작하여 잘못된 알고리즘 적용 부분을 교정해야 하는 항목 교정으로, 그리고 알고리즘을 적용해야 하는 전통적인 항목 산출로 끝맺는다. 그러나 전체 REP 계열은 특수한 상황에서만 필요하다. 그리고 일반적으로 연습 항목은 전통적인 항목에 대한 반복 훈련을 빨리 시작하기 위해 계열화되기도 한다.

분명한 것은 연습 항목의 유형별 배열은 복잡한 알고리즘을 위한 연습 항목 순서에 결합될 수 있다. 복잡한 알고리즘의 A, B, C 부분을 연습했다고 가정해 보자. 그리고 알고리즘의 A 부분을 위한 연습 항목은 B 부분 연습을 시작하기 전에 REP 계열을 통해 항목의 인식 → 교정 → 산출 순서로 진행될 수 있다. B 부분(또는 전향 연쇄나 눈덩이 만들기 접근법, 즉 A 부분 더하기 B 부분)에서 또다시 REP 계열이 적용될 수 있고 그 이후 부분도 마찬가지이다. 그러한 복합적인 계열화 기법은 길고, 복잡하고, 실수하기 쉬운 알고리즘, 경쟁 알고리즘과 쉽게 혼합되는 알고리즘에만 적용된다.

연습 항목의 발산

연습 항목은 발산적이어야 한다. 즉, 알고리즘으로 다룰 수 있는 모든 상황을 대표할 수 있어야 한다. 연습 항목의 발산은 11장에서 논의한 바와 같이 전체 과제의 문제를 위한 연습의 다양성과 다소 유사하다. 그러나 분명한 차이는 있다. 연습 항목의 발산은 알고리즘 규칙(이러한 규칙을 결코 벗어나지 않음)으로 다루어질 수 있는 모든 상황들을 대표하는 것과 관련된다. 절차적 중복(즉, 동일한 요소들)에 근거한 새로운 상황으로 전이될 수 있는, 일련의 광범위한 영역 한정적 생성물을 개발할 수 있는 기회를 편집적인 과정에 부여할 필요가 있다.

---

68) 이것은 연습하는 동안 주어질 수 있는 수행 지원 혹은 스캐폴딩의 모든 형태이다.

반면, 전체 과제 문제의 가변성은 주제 문제 영역의 전문가들이 접할 수 있는 모든 실제 과제 문제의 대표성과 관련이 있다. 그것은 실제 세계에서는 변할 수도 있는 전체 과제의 모든 차원에서의 가변성과 연관된다. 그러한 차원들은 과제 분석을 할 때 항상 고려되는 부분이 아니었다. 전체 과제 문제의 가변성이 편집적 과정을 촉진하지는 못하는 이유는 그러한 가변성이 상황마다 매우 다른 방식으로 수행되는 비순환적 부분 기능과 연관되어 있기 때문이다. 그러나 전체 과제 문제의 가변성은 귀납적 과정에 인지적 쉐마, 즉 동일한 기저 지식의 상이한 사용에 기반한 쉐마 기반 전이를 궁극적으로 일으키는 인지적 쉐마를 개발하는 기회를 부여한다. 고도의 상황적 간섭 결과들이 이러한 개념을 뒷받침해 주는데, 이는 쉐마의 발달과 이후의 전이에 영향을 미치는 것은, 전체 과제 문제에 있어서 소위 가변성이나 발산뿐만 아니라 문제 습득에 걸쳐 구성되는 방식이라는 것을 보여 준다.

사실, 고도의 상황적 간섭은 순환적 부분 기능을 위한 연습 항목의 계열화를 위해서는 필요하지 않다. 반대로, 낮은 간섭은 편집적 과정을 더욱 촉진하는 데 좀더 적합하다고 할 수 있다(예: Jelsma & Bijlstra, 1988; Salisbury, 1990; Salisbury, Richards, & Klein, 1985). 여기서 그러한 낮은 간섭은 분절화, 단순화, 분별화와 같은 부분 과제 계열화 전략의 자연적 결과라는 점에 주목해야 한다. 이러한 전략들에 있어서 연습 항목은 학습자들이 단지 한 세트의 다소 유사한 연습 항목들을 동시에 연습할 수 있도록 과제의 한 부분으로 분류된다. 이렇게 함으로써 학습 과제에 존재하는 맥락적 간섭을 줄인다.

부분 과제 연습을 위한 기본적 계열화 전략은 다음과 같은 교수 전략으로 요약해 볼 수 있다.

- 복합적 알고리즘을 위해서 분별화, 분절화, 혹은 단순화를 사용하여 연습 항목들을 계열화한다.
- 실수하기 쉽고, 잘 혼합되는 복합적인 알고리즘은 절차 지원[인식 항목, 교정 항목, (하위)목표 항목]을 제공해 주는 연습 항목으로 시작한다.
- 발산 연습 항목(즉, 모든 활용 가능한 알고리즘의 대표)을 제공하고 낮은 간섭을 사용한다(즉, 유사한 연습 항목끼리 분류).
- 일반적으로 전통적인 연습 항목에 대한 반복 훈련을 되도록 빨리 시작한다.

12.4   반복 훈련과 과잉 학습

앞에서는 순환적 부분 기능을 위한 부분 과제 연습의 설계에 대한 교수 전략과 방법에 대해 논의하였다. 이러한 방법들은 적절한 정보 제시와 결합하여(13장 참조) 학습자들이 그 기능을 이해하고 정확히 수행하도록 할 것이다. 주요 기저 학습 과정은 컴파일화이다. 그러나 일반적으로 집중적인 과잉 학습이나 과잉 훈련도 순환적 기능을 완전히 자동화시키는 데 있어서 필요하다. 게다가, 주요 기본 장기 학습 과정은 강화이다(이학습 과정에 대한 설명은 3장 참조). 순환적 부분 기능에 대한 완전한 자동화의 욕구 때문에 부분 과제 연습을 하는 경우가 종종 있으므로, 과잉 훈련을 위한 몇몇 전략이나 방법을 이 절에서 따로 논의해 보고자 한다.

과잉 훈련을 위한 교수 방법은 앞절에서 이미 제시된 것에 추가되는 사항이다. 모든 연습 항목이 발산적이며 알고리즘으로 다룰 수 있는 모든 상황을 대표하는 경우라면, 계열화는 과잉 학습 상황에서 더 이상 중요한 부분이 아니다. 더구나 과제는 이미 정확한 수준까지 충분히 숙달되었기 때문에, 전통적인 연습 항목들만이 과잉 훈련에 활용될 것이다. 일반적으로 일관성 개념을 효과적인 과잉 학습이 이루어질 수 있도록 하는 핵심 메커니즘으로 보기 때문에, 먼저 이를 논의해 보고자 한다. 그 다음으로 아래 전략과 방법에 대해 살펴볼 것이다.

- 수행 기준 변경하기
- 시뮬레이션 시간 압축하기
- 간격을 두거나 분산된 연습

일관성 개념

흔히 꾸준히 연습하면 완벽함을 얻을 수 있다고 말하기도 한다. 그러나 이것은 고정된 기능, 즉 주어진 상황이 늘 동일한 반응을 일으키는 기능에 대해서만 적용되는 말이다(Fisk & Lloyd, 1988; Myers & Fisk, 1987). 교수설계에서는 보통 상황과 반응 간의 특정한 일대일 대응 관계에 초점을 두기보다는 보다 높은 수준의 일관성이나 포괄적인 일관성에 주의를 집중한다. 규칙이나 알고리즘은 그러한 포괄적 일관성의 일례이다(Fisk, Lee, & Rogers, 1991; Fisk, Oransky, & Skedsvold, 1988). 이런 견지에서 볼 때 모든 순환적 부분 기능은 일관성이 있으며, 따라서 자동화하기가 쉽다.

그러나 반면에 알고리즘과 같이 보다 상위 수준의 일관성은 엄청난 또는 심지어 무한한 양의 상황을 특정한 반응에 연계시킴으로써, 실용적 측면에서 볼 때 완전 자동화는 거의 불가능하다. 한 가지 간단한 예로, 100 미만의 모든 숫자쌍 더하기에서 인지 기능을 자동화한다고 가정해 보자. 이 기능의 기초는 단순한 알고리즘이다. 하지만 과잉 학습의 경우에서 중요한 것은 알고리즘의 복잡성이 아니라 상황과 반응이 일대일로 대응되는 횟수이다. 여기서 가능한 상황이란 1+1에서 100+100까지의 모든 숫자쌍 혹은 10,000가지 다른 상황(100×100)을 말하는 것이다.[69] 최소한 100가지의 연습 항목이 각각의 상황-반응 쌍의 자동화에 도달하는 데 필요하다고 가정해 보면, 총 100만 개의 항목이 필요하게 된다. 학습자가 각 항목에 평균 5초의 시간을 소요한다면(물론, 처음에는 시간이 더 많이 걸리고 마지막 100개째 항목에는 훨씬 덜 걸리겠지만) 총 500만 초, 즉 자동화 성취를 위해서는 1,388시간(약 174일의 노동일수)이라는 훈련 시간이 걸리게 된다. 이는 왜 대부분의 사람들이 자동적으로 122라고 대답하는 대신에 37+85의 합을 계산하는지를 명확히 설명한다.

자동차 운전 행위의 기저가 되는 알고리즘은 덧셈의 알고리즘보다 더 복잡할 수 있다. 곧은 간선 도로 상에서 진로를 유지하는 기능을 자동화시키고자 한다고 가정할 때, 학습자가 직면하는 상황은 자동차의 앞부분이 도로선과 이루는 각도로 볼 수 있다. 1도의 정확도를 기준으로 왼쪽이나 오른쪽으로 최대 45도로 각도를 수정할 수 있다고 한다면(도로에서 이보다 더 급격한 각도는 찾아보기 힘들다.), 거기에는 90가지의 다른 상황이 있게 된다. 만약 여기에 다시 각 상황-반응 쌍을 자동화하기 위해 최소한 100개의 연습 항목이 필요하다고 가정한다면, 총 9,000개의 항목이 필요하게 되는 것이다. 학습자가 각 항목을 수행하는 데 평균 1초의 시간이 걸린다면(맨 처음 항목에서는 좀더 오래 걸릴 것이고, 맨 마지막 항목에서는 더 짧은 시간이 걸릴 것이다. 이것은 왜 초보 운전자들이 첫 운전 연수시 일직선으로 운전하지 못하는지에 대한 설명이 된다.), 총 9,000초의 훈련 시간이 걸린다. 즉, 자동화에 도달하기까지 단 2시간 반의 시간이 걸린다는 것이다. 이는, 왜 대부분의 사람들이 간선 도로에서 심지어 동승객들과 대화를 나누면서도 차를 똑바로 모는 데 거의 어려움을 느끼지 않는지를 잘 설명해 준다.

이러한 예들은 다소 과도하게 단순화된 경향이 있긴 하지만, 순환적 부분 기능의 완전한 자동화를 위한 훈련이 항상 가능한 것은 아니라는 것을 확실히 보여 준다. 이 점은 학습자들에게 집중적인 과잉 훈련을 제공하고자 하는 결정을 내리기 전에 반드시 고려해 보아야 하는 부분이다.

---

[69] 간결성을 위해 교환성의 원리는 고려되지 않는다.(따라서, 34+11은 11+34와는 다른 상황으로 간주한다.)

실행 기준 변경

앞절에서 설명한 바와 같이, 순환적 부분 기능을 위한 연습의 설계는 고도의 정확성 획득에 목적이 있다. 따라서 연습 후 학습자들은 절차를 수행하거나 규칙을 적용할 때 거의 혹은 전혀 실수를 하지 말아야 한다(그러한 행동의 표준은 원리화된 기능의 분해 부분에서 설명하였다. 6장 참조). 그러나 항상 최고의 정확성을 획득하는 것이 궁극적인 목표는 아니다. 완전 자동화의 맥락 안에서는 극도의 정확성을 위한 과잉 훈련은 오히려 비생산적일 수 있다. 자동화되어야 할 많은 순환 기능들에 있어서 목표는 받아들여질 수 있는 수준의 정확성을 가지고 매우 빠르게 그 기능을 다른 기능과 함께, 그리고 궁극적으로는 전체 과제의 맥락 안에서 수행할 수 있는 능력의 획득에 있다. 이러한 목표를 달성하기 위해 전문화된 훈련이 필요할 수 있다.

먼저 요구된 수준의 정확성과 속도에 대한 적당한 압박을 갖고 수행되고 있는 순환적 부분 기능을 훈련하는 것이 중요하다. 속도 압박이 없는 경우, 학습자들은 최고의 정확성에 도달하는 데 좀더 느리고 통제된 과정을 따르게 될 것이다(예: 절차상의 단계를 의식적으로 따르게 됨). 그러나 자동화 과정은 보통 0.5초도 안 되는 시간에 일어나는 빠른 과정이기 때문에, 속도 압박을 받는 학습자들은 자동화 발달 속도를 촉진하게 된다.

두 번째로, 속도 기준을 달성한 후 순환적 부분 기능은 다른 능력을 요구하는 기능들과 함께 시분할 조건하에서 훈련되어야 한다. 명백히, 이전의 정확성 및 속도 기준 역시 시분할 상황에 적용된다. 더 많은 순환적인 기능이 별개의 부분 과제 방식으로 훈련된다면, 그러한 기능들을 결합하는 것이 가장 좋다. 그 후에 그 순환 기능들은 전체 과제의 맥락 속에서 연습될 수 있다. 일반적으로 높은 작업 부하하에서 수행되는 복합적 인지 기능(항공기 관제, 대형 화학 공장의 고장 수리, 항구에서 선박 조종)의 경우 작업 부하가 점차적으로 높아지는 환경에서 전체 과제를 훈련시키는 것이 바람직하다.

시뮬레이션 시간 압축

순환 기능의 완전 자동화에 도달하기 위해서는 수천 혹은 수만 개의 연습 항목이 필요한 경우가 매우 흔하다. 몇몇 순환 부분 기능의 경우, 정상적인 조건하에서 그 기능을 연습하기 위해서는 어마어마한 양의 시간이 필요할 수도 있다. 그러한 기능의 예로는 대형 선박 조종(예: 초대형 유조선), 느린 속도로 반응하는 생산 과정 통제, 단 몇 분 후 일어나는 자연 현상 예측하기 등이 있다. 이 경우 충분한 연습 항목을 제공할 수 있도록 하기 위해 시뮬레이션 시간[70]을 크게 단축해야 할 필요성이 있다.

시뮬레이션 시간 압축의 한 가지 예는 화학 처리 공정의 제어 과정에서 살펴볼 수 있다. 대규모 공장에서 특정 제어 장치의 변화는 1시간 혹은 그 이상의 장시간 후에야 생산 과정에 영향을 미친다. 오작동 부품으로 인한 문제를 보충하기 위해 생산 과정을 수동으로 제어하는 방법을 훈련하려면 2시간의 10의 인수, 혹은 그 이상으로 시간을 압축하는 것이 바람직한 경우가 많다(Jelsma, 1989). 또다른 예로, Schneider (1985)는 항공기 관제의 상황에서 항공기가 어디에서 회전을 해야 하는지에 대한 판단을 내리는 순환적 기능 연습에 대해 논의하였다. 이러한 항공기 선회는 정상적으로는 5분이 걸리지만, 시뮬레이션 시간을 100의 인수로 압축하여 단 1/2초 만에 연습 항목을 완료할 수 있도록 하였다. 이렇게 함으로써 정상적으로 한다면 1년 내내 훈련해야 할 내용보다 더 많은 항목을 하루 동안에 연습할 수 있도록 하였다.

간격 또는 분산 연습

상대적으로 짧고 사이사이에 간격을 두는 반복 훈련(예: 분산된 연습)은 장시간의 집중 반복 훈련(예: 집적된 연습)보다 더욱 좋은 결과를 제공한다. 한 기능에 대해 한 수업 시간 내에 추가 연습을 시키는 것은 효과가 없다는 증거가 일관되게 나타난다. 예를 들어 Bray의 연구(1948; Salisbury, 1990에서 인용)에서, 전형적인 순환적 기능 중 한 가지인 모스 부호 사용을 위한 학습시 하루 4시간 연습한 경우와 하루 7시간 연습한 겨우를 비교하였다. 두 연습 일정 사이에는 어떠한 차이도 나타나지 않았다. 따라서 하루 7시간 학습 그룹에 속한 학습자들은 명백히 3시간의 추가 연습 시간을 낭비했던 것이다.

여기에 덧붙여, 반복 훈련 기간 사이에 간격 시간이 길수록 그 반복 훈련은 더욱 효과적임을 나타내는 연구들이 있다(예: Gay, 1973). 이러한 결과들은 반복 훈련이 여러 기간에 걸쳐서 제공되어야 하며, 보다 바람직하게는 다른 학습 활동과 혼합되어야 한다는 점을 시사한다. 이것은 다음 부분에서 더 논의하기로 한다.

---

70) 때로는 시뮬레이션 시간을 압축하는 것이 전체 과제 문제에 있어서 가능한 동시에 바람직하기도 할 것이다. 그에 대한 전략은 주로 부분 과제 연습에 적용되기 때문에 여기서 논의하도록 한다.

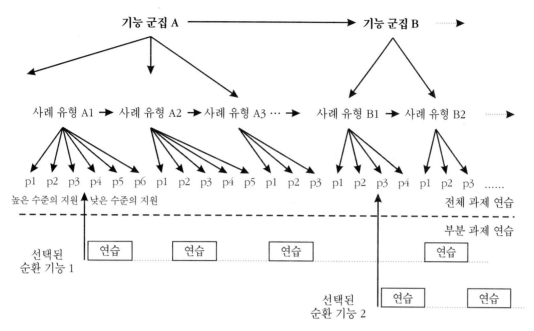

그림 12.1 부분 과제 연습을 훈련 프로그램 기본 청사진에 연결하기

12.5   부분 과제 연습을 청사진에 연결하기

선택된 순환적 부분 기능을 위한 부분 과제 연습은 학습자가 그 기능을 전체 과제 수행에 연관시킬 수 있을 때 제공되어야 한다. 일반적으로, 선택된 순환 기능의 수행이 필요한 첫 번째 유형의 사례는 확인해야 한다.[71] 그림 12.1에 나타나 있듯이, 부분 과제 연습은 이러한 사례 유형이 일어나는 동안, 더 바람직하게는 해결 예나 이미 제시된 풍부한 산출 혹은 과정 지원과 함께 다른 문제 형식 이후에 시작할 수 있다. 이렇게함으로써 학습자들에게 적합한 인지 맥락을 제공해 줄 수 있다. 부분 과제 연습은 이때부터 혼합 훈련시 전체 과제 연습과 가장 잘 병합되며, 간격 연습을 제공하여 학습자들로 하여금 그 순환 기능을 전체 기능에 통합할 수 있도록 해 준다. 부분 과제 연습이 한 개 이상의 순환 부분 과제에 제공되는 경우 똑같은 원리가 적용되어야 한다. 그러한 부분 기능에 대한 연습은 연습을 분산시키고 부분 기능들 간 상호 관계의 인식을 돕기 위해 혼합될 수 있어야 한다(Schneider, 1985).

핵심적 가변 기능(critical variable skills)에 대한 부분 과제 연습은 전체 과제 연습

---

71) 한 기능군에 속한 모든 사례 유형은 동일한 전체 과제의 단순화된 형태이기 때문에, 이것은
   종종 특정한 기능군에 대한 첫 번째 유형의 사례가 되기도 할 것이다.

과 부분 과제 연습 간의 관계에 각별한 관심을 부여하게 된다. 핵심적 절차는 학습자들이 알게 될 모든 상황에 대처할 만큼 강력하지는 않지만, 그 절차에 대한 광범위한 연습이 제공될 것이다. 부분 과제 연습이 절차의 자동화에 목적을 두는 반면, 전체 과제 연습은 습득한 절차를 사용하려는 학습자들의 노력이 막다른 골목에 놓이게 되는 상황들과 연관될 수 있을 것이다. 전체 과제 연습 중에 그러한 막다른 상황은 학습자들에게 "자동 모드"에서 문제 해결 모드로 전환하는 훈련을 시킬 때 적극적으로 사용될 수 있다. 그러나 부분 과제 연습을 하는 동안에는 학습자들에게 이러한 형태의 활동이 가진 제약(그리고 잠재적 위험 요소)에 대해 인식시켜야 한다. 결론적으로 부분 및 전체 과제 연습을 혼합함으로써 목표 도달에 도움을 줄 수 있을 것이다.

반복 연습형 컴퓨터 프로그램

컴퓨터는 반복 연습의 사용으로 인해 비판을 받는 경우가 종종 있지만, 재미있고 효율적인 부분 과제 연습을 제공하는 가장 훌륭한 능력을 가지고 있는 매체이기도 하다(예: Leshin, Pollock, & Reigeluth, 1992; Salisbury, 1990; Schneider, 1985). 대부분의 비판이 이 점을 놓친 듯하다. 컴퓨터에 기반을 둔 반복 연습은 이제 좀더 강력한 사실 기반(authentic) 문제 해결 중심의 학습 환경과 비교된다. 4C/ID 모형에 따르면, 부분 과제 연습은 좀더 실제와 가깝고 실생활에서의 수행에 초점이 맞추어진 전체 과제 연습에 늘 추가되는 방법이라는 점을 명백히 해야 한다. 그러나 부분 과제 연습은 어떤 결정적인 순환 기능을 (과잉)학습하거나 전체 과제 연습 및 궁극적 과제 수행을 더욱 효과적으로 하기 위해 필요할 것이다. 따라서 컴퓨터는 다소 자동적인 기능의 발달을 돕는 이상적인 매체가 될 수 있다. 그 이유는 컴퓨터는 모든 종류의 절차 지원을 제공할 수 있고, 시뮬레이션 시간을 압축하거나 즉각적인 피드백 또는 결과를 제공해 줄 수 있으며, 그래픽적인 예시도 사용할 수 있고 신호를 줄 수도 있기 때문이다. 더욱이, 그러한 반복 연습 컴퓨터 프로그램들은 훈련 프로그램과 함께 융통성 있게 병행하여 전체 과제 훈련과의 혼합 훈련을 제공하거나, 학습자들이 원하는 때에 언제든 관련된 부분 과제 연습을 가능하게 해 줄 수 있다.

12.6 요약

12장에서는 부분 과제 연습의 설계를 위한 지침을 제시하였다. 이러한 부분 과제 연습은 편집 방법으로 규칙 자동화를, 그리고 강화로 완전한 자동화를 촉진해야 한다. 먼저, 부분 과제 연습이 전체 과제 연습에 추가되어야 하는 상황 조건들에 대해 알아보았다. 그리고 부분 과제 훈련을 위한 몇 가지 일반적인 형태의 연습 항목과 적합한 형태를 선택하기 위한 지침에 대해서도 살펴보았다. 미시 수준의 연습 항목 계열화는 알고리즘의 복합성과 연습 항목의 형태, 그리고 연습의 확산과 관련되어 있었다. 또한 별도로 과잉 훈련을 위한 교수 전술과 전략을 제시하였다. 끝으로, 부분 과제 연습과 훈련 프로그램의 기본 청사진 간의 연계에 대해 다루어 보았다. 본장은 아래의 요점들로 간단히 요약될 수 있다.

- 부분 과제 연습은 항상 필요한 것은 아니다. 그것은 (1) 매우 핵심적인 순환적 부분 기능, 혹은 (2) 자동화가 전체 과제 연습이나 최종적 전체 과제 수행의 효과에 광범위하게 긍정적으로 영향을 미칠 것이라고 예상되는 순환적 부분 기능에 사용된다.

- 부분 과제 연습의 설계는 편집 방법과 규칙의 자동화를 촉진해야 한다. 설계 활동이란 항상 전체 과제 연습에 추가적이고 훈련 프로그램의 기본 청사진에 연결될 수 있는 연습에 대해 기술하는 것이다.

- 일반적으로 전통적인 연습 항목은 부분 과제 연습에 사용된다. 특수한 상황(복합적이거나, 실수하기 쉽거나, 쉽게 혼합되는 알고리즘)하에서, 다른 형식들(교정 항목, 인식 항목, 하위 목표 항목)은 절차 지원을 제공하기 위해 사용될 수 있다.

- 복합적인 알고리즘에 있어서 연습 항목들은 분절화, 단순화, 분별화와 같은 부분-전체 접근법에 기초하여 계열화될 수 있다. 이렇게 함으로써 간섭을 낮출 수 있다. 또한 연습 항목은 확산적이어야 한다.

- 실제적 측면에서 모든 순환적 부분 기능은 완전한 자동화에 도달할 수 없는데, 이는 그러한 기능들이 너무나 많은 알려진(주어진) 상황을 다루기 때문이다. 과잉 훈련을 설계하기 전에 이 점을 반드시 고려하여야 한다.

- 과잉 훈련은 완전 자동화에 도달하기 위해 필요하다. 수행 기준은 처음에는 정확성, 그 다음은 속도와 병행되는 정확성, 그리고 최종적으로 시분할적 조건 혹은 고도의 전체 작업 부하 조건하에서 속도와 병행되는 정확성을 포함하는 쪽으로 점진적으로 변화되어야 한다.

- 느린 속도로 반응하는 시스템에 관련된 순환 기능의 과잉 훈련을 위해서는 충분한 연습 항목을 허용할 수 있도록 모의 연습 시간을 압축해야 한다.

- 학습자에게 순환 기능을 전체 과제와 연관시키거나 통합할 수 있는 기회를

제공하기 위해 부분 과제 훈련은 전형적으로 전체 과제 훈련과 혼합되어야한다.

핵심 개념

간격을 둔 연습 대 밀집된 연습	spaced vs. massed practice
(핵심) 고정 기능	(critical) consistent skills
교정 연습 항목	edit practice items
낮은 간섭	low interference
눈덩이 접근법	snowball approach
단순화	simplification
반복 연습형 컴퓨터 프로그램	drill-and-practice computer programs
부분 과제 연습	part-task practice
분별화	fractionation
분절화	segmentation
산출 연습 항목	produce practice items
속도 압력	speed stress
수행 기준	performance criteria
시뮬레이션 시간 압축하기	compressing simulated time
시범	demonstrations
시분할	time sharing
연습의 발산	divergence of practice
연습 항목	practice items
이정표 연습	milestone practice
인식 연습 항목	recognize practice items
일관성 개념	consistency concept
전통적 연습 항목	conventional practice items
전향 연쇄	forward chaining
절차 지원	procedure support
포괄적 일관성	global consistencies
하위 목표 연습 항목	subgoal practice items
핵심 가변 기능	critical variable skills
혼합 훈련	intermix training
REP 계열	REP-sequence

제**13**장

적시 정보의 제시

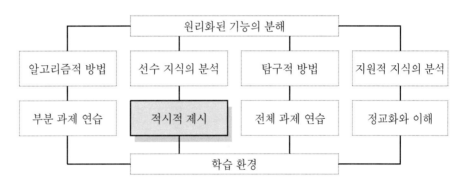

파트 C3의 개요도. 적시 정보의 제시

이 장에서는 적시(Just-in-Time: JIT) 정보 제시 설계를 위한 교수 전략과 방법에 대하여 살펴보고자 한다. 여기서 말하는 정보 제시 유형은 복합적 인지 기능의 **순환적** 측면을 학습해서 실행하는 것과 관련된 정보에만 초점을 둔다. 따라서 비순환적 부분 기능에 관련된 정보를 제시하기 위해서 이 방법은 옳지 않다. 이 장에서 제시한 활동을 따라 하면, 복합적 인지 기능의 순환적 측면의 획득을 촉진하기 위하여 **어떤** 정보를, **언제**, **어떻게** 제시해야 할 것인가를 상세화한 훈련 프로그램의 청사진을 그려 볼 수 있게 될 것이다. 이 청사진에서 JIT 정보는 다음과 같은 형태로 제시될 수 있다.

- 전체 과제(whole-task) 연습 중, 연습해야 할 전체 과제의 **순환적인** 측면에 관련된 내용만을 다룰 경우
- 부분 과제(part-task) 연습 중, 연습해야 할 순환적 부분 기능 중에 어떤 특정 부분에 대한 내용만을 다룰 경우

이 장에서 제시하고 있는 대부분의 예제나 그림은, JIT 정보 제시는 전체 과제 연습의 맥락에서 일어나는 것임을 가정하고 있다. 그러나 JIT 정보 제시의 원리는 부분 과제 연습에서도 동일한 원칙이 적용된다. 학습자들에게 어떤 정보를 제공해야 하는 것인가에 대한 의문은 순환적 부분 기능과 그 기능의 선수 지식 분석을 통하여 부분적으로 해결될 수 있다. 분석을 통해서 다음과 같은 정보를 얻을 수 있다.

- 순환적 부분 기능의 올바른 실행에 필요한 절차와 규칙(7장 참조)
- 이 절차와 규칙을 학습하고 실행에 필요한 선수 기능에 해당되는 사실과 단순한 쉐마(개념, 계획, 원리)(8장 참조)

순환적 부분 기능과 선수 지식을 적절히 분석하면, 학습자의 출발점 수준, 즉 다시 말하면 최하위 수준의 능력을 가지고 있는 학습자에게 제시해 주어야 할 적합한 수준의 모든 지식들이 드러나게 된다. 이러한 정보와 함께, 학습자에게 학습 후에 질 높은 실행을 하도록 해 줄 수 있는 **피드백**과 정보를 제시해 주는 것은 대단히 중요하다. 거듭 말하지만, 이 장에서 다루고자 하는 피드백 제시의 교수 전략은 복합적 인지 기능의 순환적 측면만을 대상으로 한다. 인지 기능의 비순환적 측면의 실행을 위한 피드백은 다른 교수 전략이나 기법이 이용되어야 한다(14장 참조).

JIT 정보 제시는 학습자의 기억(memory) 안에서 고도의 영역 특수적인 절차적 구조(highly domain-specific procedural structure)를 빠르게 개발할 수 있도록 설계되어야 한다. 부분 과제 연습을 설계할 때에는 지식의 컴파일화(compilation)가 강조되어야 한다. 지식의 컴파일화가 일어나기 위해서는 과제를 연습하는 동안 필요한 정보가 활성 기억(working memory)에 활성화되어 있어야 한다. 이를 위해 JIT 정보는 가장 필요한 때 제시되거나, 적어도 연습 중에 곧바로 활용 가능해야 한다. 4C/ID 모형은 영역 한정적 규칙으로 표현된 정보의 **제한적 부호화**(restricted encoding)가 효과적인 JIT 정보 제시의 설계를 통해 촉진해야 하는 핵심 과정임을 전제로 하고 있다. 그 정보를 선언적 지식으로 기존의 쉐마에 저장하는 것은 핵심적인 일이 아니다. 따라서 정보를 제시할 때 그 정보를 장기 기억의 관련 지식 구조에 연결할 필요는 없다.

이 장은 다음과 같이 구성되어 있다. 13.1절에서는 절차와 규칙을 제시하는 방법,

그리고 이러한 절차와 규칙을 올바르게 적용하는 데 필수 불가결한 문제를 다룰 것이다. 이러한 정보의 분할 방법과 제시의 시기 문제를 중심으로 살펴보고자 한다. 13.2절에서는 예의 사용에 대해 살펴보고자 한다. 예(examples)는 규칙이나 절차가 어떻게 적용되는가에 대한 **시연**(demonstration)과 선수 개념, 계획, 원리의 **보기**(instances)를 포함한다. 13.3절에서는 순환적 부분 기능에 대한 피드백의 설계에 대하여 다룰 것이다. 13.4절에서는 페이딩에 대하여 다룰 것이다. 페이딩은 학습자들의 전문성(expertise)이 증가할수록 정보 제시의 필요성이 감소한다는 것을 의미한다. 13.5절에서는 훈련 프로그램의 설계에서 JIT 정보 제시를 어떻게 연결할 것인지에 대한 지침을 제시하려고 한다. 마지막으로 이 장의 내용을 요약하였다.

13.1　분할과 JIT 정보의 제시

순환적 부분 기능과 선수 지식을 옳게 분석해야 절차적 단계나 명확한 규칙에 기초한 정보 분할을 할 수 있다. 따라서 각각의 단계나 규칙은 단계 실행이나 규칙 적용을 하게 해 주는 선수 지식(사실, 개념, 계획, 원리)과 연결되어야 한다. 4C/ID 모형에 따르면, 정보의 분할은 JIT 정보 제시의 설계를 위한 견고한 토대를 제공해 주는 최적의 기반이 된다. 새로운 정보를 비교적 작은 크기로 동시에 제시할 때만이 인지적 과부하를 막을 수 있기 때문에, 작은 크기로 정보를 구조하는 것이 적합하다고 전제할 수 있다. 또한, 새로운 정보는 활성 기억에서 실패하지 않기 위해서는 비교적 짧은 시간 동안에 머물러 있어야 하기 때문에 정보 제시의 타이밍이 중요하다. 새로운 정보에 대한 활성 기억의 실패는 그 정보를 정확하게 컴파일하지 못하게 하고, 결국 순환적 부분 기능을 제대로 실행하지 못하게 될 것이다. 요약하면, 필요한 정보는 핵심적인 내용으로 반드시 간추려져야 하고, 기능 획득 과정에서 점차 정교화되어야 한다.

　　따라서 정보 제시의 적시성(timeliness)과 직접적인 가용성은 효과적인 정보 제시를 통해 지식의 컴파일을 촉진하기 위한 핵심적인 교수 방법이다. 또한 효과적인 정보 제시는 학습자를 어렵게 하는 절차적 단계와 규칙, 관련 선수 지식에 대한 별도의 도움을 제공해야 한다. 이 절에서는 먼저 JIT 정보 제시에 대한 네 가지 전반적인 교수 전략을 다루고 나서, 어려운 절차, 단계, 규칙을 설계하기 위한 공통된 교수 방법에 대하여 살펴보고자 한다. 전반적인 전략은 다음과 같다.

- JIT 정보와 그 정보와 관련된 전체 과제 문제의 직접적 제시
- 부분 과제 연습 항목에 대한 JIT 정보의 직접적 제시

- 연습 중 필요한 관련 정보를 **학습 보조 도구**에서 쉽게 얻도록 할 것
- 학습자가 연습을 하기 전에 관련 정보를 기억하게 함으로써 관련 정보를 쉽게 찾게 할 것

전체 과제 문제에 대한 JIT 정보의 직접적인 제시

JIT 정보 제시의 표준적인 한 방법으로 4C/ID 모형에 따르면, 학습자가 전체 과제 문제의 순환적인 측면을 학습하기 위하여 JIT 정보를 필요로 할 때, 특정한 순환적 부분 기능을 실행하는 데 필요한 **부분 정보**(information unit)를 제시할 것을 제안하고 있다. **처음에는** 첫 전체 과제 문제와 관련된 정보를 함께 직접 제시한다. 똑같은 순환적 부분의 실행이 요구되는 후속 전체 과제 문제를 위해서 부분 정보의 제시는 점차로 줄여도 될 것이다(13.5 참조). 부분 정보는 다음과 같다.

- 다루고 있는 기능의 순환적 측면의 올바른 실행을 기술하는 절차적 단계나 규칙(7장 참조)
- 각각의 절차적 단계 혹은 규칙(rule)에 대하여 절차적 단계를 실행하거나 규칙의 적용에 필요한 선수 지식으로, 여기서 지식은 사실, 개념, 계획, 원리를 말한다(8장 참조).

따라서, 정보의 각각의 단위는 절차와 선언적 정보에 대한 하나의 통합적 쉐마인데, 이 쉐마는 절차적 단계 혹은 규칙을 제대로 학습해서 실행하는 데 필수 불가결한 사실, 개념, 계획 혹은 원리, 그 절차와 규칙의 종합된 형태로 이루어져 있다. 이런 유형의 부분 정보는 "교수 방법(how-to instruction)" 혹은 "규칙 기반의 교수 프로그램(rule-based instruction)"의 특징을 가지고 있다(Fisk & Gallini, 1989). 이러한 부분 정보에 대한 대부분의 요소는 그 기능 혹은 일반 원리(generalities)(Merrill, 1983)에 대한 일반적인 기술문으로 되어 있음에 주목할 필요가 있다. 예를 들어, 단계나 규칙이 다양한 상황에 적용될 수 있다면 일반적이다. 개념이 사물이나 현상의 범주를 의미할 경우 일반적이다. 계획이 해결 양식의 범주를 나타낼 경우, 원리가 사물과 현상의 범주들 사이의 관계 변화를 나타낼 경우가 일반적이다. 제시할 정보가 평범한 사실일 경우 일반 원리는 존재하지 않는다.

부분 정보에 포함된 일반 원리에 대하여 일반 원리를 설명하거나 모범이 되는 예를 제시하는 것이 가능하다. 절차, 절차적 단계, 혹은 규칙에 대한 예를 제시하는 것을 시범이라고 한다. 개념, 계획, 원리에 대하여 예를 제시하는 것을 보기(instances)라고

한다. 정보 제시와 연습 간의 밀접한 관계를 명확히 하기 위해, 부분 정보와 부분 정보에서 설명하는 일반 원리의 예로 문제 형식(problem format)을 처음에 함께 제시하는 것이 바람직하다. 모형화 예(modeling examples), 해결 예(worked-out examples), 완성형 문제(completion problems), 역순 문제(reverse problems), 모방 문제(imitation problems) 같은 다양한 문제 유형이 이러한 목적을 달성하기 위해 이용될 수 있다(11장 참조).

예를 들어, 고장 수리(troubleshooting) 영역에서의 순환적 기능은 가능하면 예상 밖의 상황을 간파할 수 있도록 모범적인 절차의 실행을 제시할 필요가 있다. 부분 정보는 이러한 절차 또는 절차 학습에 필요한 선수 지식에 대하여 일반적인 기술을 해야 한다. 부분 정보는 일반적으로 절차의 적용이 필요한 최초의 전체 과제 문제와 함께 제시되어야 한다. 예를 들어, 만약 과정 지향적인 모방 문제가 이러한 부분 정보와 연결되어 있다면 학습자는 특정한 문제 해결의 문제 상황에서 절차를 수행해야 한다. 그러나 그 절차의 실행 또한 유사한 문제 해결의 상황에서 **시범을 통해 제시되어야 한다**(예를 들어, 교수자 또는 비디오 자료에 의해). 따라서 이러한 유형의 시범은 절차 자체에 대한 예를 제공할 뿐 아니라 전체 과제[72]를 수행하는 상황에 대한 시범을 보이고, 연습을 위해 관련 정보를 직접 제시해야 한다.

다른 예로서, 화면 설계 영역에서의 순환적 기능은 폰트 유형이나 크기를 선택하는 일련의 규칙을 어떻게 적용하는지를 보여 주어야 한다. 그러한 규칙에 대한 선수 지식은 가독성의 원리를 설명하는 것일 수 있다. 부분 정보는 규칙에 대해 일반적인 설명을 하거나 규칙을 보다 잘 이해할 수 있도록 하는 원리를 제공해야 할 것이다. 예를 들어, 부분 정보에 해결 예가 연결되어 있다면 해결 예는 가독성의 원리를 표현하는 완성된 화면 설계의 형태(그러한 원리에 대한 보기를 제공하는)일 수 있다. 이어지는 통상적 문제는 적합한 폰트 유형이나 크기를 선택하는 규칙에 따라 학습자가 화면 설계를 해 보도록 해야 한다. 다시 말해서, 해결 예는 가독성의 원리에 대한 보기를 제공할 뿐 아니라 화면 설계의 다양한 측면을 설명할 수 있어야 한다. 원리에 대한 보기는 전체 과제의 상황에서 제시되어야 한다. 예(시범과 보기)의 제시에 대하여 13.2절에서 자세히 살펴보기로 한다.

부분 정보를 구성하는 일반 원리에 대해 재논의하자면 **교육적 상세화**(didactic specification)(Resnick, 1976)에 대하여 더 살펴보아야 한다. 일반적으로 교육적 상세

---

72) 만약 하나 이상의 기능 군집이 거시적 계열화 중에 정의되어야 한다면 전체 과제가 전체의 복합적 인지 기능과 같아야 할 필요가 없다는 점을 상기해야 한다.

화는 순환적 부분 기능에 대한 분석을 통해 산출한 정보와 선수 지식을 학습자에게 제시하기 가장 적절한 형태로 변형시키는 것이다. 본질적으로 이러한 교육적 상세화는 설계할 교수 프로그램의 대상 학습자가 명확히 이해할 수 있도록 사실이나 일반 원리를 형식화하는 것이다. 예를 들어, 길고 복잡한 절차는 그래픽으로 나타내는 것이 효과적이다. 그리고 도구와 대상(물리적 모형)에 대한 개념적 지식은 도식이나 분해도(구성도)로 나타내는 것이 효과적일 것이다. 이러한 미시적 메시지 설계는 이 책에서 자세히 다루지 않는다.

부분 과제 연습 항목을 위한 JIT 정보의 직접적인 제시

분명히, 지금까지 살펴본 것 이상으로 JIT 원리를 더 발전시켜 나갈 수 있다. 기능의 순환적 측면에 대한 정보를 그 정보와 관련된 최초의 전체 과제 문제에 연결시키는 대신, 특정한 하나의 단계나 규칙, 그리고 관련 선수 지식에 대한 정보를 학습자가 이러한 단계를 실행하거나 규칙을 적용해야 하는 시점에 정확히 제시할 수 있다. 그러나 전체 과제 연습의 상황에서 이처럼 하나의 **부분 단계 교수 프로그램**(single-step instruction)을 적용하기는 대단히 어렵다. 이는 학습자가 전체 과제 문제를 학습하는 동안 비순환적 기능을 포함하여 많은 부분 기능을 동시에 그리고 번갈아 수행한다는 사실에서 기인한다. 이로 인해 학습자가 기능의 특정 순환적 측면에 대한 새로운 특정 단계나 규칙을 수행하는 데 정보가 필요한 정확한 시점을 결정하기 어렵다. 이상적으로 교수자가 학습자의 전체 과제 수행을 면밀히 모니터한다면, 기능에서 하나의 순환적 측면을 설명하는 새로운 절차적 단계나 규칙에 대한 정보를 학습자가 언제 필요로 하는지 예측할 수 있다. 그러나 일례로, 현재의 컴퓨터 기반 교수 시스템은 일반적으로 단계별 JIT 정보의 제시가 필요한 정확한 시점을 결정하기 위해 학습자의 역동적이고 예측 불가능한 전체 과제 수행을 모니터하고 해석할 수 있을 만큼 강력하지 못하다.

그럼에도 불구하고, 부분 단계 교수 프로그램은 길거나 복잡한 절차 또는 방대한 규칙의 특성을 가진 순환적 부분 기능의 훈련에 유용한 방법이다. 일반적으로 추가적인 부분 과제 연습이 그러한 순환적 부분 기능을 익히기 위해 필요할 것이다. 여기서 연습 항목은 **하나의** 순환적 부분 기능만을 다루며, 일반적으로 분절화(segmentation), 단순화(simplification), 분별화(fractionation)(12.3절 참조) 같이 "부분에서 전체(part-whole)"로의 접근 방식에 따라 계열화되어야 한다. 그러한 연습 항목에 있어서 특별한 절차적 단계나 규칙에 대한 학습자의 수행을 역추적해 보는 것은 비교적 쉬운 일이다.[73] 예를 들어, Landa(1983)는 그렇듯 복잡한 절차에 대한 정보를 제시하기 위해서는 단계적 접근이 바람직하다고 보았다. 이러한 방식대로라면 세부 규칙이나 절차적 단계 그리고 관련 선수 지식은 학습자가 단계별 실행을 하거나 규칙을 적용해야 하는 바로 그 순간에 제시되어야 한다. 일종의 지원 시스템이 이러한 단계적 패러다임에 맞게 활용되어야 할 것이다. 부분 과제 연습을 하는 동안, 시스템은 각각의 단계나 규칙 및 관련 선수 지식을 필요한 적용 시점에 제시한다. 절차는 그래픽으로 제시할 수 있으므로, 관련된 다음 단계는 수행이 필요한 시점에 어떤 식으로든 강조할 필요가 있다. 관련 선수 지식은 강조할 부분에 연결되어 있거나 포함되어 있어야 한다.

정보의 적시 적용 가능성: 학습 보조 도구

직접 적시 정보를 제시할 때 필요한 것은, 학습자들이 직면할 전체 과제 문제 또는 연습 항목에 대한 어느 정도의 통제권을 교수설계자가 가진다는 것이다. 이러한 통제권은 문제나 연습 항목에 부분 정보를 연결할 수 있도록 하기 위해 필요하다. 그러나 설계자가 필요한 통제를 할 수 없는 상황이 있을 수 있다. 예를 들어 "작업 중(on-the-job)" 훈련을 실시하는 경우, 학습자는 실제적이기는 하지만 설계자가 미처 예상하지 못한 문제와 마주칠 수 있다. 이러한 문제들의 순환적인 측면을 실행하는 학습자를 지원하기 위해 (온라인)도움 시스템(help system), 체크리스트, 매뉴얼 같은 학습 보조 도구[74]가 개발되어야 한다. 따라서 전체 과제 문제의 순환적 측면을 실행하는 데 필요한 정보는 적시에 **직접** 제시하지 않지만, 관련된 부분 연습을 하는 동안에는 학습자가 정보에 쉽게 접근하고 활용 가능하도록 해 주어야 한다.

　이러한 관점에 동의하는 Caroll, Smith-Kerker, Ford, Mazur-Rimetz(1986, 1988)와 Lanzonder(1994) 등은 기본적인 문서 편집 매뉴얼이 단지 실행 방법과 기능의 순환적 측면을 실행하는 데 필요한 선수 정보를 강조하여 요약해서 쉽게 활용 가능한 "**필수 매뉴얼**(minimal manual)" 형식만을 갖추어도 효과적일 수 있다고 제안하였다. 이러한 **필수적 교수 프로그램**(minimalist instruction)과 동일한 견해로, Gong과 Elkerton (1990)은 GOMS 모형을 사용하여 필수 매뉴얼을 설계했다. 문서 작성을 안내하는 전

---

73) 일반적으로 절차적 단계는 시간순으로 정렬되기 때문에 역추적하기 용이하다는 것에 유념해야 한다. 순환적 부분 기능의 규칙 기반 제시는 역추적하기가 더 어려울 수 있다.

74) 이 책에서는 기본적으로 학습 보조 도구와 작업 보조 도구(job aids)를 구분하지 않는다. 유일한 차이점은 학습 보조 도구는 학습 상황에서, 작업 보조 도구는 학습 이후의 작업 환경에서 사용한다는 것이다.

통적 시스템을 참조한 학습자보다 GOMS 기반 매뉴얼을 통해 컴퓨터 기반 과제를 수행한 학습자가 시간과 오류를 줄일 수 있었다. Gong과 Elkerton은 이러한 수행 결과의 개선은 대부분이 절차적, 규칙 지향적인 구조와 GOMS 모형이 제공하는 내용 때문에 비롯된다고 주장했다. 더욱 세밀한 분석을 통해 Catrambone(1990)은 세부적이면서도 일반적인 절차적 교수 프로그램을 개발, 보완하기 위해 산출 시스템 모형(production system model)[75]을 사용했다. 학습자들은 생소한 인터페이스 과제를 학습하고 수행하기 위해 절차적 교수 프로그램의 보다 일반적인 특징을 사용하는 한편, 곧바로 이러한 절차를 인터페이스 과제에 적용했다.

Van der Meij와 Carroll(1995) 그리고 Lazonder, van der Meij(1993, 1995)는 학습 보조 도구의 설계를 위한 필수적 원리의 개요를 제시하였다. 네 가지 주요 원리는 다음과 같다.

- 학습자가 이루고자 하는 목표와 이러한 목표에 관련된 과제를 수행하는 방법에 초점을 둘 것
- 설명하고자 하는 모든 내용을 적는 것은 바람직하지 않으며, 짧은 문장으로 작성하고 능동태를 사용하여 텍스트의 기술을 최적화할 것
- 부분 정보는 간결하게 구성하고 끝을 명시하며, 유형별로 다르게 정보를 제시하여 모듈 구조를 제공할 것
- 즉석에서 오류에 대한 정보를 주어서 학습자 스스로 오류를 복구하도록 지원할 것. 즉, 과제 지향 정보(과제 해결에 필요한 정보)와 "오류에 대한 대처 방법"을 함께 제시할 것

기억 접근

직접적인 JIT 정보의 제시와 정보의 적시적 활용 가능성은 모두 연습 중에 기능의 순환적 측면의 실행에 관련된 정보를 쉽게 접할 수 있도록 하는 데 목적이 있다. 연습의 결과로 학습 내용이 영역 한정적인 산출물에 제한적으로 부호화될 수 있도록, 학습자들은 작동 기억에서 이러한 외부 정보를 연습 중에 활성화시킬 것이라고 가정한다. 보다 전통적인 방식은 다소 상이한 경로를 갖는다. 작동 기억에서 정보가 활성화된다는 것은 선언적 장기 기억(long term declarative memory)에서 지식을 인출함으

---

75) 역자 주: 조건과 행동의 형태로 지식을 표현하려는 기법을 산출 시스템, 산출 규칙(production rules) 또는 규칙 기반 시스템(rule-based system)이라고 한다.

로써 이루어진다는 생각이다. 이러한 방법에 따르면, 학습자는 부분 연습을 하기 전에 순환적 부분 기능의 수행에 관련된 정보를 기억하고 있어야 한다. 기억해야 할 지식은 비교적 폐쇄적인 방법에 의해 선언적으로 부호화될 것이다. 그 지식이 학습자의 기존 쉐마로 저장되는 것이 중요하지는 않다. 학습을 하는 동안에 기억 내 관련 지식 구조에 특별히 연결될 필요는 없다.(즉, 정교화가 중요하게 고려되어야 하는 것은 아니다.)

일반적으로 기억이란 학습자들이 보다 능동적인 적시 접근을 하는 데 보탬이 되지 않는 우둔한 행동이므로, 이 접근은 4C/ID 모형에서 **권하지 않는다**. 그러나 불가피하게 기억이 필요한 상황이 있을 수 있다. 이러한 상황의 첫째 특징은, 교수설계자가 학습자가 해결해야 하는 전체 과제 문제의 특성이나 전후 관계에 대하여 통제할 수 없다는 것이다. 이전에 지적한 대로, 이는 흔히 학습자가 직면할 문제를 예측할 수 없는 직무 중 훈련 상황의 경우이다. 이러한 상황의 둘째 특징은 기억이 매뉴얼, 도움 시스템, 또는 기타 학습 보조 도구 같은 외부 정보 제공 도구의 사용에 방해가 된다는 것이다. 이는 수중에서 오일 제어 장치의 수리를 연습하거나, 비행 중에 연료 보급을 연습하는 등, 극한의 상황에서 이루어지는 직무 중 훈련의 경우일 것이다.

기억을 향상시키는 많은 교수 방법들이 교수설계 문헌에 소개되어 있다(예: Reigeluth, 1983a). 대표적인 방법들은 다음과 같다.

- **군집화**(clustering).   비교적 작은 크기로 어느 정도 유의미한 정보의 군집을 정의하기 위한 군집 분석을 하는 데 필요하다(8.3절 참조). 학습자들은 정보의 한 군집을 먼저 기억하고 나서 다음 군집의 정보를 학습할 수 있다.

- **반복**(repetition).   선언적 기억에 정보를 저장하기 위해 학습자로 하여금 큰 소리로 혹은 마음 속으로 계속 반복하게끔 하여 새로운 정보를 기억에 활성화된 상태로 유지하도록 하는 것이다. 이는 단순한 정보의 반복이나 암송(rehearsal)이어서 기계적인 학습이라고 한다.

- **기억술**(mnemonics).   기억술을 사용하면 기억을 촉진할 수 있다. 기억술에는 문장 만들기 법(phrases), 두문어법(acronyms), 시각적 이미지화(visual imagery), 꾀부리기 법(tricks) 등이 있다(Leshin, Pollock, & Reigeluth, 1992).[76]

---

76) 역자 주: 문장 만들기 법은 항목의 첫 글자나 비슷한 글자로 시작하는 낱말을 이용하여 문장을 만드는 것, 두문어법은 기억할 정보의 목록에서 각 항목의 첫 글자만 따서 새로운 구를 만드는 것, 시각적 이미지화는 기억할 항목을 그림으로 표현하여 기억하는 것, 꾀부리기 법은

어려운 일반 원리의 제시

순환적 부분 기능에 대한 경험적 분석을 통해, 학습자들이 일으키는 전형적인 오류가 대상 집단의 구성원들에게서 발견되었다(7.4절 참조). 더 나아가 순환적 부분 기능의 실행을 위한 선수 지식에 대하여 학습자들이 가진 오개념이 확인되었다(8.3절 참조). 정보 제시를 설계하기 위해, 학습자들에게 어렵거나 위험할 것이라고 예상되는 일반 원리에 대하여 각별히 주의해야 할 것이다. 이러한 목적을 이루기 위한 첫째 교수 전략은 주의 집중(attention focusing)이다(Leshin, Pollock, & Reigeluth, 1992; Merrill, 1983). 특정한 부분 정보 중에서 적용하기 어렵고, 위험하며, 쉽게 생략되고, "오류 모형(buggy)"의 대응 요소[77](예: 절차적 오류, 이상 규칙[78], 틀린 규칙)와 쉽게 혼동할 수 있는 절차나 단계에 학습자가 주의를 집중하도록 해야 한다. 더불어, "초보 모형(naive)"의 대응 요소[79](예: 오개념, 틀린 계획, 오해)와 쉽게 상충하는 개념, 계획 또는 원리에 주의를 집중하도록 해야 한다. 코멘트하기, 강조하기, 잘못된 실행의 부정적 결과 지적하기와 같은 테크닉이 학습자들로 하여금 주의 집중을 하도록 하는 데 사용될 수 있다.

어려운 절차나 규칙을 다루는 데 유용한 둘째 전략은 한 가지 형식 이상으로 정보를 제시하는 것이다. **다중 표상**(multiple representations)에는 텍스트 표현, 그래픽 표현, 그림, 순서도, 시각적 표현, 청각적 표현 등이 있다. 일반적으로 다중 표상을 이용하면 기억에서 부호화를 촉진할 수 있다는 생각을 바탕으로 한다. 어떤 심리학 이론에 따르면 기억은 명제적, 선언적 지식과 정신적 이미지로 구분된다(예: Paivio의 "이중 부호화 이론", 1986). 이러한 이론은 특히 언어와 그림을 결합하여 제시할 때 부호화에 효과가 있다고 지적한다. 예를 들어, 어려운 절차는 글로 된 설명 자료와 나란히 순서도를 제시할 수 있다. 또한 어려운 원리는 관련 개념 간의 관계를 시각화한 자료와 음성 설명 자료를 함께 제시할 수 있다.

셋째, 가장 효과적인 전략으로, 정확한 절차적 단계나 규칙과 오류 모형의 대응 요

기억할 항목을 기억하기 쉽거나 이미 알고 있는 다른 단어로 바꾸는 전략이다.

77) 역자 주: 오류 모형 대응 요소는 학습자들의 오류를 개념적 혹은 경험적으로 분석하여 절차적으로 명시한 오류 모형(buggy)에서 학습자들에게 자신의 오류를 추론하도록 제시한 정보이다. 대응 요소로 번역한 것은 각각의 오류 항목이 항상 옳은 절차와 짝을 이루기 때문이다.

78) 역자 주: 이상 규칙(malrule)은 학습자가 개발한 옳지 않은 규칙으로, 수학에서 자신만의 특별한 계산 요령으로 추론하여 문제를 해결하는 경우가 이에 해당한다.

79) 역자 주: 학습자들의 선수 지식이 부족하여 생길 수 있는 개념적 실수를 목록화한 정보

소(오류 규칙, 이상 규칙)를 비교 및 대조하여 제시하는 방법과 선수 개념, 계획, 원리를 각각의 초보 모형 대응 요소(오개념, 틀린 계획, 오해)와 비교 및 대조하여 제시하는 방법이 있을 수 있다. 이러한 **대비**(matching) 과정은 절차적 단계를 실행하거나 규칙을 적용하는 데 생길 수 있는 전형적인 실수가 어떤 결과를 낳는지를 나타내야만 한다. 그리고 선수 지식에 대해서는 오분류를 통해 오개념이, 설계상의 결함을 통해 잘못된 계획이, 부정확한 설명이나 예측을 통해 오해가 비롯됨을 지적해야 한다. 지금까지 살펴본 세 가지 교수 전략의 적용에 덧붙여, 비예(non-example)나 대응 예(counter-example)[80] 등의 예의 사용과 피드백 제공에 대해 별도의 주의를 기울여야 한다. 이러한 내용은 다음 절에서 살펴보기로 한다.

13.2 시범과 보기의 제시

예는 다양한 형태로 제시되며, 구분해야만 하는 많은 유형의 예와 혼동하기 쉽다. 특히 다양한 저자들이 동일한 유형의 예를 설명하기 위해 다른 용어를 사용하거나, 다른 유형의 예를 설명하기 위해 동일한 용어를 사용하기 때문에 혼동이 생긴다. 11장에서 전체 과제 연습을 설계하는 데 필요한 핵심 요인들로부터 도출한 **해결 예**와 몇 가지 문제 형식을 다룬 바 있다. 과정 지향적인 해결 예를 이 책에서는 **모형화 예**(modeling example)라고 부른다.

12장에서, 순환적 부분 기능은 단순히 절차를 실행하거나 규칙의 적용을 통해 익힐 수 있는 것이므로, 결과 지향적인 해결 예와 과정 지향적인 해결 예를 구분하는 것이 불필요함을 논의한 바 있다. 이런 이유로 순환적 부분 기능의 실행을 위한 "해결 예"를 **시범**(demonstration)이라고 한다. 더욱이, 순환적 부분 기능의 획득이 목표인 학습 과정은 기능을 실제로 실행해 볼 필요가 있으므로 시범이 실제 연습을 대치할 수는 없다(경험에 의한 학습: "learning by doing"). 이 절에서는 그러한 시범에 대해 자세히 살펴볼 것이다. 또한 개념, 계획, 원리 같은 선수 지식의 일부(구성 요소)에 대한 예(이러한 예를 보기라고 한다.)의 제시, 그리고 법칙과 예를 통합하는 방법에 대하여 살펴볼 것이다. 특히 어려운 단계나 규칙, 절차에 대한 예를 강조하였다.

---

80) 역자 주: 비예는 개념 학습에서 제시된 예가 주어진 개념과 관련이 없는 경우를 의미한다. 대응 예는 예의 속성을 정적 예와 부적 예로 구분할 때 서로 짝을 이루는 상반된 예를 의미한다.

시범의 제시

일반적으로 설계자는 특정 복합적 인지 기능의 순환적 측면을 실행하기 위해 관련된 절차적 정보 및 선수 지식과 함께 부분 정보를 제공해야만 할 뿐 아니라(예: 관련 법칙), 규칙과 절차의 적용을 보여 주는 시범을 제공해야 한다. 4C/ID 모형은 가능하면 전체 과제를 연습하는 상황에서 시범을 제공하라고 제안한다. 이는 학습자들이 순환적 부분 기능을 전체 과제의 상황에 배치해 보도록 하는 것이어야 한다(6, 7장 참조). 이렇게 했을 때, 기능의 순환적인 측면에 대한 **시범이 모형화 예 혹은 다른 적합한 유형의 전체 과제 문제와 이상적으로 일치하는** 흥미로운 상황으로 이어진다는 것에 주목하라. 이러한 접근 방식의 예는 이미 앞의 절에서 제공한 바 있다. 문제 해결 영역에서 예상치 못한 상황을 학습자들이 발견할 수 있도록 표준 절차를 실행해 보이는 것은 실제 문제 해결 상황에서의 시범이 효과적이 되며, 이렇게 했을 때 시범을 통해 보여 주고자 하는 순환적인 측면에 학습자가 주의를 집중하게 된다.

반면에 부분 과제 연습의 경우, 시범은 때로 추가 연습이 제공되어야 하는 하나의 순환적 부분 기능에만 포함될 필요가 있다(예: 전체 과제 연습에 추가적으로). 12장에서 살펴보았듯이, 이러한 기능은 주로 길거나 복잡한 절차 혹은 다수의 규칙이나 고도의 자동화(automation)가 필요한 기능이라는 특징을 가진 순환적 부분 기능들이다. 예를 들어, 만약 특별한 비상 절차를 훈련하기 위해 부분 과제 연습을 제공한다면 그러한 절차의 시범은 전체 과제의 상황과 별개로 제공될 수 있다. 그러한 시범은 학습 목표 및 학습 자료, 다루어야 할 기타 도구들을 명시해야 하며, 이러한 학습 자료들을 사용하여 실제로 절차를 수행하는 것을 보여 주어야 한다(Merrill, 1983). 이러한 시범들을 연결짓는다면 부분 과제별로 절차를 연습할 수 있다. 말할 필요도 없이 좋은 교수설계란 전체 과제 연습에 부분 과제 연습을 혼합하여, 학습자들이 명확한 순환적 부분 기능과 전체의 복합적 인지 기능을 통합할 수 있도록 해야 한다(12장의 예 참조).

시범이 전체 과제의 연습 상황에서 제공되건 부분 과제의 연습 상황에서 제공되건, 두 가지 경우 모두 하나의 시범만으로는 전체 절차나 규칙(예: 일반 원리)을 시범 보이기에 충분하지 않다는 것에 주의해야 한다. 일반적으로 시범은 순서도에 따른 하나의 경로나 규칙들의 **하위 집합**을 다룬다. 연습 항목이 발산적(다양한 상황에 적용 가능)이고, 일반 원리로 다룰 수 있는 모든 상황을 대표해야만 하는 것처럼, 시범 또한 발산적이어야만 한다. 따라서 만약 특정한 문제를 해결하거나 특정한 연습 항목을 실습하는 데 중요한 법칙을 구성하는 부분 정보를 직접 이러한 문제와 함께 제시하거나 연습 항목과 함께 제시해야 한다면, 관련 규칙이나 절차적 단계(절차에 따른 경로)에 대한 시범은 이러한 특정 문제나 연습 항목을 위해 제시되어야 할 것이다. 그러나 절차나 일련의 규칙이 다루어질 수 있는 모든 상황을 대표하도록 하기 위해 후속 문제나 연습 항목에 대하여 더 많은 시범이 필요할지 모른다.

보기의 제시

시범과 더불어, 교수설계자는 학습에 대한 선수 법칙(개념, 계획, 원리)의 보기와 복합적 인지 기능의 순환적 측면에 대한 올바른 실행을 학습자에게 제시할 필요가 있다. 4C/ID 모형은 가능하면 전체 과제 연습의 상황에서 그러한 보기들을 제공하라고 제안한다. 이는 시범에 대한 원리와 같다. 다시 말해서, 이를 통해 학습자들이 전체 과제를 수행하기 위해 순환적인 부분 기능에 대한 선수 지식을 관련짓도록 해야만 한다. 이렇게 했을 때, **선수 지식 요소의 보기가 이상적으로 해결 예 또는 다른 적합한 종류의 전체 과제 문제 안에서 나타나는 상황**으로 이어진다. 예를 들어, 컴퓨터 프로그래밍을 가르치는 상황에서 종료 지정(completion assignment)[81]이 전체 과제 문제로 사용될 수 있다. 이러한 방법에서는, 학습자가 부분적이기는 하지만 이해가 용이하고 잘 구조화된 컴퓨터 프로그램의 많은 부분을 점진적으로 종료시켜야 한다.

특정 프로그래밍 계획(지정 계획, WHILE 계획, IF-ELIF-ENDIF 계획)이 종료시킬 프로그램의 해당 부분에서 처음으로 사용될 때, 이러한 프로그래밍 계획이 언제 어떻게 사용되는지를 설명하는 규칙, 또는 규칙을 적용하기에 앞서 알아야 할 계획의 일반적 설명을 부분 정보와 함께 제시해야 할 것이다. 동시에 이러한 계획에 대한 완전한 보기를 종료시킬 컴퓨터 프로그램의 해당 부분에서 제공해야 할 것이다.[82] 이 또한 정보 제시가 연습과 밀접하게 관련된다는 것을 알게 해 준다. 학습자는 이 프로그램을 바르게 종료시키기 위해 부분별 컴퓨터 프로그램에서의 법칙과 이에 대한 보기 모두를 주의 깊게 연구해야만 할 것이다.

명백하게, 학습에 선수되어야 할 법칙의 보기와 순환적 부분 기능의 실행 또한 부분 과제 연습의 상황에서도 제공되어야 할 것이다. 이는 고려 중인 순환적 부분 기능만이 연습되어야 하므로 정보 제시의 과정을 단순화시킨다. 앞절에서 살펴본 부분 과제 연습의 예를 다시 들자면, 비상 절차의 실행을 위한 선수 지식은 경고 한계

---

81) 역자 주: 종료 지정은 프로그램의 반복적 루틴이 종료될 시점을 지정하는 컴퓨터 프로그래밍 기법이다.

82) 이러한 방식은 입문 과정의 컴퓨터 프로그래밍을 가르치기 위한 지능형 튜터링 시스템인 CASCO에 따른다. CASCO는 15장에서 더 자세히 살펴보기로 한다.

(alarm limit)나 비상 설정(emergency setting) 같은 특정한 개념들로 구성되어 있다. 부분 과제 연습 항목에 대한 JIT 원리에 따르면, 그러한 개념(예: 특정 목록이나 물리적 모형)들에 대한 일반적인 기술은 학습자가 그 개념이 선수되어야 하는 단계를 수행하거나 규칙을 적용해야 하는 그 순간에 제공되어야 할 것이다. 동시에, 그러한 개념들을 설명하는 완전한 보기가 제시될 수 있다. 그러나 이러한 접근은 절차적 단계나 규칙에 대한 학습자의 행동을 개인별로 역추적할 수 있어야 가능하다. 만약 개인별 역추적이 불가능하다면, 특정 연습 항목에 관련된 새로운 법칙이나 보기를 이러한 연습(항목) **직전**에 모두 제시하는 것이 대안이다. 이는 전체 과제 문제에 대한 JIT 원리와 유사하다.

마지막으로, 연습 항목이나 시범이 일반적인 절차나 일련의 규칙에 대하여 발산적이어야 하는 것처럼 순환적 부분 기능을 실행하기 위한 선수 개념, 계획, 원리에 대한 보기는 발산적이어야 한다. 보기는 전체 과제 연습 상황에서 제시되건 부분 과제 연습 상황에서 제시되건 간에 발산적이어야 한다. 일반적으로 보기 한 개로 개념, 계획, 원리를 설명하기에는 충분하지 않다. 보기의 집합은 개념, 계획 또는 원리가 가리키는 대상의 전체 종류, 사건, 해결 양식 또는 과정들을 대표할 수 있어야 한다. 따라서 일반 원리가 관련된 최초의 전체 과제 문제나 연습 항목을 위해, 일반 원리와 함께 특정한 개념, 계획, 또는 원리에 대한 하나 내지 그 이상의 보기가 제공되어야 하는 것이 보편적인 상황이다. 그러나 목표로 하는 발산의 정도에 이르기 위해 동일한 일반 원리에 대한 더 많은 보기를 후속 전체 과제 문제나 연습 항목의 상황에서 제시할 수 있다.

연역적 접근 대 귀납적 접근

일반 원리와 예(규칙과 절차에 대한 시범이나 개념, 계획, 원리에 대한 보기)의 순서에 대하여 지금까지 가정된 바는 다음과 같다.

- 일반 원리가 적시에 제공된다는 것은 흔히 그러한 일반 원리를 포함한 부분 정보가 관련된 최초의 전체 과제 문제와 함께 직접 제시된다는 것을 의미한다.
- 그러한 일반 원리에 대한 예(시범과 보기)는 부분 정보가 연결된 동일한 전체 과제 문제의 일부로 만들어서 되도록이면 **동시에** 제공되어야 한다.
- 일반 원리에서 기술된 모든 상황을 발산적으로 만드는 데 필요한 발전된 예는 후속 전체 과제 문제와 연결해야 할 것이다.

이러한 접근은 기본적으로 일반 원리를 먼저 제시하고 점차 그러한 일반 원리의 예를 제시하는 식으로 전개된다. 따라서 이를 귀납적 접근이라고 한다. 상대적인 방식은 예를 먼저 제시하고 일반 원리에 이르는 연역적 접근이다. 귀납적 접근이 4C/ID 모형과 JIT 정보 제시 설계의 핵심인 인지 과정으로서의 귀납에 관련되지만, JIT 정보를 제시하는 데는 귀납적 접근을 일반적으로 권장하지 않는다. 여기에는 두 가지 이유가 있다. 첫째, 귀납에 의한 쉐마 획득은 학습자가 이미 적용 가능한 기반 지식에 새로 제시된 정보를 통합하는 특히 중요한 과정임에 분명하다. 그러나 이는 제한적 부호화를 목적으로 하는 순환적 부분 기능에 대한 JIT 정보 제시에서 그다지 중요하게 고려되지 않는다. 둘째, 귀납적 접근은 연역적 접근보다 시간 효과성이 떨어진다. 일반적으로 광범위한 예를 통해 귀납할 수 있는 일반 원리를 제시하는 것이 보통 적은 예로 설명할 수 있는 일반 원리를 제시하는 것보다 더 많은 시간이 소요된다.

여기에는 두 가지 예외가 있다. 첫째, 학습자가 학습할 기능에 대하여 선수 지식이 절대적으로 부족하거나, 학습자들이 비교적 낮은 인지적 발달 단계라면 연역적 접근보다 귀납적 접근이 더욱 적절할 것이다.[83] 이러한 경우에, 학습자의 출발점 수준에서의 특수성을 파악하기 위해 순환적 부분 기능의 위계적 분석이나 선수 지식에 대한 분석을 여러 번 반복했어야 할 것이다. 그 결과, 학습자에게 제시될 JIT 정보의 양이 늘어나게 된다. 그리고 이는 때로 너무 광범위해서 귀납적 접근이 연역적 접근보다 시간상 효과적인 것처럼 보인다.

둘째 예외는 순환적 부분 기능의 실행에 기초가 되는 규칙이나 절차를 형식화하기가 불가능하거나 대단히 어려운 상황에 대한 것이다. 이는 지각 운동 기능의 경우, 또는 통합된 많은 양의 정보 때문에 명확한 의사 결정의 알고리즘이 부족한 지적 기능의 경우일 것이다(예: 레이더 화면에서 위험한 항공 관제 상황을 인식하는 것). 여기서는 학습자들이 이렇게 저렇게 해 보기가 불가능하거나 어렵기 때문에 어떠한 일반 원리도 제시하지 않고 단지 다수의 예를 제시하는 것이 최상일 수 있다. 그러면 학습자는 그러한 예들로부터 일반 원리를 유도하기 위해 **묵시적 학습 모드**(implicit learning mode)를 사용한다(4.2절 참조). 규칙이나 절차의 옳은 시범이나 개념, 계획, 원리의 긍정적인 보기를 보여 주는 긍정적인 예와 더불어, 학습자들에게 부정적 예를 제시해야 한다. 무관 사례 혹은 대응 사례라고 불리는 그러한 **부적 예**의 사용은 다음 절에서 자세히 살펴보기로 한다.

---

83) 이러한 상황은 성인 학습자를 위한 기술 훈련 프로그램에서는 보편적이지 않다. 그러나 대상 학습자들이 어리거나 능력이 부족한 경우에 더욱 일반적인 상황이다. 따라서 귀납적 접근은 흔히 초등학교나 기초 직업 훈련 학교에서 사용된다.

어려운 일반 원리에 대한 예

이전에 지적한 대로, 설계자는 학습자가 어렵다고 생각할 일반 원리에 대해 특별한 주의를 기울여야 한다. 이러한 일반 원리들에 대한 일반적인 오류나 오개념이 경험적 분석을 통해서 확인되었다. 일반적으로 쉬운 일반 원리보다 이렇듯 어려운 일반 원리를 위해 더 많은 예를 제시해야 한다. 이러한 예들을 제시하기 위해서는 어려운 일반 원리를 제시할 때와 같은 교수 방법이 사용될 수 있다.

- **주의 집중**. 어렵거나 위험할 것이라고 예상하는 예의 그러한(난해한) 측면에 학습자들의 주의를 집중시켜라. 예를 들어, 시범에서의 위험한 단계 또는 개념에 대한 구체적 보기를 통해 혼란스런 특징(예: 고래는 아가미가 없다는 특징 때문에 물고기가 아니다.)에 주의를 집중시켜라.
- **다중 표상**. 어려운 일반 원리에 대한 예를 제시하기 위해 다중 표상의 형식을 사용하라. 예를 들어, 실제 생활에서의 시범과 글로 기술한 시범을 함께 제시하거나 특정한 원리에 대한 보기를 말로 설명하면서 동시에 과정적 시뮬레이션을 제시하라.
- **짝짓기**. 규칙과 절차의 옳은 시범과 오류 모형의 대응 요소를 비교하고 대조하라. 그리고 개념, 계획, 원리의 긍정적인 보기와 초보 모형의 대응 요소를 비교하고 대조하라.

짝짓기는 아마 전형적인 오류와 오개념을 다루는 가장 강력한 전략일 것이다. 시범의 경우, 짝짓기는 주어진 기능을 올바르게 실행한 예일 뿐 아니라, 이상 규칙(malrules), 오류 규칙(buggy rules), 또는 부정확한 절차적 단계에 해당하는 전형적인 오류 기능의 수행에 대한 **비예** 혹은 **대응 예**를 알려 준다. 이상 규칙, 오류 규칙, 또는 부정확한 절차적 단계는 순환적 부분 기능을 분석해서 확인할 수 있다(7장 참조). 그리고 보기의 경우, 짝짓기는 개념, 계획, 원리에 대한 긍정적인 보기 뿐 아니라 오개념, 틀린 계획, 오해에 해당하는 비예를 확인시켜 준다. 오개념, 틀린 계획, 오해는 선수 지식에 대한 경험적 분석을 통해 확인할 수 있다(8장 참조). 효과적인 짝짓기가 될 수 있도록, 정확하고/긍정적인 시범이나 보기를 부정확하고/부정적인 시범이나 보기와 주의 깊게 대조하고 나서, 2개 중 어떤 보기나 시범이 부정확하고 왜 그러한지 명확히 지적하는 것이 중요하다. 지속적인 전형적 오류와 심각한 오개념의 경우, 설계자들은 발견적 방법의 사용을 고려하는 것이 좋다. 학습자들은 긍정적인 예와 부정적인 예를 접했을 때, 부정적인 예의 결점을 긍정적인 예와 비교 및 대조하여 스스로 발견해야만 한다.

발견적 방법은 14장에서 자세히 살펴보기로 한다.

13.3 순환적 부분 기능에 대한 피드백

연습의 설계와 복합적 인지 기능의 순환적 측면에 대한 정보의 제시는 고도의 영역 한정적인 절차적 지식이나 컴파일화의 획득에 목표를 둔다. 순환적 반복 기능의 수행의 질(결과)에 대한 피드백도 동일한 목표를 갖는다. 올바른 실행에 대한 정보적 피드백, 부정확한 실행이나 오류에 대한 정보적 피드백과 동기적 피드백은 구분될 수 있다. 또한, 피드백의 양과 그 특성을 포함한 피드백의 내용과 피드백의 시기를 보다 자세하게 구분할 수 있다. 이러한 측면에 대해 다음 절에서 간단히 살펴보기로 한다.

올바른 실행에 대한 피드백

올바른 실행에 대한 피드백은 일반적으로 결과에 대한 정보(knowledge of results) [KR 또는 학습 결과 피드백(outcome feedback)으로 부름](Butler & Winne, 1995)의 형태를 갖는다. 이는 학습자의 실행이 학습 목표나 바라던 결과에 이르렀는지 아닌지를 기술하는 가장 단순하고 가장 보편적인 형태의 피드백이다. KR은 실행된 과제에 대한 직접적인 학습 결과만을 제시할 뿐 추가 정보를 전하지 않는다. 흔히 KR을 제공하는 것은 순환적 부분 기능의 수행에 대한 고유한 특성이다. 예를 들어, 통제할 과정 중에서 예상 밖의 상황을 찾기 위해 표준 절차를 실행하는데, 절차를 단순히 실행하다 보면 가끔 관련된 화면에서 필요한 정보가 나타날 것이다. 그리고 편집기나 워드프로세서를 사용하는 중에 특정한 절차를 실행하다 보면 일반적으로 목표에 도달했는지를 보여 주는 정보가 나타날 것이다.(예: 볼드체로 텍스트를 설정하는 절차를 실행한 후에 컴퓨터 화면에 볼드체가 나타난다.)

KR은 되도록이면 특정 절차를 실행하거나 특정 규칙을 적용한 **직후**에 제시해야만 한다. KR은 ACT* 이론에서 규정했듯이 컴파일화와 작동 기억 제한 간 상호 작용의 직접적인 결과이다(Anderson, 1983, 1987a의 3장 참조). 효과적인 지식 컴파일화가 일어나도록, 학습자가 결과에 대한 정보를 얻을 때까지 절차에서 특정한 단계를 실행하거나 특정 규칙을 적용하기 위한 조건에 대한 정보를 활성 기억에서 유지할 필요가 있다. 특정 절차를 실행하거나 특정 규칙을 적용하기 위한 핵심 조건에 맞는 올바른 행동이 수반되었을 경우에만 산출물이 컴파일될 수 있다. 분명히 피드백이 지연되면 이러한 과정을 방해할 것이다. 행동을 실행하고 결과에 대한 정보를 획득하는 간격 사이에 발생하는 작동 기억 실패는 조건에 대한 정보를 상실하므로 부정확한 산출물을 얻게 되는 결과를 낳을 것이다.

과제 환경은 종종 복합적 인지 기능의 순환적 측면에 대한 즉시적 KR을 제공한다. 그러나 항상 그렇지만은 않다. 예를 들어, "구문에 맞는 바른 코드 작성하기"라는 순환적 부분 기능의 경우, 프로그래밍 환경이 항상 즉시적 KR을 제공하지는 않는다. 대신, 컴퓨터 프로그램이 컴파일러에 전달된 후에 구문 오류에 대한 피드백이 제공될 뿐이다. 이러한 순환적 부분 기능을 훈련하기 위해 입력과 동시에 한 줄씩 구문 점검을 해 주는 편집기를 사용하는 것이 바람직하다. 다른 예로, 천천히 반응하는 동력 시스템(예: 대형 유조선 조정, 화학 공정 제어)을 조종하는 순환적 부분 기능에서는 많은 시간이 지나서야 KR을 얻을 수 있다. 훈련 환경에서 시뮬레이션 시간을 단축하거나(12.4절 참조), 훈련 과정의 초기에 즉시적 KR을 제공하기 위한 다른 측정 도구를 선택하는 것이 바람직하다.

오류에 대한 피드백

올바른 실행에 대한 피드백처럼 오류에 대한 피드백은 영역 한정적인 절차적 지식의 획득을 촉진해야 한다. 일반적으로 KR 단독으로는 오류에 대한 유용한 피드백을 제공하기에 충분하지 않다. KR에 덧붙여, 피드백은 단순히 학습자의 행동이 옳았는지의 여부만을 알려 주지 말고 왜 그러한 오류가 생겼는지를 알려 주어야 한다. 이러한 오류에 대한 정교화된 피드백이 KR만을 제시하는 것보다 더욱 효과적이라는 것이 거듭 검증되었다(Balzer, Doherty, & O'Connor, 1989; Butler & Winne, 1995; Kulik & Kulik, 1988). 피드백에서는 해결책의 목표 구조를 강조하는 것이 중요하다고 가정된다(Anderson, 1987a; McKendree, 1990). 만약 부정확한 목표로 나아가는 오류가 발생한다면, 피드백은 왜 그 행동이 부정확한 목표로 이어졌는지 설명해야만 하고, 어떻게 정확한 목표에 이르는지에 대한 제안이나 힌트를 제공해야 한다. 만약 정확한 목표를 지향하면서도 오류가 발생한다면, 피드백은 단지 교정받아야 하는 옳은 단계나 행동에 대한 힌트만을 제공해야 한다. 그러한 힌트는 흔히 예나 시범의 형태일 것이다. 학습자들은 행동이 제시되지 않은 경우에 행동을 생성하기 위해 산출물을 컴파일하기보다는 행동을 모사(copy)하기 위해 산출물을 컴파일할 수 있기 때문에 단순하게 정확한 단계나 절차를 제시해서는 안 된다. 단순히 정확한 행동을 제시한다고 연습이 되는 것이 아니라 컴파일이 일어나는 것이 중요하다. 더 나아가 학습자들에게 어떻게 실수의 결과를 복구할 수 있는지를 알려 주어야 한다.

오류에 대한 즉시적 피드백은 학습자들이 학습을 위해 통합해야만 하는 정보와 시간의 양을 제한하기 때문에 중요하다. 이는 정확한 실행에 대한 즉시적 KR의 원리와 동일하다. 지금까지 언급한 피드백의 요구 조건과 결합하여, 오류에 대한 피드백 설계를 위해 유용한 방법은 다음과 같다.

- 단계별, 규칙별로 학습자의 행동을 추적하라. 이를 성취하기 위해 순환적 부분 기능의 분석을 통해 확인된 절차적 알고리즘이나 규칙들(7장 참조)이 **모형 추적법**(modeling tracing)[84]이나 **절차 추적법**(procedure tracing)[85]의 패러다임에 따라 진단 도구로 사용된다.
- 다음 사항에 근거하여 모형 추적(model trace)에서의 편차에 대해 설명하라 (왜 오류가 생겼는지).
  - 목표로 하는 순환적 부분 기능의 경험적 분석을 통해 확인한 **절차적 오류**, **이상 규칙**, **오류 규칙**(7장 참조)
  - 목표로 하는 순환적 부분 기능의 실행을 위한 선수 지식을 경험적으로 분석하여 확인한 **오개념**, **틀린 계획**, **오해**(8장 참조)
- 학습자에게 오류의 결과를 복구하는 법을 알려 주고 학습할 다음 단계나 행동에 대한 힌트를 제공하라.

이는 오류에 대한 즉시적, 정보적 피드백의 생성을 위한 직접적인 방법이지만, 일반적으로 학습자의 수행을 가까이에서 모니터할 교수자가 필요하다. 이는 특히 전체 과제의 연습에서 더욱 그렇다. 교수자는 순환적 측면의 정확한 실행을 설명하는 규칙이나 절차, 그리고 학습자들이 실행 중 보여 주는 전형적인 오류나 오개념에 대한 지식 덕분에 전체 기능에서의 순환적 측면에 대한 실행 오류를 지적하고 설명할 수 있다. 컴퓨터 기반 교수 시스템의 경우, 전체 과제에 이러한 접근 방식을 적용하려면 주된 어려움이 있다. 앞서 지적하였듯이, 이는 주로 학습자들이 비순환적인 기능을 포함한 많

---

84) 역자 주: ICAI에서 학습자가 부정확한 학습을 하고 있을 때 사용하는 대표적인 교수 개입 (intervention) 전략은 모형 추적법(model tracing)과 문제 중심 교수법(issue-based tutor- ing)의 두 가지가 있다. 모형 추적법은 학습자들이 모범 해결 경로를 벗어날 때 교수 개입을 하는 방법이며, 문제 중심 교수법은 교수 모듈의 개입이 필요하다고 확인되는 특수한 경우에만 교수 개입을 하는 방법이다.

85) 역자 주: 교수 개입을 위해 학습자들이 올바른 절차에 따라 학습하는지를 분석하는 방법이다.

은 부분 기능을 동시에 번갈아 실행해야 한다는 사실에서 비롯되며, 이는 특정 규칙이나 절차적 단계에 대한 학습자의 행동을 역추적하기 어렵게 만든다. 컴퓨터 기반 교수 시스템에서 이런 문제를 해결하기 위한 보편적인 방법은 목표로 하는 순환적 부분 기능만을 시스템이 모니터할 수 있도록 학습자의 실행을 강하게 제약하는 것이다(예: LISP tutor; Anderson & Reiser, 1985).

반면에, 이 방법은 부분 과제 연습의 상황에서 적용하기가 비교적 수월하다(예: 반복 연습형 컴퓨터 프로그램). 여기서 학습자는 동시에 단 한 가지 순환적 기능만을 연습하기 때문에, 목표로 하는 순환적 부분 기능을 표현한 절차적 단계나 규칙에 대한 모든 학습자들의 행동을 비교적 쉽게 역추적할 수 있게 된다. 만약 이러한 과정이 실패하면 모형 추적을 통해 편차가 반드시 드러났어야 하고, 사전에 확인된 오류나 오개념으로 설명할 수 있어야 한다.

만약 오류에 대한 정보적 피드백이 학습자에게 직접 제시될 수 없고, 매뉴얼이나 도움 시스템 같은 학습 보조 도구에서만 활용 가능하다면, 피드백은 통상적으로 **오류 정보**의 형태를 갖는다(Lazonder & van der Meij, 1994). 앞서 지적한 바와 같이, 도움 시스템이나 매뉴얼 같은 필수적 교수 프로그램의 특징 중 하나는, "문제가 생기면 어떻게 하죠?"라는 제목에 과제 지향적 부분 정보를 연결함으로써, 오류 발생 즉시 오류 정보를 주어서 학습자들이 스스로 오류를 복구하도록 지원한다는 것이다. 사용자가 일으켰던 전형적 오류(절차적 오류, 이상 규칙, 오류 규칙)와 그러한 오류의 원인이 되는 선수 지식 요소(오개념, 오류 계획, 오해)에 대한 경험적 분석은 어떤 오류 정보가 포함되어야 중요한지를 알려 준다. 오류 정보는 (a) 학습자에 의한 오류 발견을 촉진하기 위해 오류 때문에 비롯된 상황의 특징, 예상 가능한 오류의 원인과 특징에 대한 정보, (c) 오류를 교정하기 위한 행동 진술을 포함해야 한다(Lazonder, 1994; Mizokawa & Levin, 1988; Roush, 1992).

동기적 피드백

정보적 피드백에 덧붙여, 학습자에게 동기적 피드백을 제시하는 것이 바람직하다. 연습과 수업 후 실행 사이에는 명확한 유사점이 있기 때문에, 전체 과제 문제의 경우 내재적 동기(과제 성취로 인한 자연스런 만족)가 통상적으로 비교적 높을 것이다. 그러나 특별히 하나의 순환적 부분 기능에 대한 부분 과제 연습은 매우 반복적이고, 시간이 많이 소요되며, 때로는 지루하므로 내재적인 동기적 피드백이 필요할 수 있다. 그러한 피드백은 정확한 수행이나 시간의 경과에 따른 수행 개선에 대하여 학습자를 칭찬하는 것이어야 한다. 칭찬은 교수자가 해 주는 언어적 또는 비언어적 칭찬(친절한 말, 고개 끄덕임, 미소)일 수도 있고, 게임 같은 상황에서는 학습자가 획득할 수 있는 점수일 수도 있으며, 컴퓨터 기반 학습 환경에서는 흥미로운 소리나 시각적 효과일 수도 있다. 예를 들어, Schneider(1985)는 컴퓨터 기반 훈련 시스템에서 흥미로운 소리, 모의 충돌, 흥미로운 시각적 화면 양식 같은 외생적 동기 요소를 준 이후에 실패율이 30%에서 5%로 감소했다고 한다. 부정확한 실행이나 시간이 지나도 실행 개선이 부족한 경우, 동기적 피드백은 학습자가 그 기능을 학습하기 위해 노력 투자를 지속하도록 격려해야만 한다.

동기적 피드백의 양에 있어서 교사는 조심스럽게 피드백을 사용해야 한다. 동기적 피드백을 너무 많이 주면 학습자를 아주 괴롭히는 것일 수 있고(Keller, 1983), 훈련 시간이 상당히 증가될 수 있다. 따라서 개인적으로 정확한 실행을 한 것에 대해서가 아니라, 시간 경과에 따른 실행의 개선을 주로 칭찬해야 한다. 어떤 경우에는 학습자가 어느 정도의 오류를 범한 후에 정확하게 순환적 부분 기능을 실행했을 때처럼, 필요하다면 간헐적으로 피드백을 줄 수 있다(Leshin, Pollock, & Reigeluth, 1992). 같은 맥락에서 격려는 주로 시간이 지나도 실행의 개선을 보이지 않는 경우, 또는 학습자가 몇몇 오류를 연속해서 범하는 경우에 사용되어야 한다. 동기적 피드백의 두 가지 유형 모두 학습자가 성공이나 실패를 외부적 요인 대신 자기 자신의 행동 탓이라고 생각할 수 있게끔 정보를 제공하는 것이 중요하다.

13.4 JIT 정보 제시의 페이딩

페이딩은 학습자가 전문성을 얻으면서 순환적 부분 기능의 실행을 위한 정보 제시가 점차로 불필요하게 되는 것을 의미한다(예: Charney & Render, 1986; Merrill, 1983). 이는 일반 원리의 제시, 순환적 부분 기능에 대한 시범과 보기, 또한 피드백의 제시와 관련이 있다. 예를 들어 워드프로세서에서의 지원 혹은 도움 시스템의 경우, 처음에 설계자는 연습 중에 사용 방법을 체계적으로 제시할 수 있고, 그 다음엔 단지 학습자가 요구하는 정보만을 제공할 수 있으며, 마지막에는 전혀 정보를 제공하지 않을 수 있다. 또는 유조선 조종을 위한 시뮬레이터에서, 설계자는 처음에 방향 조종에 대해 사전에 프로그램된 결과에 따라 즉각적인 정보적 피드백을 줄 수 있고, 그 다음에는 확인적 피드백만을 줄 수 있으며, 마지막에는 전혀 정보를 주지 않을 수 있다.(자연적 KR은 별개의 문제이다. 예를 들어 방향 조종의 결과는 7~15분 후에 알

수 있다.)

스캐폴딩과 페이딩 사이에는 명확한 관계가 있음을 주의해야 한다(11, 12장 참조). 스캐폴딩은 연습의 설계와 관련이 있으며, 훈련 동안 수행 지원이 감소한다는 것을 의미한다. 이는 복합적 인지 기능의 비순환적 측면을 위한 문제 해결 지원, 또는 기능의 순환적 측면을 위한 절차적 지원과 관련이 있다. 반면에 페이딩은 정보 제시의 설계와 관련이 있다. 기능의 순환적 그리고 비순환적 측면 모두를 위한 정보 제시와 관련이 있지만, 페이딩의 경우 기능의 비순환적 측면에 해당하는 정보를 파악하기가 더욱 어렵다. 이는 14장에서 더 자세히 살펴보기로 한다. 스캐폴딩과 페이딩은 기법이 다른 반면, 이들은 모두 훈련 상황으로부터 추가적인 외부 지원 없이 실제 상황에서 복합적 인지 기능을 실행해야만 하는 수업 후 상황으로의 매끄러운 전환에 그 목적을 둔다.

수행공학[86]의 관점에서는 페이딩을 순환적 부분 기능을 위한 정보 제시에 적용하는 것이 이상하게 보일지 모른다. 컴퓨터 프로그래밍 중에 구문 오류에 대한 즉시적 피드백을 제공하기 위한 도움 시스템이 개발되었다고 가정해 보자. 또한, 기계 장치의 부품을 수리하는 중에 특정한 결함 구조(fault tree)를 파악하기 위해 체크리스트를 개발했다고 가정해 보자. 왜 이러한 장치나 자료를 **작업 보조 도구**(job aids)로 수업 후 환경에 사용하지 않는가? 일반적으로 그러한 작업 보조 도구를 단지 수업 환경에서만 사용하는 것이 바람직한지에 대해서는 논쟁의 소지가 있을 수 있다. Jonassen, Hannum, Tessmer(1989)가 지적했듯이, 작업 보조 도구가 필요한 교수 프로그램을 개발하는 것은 교수설계에서 가장 보편적인 실수 중에 하나이다. 그리고 학습 보조 도구가 수업 후 환경에서 작업 보조 도구로도 사용된다면 페이딩은 쓸모가 없다. 그러나 반면에, 대단히 상이한 수업 후 환경에서 작업을 계속할 직원을 훈련시키는 상황은 아주 보편적이다. 그러한 모든 환경에서 쓸 수 있도록 작업 보조 도구를 통합하는 것은 실용적 혹은 경제적인 이유에서 불가능할지 모른다.

13.5 청사진에 JIT 정보 연결하기

JIT 정보는 일반적으로 **개별적인** 전체 과제 문제 또는 부분 연습 항목과 짝을 이룬다. JIT 정보는 기본적으로 문제를 해결하거나 연습 항목을 실행하기 위해 필요한 기능의

---

86) 수행공학은 인간의 수행을 개선하기 위한 방법이나 기술을 처방하는 모형의 개발에 목적이 있다. 교수공학은 수행공학의 일부로 간주된다.

특정 순환적 측면에 대한 정확한 실행을 기술한 규칙이나 절차적 단계에 대한 설명으로 이루어져 있다. 또한, JIT 정보는 그러한 규칙이나 절차적 단계의 정확한 적용을 위해 알고 있어야 하는 사실, 개념, 계획, 원리에 대한 설명으로 이루어져 있다. 전체 과제 문제의 경우, 그러한 법칙 모두 JIT 정보가 관련된 최초의 전체 과제 문제와 함께 제시된다. 일반 원리에 대한 예(시범이나 보기)는 가급적이면 연결된 전체 과제 문제와 함께 설명해야 하며, 이는 해결 예의 형태이거나 난해한 문제에 대한 부분적인 해결책을 제시하는 별개의 문제 형식일 수 있다. 부가적 예는 발산적인 사고가 가능하도록 (to reach divergence) 일반 원리를 대표하는 일련의 예를 만들어서 후속 전체 과제 문제와 연결시켜야 한다.

부분 과제 연습 항목의 경우, 설계자들은 JIT 정보 제시의 원리를 더욱 발전시켜서, 특정한 절차적 단계 또는 특정한 규칙의 적용에 관련된 정보를 학습자가 절차를 따르거나 규칙을 적용하려는 정확한 시점에 제공해야 할 것이다. 특정 절차의 실행 또는 특정 규칙의 적용에 대한 시범, 또한 이러한 절차나 규칙을 정확히 학습하고 실행하기 위한 선수 지식 요소에 대한 보기는 일반 원리와 동시에 제시하는 것이 효과적이다. 다시 말해서, 부가적 예는 발산적 사고가 가능하도록 후속 연습 항목과 연결해야 할 것이다. 전체 과제 문제와 부분 연습 항목 모두, 오류에 대한 피드백은 가급적이면 오류 발생 즉시 제공해야 한다. 그리고 모든 유형의 정보 제시는 학습자가 전문성을 얻게 되면서 빠르게 사라져야만 한다.

결론적으로, JIT 정보를 개인별 문제나 연습 항목과 항상 연결할 수 있는 것이 아니라는 것을 상기해야 한다. 업무 중 훈련을 해야 한다면, 학습자가 직면한 문제를 설계자가 통제할 수 없는 경우일 것이다. 학습자가 과제의 순환적 측면을 실행하도록 돕는 학습 보조 도구가 개발될 수 있다. 그러한 학습 보조 도구는 한 묶음의 부분 과제 연습 항목이나 전체 과제 문제와 관련된 부분 연습을 하는 동안 JIT 정보에 쉽게 접근할 수 있도록 해 준다. 그러한 학습 보조 도구에서의 피드백은 오류 정보라는 형식을 가질 것이다. 페이딩은 기능의 순환적 측면의 실행에 대하여 학습자가 충분한 전문성을 습득한 후에는 학습 보조 도구가 더 이상 효용성이 없다는 것을 나타낸다.

13.6　요약

이 장에서는 순환적 부분 기능에 대한 JIT 정보 제시에 대해 살펴보았다. 이러한 종류의 정보 제시는 고도의 영역 한정적인 규칙에 따라 제시된 정보의 제한적 부호화를 중진한다. JIT 정보 제시는 단지 연습 과제의 순환적 측면에만 관련된 전체 과제 연습과 부분 과제 연습에 모두 관련이 있다. 이 장에서는 첫째, 부분 정보로 JIT 정보를 분할 (구획화)하는 것을 살펴보았다. 둘째, 규칙이나 절차에 있어서 시범과 개념, 계획, 원리에 대한 보기 등의 예의 사용에 주의를 기울였다. 셋째, 순환적 부분 기능의 실행 결과에 대한 즉시적 피드백 제시의 중요성에 대하여 살펴보았다. 넷째, JIT 정보 제시의 일반적 원리로서 페이딩에 대하여 살펴보았다. 그리고 마지막으로 훈련 프로그램의 청사진에 JIT 정보를 연결하는 것에 대해 살펴보았다. 이 장은 다음과 같은 요지로 요약될 수 있다.

- JIT 정보 제시는 제한적 부호화와 컴파일화에 목적을 두고 복합적 인지 기능의 순환적 측면에 적용된다. 전체 과제 연습의 경우 연습할 과제의 순환적 측면을 다루고, 부분 과제 연습의 경우 연습해야 할 독립된 순환적 부분 기능을 다룬다.

- JIT 정보는 기본적으로 (a) 순환적 부분 기능의 정확한 실행을 기술하는 절차와 규칙, (b) 그러한 절차나 규칙의 학습과 실행을 위해 알아야 할 사실, 개념, 계획, 원리, (c) 실행 결과에 대한 피드백으로 구성된다.

- 부분 정보는 사실과 함께 일반 원리(규칙과 절차에 대한 일반적 기술 또는 선수 개념, 계획, 원리에 대한 일반적 기술)를 포함한다. 그러한 부분 정보는 적용해야 하는 규칙이나 실행해야 하는 절차적 단계에 따라 조직되어야 하기 때문에 학습 방법을 설명하는 것이 효과적이다.

- 전체 과제 문제의 경우, 관련된 최초의 전체 과제 문제와 함께 부분 정보를 직접 제시하는 것이 효과적이다. 부분 과제 연습의 경우, 학습자가 실행해야만 하는 개인별 절차적 단계 또는 학습자가 적용해야만 하는 개인별 규칙과 정보 제시가 짝을 이루도록 단계별 접근을 해야 한다.

- 만약 교수설계자가 학습자가 직면할 전체 과제 문제를 통제할 수 없다면, 그러한 문제의 순환적 측면을 실행하는 데 필요한 정보를 연습 중에 쉽게 활용하고 접근할 수 있게 하는 학습 보조 도구(도움 시스템, 매뉴얼, 체크리스트)를 개발해야 한다.

- 어려운 일반 원리는 일반적인 오류(이상 규칙, 절차적 단계의 오류) 또는 선수 지식에 관한 오개념(오류 계획, 오해)과 관련이 있다. 어려운 일반 원리를 다루는 교수 전략에는 (a) 주의 집중, (b) 다중 표상, (c) 짝짓기 등이 있다. 시범과 보기 같은 어려운 일반 원리의 예에 대하여 동일한 전략이 사용될 수 있다.

- 전체 과제 문제의 경우, 규칙과 절차(시범) 그리고 선수 지식의 예(보기)는 전체 과제의 연습 상황에서 제공하는 것이 효과적이다. 시범과 보기 모두 일반 원리가 기술하는 모든 상황에 대해 발산적이어야 한다(다양하게 적용될 수 있어야 한다).

- 연역적 접근과 대비하여, 귀납적 접근은 법칙에 대한 예의 제시가 우선된다. 귀납적 접근은 (a) 학습자가 배워야 할 순환적 부분 기능에 대한 선수 지식이 전혀 없는 경우, 또는 (b) 순환적 부분 기능의 실행에 기반이 되는 규칙이나 절차를 규격화(공식화)하기 불가능한 경우에 고려되어야 한다.

- 순환적 부분 기능의 정확한 실행(결과에 대한 정보)과 오류 모두에 대한 즉시적인 정보적 피드백이 제공되어야 한다. 오류에 대한 피드백은 왜 오류가 발생했는지를 설명해야만 하고, 목표로 하는 정확한 행동에 대하여 힌트를 주어야 한다. 더불어 동기적 피드백은 시간의 경과에 따른 실행의 개선에 대하여 학습자를 칭찬하고, 만약 그러한 개선이 미흡하다면 학습자를 격려해야만 한다.

- 순환적 부분 기능에 대한 정보 제시는 학습자가 전문성을 습득하면 빠르게 사라져야 한다. 이러한 원리는 일반 원리, 예, 그리고 피드백의 제시에 적용된다.

핵심 개념

결과적 지식, 결과에 대한 정보	knowledge of result(KR)
교육적 상세화	didactic specification
다중 표상	multiple representation
단계별 접근	step-by-step approach
단서	hints
동기적 피드백	motivational feedback
보기	instances
보기의 발산	divergence of instances
부분 단계 교수 프로그램	single-step instruction
부분 정보	Information unit
비예 또는 대응 예	non-examples or counter-examples
시범	demonstration
시범의 발산	divergence of demonstration
연역적 접근 대 귀납적 접근	deductive vs. inductive approaches
일반 원리	generalities

주의 집중	attention focusing
즉시적 피드백	immediate feedback
짝짓기	matching
페이딩	fading
필수적 교수 프로그램	minimalist instruction
학습 보조 도구	learning aids

제 **14** 장 　　　　 # 정교화와 이해의 증진

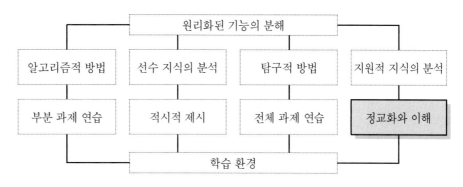

파트 C4의 개요도. 정교화와 이해의 증진

이　장에서는 지원적 지식과 전략적 지식의 제시를 위한 교수 전략과 방법에 대해 살펴본다. 이러한 유형의 정보 제시는 복합적 인지 기능의 비순환적 측면에만 관심을 갖는다. 이 장에서 명시한 활동을 따라 하면, 비순환적 부분 기능의 획득을 촉진하기 위하여 훈련 프로그램에서 **어떤** 정보를 **언제**, **어떻게** 제시할지에 대한 청사진을 정교화할 수 있다. 복합적 인지 기능의 비순환적 측면은 오직 전체 과제의 상황에서만 연습될 수 있기 때문에, 이 장에서 다루는 모든 정보 제시는 전체 과제 연습의 이전, 중간, 또는 이후에 일어난다. 부분 과제 연습과는 무관하다.

　　학습자에게 어떤 정보를 제시할 것인지에 대한 질문은 주로 비순환적 부분 기능의 기반이 되는 지원적 지식과 전략적 지식에 대한 분석을 통해서 답을 얻을 수 있었다. 이러한 정보는 다음과 관련이 있다.

- 비순환적 부분 기능의 실행을 돕는 개념 모형, 목표-계획 위계, 인과 모형 또는 기능 모형, 정신적 모형(9장 참조)
- 비순환적 부분 기능의 실행을 안내하는 SAPs와 탐구법

지원적 지식과 전략적 지식에 대한 이러한 모형들은 일반적, 축약적인 정보와 구체적 사례나 예에 해당하는 정보를 모두 포함한다. 모든 정보 제시는 문제의 낯선 측면을 해결하는 데 사용되는 복잡한 인지적 쉐마의 획득과 (재)구성을 증진하기 위해 설계된다. 전체 과제 설계에서도 역시 쉐마 획득을 강조한다. 4C/ID 모형은 풍부하게 고도로 조직화되고, 상호 연결된 인지적 쉐마에 (새롭게) 제시된 정보를 정교화하는 것은 지원적, 전략적 지식에 대한 효과적인 정보 제시의 설계를 통해 증진해야 할 핵심 과정이라고 가정한다. JIT 정보 제시 설계와는 대조적으로, 여기서는 새로운 아이디어가 장기 선언적 기억의 기존 지식 구조에 포함되는 것이 중요하다고 가정한다. 그러한 정교화의 결과는 그 영역의 지식을 심층적으로 이해했다는 것을 반영하는 복합적 인지적 쉐마이고, 이는 탐구법(heuristic methods)으로 처리(operate: 정교화 과정을 통제)하기에 적합하므로, 정보가 비순환적 부분 기능의 실행에 도움을 줄 수 있는 기회를 증가시킨다.

14.1절에서 기능의 비순환적 측면에 대한 정보 제시의 기본적 접근 방법을 살펴본다. 4개의 기본적 교수 전략에 대한 설명을 이끌어 내는 귀납적·연역적 접근법 또는 설명적·탐구적 접근법에 주목해야 할 것이다. 14.2절에서는 지원적 지식을 설명하는 데 사용되는 사례 연구의 제시와 전략적 지식의 적용을 설명하는 데 사용하는 모형화 예(modeling examples)의 제시에 대해 살펴본다. 개념 모형, 목표-계획 위계, 인과 모형, 기능 모형, SAPs, 발견법으로부터 나온 더욱 일반적이고 축약적인 정보의 제시는 14.4절에서 살펴보기로 한다. 복합적 인지 기능의 비순환적 측면에 대한 인지적 피드백의 설계는 14.5절에서 살펴본다. 결론으로, 14.5절에서는 훈련 프로그램의 기본적인 청사진에 지원적, 전략적 정보를 연결하는 지침을 제공한다. 그리고 간략한 요약으로 이 장을 마무리한다.

14.1 정보 제시를 위한 전략

JIT 정보 제시를 위한 전략과 비교하여, 정교화를 증진하고 교과 내용에 대한 심층적 이해의 도달을 위한 가장 효과적인 교수 전략은 거의 알려진 바가 없다(Mayer, 1989; Mayer & Greeno, 1972; Ohlsson & Rees, 1991). 어떤 접근 방법이 가장 효과적인지를 다루는 교수설계 문헌들에서 몇 가지 논의가 장기간 지속되었다. 이 절에서는 정보 제시를 위한 네 가지 기본적인 교수 전략의 토대가 되는 귀납적·연역적 접근 그리고 설명적·탐구적 접근에 주목해야 한다. 유용한 교수 전략을 선택하기 위한 몇 가지 지침이 제공된다.

귀납적 접근 대 연역적 접근

13장에서 정보 제시를 위한 연역적 접근과 귀납적 접근을 명확히 구분한 바 있다. 연역적 접근은 일반적 정보를 제시하고 나서 이 정보를 설명하는 예들을 제시하는 것이 특징이라면, 귀납적 접근은 예들로부터 일반적 정보에 도달한다는 특징이 있다. JIT 정보 제시를 위해서는, 귀납적 접근에 비해 더욱 시간 효과적이고, JIT 정보가 학습자가 이미 활용 가능한 지식 기반에 통합되는 것이 중요하지 않다고 가정하기 때문에 연역적 접근을 권장하였다.

그러나 제시된 정보의 정교화가 가장 중요하다고 판단되는 지원적, 전략적인 지식의 제시를 위해서는 정반대이다. 이는 또한 전체 과제 연습의 설계가 귀납적 처리에 목표를 두기 때문이기도 하다. 학습자들은 주로 구체적인 경험으로부터 인지적 쉐마의 귀납을 증진한다는 조건(예: 문제 형식, 계열화 원리, 스캐폴딩)하에 연습을 통해 복합적 인지 기능을 획득한다는 것이 중심 생각이다. 그와 같은 생각이 지원적, 전략적 지식을 위한 정보 제시의 설계에 적용된다. 요약하면, 일반적으로 학습자들은 예(사례 연구, 모형화 예)를 먼저 학습하고 나서, 그들과 관련된 발견법을 이용하거나 자신의 정신적 모형에 이들을 결합하면서 개념 모형, 목표-계획 위계, 인과 모형, 기능 모형, SAPs의 보다 일반적이고 축약적인 부분을 이해해야 한다.

설명적 접근 대 탐구적 접근

정보 제시를 위한 전략은 통상적으로 설명적 접근과 탐구적 접근 또는 "탐구 학습"으로도 구분할 수 있다(Briggs, 1977; Collins & Stevens, 1983; Landa, 1983). 설명적 접근이 학습자에게 정보들 간의 관계를 명확히 제시한다는 특징이 있다면, 탐구적 접근은 학습자가 이미 알고 있는 것이나 구체적인 경험으로부터 이러한 정보를 생산 또는 구성하도록 한다는 특징이 있다. JIT 정보 제시의 경우, 학습자들에게 일반 원리와 예를 모두 명확하게 제시해야 하며 이는 설명적 접근이어야 한다. 설명적 접근은 탐구적 접근보다 훨씬 더 시간이 적게 들고, 영역 한정적인 절차적 지식에 대하여 제시된 정보를 제한적 부호화하는 데 적절하므로 JIT 정보 제시에 적합할 것이다.

반면에, 탐구적 접근은 특정 상황에서 지원적 지식을 제시하는 데 대단히 효과적일 것이다. 그러한 접근은 학습자가 활용 가능한 지식을 견고하게 구축하는 것이므로, 귀납적 접근처럼 이미 존재하는 인지적 쉐마에 새로운 정보를 포함시키는 데 매우 적절하다. 한편으로 연역적 접근과 귀납적 접근의 구분과 다른 한편으로 설명적 접근과 탐구적 접근의 구분을 통해 정보 제시를 위한 다음과 같은 네 가지 기본 교수 전략을 얻을 수 있다.

- **연역적 탐구 전략.** 먼저 지원적 지식(개념 모형, 목표-계획 위계, 인과 모형, 기능 모형)을 표상하는 모형의 보다 일반적이고 축약적인 부분을 제시하거나 전략적 지식(SAPs, 발견법)을 제시하라. 그 다음 이러한 일반 정보의 사례가 될 수 있는 사례 연구나 모형화 예를 학습자들이 생각해 내게끔 하라.
- **연역적 설명 전략.** 먼저 학습자들에게 지원적 혹은 전략적 지식을 표상하는 모형의 보다 일반적이고 축약적인 부분을 제시하고 나서, 이 일반 정보를 설명하는 사례 연구나 모형화 예를 명확히 제시하라.
- **귀납적 탐구 전략.** 먼저 학습자들에게 사례 연구나 모형화 예를 제시하고 나서, 이러한 예로 설명되는 일반적인 정보와 단편적인 정보 사이의 관계를 학습자들이 발견해 내도록 하라. 이 전략을 보통 발견적 방법이라고 한다.
- **귀납적 설명 전략.** 먼저 학습자들에게 사례 연구나 모형화 예를 제시하고 나서, 사례 연구나 모형화 예에서 공통점을 알려 주기 위한 일반적인 정보와 단편적 정보 사이의 관계를 명확히 제시하라.

정보 제시를 위한 전략 선택하기

앞서 말한 전략에 대한 교수 (방법의) 연구는 지금까지 정보 제시를 위해 어떤 전략이 언제 적용되어야 하는지를 규정하는 명확한 결정 원리(decision algorithms)를 제공하지 못했다. 연역적 탐구 전략은 정보 제시를 위해 거의 쓰이지 않는다. 연역적인 측면은 학습자들이 그 기능에 대한 어느 정도의 기본 지식을 가지고 있어야 한다. 왜냐하면, 그렇지 않은 경우 학습자들은 지원적 혹은 전략적 지식에 관련된 일반 정보를 이해할 수 없기 때문이다. 탐구적 측면은 학습자들이 일반 정보를 대표하는 예를 찾아야 하므로 시간이 많이 소요되는 전략이다. 그러나 폭넓은 시각에서 정보 제시와 전체 과제 연습을 **함께** 살펴보면 이러한 전략은 전체 4C/ID 모형이나 대부분의 다른 교수설계 모형들이 가진 특징이다. 복합적 인지 기능을 가르치기 위한 정보 제시는 기능의 수행에 도움이 되리라 예상하는 지원적, 전략적 지식에 대한 일반 모형의 개발을 목적으로 한다. 그리고 전체 과제를 연습하는 동안, 학습자들은 문제 해결의 과정에서 이러한 모형을 적용해야 한다. 이처럼 연역적 탐구 전략은 일반적 혹은 축약적 모형의 개발에서부터 해결해야 할 구체적 사례까지를 살펴야 한다. 이것은 전체 과제 연습 이전에 지원적, 전략적 지식을 제시하는 것(연역적 측면)과 전체 과제의 연습은 시간이 많이 소요되는 활동(탐구적 측면)이라는 사실과 관련이 있다.

연역적 설명 전략은 시간이 적게 들기 때문에 JIT 정보 제시에 적용되었다. JIT 정보 제시의 상황에서 일반 정보란 "일반 원리", 그리고 각각 "시범", "보기"라고 하는 모형화 예와 사례 연구를 말한다. 그러나 연역적 설명 전략은 지원적, 전략적 정보를 제시하는 데는 바람직하지 않다. 연역적 측면은 학습자가 기능에 대한 기본 지식이 없는 경우 일반 정보를 이해할 수 없기 때문에, 학습자가 기능에 대한 어느 정도의 기본 지식을 갖추고 있어야 한다. 게다가 연역적·설명적 측면은 모두 학습자들이 제시된 정보를 정교화하고 기존에 알고 있는 지식과 새로운 정보를 연결할 수 있는 기회를 주지 못한다. 연역적 설명 전략은 단지 예외적인 경우에만 사용되어야 한다. 다음의 경우라면 고려할 수 있다.

- 활용 가능한 수업 시간이 엄격하게 제한된 경우
- 학습자들이 일반 정보를 이해할 만큼 구체적인 사례를 통한 풍부한 경험을 가진 경우
- 반드시 심층적인 이해가 필요 없는 경우

귀납적 탐구 전략이나 발견적 접근은 아마 심층적인 이해에 이르는 최선의 방법일 것이다(McDaniel & Schlager, 1990). 구체적인 모형화 예와 사례 연구로 시작하는 것을 의미하는 귀납적 측면은 기능에 대한 기본 지식이 필요하지 않다는 것을 나타낸다. 이러한 귀납적·탐구적 측면은 모두 학습자가 정교화할 충분한 여유를 준다. 이 전략의 결점은 극히 시간 소모가 많다는 것이다. 이러한 이유 때문에 일반적으로 주요 질문을 통해 학습자들의 일반 정보에 대한 발견을 돕는 "**안내된 발견**" 방식이 사용된다. 귀납적 탐구 전략이나 안내된 발견의 방식을 선택하는 이유는 연역적 설명의 전략을 선택하는 이유와 정반대이다.

- 충분한 학습 시간을 확보할 수 있는 경우
- 학습자가 일반 정보를 이해할 만큼 구체적인 사례를 통한 경험이 없는 경우, 혹은 빈약한 정신적 모형을 가졌거나 획득할 지식에 상충되는(지식 획득을 방해하는) 졸속한 전략을 사용하는 경우
- 심층적인 이해가 필요한 경우

마지막으로, **귀납적 설명 전략**은 정교화를 증진하기 위한 절충안을 제공한다. 귀납적 측면(특성)은 학습자 입장에서 기능에 대한 기본 지식이 없어도 된다는 것을 나타내고, 또한 제시된 정보에 대해 어느 정도의 정교화를 증진한다. 그러나 동시에 설명적 측면은 학습자가 사례 연구나 모형화 예가 설명하는 일반적인 정보를 발견할 필요가 없기 때문에 상당히 시간 효과적인 전략이 된다. 이처럼 많은 경우에서 귀납적 설명 전략은 학습자들이 도달해야 할 이해의 수준과 수업의 시간 효과성을 절충하는 바람직한 방법을 제공한다.

요약하면, 적어도 세 가지 교수 전략이 지원적, 전략적 지식을 제시하는 데 적절하다. 연역적 설명 전략은 수업 시간이 엄격히 제한된 경우, 학습자들이 기능에 대한 어느 정도의 기본 지식을 가진 경우, 심층적인 이해가 반드시 필요하지 않은 경우에 사용하는 것이 좋다. 귀납적 탐구 전략은 충분한 수업 시간이 확보된 경우, 학습자가 초보자이고 심층적인 이해가 필요한 경우에 사용할 수 있다. 그리고 기본적으로 귀납적 설명 전략은 중간적인 해결책으로 적용될 수 있다. 이는 예로 시작하여, 단편적 정보와 예들이 가진 공통점의 관계를 설명하는 일반 모형에 대한 학습으로 진행하는 것이 보편적이다. 예의 제시는 다음 절에서 더 살펴보기로 한다.

14.2 사례 연구와 모형화 예의 제시

11장에서 해결 예와 모형화 예, 또는 예로부터 도출한 몇몇 문제 유형들이 전체 과제 연습을 설계하는 데 극히 중요하다는 것을 논의한 바 있다. 예는 기본적으로 전통적인 연습을 **대치하기** 위해 사용된다. 예는 특정 유형의 문제 형식으로 취급된다. 그러나 유사한 예가 정보 제시의 상황에서 제공될 때 **보충** 연습을 위해 사용될 수도 있다. 따라서 예를 제시하는 우선 목적은 전체 과제 수행에 대해 전문성을 얻는 것이 아니라(예: 수행 목표에 도달하기 위해), 그러한 전문성을 개발하는 데 도움이 될 정보를 얻고 정교화하는 것이다(예: 지원적 목표를 달성하기 위해). 이 절에서는 이런 식으로 사례 연구와 모형화 예를 사용하는 것에 대해 살펴본다. 다음과 같은 요점을 다룬다.

- 전체 과제 연습의 일부로 예를 사용하는 것과 정보 제시의 일부로 예를 사용하는 것의 차이점
- 예를 제시하는 시기
- 사례 연구의 제시
- 모형화 예의 제시
- 어려운 지원적, 전략적 지식에 대한 예를 다루는 지침

전체 과제 혹은 정보 제시의 일부로 예를 사용하기

전체 과제 연습의 일부로 해결 예와 모형화 예 간에, 그리고 정보 제시의 일부로 사례 연구와 모형화 예 간에 근본적인 차이점이 무엇인지 궁금할 것이다. 이 질문에 답할 수 있으려면 **진정한 예**란 무엇인지 정확히 정의되어야 한다. 전체 연습에서 해결 예란 문제를 해결하기 위해 필요한 **모든** 지원적 지식의 다각적인 범례가 되는 해결책이다. 이 지원적 지식은 일련의 개념 모형, 목표-계획 위계, 그리고 인과 모형 혹은 기능 모형을 말한다. 예를 들어 컴퓨터 프로그램 형식의 해결 예는 "변수", "반복문", "헤딩"[87] (개념 모형에서 상세화가 가능한) 같은 프로그래밍 개념, 프로그래밍 계획(목표-계획 위계에서 상세화가 가능한), 프로그램 화면 설계 원리(원리의 위계에서 상세화가 가능한) 등의 범례를 드는 것이다. 마찬가지로 전체 과제 연습의 일부로 제공되는 모형화 예는 해결책을 얻는 데 필요한 모든 SAPs나 발견법의 다양한 범례가 되는 문제 해결의 과정을 나타낸다. 예를 들어, 기계적 시스템의 고장 수리에 대한 모형화 예는 기능 불량을 찾아 내고, 부품들을 검사하고, 기능 불량의 결과를 보정하는 데 관련된 발견법과 SAPs를 동시에 범례로 드는 것이다.

정보 제시의 일부로서의 사례 연구는 흔히 전체 과제 연습의 일부로서의 해결 예보다 범위가 좁다. 사례 연구는 일반적으로 지원적 지식의 하나 내지 소수의 측면에 초점을 둔다. 이는 특정 비순환적 인지 기능을 수행하는 데 관련된 단 하나의 개념 모형, 목표-계획 위계, 혹은 인과 모형, 기능 모형이다. 예를 들어, 프로그래밍 상황에서 컴퓨터 프로그램 대신 요령을 알려 주는 형식의 사례 연구가 설계나 알고리즘에 관련된 지식의 범례로 사용될 수 있다. 이는 명백히 전체 과제 연습의 일부로서 사용될 수 있는 해결 예가 아니다. 결과적으로 모든 해결 예가 사례 연구로 간주될 수는 있으나, 모든 사례 연구가 해결 예라고 볼 수는 없다. 모형화 예의 경우도 마찬가지이다. 정보

---

87) 역자 주: 통신 프레임 구성에서 헤딩 시작 문자(SOH) 뒤에 이어지는 일련의 문자. 기계가 읽을 수 있는 주소 또는 경로 지정 정보가 포함된다.

제시의 일부로서의 모형화 예는 일반적으로 단 하나 혹은 소수 측면의 전략적 지식에 초점을 둔다. 이는 단지 복합적 인지 기능을 수행하는 데 관련된 SAPs 중에 하나일 뿐이다. 예를 들어, 정보 제시의 일부로서의 모형화 예는 기능 불량을 찾기 위한 반분 방법을 시범 보이는 것일 수 있다. 그러나 이러한 방법은 전체 과제 연습의 일부로서의 좋은 모형화 예가 아니다. 왜냐하면 이는 계획하고 있는 사례 유형만으로 고장 수리를 연습할 수 있다고 가정하므로, 고장 수리의 과제를 수행하는 데 관련된 다른 전략적 지식을 범례로 들지 못하기 때문이다.

예를 제시하는 시기

정보 제시의 일부로서 사례 연구와 모형화 예를 언제 제시하는가에 대한 질문에 있어서, 전체 과제 연습의 일부로서 해결 예와 모형화 예를 제시하는 것과 별다른 차이가 없다. 답은 새로운 유형의 사례에 대한 연습을 시작하기 직전에 예를 제시하는 것이다. 10장에서 살펴본 바와 같이, 비순환적 부분 기능의 수행을 뒷받침하는 지원적, 전략적 지식에 대하여 분석하려면 단순한 사례 유형에서 복잡한 사례 유형으로 제시할 정보를 분할해야 한다. 이 과정을 중간 수준의 계열화라고 한다. 지원적 지식과 관련 사례 유형에 대하여, 그 영역의 다소 단순화된 특정 모형들이 특정 사례 유형의 효과적인 수행을 뒷받침하리라 가정할 수 있다. 이러한 모형들은 개념 모형, 목표-계획 위계, 인과 모형, 기능 모형, 또는 하나의 정신적 모형으로 그러한 모형들을 통합하는 것이 있을 수 있다. 특정한 새로운 유형의 사례에 관련된 사례 연구는 그러한 모형들의 하나 또는 그 이상의 부분을 범례로 제시한다. 각각의 후속 사례 유형에 대하여 기반이 되는 모형은 이전의 모형을 정교화한 것이다(정신적 모형의 진보). 관련된 사례 연구는 이러한 정교화된 모형을 범례로 들면서 각각의 새로운 유형의 사례에 대해 이 과정을 반복한다.

동일한 원리가 모형화 예를 제시하는 데 적용된다. 비순환적 부분 기능을 수행하는 데 밑받침이 되는 지원적 지식을 분석하려면 단순한 사례에서 복잡한 사례 유형의 기준으로 정보를 분할해야 한다. 특정한 유형의 사례를 효과적으로 수행하기 위해 기초가 되는 것은 SAP에서의 특정한 경로(최단 경로 접근)이거나, 그렇지 않으면 전체의 복합적 인지 기능이나 그 비순환적 부분 기능의 일부를 단순화한 설명이다(조건 단순화 접근). 일반적으로 발견 방법을 제시하려면 목적 또는 그 기능을 단순하게 설명하는 데 필요한 장면을 짝지어 주어야 한다. 특정한 새로운 유형의 사례에 대한 모형화 예는 이 단순화된 SAP 그리고 관련된 발견 방법이 어떻게 적용되는지를 설명한다. 이어서 제시해야 할 각각의 사례 유형은 기능의 연습을 약간 더 복잡하게 하고, 보다 정교화해서 설명해야 한다. 관련된 모형화 예는 그 기능에 대한 좀더 복잡한 설명을 하기 위해 문제 해결 과정을 제시하고, 각각 새로운 유형의 사례에 대하여 이 과정을 반복한다.

예외적으로 사례 유형은 특정 기능군집을 강조하는 조작에 근거한다(조작적 강조 접근). 결국, 각각의 사례 유형은 강조하고자 하는 일련의 부분 기능과 덜 강조하고자 하는 보충적 기능으로 정의된다. 사례 연구와 모형화 예는 지원적 지식을 예로 들고, 강조하고자 하는 기능에 관련된 전략적 지식의 적용을 설명한다. 다음 사례 유형에서는 또다른 부분 기능들이 강조된다. 이 새롭게 강조되는 기능들에 관련된 지원적, 전략적 지식에 대한 모형화 예는 학습자들이 새로운 유형의 사례와 그 밖의 연습을 시작하기 전에 제시해야 한다. 이처럼 이전의 두 가지 접근 방식과는 대조적으로, 정신적 모형이나 SAP를 단순에서 복잡의 순으로 정렬하는 것이 전제되는 것은 아니다. 이는 기능의 특정한 측면에 대한 사례 연구나 모형화 예를 다른 사례 유형을 제시하기 전에 단지 한 번만 제시하기 때문에 전통적인 전체 과제 접근 방식에 가장 가깝다. 얼마나 복합적이거나 정교화되었는지는 구분하지 않는다.

요약하면, 모형화 예와 사례 연구는 새로운 사례 유형을 시작할 때 제시해야 한다. 사례 연구는 개념 모형, 목표-계획 위계, 그리고 인과 모형이나 기능 모형의 일반적이고 축약적인 부분을 설명하고, 점차로 더 복합적이 되어야 하며, 각각 새로운 유형의 사례를 정교화해야 한다. 모형화 예는 SAP 그리고 관련된 탐구 방법의 적용에 대한 시범을 보여야 하며, 또한 점차로 각각 새로운 유형의 사례를 좀더 복합적으로 제시해야 한다. 각각 새로운 유형의 사례는 **부분 연습**이라고 불리는 다른 형태의 연속적인 전체 과제 문제를 포함한다. 그래서 지원적이고 전략적인 지식은 되도록이면 새로운 부분 연습을 시작할 때 제시해야 한다. 사례 연구나 모형화 예를 제시하는 지침은 다음 절에서 살펴보기로 한다.

사례 연구 제시하기

잘 설계된 사례 연구는 학습자들이 실제 세계에서 처하게 되는 현실적이거나 가설적인 문제 상황에 능동적으로 참여하게 한다. 흔히 그러한 사례 연구는 학습자의 흥미를 유발하기 위해 사건 사고, 성공담, 옳다고 증명되었으나 논란의 소지가 있는 결정 등과 같은 흥미로운 사건을 제시할 것이다. 사례가 설명하고자 하는 지식의 유형에 따라 구분할 수 있는 다양한 종류의 사례 연구들이 있다. 개념 모형을 설명하는 사례 연구는 일반적으로 개념 모형을 예증하는 구체적인 대상이나 사건 등을 기술할 것이다. 예를 들어, 인터페이스(HCI)에 대한 개념 모형은 직접적인 작동 방법, 사용자 친숙도, 책상이나 사무실의 비유, 대화 상자 등과 같은 생각들을 연결지을 수 있다. 이러한 모형에 대한 사례 연구는 특정 운영 체제에서 학습자가 성공적인 인터페이스란 무엇인지를 학습할 수 있게 한다.

목표-계획 위계를 설명하는 사례 연구는 일반적으로 특정 기능이나 목표에 이르기 위한 인공 설계물(또는 그러한 대상에 대한 설명)일 것이다. 예를 들어, 건축 분야에서의 목표-계획 위계는 업무용 건물이 갖추어야 할 기능의 위계를 조립식 빌딩 블록을 이용해 설명하거나, 그러한 기능을 충족시키기 위해 살펴보아야 할 계획을 비교하며 설명한다. 그런 다음, 사례 연구는 학습자들이 직접 실제 업무용 건물을 방문하여 특정한 방법으로 사전 계획한 요소를 비교하면서 이 건물의 목적에 맞게 설계했는지 아닌지를 연구할 수 있도록 해 주어야 한다. 대안으로 인공 설계물은 빌딩 블록이나 계획에 대한 컴퓨터 기반의 시뮬레이션으로 표현될 수 있다. 이는 학습자들이 다양한 빌딩 블록을 통해 얻은 해결책을 조직화하는 실험을 가능하게 하고, 특정한 설계 변경의 효과를 살펴볼 수 있게 해 준다. 예를 들어, 그러한 시뮬레이션은 집적 회로(IC)의 설계나 공장 설계, 모든 그 밖의 종류의 설계를 위해 다양한 빌딩 블록을 학습자들에게 제시할 수 있다.

마지막으로 인과나 기능 모형을 설명하는 사례 연구는 다수의 원리나 인과 모형 혹은 기능 모형을 설명하는 실제 삶의 과정을 기술할 것이다. 예를 들어, 특정한 "사고 결과 예상 계통도(fault tree)"를 설명하는 사례 연구는 Three Mile 섬이나 체르노빌과 같은 재난에서 원인이 되었던 사건의 전후 관계를 자세히 기술한다. 이런 유형의 사례 연구 역시 컴퓨터 기반 과정 시뮬레이션의 형태일 수 있다. 그러한 시뮬레이션에서 학습자는 특정한 개념에 상응하는 특정 변인의 설정을 변화시킴으로써, 다른 변인과 개념에게 이러한 변화가 어떤 효과가 있는지를 파악할 수 있다. 그러한 과정 시뮬레이션은 뉴턴의 법칙을 해설하는 자유 낙하의 시뮬레이션처럼 아주 단순하거나, 화학 공장의 복합적인 생산 과정에 대한 시뮬레이션처럼 극히 복잡할 수 있다.

이상 살펴본 사례 연구 유형은 뚜렷한 구분이 어려울 수 있다는 점에 주의하자. 개념 모형, 목표-계획 위계, 그리고 인과 혹은 기능 모형이 정신적 모형에 모두 통합될 수 있기 때문에, 사례 연구 또한 이처럼 다양한 유형의 모형을 동시에 설명해야 한다. 더 나아가, 일반 정보를 해설하는 사례 연구는 전체 과제 문제가 문제의 높은 다양성을 보여 주었던 것처럼 고도의 **다양성**을 나타내어야 한다(11.5절 참조). 일반적으로 단일 사례 연구로는 관련된 지원적 지식의 모든 측면을 설명하기에 부족하다. 학습자에게는 그러한 사례 연구들의 공통점과 차이점을 자신이 추출할 수 있게 하는 사례 연구를 제시해야 한다. 학습자들에게 제시할 사례 연구의 전체 묶음은 가능하면 설명해야할 지원적 지식의 전체 내용을 모두 대표할 수 있어야 한다. 그리고 사례 연구는 수업 이후 환경에서 차원이 달라진다는 것을 고려하여 변화를 주어야 한다. 여기서 차원이란 정보가 제시되는 양식, 눈에 띄는 특징, 관련되지 않은 정보의 유무, 사례 연구의 상황, 친숙도의 정도 등을 말하는 것이다.

안내된 발견

귀납적 설명 전략에서 사례 연구는 개념 모형, 목표–계획 위계, 인과 혹은 기능 모형, 또는 정신적 모형에서 이들을 결합한 것(통합적 정신적 모형)의 일반적이거나 축약적인 부분을 제시한 후에 제시되거나 이들과 통합하여 제시될 것이다(14.3절의 일반 정보의 제시에 대한 지침 참조). 연역적 설명 전략에서 학습자들은 이러한 일반 정보를 사례 연구 **이전**에 받을 것이다. 마지막으로 귀납적 탐구 전략에서 학습자는 단지 사례 연구를 받기만 하고, 사례 연구를 통해 설명된 일반 정보를 스스로 발견해야만 한다.

보편적으로 사례 연구는 사례의 기술을 통해 설명하고자 하는 관계를 학습자들이 비판적으로 생각하거나 주의 깊게 분석하도록 의도하는 질문을 포함한다. 가능하면 사례의 끝이나 사례를 기술해 나가는 동안에 산재해 있는 질문은 학습자들이 생각, 증거, 그리고 사례에 관련된 가정들을 검증해 보도록 요구한다. 이러한 질문들은 학습자들이 이미 알고 있는 것을 활용하여 새로운 정보를 스스로 설명해 볼 수 있게 돕는다(Chi, De Leeuw, Chiu, & LaVancher, 1994). 따라서 사례 연구는 학습자들이 보다 일반적인 이해를 위해 자신의 지식을 확대하도록 돕는다(Ertmer & Russell, 1995). 그러한 질문들이 다양한 교수 전략으로 활용될 수 있지만, 귀납적 탐구 전략이나 안내된 탐구 방법에서는 지배적인 역할을 한다. 따라서 주요 질문은 학습자들이 일반적인 정보와 특히 사례 연구가 설명하고자 하는 단편적인 정보 사이의 관계를 발견하도록 돕는 것이어야 한다.

주요 질문은 학습자들이 이미 알고 있는 생각과의 관계, 또는 사례가 설명하고자 하는 아이디어 사이의 관계를 학습자들이 능동적으로 이해할 수 있도록 하는 것이어야 한다. 학습자들은 사례 연구가 설명하는 지원적 지식의 모형에 대해 좋은 견해를 가질 필요가 있다. 좋은 견해를 가져야 효과적인 주요 질문을 만들 수 있기 때문이다. 특정한 주요 질문을 제기하는 교수 방법은 특정한 유형의 부분 인지 정보와 사례 연구가 설명하려는 지원적 지식의 모형에서 그러한 단위 정보 사이의 관계에 따라 다를 수

있다.[88]

개념 모형에서 주로 논의되는 관계란 어떤 종류의 관계인가, 어느 부분에 관련되는가, 경험적인 것과 관련되는가, 그리고 유사한 관계인가이다. 만약 그러한 관계가 지원적 지식의 모형 내에 존재하면, 주요 질문은 학습자들에게 다음과 같이 하도록 요구해야 한다.

- **보다 일반적인 생각을 찾아 내거나 유사한 생각끼리 묶을 수 있는 기준을 추출하라.** 이러한 탐구 방법은 상위 종류별 혹은 부분별 관계에 해당한다. 예를 들어 학습자가 다양한 유형의 PID 제어기(흐름 제어기, 수준 제어기, 온도 제어기)에 의해 제어되는 특정한 생산 라인을 연구한다면, 질문은 이러한 제어기들이 가진 공통점을 찾도록 해야 할 것이다.

- **유사한 생각들의 군집을 비교하고 대조하라.** 이러한 탐구 방법은 동위 종류별 혹은 부분별 관계에 해당한다. 예를 들어 학습자가 다수의 상이한 반복 구문을 갖는 컴퓨터 프로그래밍을 연구한다면, 질문은 학습자들이 이렇게 다양한 구문들의 작동 결과를 비교하고 대조하도록 요구해야 한다.

- **특정한 생각을 보다 작은 생각들로 분석하라.** 이러한 탐구 전략은 하위 종류별 혹은 부분별 관계에 해당한다. 예를 들어 학습자가 특정한 전기 회로에 대해 연구한다면, 질문은 학습자들에게 회로를 구성하는 모든 구성 요소에 대해 설명하도록 요구해야 한다.

- **특정한 아이디어의 주요 특징이나 성격을 설명하라.** 이러한 탐구 방법은 역시 하위 부분별 관계에 해당한다. 예를 들어 학습자가 특정 인터페이스(human-machine)를 연구한다면, 질문은 학습자가 "대화 상자"라는 개념 정의(예: 주요 특징의 목록)를 하도록 요구해야 한다.

- **특정한 생각에 대해 잘 알려지고 친근한 예나 상반된 예를 찾아라.** 이러한 탐구 방법 또한 하위 경험적 관계에 해당한다. 예를 들어 학습자가 특정 통계 분석 기법이 적용된 사례를 연구한다면, 질문은 이러한 기법이 사용되는 다른 구체적 상황을 생각해 내도록 요구해야 한다.

- **특정한 생각에 대한 유추를 발견하라.** 이러한 탐구 방법은 동등한 유사성 관계에 해당한다. 예를 들어 학습자가 특정 터보 발전기에 대한 연구를 한다면, 질

---

88) 다소 반직관적으로, 이는 지원적 지식의 분석(9장 참조)이란 안내된 발견 방법이 적용될 때도 필요하다는 것을 의미한다. 분석 결과로부터 나온 일반화된 모형은 그러한 식으로 학습자들에게 제시되지 않는 반면, 효과적인 주요 질문을 만들어 낼 때 유용하다.

문은 같은 원리가 적용되는 다른 영역으로부터 유추해 내도록 요구해야 한다 (예: 풍차).

종류별, 부분별, 경험적, 그리고 유사 관계는 지금까지 언급한 것과 같은 주요 질문들이 주가 되는 목표-계획 위계에서도 마찬가지이다. 덧붙여, 목표-계획 위계는 다음과 같은 유형의 주요 질문을 이끌어 내는 위치 관계를 사용한다는 특징이 있다.

- **시간 또는 공간에서 요소의 상대 위치를 설명하라.**   이 탐구 전략은 위치 관계에 해당한다. 예를 들어 학습자가 특정한 공장의 설계를 연구한다면, 질문은 생산 과정의 목표를 달성하기 위해 주요 구성 요소와 하위 구성 요소가 어떻게 연결되었는지를 설명하도록 학습자에게 요구해야 한다.

- **요소를 재정리하고 효과를 예언하라.**   이 방법 역시 위치 관계와 관련된다. 예를 들어 학습자가 컴퓨터 프로그램을 연구한다면, 질문은 특정 부분의 코드나 프로그래밍 계획을 재배열한 결과를 학습자들이 예견해 보도록 요구해야 한다.

마지막으로, 인과 또는 기능 모형은 인과 과정이나 자연적 과정의 관계를 활용한다는 특징이 있다. 탐구 방법은 학습자들이 프로세스나 장치의 작동에 대해 인과적으로 추론하도록 요구한다.

- **특별한 사태 설명하기.**   이 방법은 인과 과정 또는 자연적 과정의 관계를 근거로 한 역행 추론에 관련한다. 예를 들어, 만약 연구하려는 특정 장치가 녹슬게 되는 경우, 질문은 어떤 요인 때문에 녹이 발생했는지를 학습자들에게 물어야 한다.

- **미래의 상태 예견하기.**   이 방법은 인과 과정 또는 자연적 과정의 관계를 근거로 한 순행 추론에 관련한다. 예를 들어 학습자가 어떤 역동적 시스템의 행동을 연구한다면, 질문은 학습자들에게 미래의 상태를 예견해 보라고 해야 한다. 학습자가 자신의 예견을 실험해 보고 검증 또는 반증한다는 것은 자신의 인과적 지식을 갱신하는 기회가 될 것이다.

그 밖에 많은 유형의 중요한 질문이 존재하고, 그것은 모두 학습자가 활용 가능한 자신의 기존 지식과 새로운 지식 사이의 관계를 능동적으로 구축하도록 하는 것과 관련이 있다. 예를 들어, Collins와 Stevens(1983; Collins & Ferguson, 1994)는 복합적 일반화 모형을 발견하도록 학습자들을 안내하는 대안적 방법인 탐구 수업 이론을 완성한 바 있다. Merrill, Li, Jones는 또한 특정한 관계를 갖는 인지 정보(지식 틀이라고 표현)를 군집으로 구성하는 수많은 탐구 방법(교수적 교호라고 표현)을 제안한다. 발견적 접근의 공통된 특징은 학습자들에게 실천적 경험의 기회를 제공한다는 것이다. 그러나 이러한 실천적 경험이 복합적 인지 기능 그 자체의 수행과 직결된 것은 아니다. 대신, 복합적 인지 기능 자체를 실습하여 얻을 수 있는 직접적 경험에 반하여 이를 대리 경험이라고 부른다.

모형화 예의 제시

사례 연구는 일반적으로 현실 세계에서의 일들이 어떻게 일어나고 서로 관련되는지를 설명한다. 사례 연구는 대상, 문제 상황, 해결책, 사태, 자연적 과정 등을 설명하는 데 초점을 맞춘다. 반면에 모형화 예는 전문가인 과제 수행자가 특정한 사례나 문제를 다루는 동안 거치는 문제 해결의 과정에 명확히 관심을 갖는다. 모형화 예는 해결책을 찾는 데 도움이 될 SAPs와 발견법을 어떻게 적용하는지를 설명한다. 사례 연구처럼 모형화 예에는 일반적으로 시범 보이는 문제 해결 과정에 대해 학습자들이 비판적으로 생각하도록 요구하는 질문이 산재해 있다. 고도로 축약적이고 일반적인 특성의 전략적 지식을 다루어야 한다면 적절한 모형화 예를 개발하기 어려울 것이다. 복합적 인지 기능이나 비순환적 부분 기능 중의 하나를 수행하는 전문가나 교수자를 세밀하게 관찰하여 모형화하면서, 그가 어떻게 하였고, 왜 그렇게 하였는지(작업 중에 혹은 수업 상황에서)를 설명하는 것이 효과적인 방법일 것이다.

그러한 모형화는 학습자가 자신만의 인지 전략을 사용하여 실제적인 예에 직면하도록 하는 **과정 지향적인** 활동이다. 그림 11.1을 되짚어 보면, 이는 전문가가 특정한 문제에 대해 해결책을 찾는 중에 거치는 추론인, "문제 해결"이라는 상자와 관련된다. 모형화는 전문가가 문제를 해결하면서 거치는 숨겨진 정신적 과정을 드러나게 한다. 이는 전문가가 유의미한 특정 목적을 성취하기 위해 자신의 사고 과정을 의식적으로 통제하는 방법을 보여 준다. 학습자들은 단지 올바른 해결책에 이르는 하위의 점진적인 과정을 관찰하기보다, 전문가들이 난국을 극복하기 위해 어려운 문제 상황에서 어떻게 추론하는지를 볼 수 있다(Kintsch, 1993).

전문가가 평범하지 않은 문제를 처리하는 과정에서 "자신의 사고 과정을 말로 표현한 자료(thinking-aloud protocols)"는 모형화 예를 개발하는 데 훌륭한 근거가 된다(Bereiter & Bird, 1985). 예를 들어, Vonken(1995)은 객체 지향 소프트웨어의 설계를 훈련하는 프로그램에서 전문가의 사고 과정을 활자화된 모형화 예로 개발하여 사용했다. 그러한 프로토콜은 학습자로 하여금 기술된 문제 해결 과정을 연구하고, 대안적인 해결책을 생각해 내고, 특정한 설계 결정에 대해 의견을 제시하도록 하는 모형화 예로 변형된다. 일반적으로 그러한 모형화 예는 전략적 지식을 가르치는 데 더 구체적이고 효과적인 도구가 된다.

지원적 지식을 제시하는 것과 비교하여, 대부분의 연구자들은 귀납적 탐구 전략이나 발견 방법이 전략적 지식을 가르치는 데 최적의 방법이 아니라는 것에 동의한다 (Clark & Taylor, 1992; Kintsch, 1993; Mettes, Pilot, & Roossink, 1981; Schmitt & Newby, 1986; Schoenfeld, 1979; Taylor & Clark, 1992). 이는 전략적 지식이 가진 고도의 축약성과 일반성 때문이며, 학습자가 관련 SAPs와 발견법을 찾아 낼 수 있도록 하기 위해서는 엄청난 수의 모형화 예가 필요하다는 것을 의미한다. 결과적으로, SAPs와 관련 발견법을 설명하는 모형화 예뿐 아니라, 그러한 SAPs와 발견법에 대한 일반적인 해설도 제공해야만 한다(14. 3절 참조). 4C/ID 모형은 일반적인 설명을 하기에 앞서 모형화 예를 제공하려면 귀납적 탐구 전략을 사용하라고 제안한다. 그러나 만약 학습자가 그 기능을 수행한 경험이 있고 활용 가능한 수업 시간이 제한적이라면 연역적 탐구 전략을 고려할 수 있다.

결론적으로, 전제 과정 문제와 사례 연구가 높은 다양성을 보여 주어야 하는 것처럼 모형화 예도 높은 **다양성**을 보여 주어야 한다는 것에 주의해야 한다. 하나의 모형화 예로 특정 유형의 사례에 대한 문제를 해결하는 데 관련된 모든 SAPs와 발견법을 설명하는 것은 확실히 불충분하다. 학습자들에게 제시될 전체적인 모형화 예는 아마도 전략적 지식을 분석하여 확인된 모든 SAPs와 발견법을 대표하는 것이어야 하며, 또한 수업 후 환경에서의 다양한 차원에 맞게 변화 가능해야만 할 것이다.

어려운 지원적, 전략적 지식에 대한 예

설계자는 학습자들이 어려움을 느낄 만한 지원적 또는 전략적 지식을 설명하는 사례 연구나 모형화 예에 각별한 주의를 기울여야 한다. 이는 흔히 대상 집단에 대한 실증적 분석을 통해 미숙한 정신적 모형(9.4절 참조)이나 미숙한 전략 또는 발견법(10.3절 참조)이 확인된 경우일 것이다. 그렇듯 미숙한 모형, 전략, 발견법은 보다 효과적인 모형과 전략을 얻는 데 심각한 방해가 된다. 어려운 지원적, 전략적 지식에 대한 예를 제시하기 위한 교수 방법은 JIT 정보를 제시하는 상황에서 어려운 정보를 제시하기 위한 교수 방법과 매우 유사하다.

첫째, 사례 연구와 모형화 예는 미숙한 정신적 모형이나 직관적 전략이 중요한 역할을 담당하는 지식을 설명하기보다, 어려운 지원적 지식 또는 전략적 지식을 설명하는 데 사용되어야 한다. 교수설계자들은 지원적 지식의 정확한 모형을 설명하는 사례 연구와 지원적 지식의 미숙한 모형을 설명하는 사례 연구를 함께 제시하거나, 효과적인 SAPs와 발견법의 적용을 보여 주는 모형화 예와 미숙하거나 직관적인 SAPs와 발견법을 적용한 부정적인 결과를 보여 주는 모형화 예를 모두 보여 주려고 할 것이다. 그러면 학습자들은 우수한 예와 이에 상응하는 미숙한 예를 주의 깊게 비교하고 대조해야 한다. 이는 JIT 정보 제시의 상황에서 살펴본 짝짓기의 과정과 비슷하다. 그러나 특별히 복잡한 것은 예와 상응 예가 단순히 옳거나 그른 것만은 아니다. 특정한 조건하에서 미숙한 정신적 모형과 전략은 만족할 만한 활동을 유발한다. 즉, 학습자가 자신의 미숙한 예와 정교한 예를 비교하고 대조하는 과정은 상당히 깊은 사고가 필요하다.

둘째, 학습자들에게 어려울 것으로 예상되는 사례 연구와 모형화 예의 난해한 측면에 학습자들의 주의가 모아져야 한다. 예를 들어 학습자가 분산형 컴퓨터 네트워크를 연구하는 경우, 단 하나의 중앙 서버가 있다는 미숙한 정신적 모형을 깨치고 다양한 서버들 간에 통신이 가능하다는 중심 생각에 주의를 집중해야 한다. 그리고 학습자들이 특정한 산출 과정을 설계하는 전문가의 모형화 예를 연구하는 경우라면, 설계란 항상 이것저것 긁적이는 것에서부터 시작한다는 미숙한 전략을 깨치고, 전문가들은 기존의 설계를 바탕으로 작업을 시작한다는 생각에 주의를 모으게 해야 한다. 주의 집중의 전통적인 방법(논평하거나, 강조하거나, 부정적인 결과를 지적)과 더불어, 학습자의 주의를 모으기 위해 이미 익숙한 생각에 새로운 생각을 연결짓는 관계를 가르쳐야 한다. 이런 목적을 달성하기 위해서는 유추적·경험적·선험적 관계가 특별히 적합하다. 첫 번째 예에서 교수자들은 컴퓨터 네트워크를, 한 장소에서 다른 장소로의 여행에는 다양한 경로가 있을 수 있다는 보통의 여행 과정을 통해 유추하도록 할 수 있다. 두 번째 예에서 교수자들은 세금 신고서를 작성할 때 이것저것 들추어 내는 것보다 작년 양식을 수정하여 작성하는 것이 훨씬 효율적이라는 경험적 관계를 알려 주어야 한다.

셋째, 다중 표상의 형식은 어려운 지원적 지식이나 전략적 지식을 설명하는 사례 연구나 모형화 예를 제시하는 데 사용될 수 있다. 예를 들어, 사례 연구와 모형화 예는 인쇄물 설명 자료, 시뮬레이션, 비디오 다큐멘터리, 실생활 모형 등으로 번갈아 제시할 수 있다. 매우 유용하고 관련 있는 방법은 다양한 관점이나 견해로 사례 연구나 모형화 예를 기술하는 것이다. 이러한 방법은 학습자들이 하나의 특정한 생각에 **다중 관점**을 가질 수 있도록, 생각이란 다른 생각과 수많은 다양한 관계로 연결되어 있다는 점을 강조한다. 이는 인지적 유연성 이론(Jonassen, 1992; Spiro,

Coulson, Feltovich, & Anderson, 1988)의 토대 중 하나이다. 예를 들어 사례 연구로 기계의 특정 부품에 대해 설명하려면 기계를 설계한 사람, 기계의 사용자, 관리 기술자의 관점 등으로 설명해 주어야 한다.

요약하면, 이 절에서는 복합적 인지 기능의 비순환적 측면에 대한 정보 제시의 일부로 예를 어떻게 제시하는지에 대해 살펴보았다. 예는 사례 연구와 모형화 예의 형태로, 새로운 유형의 사례와 연결하여, 새로운 부분 정보를 처음으로 학습할 때 제시하는 것이 가장 효과적이다. 사례 연구는 설명하고자 하는 지원적 지식의 유형에 의존하여 다양한 형식을 갖는다. 사례 연구는 안내된 발견 학습의 훌륭한 토대가 된다. 모형화 예는 SAPs와 발견법이 어떻게 적용되는지를 설명하며, 귀납적 설명 전략에서 효과적으로 사용된다. 어려운 지원적, 전략적 지식을 설명하기 위해 예를 어떻게 다루어야 하는지에 대한 약간의 부가적인 지침을 제공한 바 있다. 다음 절에서는 사례 연구나 모형화 예에서 설명해야 하는 일반 정보를 제시하는 교수 방법에 대해 살펴보기로 한다.

14.3 지원적, 전략적 지식 제시하기

귀납적 탐구 전략이나 발견적 방법에서의 정보 제시는 사례 연구와 모형화 예로 제한한다. 이 절이 이처럼 순수한 발견적 방법이 사용된 경우에만 관련된 것은 아니다. 그러나 보다 보편적인 귀납적 설명 전략에서는, 사례 연구와 모형화 예를 이러한 예들의 보편적인 측면을 설명하는 일반적 정보와 결합해서 제시해 주어야 한다. 연역적 설명 전략의 경우도 마찬가지이지만, 사례 연구나 모형화 예에 **앞서** 일반적인 정보를 **먼저** 제공해 주어야 한다.

이전 절에서 이미 살펴보았듯이, 일반 정보는 대개 사례 유형별로 분할된다. 각각의 새로운 유형별 사례로 들어가면, 지원적 지식의 모형(개념 모형, 목표-계획 위계, 인과 및 기능 모형)과 전략적 지식의 모형(관련 발견법에 따른 SAPs)은 일반적으로 보다 정교화되고 복잡해진다.[89] 분명히, 이것은 설계자가 각각의 사례 유형이나 부분 연습을 시작할 때 관련 사례 연구와 모형화 예를 제시하게 만들 뿐 아니라, 모형의 보다 일반적이고 축약적인 부분들을 설명하게 만든다. 4C/ID 모형에 따르면, 사례 유형에 따라 비교적 큰 단위로 일반 정보를 조직화하는 것은 기능의 비순환적 측면에 대한 정

---

[89] 실제로 이는 정신적 모형 발달이나 조건 단순화의 방법이 사례 유형을 정의하는 데 사용된 경우에만 해당된다(10.4절 참조). 강조 조작 방법에서는 다양한 정교화 수준별 모형이 없다.

보를 제시하는 데 튼튼한 밑받침이 된다. 이는 주로 기능의 특정 비순환적 측면을 수행하는 데 **정확히** 어떤 정보가 필요한지 사전에 알려져 있지 않다는 사실 때문에 그렇다. 정보는 전통적으로 사전에 선수되는 것이 아니다. 그 정보가 기능 수행에 도움이 될 수 있는 기회를 늘리려면 다음과 같이 해야 한다.

- 특정 유형의 사례나 부분 연습에 대한 전체 과제 문제를 연습하기에 앞서 장기 선언적 기억에서 정보가 활성화되어야 한다.
- 별개의 부분 정보들 사이에서 연결이 이루어지고 기존의 활용 가능한 지식과 정보를 연결지으려면 면밀하게 정교화해야 한다. 그로 인해 정보의 활용 가능성과 접근성이 장기 선언적 기억에서 증가하게 된다.

결과적으로, 동시에 제시해야 하는 정보의 양이 중요할 수 있고, 또한 정보의 양이 높은 내재적 복합성을 나타낼 수 있다. 예를 들어, 컴퓨터 프로그램을 설계하기 위한 관련 발견법을 다루는 SAP 도표, 기계의 복잡한 부품들에 대한 기능 모형, 또는 특정 형태의 화학 과정에 대한 과정 모형은 설명해야 할 내용이 상당히 많을 수 있다. 그렇듯 많은 분량의 일반 지원적, 전략적 지식을 제시하는 것에 대한 일부 지침은 다음 절의 하위 항목에서 살펴보기로 한다.

지원적 지식에 대한 정보 제시

9장에서 살펴보았듯이, 지원적 지식을 제시하는 복합적 인지 쉐마는 인지적 부분 정보의 지배적인 유형(예: 개념, 계획, 원리)이나 그러한 부분 정보들 사이의 지배적인 관계 유형이 무엇인지에 따라 특징지어진다. 일반적으로 다음과 같은 조건을 갖추었을 때, 교수 방법은 보다 유의미한 학습을 창출하고 보다 효과적이 될 것이다.

- 쉐마 사이의 풍부한 상호 연관성을 바탕으로 이해가 이루어지므로, 복합적 쉐마를 구성하는 인지적 부분 정보 사이에 **더 많은** 관계를 구축해야 한다.
- 기존의 다른 지식 구조에 새로운 쉐마를 연결짓는 능력이 있어야 이해가 이루어지므로, 학습자가 이미 알고 있는 인지적 부분 정보에 더 많이 관련지어야 한다.

지원적 지식을 제시하는 교수 방법은 이처럼 개념적 모형, 목표-계획 위계 또는 인과 모형을 구성하는 인지적 부분 정보 사이의 관계, 학습자가 이미 활용 가능한 지식과의 관계를 명확히 제시하는 데 목적을 두어야 한다. 그것은 이전 절에서 살펴본 탐구 방법과 거의 유사하지만, 지금 말하는 관계란 학습자에 의해 발견되어야 하는 것이 아니라 교수자에 의해 명확히 제시되거나 교수 자료의 형태로 제시되어야 한다. 이는 다음과 같은 설명 전략을 필요로 한다.

- 유사한 지식에 대한 조직화 틀을 제공하라. 그러한 조직화 틀을 **선행 조직자**(advance organizer)라고 한다.
- 일련의 유사한 지식들을 비교하고 대조하라.
- 특정한 지식을 작은 지식들로 분석하라.
- 주요한 특성이나 특징으로 특정한 지식을 기술하거나 그것에 대한 정의를 제공하라.
- 특정한 지식에 대하여 친근한 예나 상응하는 예를 제공하라. 어려운 지식의 경우, 설명하고자 하는 예와 상응하는 예를 비교하고 대조하라.
- 특정한 지식에 대한 유추를 하게 하라.
- 시간이나 공간의 요소들이나 기본 구성 요소들의 상대적 위치를 진술하고 설명하라.
- 시간이나 공간의 특정 요소들이나 기본 구성 요소들을 재정리한 결과를 설명하라.
- 사건의 원인을 중심으로 특정한 사태를 설명하라.
- 특정 요인이나 원인의 변화 결과를 진술하라.

탐구 방법으로써 다른 비임의적 관계와 관련된 많은 기타 유형의 설명 방법이 구분될 수 있다. 그러나 탐구 방법과는 명확히 대조적으로, 위의 방법들은 학습자들에게 어떤 종류의 연습(또는 대리 경험)도 제공하지 않는다. 그것들은 일반적으로 설명을 위한 텍스트(연구 서적, 교과서)나 전통적 강의에 사용된다. 가장 보편적인 교수 방법 또는 탐구 방법 중에서 이해 수준을 높이기 위한 연습 유형은 **말을 바꾸어 설명하기**(paraphrasing)이다. 학습자는 자신의 언어로 새로운 정보의 의미를 바꾸어 말해야한다. 학습자의 이해를 돕기 위해, 보통 귀납적 설명 전략이 연역적 설명 전략보다낫다. 예를 들어, 이는 단순히 학습자가 구체적인 사례 연구와 모형화 예를 경험한후에는 일반적인 이론이나 방법을 설명하는 교재가 더 이해를 돕는다는 것을 의미한다. 그러나 그렇다고 해도 깊은 수준의 이해를 얻기는 힘들다. 만약 수업 시간만 충분하다면 아마도 안내된 탐구 방법을 사용하는 것이 더 바람직할 것이다.

전략적 지식에 대한 정보 제시

10장에서 살펴보았듯이, 전략적 지식을 제시하는 SAPs와 발견법은 복합적 인지 기능이나 이들의 비순환적 부분 기능에 대한 수행을 조절하는 것을 안내하고 돕는다. 지원적 지식은 세상의 일들이 어떻게 조직되는지를 나타내는 서술적인 견해를 취하는 반면, SAPs와 발견법은 세상에서 성공하려면 학습자의 행동이 어떻게 조직되어야 하는지를 나타내는 처방적 견해를 취한다.

SAPs를 제시하는 교수 방법은 계획이나 목표-계획 위계를 제시하는 방법과 상당히 유사하다. 이는 과제 수행을 통해 도달해야 할 목적과 하위 목표의 시간적인 조직을 강조한다. 교육적 상세화 이후에, SAP 도표는 학습자들에게 이러한 지식을 전달하는 유용한 매체가 된다. 이는 특정한 목적에 도달하는 데 필요한 단계의 개관을 제공하고, 이러한 단계의 시간적 순서를 보여 주며, 특정한 단계가 이전 단계의 결과에 따라 어떻게 달라지는지를 보여 준다. 또한, 각각의 단계별 목적을 달성하기 위해 도움이 될 발견법을 학습자들에게 제공한다. 발견법을 제시하는 교수 방법은 원리나 인과 모형을 제시하는 방법과 상당히 유사하다. 그것은 과제 수행자가 해야 할 것을 나타내는 "원인"과, 수행해야 할 목적과 그 목적 달성 여부를 확인할 방법인 "결과" 사이의 변화 관계를 강조한다. SAPs와 발견법을 학습자에게 제공할 때, 흔히 이름을 알려 주거나(예: 반분법), "어떻게 되려면 무엇을 해야 한다"는 식의 처방적 공식을 알려 주는 것이 유용하다. 또한, 각각의 발견법에 대해 그 발견법을 왜, 언제, 어떻게 사용해야 하는지를 살펴보아라(Newby & Stepich, 1990).

결론적으로, 전략적 지식은 고도로 축약적이고 때로는 반직관적인 특성 때문에 이를 가르칠 때 탐구 전략은 바람직하지 않음을 상기해야 한다. 대신, SAPs와 발견법을 일반적으로 설명하기에 앞서 모형화 예를 제시하는 귀납적 설명 전략이 바람직하다. 또한, SAP와 발견법의 훈련 중 학습자들의 효과적인 문제 해결을 지원하기 위해서는, 연습을 설계할 때 과제 지향 문제 형식과 스캐폴딩 방법이 적용되어야 한다는 것을 충분히 고려해야 한다.

연습 중 정보 활용 가능성

JIT 정보 제시의 경우, 학습자들이 전문성을 습득함에 따라 기능의 순환적 측면을 수행하는 데 점차로 정보 제시의 필요성이 줄어들게 된다. 이는 학습자가 반복적으로 정보를 옳게 적용한 후에 정보를 더 이상 제공하지 않는 페이딩을 고려하는 것이다. 그러나 체계적으로 정보 제시를 줄인다는 것은 기능의 비순환적 측면에 대해서는 쉽지 않은 일이다. 이는 제시된 정보가 특정 문제를 해결하는 데 **도움이 될지는 모르지만** 반드시 그렇게 할 필요는 없다는 사실 때문에 그렇다. 대부분의 경우, 부분 연습을 시작하기 전뿐만 아니라 관련된 부분 연습을 하거나 전체 훈련의 과정 동안에도 학습자가 정보를 활용할 수 있도록 특정한 비순환적 부분 기능의 수행에 도움이 되는 정보를 제시하는 것이 바람직하다. 이는 학습자가 전체 훈련 과정 동안 기본 참고 자료로 활용할 수 있는 사례 연구와 모형화 예의 경우에도 마찬가지이다.

학습자가 연습 중에 참고하는 관련 지원적 지식과 전략적 지식에 대한 설명 자료는 교재나 다른 인쇄물로 흔히 제공될 것이다. 전체 과제 연습 중에 정보에 쉽게 접근 가능하도록 할 수 있는 좋은 대안은 **하이퍼텍스트 시스템**으로 제시하는 것이다. 그러한 하이퍼텍스트 시스템의 장점은 그 구조가 비임의적 관계를 강조하는 지원적 또는 전략적 지식의 구조와 밀접하게 유착되어 있다는 것이다. 즉, 하이퍼텍스트 시스템은 학습자가 하나의 프레임에서 다른 프레임으로 이동할 수 있는 프레임 간 링크와 프레임들로 구성되어 있다. 프레임은 지원적 지식의 모형에서 개념, 계획, 원리에 해당하거나 전략적 지식의 모형에서는 목적과 발견법에 해당하며, 링크는 이 모형에서 정의된 관계에 따라 이름이 결정된다. 예를 들어, Marco와 Colina(1992)는 학습자가 컴퓨터 프로그램을 설계하는 동안 자유롭게 사용할 수 있는 "연결된 프로그래밍 계획"이 포함된 하이퍼텍스트 시스템에 대해 설명했다. 학습자들은 프로그래밍 계획들 간의 하위, 등위, 상위 유형의 관계를 반영하는 링크를 사용하여 하나의 계획에 대한 설명에서 다른 계획에 대한 설명으로 이동할 수 있다. 또한, 특정한 계획에서부터 계획이 어떻게 적용되는지를 설명하는 구체적인 컴퓨터 프로그램까지의 링크가 있다.

다른 예로서, 간단한 하이퍼텍스트 시스템은 각각의 박스들이 과제 수행자가 성취할 주요 목적을 가리키는 SAP 도표에 대한 단순화된 해석을 제공할 수 있다. 각각의 박스들은 의도하는 상위 목표를 성취하는 데 종속적인 하위 목적들에 대한 보다 상세한 설명이 있는 다른 프레임으로의 링크를 포함한다. 최저의 하위 목표를 위해 이러한 목적들을 달성하는 데 도움이 될 발견법에 대한 설명을 제공할 수 있다. 그리고 각각의 개별적인 발견법에 대하여 발견법을 적용한 구체적인 예를 제공하는 경험적 관계라는 링크들이 있을 수 있다. 하이퍼텍스트 설계에 대해 자세히 살펴보지 않아도, 하이퍼텍스트가 수업이나 인쇄물 기반의 설명 자료에 대한 훌륭한 보충 자료가 될 것이라는 점은 명백하다. 특히 전체 과제 연습을 컴퓨터 기반의 환경에서 하는 경우에 그렇다. 이를 통해 학습자는 전체 과제의 연습 동안 관련된 지원적, 전략적 정보를 포괄적으로 살펴볼 수 있다.

어려운 지원적, 전략적 지식의 제시

앞서 지적했듯이 설계자는 어려운 사례 연구와 모형화 예를 제시하는 데 각별히 주의를 기울여야 한다. 경험적 분석을 하는 동안, 전형적인 미숙한 정신적 모형이나 직관적인 전략과 발견법이 확인되곤 한다. 그런 경우, 그들의 직관적인 표상의 결과에 영향을 주지 못하는 쉬운 정신적 모형이나 전략을 제공하기보다는 사례 연구나 모형화 예를 제공해야 한다. 지원적, 전략적 지식의 제시 그 자체의 경우, 관련 사례 연구와 모형화 예의 제시에서 사용된 것과 다소 동일한 교수 방법들이 사용될 수 있다.

- **비교하고 대조하라.** 미숙한 정신적 모형과 직관적 전략, 발견법들을 추출한 다음, 보다 최적의 상응 예와 면밀히 비교하고 대조하라.
- **실생활의 경험과 선수 지식에 직면하게 하라.** 학습자가 지원적 혹은 전략적 지식의 어려운 측면에 주의를 집중하게 하라. 왜 미숙한 정신적 모형이나 직관적 전략 혹은 발견법이 최적의 해결책을 도출하지 못하는지를 지적하기 위해 유추적, 경험적, 선행적 관계를 사용하라.
- **다중적인 견해나 관점.** 지원적, 전략적 지식에 대한 다중적인 견해를 제공하라. 이는 설계자 또한 다양한 차원에서 최적의 상응 예와 미숙한 정신적 모형, 그리고 직관적 전략 및 발견법과 비교 및 대조할 수 있게 해 준다.

미숙한 정신적 모형과 특히 직관적 전략 및 발견법은 극히 변화시키기 어렵다는 것을 명심해야 한다. 여기서 지원적 지식과 전략적 지식의 제시간에는 명확한 구분이 이루어져야 한다. 지원적 지식의 경우, 개선이 없는 미숙한 모형을 다루기 위해서는 탐구적 방법이 설명적인 방법보다 더 효과적일지 모른다. 학습자들은 미숙한 정신적 모형을 구축할 수 있고, 개념적 변화의 과정에서 느리게 더 효과적인 모형을 개발한다. 따라서 학습자들은 좋은 사례 연구와 그들이 생각하는 차선의 상응 예와의 차이점을 비교해야 하며, 실생활의 경험과 선수 지식에 대한 관계를 성립해야 하고, 특정한 사례 연구를 설명하는 데 다중적인 관점을 가져야 한다. 그러나 직관적인 전략과 발견법을 다루기 위해서는 보통 귀납적 탐구 전략이나 순수한 발견 방법이 학습자들에게 더 필요하다. 4C/ID 모형은 대신 귀납적 설명 전략을 권장한다. 더 나아가, 일반적으로 정보 제시만으로는 최적의 이해를 성취하기에 충분하지 않다는 것—특히 미숙한 모형과 전략의 지대한 영향을 받고 있는 경우—을 명확히 해야 한다. 그러한 이해를 성취하기 위한 핵심 요인은 기능의 비순환적 측면의 수행 결과에 대한 효과적인 피드백이 포함된 잘 설계된 복합적 인지 기능의 연습(11장)이다. 피드백의 설계는 다음 절에서 자세히 살펴보기로 한다.

14.4　비순환적 부분 기능에 대한 피드백

복합적 인지 기능의 비순환적 측면에 관련한 정보 제시는 사례 연구, 모형화 예, 그리고 가능하면 이러한 예들이 설명하는 일반 정보를 포함할 뿐 아니라, 학습자의 수행 결과에 대한 정보를 포함해야 한다. 연습의 설계와 비순환적 부분 기능에 대한 정보의 제시 모두 인지적 부분 정보들 사이의 비임의적 관계의 구축이나 귀납이나 정교화를 바탕으로 하는 쉐마의 획득에 목적을 둔다. 복합적인 기능의 비순환적 측면의 수행 결과에 대한 피드백의 경우에도 이는 마찬가지다. 피드백을 제공하는 교수 방법은 그러한 쉐마 획득을 촉진해야 한다.

　　13장에서 순환적 부분 기능에 대한 피드백을 살펴본 바 있다. 비순환적 부분 기능에 대한 피드백과는 명확히 대조적으로, 이러한 피드백은 고도로 영역 특수적인 지식의 획득이나 제한적 부호화를 바탕으로 하는 규칙 자동화, 그리고 지식의 컴파일화를 촉진한다. 순환적 기능의 경우, 기능의 분석을 통해 확인한 규칙이나 절차를 준수한다면 수행은 옳다(7장 참조). 절차 추적이나 모형 추적의 패러다임이 잘못된 행동을 확인하고 오류에 대한 즉각적인 피드백을 제공하기 위해 사용될 수 있다. 비순환적 부분 기능의 경우, 옳은 행동과 같은 것은 없다. 과제 수행자가 할 수 있는 최상의 행동이란 문제 해결을 위해 체계적인 방법을 적용하고, 성공적인 수행에 도움이 될 수 있는 발견법을 시도하는 것이다(10장 참조). 그 수행은 옳고 그른 것이 아니라 다소 효과적이냐이다. 쉐마의 획득에 초점을 두려면 피드백의 시기나 내용에 대한 시사점이 중요하다. 이러한 시사점들을 다음 절에서 간략히 살펴보기로 한다. 더불어, 기능의 비순환적 측면에 대한 동기적 피드백에 대해 주의를 기울여야 한다.

피드백의 시기

순환적 부분 기능의 경우, 피드백은 되도록이면 특정한 단계를 수행한 후나 특정한 규칙을 적용한 후 즉시 제공해야 한다고들 한다. 이러한 피드백은 정확한 행동(결과에 대한 지식)이나 부정확한 행동(교정적 피드백) 중에 하나를 포함한다. 비순환적 부분 기능의 경우, 피드백은 일반적으로 전체 과제 문제가 완료된 후까지 **미루어 둔다**. 어느 것이 정확하고 부정확한 행동 내지 해결책인지를 명확히 구분할 수 없으므로, 반드시 학습자들이 특정한 방법과 발견법을 적용하는 장단점을 발견하게 해야 한다. 예를 들어, 컴퓨터 프로그래밍 상황에서 비순환적 부분 기능은 "해결책을 만드는 것"이다. 올바른 해결책을 이끌어 내는 단일한 알고리즘이 없기 때문에 이 부분 기능의 수행 결과에 대한 즉각적인 피드백을 제공하는 것은 분명히 불가능하다. 대신에 많은 방법들이 가능해지고, 학습자들은 더 낫거나 나쁠 수 있는 해결책을 얻기 위해 다양한 발견법들을 적용할 수 있다. 그리고 보다 나은 해결책은 그 효율성이나 포용성, 그리고 미적인 질에서 상당한 차이가 있을 수 있다. 수행 결과에 대한 피드백은 단지 회고하는 식으로만 주어질 수 있다. SAP, 특정 발견법의 적용, 그 밖에 가능한 해결책들과 비교하여 작성된 해결책의 결과 등과 학습자가 선택한 방법 간의 유사점(혹은 차이점)을 살펴보아야 한다.

관련지어 생각해야 할 것은 학습자들이 특정한 비순환적 부분 기능을 연습할 수 있도록 종종 오류가 허용되어야 한다는 것이다. Lewis와 Anderson(1985)이 수행한 실험을 이용해 이러한 점을 설명할 수 있다. 그들은 피험자들에게 Dungeon-quest 같은 게임들을 해결하도록 했다. 이러한 게임에서 학습자들은 성이나 그 밖의 건물의 많은 방들을 돌아다닌다. 각각의 방에서 방에 대한 특징이 설명(예: 벽난로가 있고, 나쁜 냄새가 난다.)되고, 학습자들은 다른 방으로 여행할 수 있는 특정한 조작자를 선택할 수 있다(예: 지팡이를 흔들어서 방지기를 없앰). 더군다나 어떤 방에서는 게임이 종료될 수도 있다. 이 게임에서 특정한 부분 기능은 "올바른 조작자를 선택하는 것"과 "게임 종료를 인지하는 것"이다. Lewis와 Anderson은 연구를 통해, 즉각적인 피드백이 올바른 조작자를 선택하는 능력에 긍정적인 효과가 있었지만 게임의 종료를 인지하는 능력에 부정적인 효과를 얻는다는 것을 발견했다. 학습자가 게임의 종료에 도달했음을 즉시 알려 주지 않지만, 스스로 이를 발견해야 하는 지연적 피드백은 게임의 종료를 인지하는 학습에 보다 효과적이었다. 유사하게, 만약 과정을 조작하는 학습자가 인간의 실수로 인한 결과를 보상하는 것과 같은 기능을 학습하게 하려면 반드시 학습자들은 오류를 범할 수 있어야 한다. 그렇지 않으면 보상할 게 없기 때문이다. 그리고 만약 컴퓨터 프로그래머들에게 컴퓨터 프로그램의 오류를 교정할 수 있는 기능을 학습하게 하려면 그들에게 오류가 허용되어야 한다. 그렇지 않으면 교정할 게 없기 때문이다 (Anderson, 1987a).

피드백의 내용

순환적 부분 기능에 대해서 일반적으로 피드백은 결과적 지식(KR)의 형태를 취하며, 부정확한 수행의 경우에는 왜 오류가 발생했는지를 설명하고 어떻게 올바르게 목적 달성을 할 수 있는지에 대한 힌트를 제공하는 형식이다(교정적 피드백). 이러한 피드백 유형들은 고도의 영역 한정적인 절차적 지식의 획득을 촉진한다고 가정된다. 대조적으로 비순환적 부분 기능에 대해서, 피드백은 쉐마 획득이 일어나는 데 필요한 인지 과정을 안내하는 모형 내에 위치해야 한다(Butler & Winne, 1995). 이러한 형태의 피드백을 때로는 인지적 피드백이라고 한다. Balzer, Doherty 및 O'Connor(1989)는 피드백은 학습자들이 자신의 수행 결과에 대해 특정 단서와 연결지을 수 있도록 정보를 제공해야 한다고 주장한다. 단서는, 예를 들어 학습자가 학습 중에 몰입해야 할 인지적 활동이나 과제의 특성을 반영한다. 피드백은 보다 효과적인 인지적 쉐마가 생길 수 있도록 하거나(식별과 일반화를 포함) 정교화될 수 있도록 발견한 해결책의 결과를 성찰하고, SAPs 및 발견법의 적용이 개선될 수 있도록 문제 해결 과정의 결과를 학습자가 성찰하게 해야 한다.

이러한 목적 성취를 위한 교수 방법들의 중요한 범주 하나는 **발견에 의한 피드백**이다. 14.2절에서 살펴본 많은 주요 질문들이 피드백의 형태로 사용될 수 있다. Collins와 Stevens(1983)는 상응 예 선택하기, 가설적 사례 생성하기, 그리고 학생들을 함정에 빠뜨리기와 같은 피드백을 제공하는 특별한 교수 방법을 제안했다. 만약 활용 가능한 자료를 대표하는 특정 종류의 데이터 구조를 학습자들이 선택하는 컴퓨터 프로그래밍의 상황이라면, 학습자들은 이러한 종류의 데이터 구조가 제대로 작동하지 않는 상황에 대한 상응 예를 지적할 수 있어야 한다. 그리고 다른 예로, 특정 증세를 보이기 때문에 기계가 이상 작동한다는 것을 학습자가 결정하는 결함 분석의 상황이라면, 기계 자체가 이상한 것이 아니라 연결 장치가 바르지 않은 입력 내용을 전달하기 때문에 동일한 특정 증세를 보인다는 가설적 사례를 학습자가 제시할 수 있어야 한다. 이러한 유형의 피드백은 학습자들이 발견한 해결책이나 해결책을 이끌어 내는 그들의 인지 과정을 비판적으로 생각할 수 있게 자극한다.

보고회, 동료 혹은 전문가 비평, 그룹 토의 또한 가치 있는 피드백 제공의 방법이 될 수 있다. 그러한 비평이나 토론을 통해 활용 가능하게 된 정보는 학습자들이 사용했던 문제 해결 과정의 질을 학습자들이 성찰하게 해야 한다. 이는 실제 문제 해결 과정을 제시된 SAPs와 발견법, 그러한 SAPs와 발견법의 모형화 예, 혹은 다른 학습자가 발표한 문제 해결 과정과 비교하고 대조함으로써 가능해질 수 있다. 더 나아가 학습자들이 자신이 발견한 해결책을 제시된 일반 정보 혹은 이러한 일반 정보를 설명하는 사례 연구, 이전의 문제를 통해 알아 냈거나 다른 학습자들이 보고한 해결책들과 비교 및 대조함으로써 자신이 발견한 해결책의 질을 성찰할 수 있게 해야 한다. 일반적으로 발견에 의한 피드백은 학습자들이 개인별 전체 과제 문제를 완료한 다음에 사용될 것이지만, 보고회, 동료 및 전문가 비평, 그룹 토의는 흔히 특정 사례 유형에 대한 부분 연습 다음에 바로 실시된다.

결론적으로, 복합적 인지 기능의 수행에 포함된 부분 기능들의 이질성은 효과적인 피드백의 제공이라는 문제를 대단히 복잡하게 만든다는 것을 유념해야 한다. 첫째, 기능의 순환적 측면에 대한 효과적인 피드백은 기능의 비순환적 측면에 대한 효과적인 피드백과 다르다. 둘째, 수행의 질에 대한 하나 혹은 소수의 판별은 학습자들에게 어떻게 수행을 개선할 것인가에 대한 세부적인 내용을 제공할 수 없다. 일반적으로 복합적 인지 기능의 수행을 위해 대부분의 각각의 부분 기능별 수행 결과에 대한 피드백을 학습자에게 제공하는 것이 중요하다.

동기적 피드백

비순환적 부분 기능에 대한 피드백은 단지 전체 과제 수행의 상황에서만 제공된다. 전체 과제 연습과 수업 이후의 수행 사이에 명확한 유사성이 있기 때문에(또는 있어야 하므로), 일반적으로 과제를 완수했다는 것에 대한 자연적인 만족이 크다. 이처럼 학습자는 훈련 프로그램을 마친 후에야 실제 세계의 문제를 어떻게 해결할지 알 수 있다. 이는 칭찬, 격려, 그리고 보상 기제와 같은 외생적 동기 유발자에 대한 필요성을 감소시킨다. 만약 이러한 외생적 동기 유발자가 사용되어야 한다면, 일반적으로 전체 과제 수행의 순환적 측면에 대해 적용할 수 있을 것이다.

그러나 전체 과제 완수에 대한 만족보다 다른 많은 요인들이 학습 동기를 강화하는 데 중요한 역할을 한다. 예를 들어, 수업 동기 설계에 대한 Keller의 **ARCS 모형** (1983, 1987; Wlodowski, 1986)은 그 요인들을 주의, 관련성, 자신감, 만족으로 구분한다. 만족감을 증가시키는 동기적 피드백이 주요한 이슈는 아니지만, 복합적 인지 기능의 습득은 장기간의 노력이 요구되는 과정이므로 이러한 그 밖의 동기 요인들을 고려하는 것이 중요하다. 주의는 호기심을 유발하고 탐구의 기회를 제공하며, 흥미로운 예와 기대하지 않은 사건들을 사용함으로써 학습자들의 관심을 잡고 유지하는 것을 말한다. 관련성은 학습 목적을 명세화하고, 수업을 학습자들의 요구에 부응하도록 만들며, 개인적인 성취의 기회를 창출함으로써 학습자들의 개인적 요구를 충족시키는 것을 말한다. 자신감은 믿음을 가지고 긍정적인 기대를 구축하며, 학습자 통제를 증진하는 기법을 활용함으로써 학습자들 스스로 성공할 수 있다는 것을 믿게 돕는 것을 말한다. 관심 있는 독자들은 각각의 요인들로 동기를 강화할 수 있는 교수 방법에 대해 파악하고자 한다면 Keller(1983, 1987)의 글을 참조하라.

14.5 청사진에 지원적, 전략적 지식 연결하기

지원적, 전략적 지식은 일반적으로 일련의 전체 과제 문제와 짝을 이루거나 특정 유형의 사례에 대한 부분 연습과 짝을 이룬다. 그 정보는 기본적으로 지원적, 전략적 지식을 설명하는 사례 연구와 모형화 예로 구성된다. 제시된 정보의 정교화를 증진하기 위해, 단편적인 정보들 사이에서 그리고 학습자들이 이미 가진 지식 사이에서 비임의적 관계를 구축하도록 학습자들을 안내하기 위해 주요 질문들이 제시된다. 또한 개념 모형, 목표-계획 위계, 인과 모형, 기능 모형, 그리고 관련 발견법에 대한 SAPs에서 제시한 일반 정보가 사례 연구와 모형화 예의 공통적인 측면을 명확히 하기 위해 학습자들에게 제시될 수 있다. 사례 연구와 모형화 예는 다양성을 보여 주고, 또한 설명하고자 하는 일반 정보를 대표해야만 한다.

모든 정보가 새로운 유형의 사례를 시작할 때 제시된다면, 이 내부적 구조는 사용하고자 하는 교수 전략에 의존한다. 기본적으로 4C/ID 모형은 귀납적 설명 전략을 처방한다. 따라서 사례 연구나 모형화 예는 그 예들의 공통점을 설명하는 일반 정보를 기술한 후에 제시되어야 한다. 대신에 귀납적 탐구 전략이나 안내된 방법이 사용될 수 있다.

이러한 전략에 따르면, 사례 연구가 설명하고자 하는 일반 지원적 정보를 학습자들이 발견할 수 있도록 하는 주요 질문들이 사례 연구와 함께 제시된다. 이 전략은 전략적 정보의 제시를 위해 사용하지 않는 것이 바람직하다. 마지막으로 연역적 설명 전략은 수업 시간이 대단히 제한적이고, 학습자가 그 기능에 대한 경험을 이미 갖고 있다면 사용할 수 있다. 따라서 사례 연구와 모형화 예의 공통적인 특성을 설명하는 일반 정보는 이러한 예제들에 앞서 제공된다.

지원적, 전략적 정보의 페이딩은 바람직하지 않다. 대신에 관련된 전체 과제 연습의 수업동안, 그리고 후속 학습의 연습 동안에 학습자들이 정보에 쉽게 접근해서 활용할 수 있도록 해 주어야 한다. 기능의 비순환적 측면의 수행 결과에 대한 피드백은 아마도 학습자가 전체 과제를 끝마친 후에 제공해야 한다. 만약 이것이 실제적으로 불가능하다면, 학습자가 완수한 특정 사례 유형에 대하여 부분별 연습 후에 피드백이 제공될 수 있다.

14.6 요약

이 장에서는 비순환적 부분 기능에 대한 정보 제시에 대해 살펴보았다. 그러한 정보 제시는 복잡하고 밀접하게 상호 연관된 쉐마의 획득에 반영될 수 있도록 제시된 정보의 정교화와 깊은 이해를 촉진해야만 한다. 비순환적 부분 기능은 전체 과제의 상황에서만 연습할 수 있으므로 이러한 유형의 정보 제시는 단지 전체 과제의 연습에만 관련된다. 이 장에서는 사례 연구와 모형화 예의 제시, 그 사례 연구와 모형화 예가 설명하고자 하는 일반 지원적, 전략적 지식의 제시, 인지적 피드백을 제공하는 정보 제시에 대하여 살펴보았다. 마지막으로 지원적, 전략적 정보를 훈련 프로그램의 청사진에 연결하는 것을 살펴보았다. 이 장은 다음과 같은 사항으로 요약될 수 있다.

- 지원적, 전략적 정보의 제시는 학습자에 의한 쉐마의 획득과 제시된 자료의 정교화에 목적을 둔다. 이는 단지 복합적 인지 기능의 비순환적 측면에 적용되고, 따라서 전체 과제의 연습과 관련된다.
- 지원적, 전략적 정보는 기본적으로 (a) 개념 모형, 목표-계획 위계, 인과 및 기능 모형, 정신적 모형에서 이들을 결합한 것이 설명하고자 하는 사례 연구들, (b) SAPs와 발견법의 적용을 설명하는 모형화 예, (c) 비순환적 부분 기능의 수행 결과에 대한 피드백으로 구성된다.
- 귀납적 방법은 예들(사례 연구, 모형화 예)을 제시하고 나서 일반적인 기술을 한다. 연역적 방법은 일반적인 기술을 하고 예들을 제시한다. 설명적 방법은 학습자들에게 비임의적 관계를 명확히 제시한다. 탐구적 방법은 구체적인 자료나 또는 자신들이 이미 알고 있는 것을 근거로 이러한 관계를 학습자들이 확립하도록 요구한다. 이 방법들은 정보 제시에 대한 네 가지 기본 전략을 도출한다.
- 기본적으로 4C/ID 모형은 귀납적 설명 전략을 사용할 것을 제안한다. 만약 학습자가 높은 선수 지식을 가졌고 수업 시간이 제한적이라면 연역적 설명 방법을 사용할 수 있다. 만약 학습자들이 초보자이고 수업 시간이 충분하다면 귀납적 탐구 방법이 사용될 수 있다(지원적 지식에만).
- 지원적, 전략적 정보는 일반적으로 사례 유형에 따라 분할된다. 지원적, 전략적 지식의 모형은 각각의 새로운 사례 유형에 대해 점점 더 복잡해진다. 이러한 사례 연구와 모형화 예는 새로운 유형의 사례나 부분 연습을 시작하기 전에 제시하는 것이 가장 바람직하다.

- 사례 연구는 많은 다양한 형식을 취한다. 안내된 발견의 방법에서는 부분 정보들 사이의 비임의적 관계를 능동적으로 설정하는 것을 촉진하기 위해, 그리고 사례 연구가 설명하고자 하는 일반 정보의 발견을 자극하기 위해 학습자에게 제시된다.

- 모형화 예는 전문가들이 중요한 문제를 해결하는 동안 진행하는 문제 해결 과정을 예로 든다. 안내된 발견 방법을 대신하여 귀납적 설명 방법이 모형화 예의 바탕이 되는 전략적 지식의 획득을 위해 바람직하다.

- 어려운 지원적, 전략적 정보를 다루는 교수 방법에는 (a) 좋은 예와 나쁜 예, 합리적인 모형과 미숙하거나 직관적인 모형을 비교하고 대조하기, (b) 어려운 부분에 주의 집중하기, (c) 다중 표상이나 다중 견해 사용하기가 있다.

- 일반 지원적 정보나 전략적 정보는 사례 연구와 모형화 예를 제시하기 전(연역적)이나 후(귀납적)에 제시해야 하지만 새로운 부분별 연습을 하기 전에 제시해야 한다. 그 제시는 정보 내의 비임의적 관계를 강조해야 하고, 친근한 지식과 연결해야 한다. 부분 연습을 하는 동안 정보를 활용 가능하게 하는 것이 바람직하다.

- 복합적 인지 기능의 비순환적 측면에 대한 피드백은 일반적으로 학습자가 전체 과제 문제를 완료한 후에 제공하거나 전체 연습을 하고 난 후에 제공해야 한다(지연적). 이는 주로 학습자 자신이 발견한 해결책의 질과 개인적 문제 해결 과정의 질을 학습자들이 성찰하도록 자극하는 인지적 피드백에 해당한다.

핵심 개념

간접 경험	vicarious experience
관계를 가르치기 위한 설명적 방법	expository tactics for teaching relationships
관계를 가르치기 위한 탐구적 방법	inquisitory tactics for teaching relationships
귀납적 방법	inductive approach
귀납적 설명 전략	inductive-expository strategy
귀납적 탐구 전략	inductive-inquisitory strategy
다중 견해나 관점	multiple perspectives or viewpoints
모형화 예의 다양성	variability of modeling examples
바꾸어 말하기	paraphrasing
발견 방법	discovery approach
발견에 의한 피드백	feedback by discovery
부분 연습	units of practice

사례 연구를 바탕으로 한 분할	partitioning on the basis of case studies
사례 연구의 다양성	variability of case studies
설계 시뮬레이션	design simulations
설명적 방법	expository approach
안내된 발견	guided discovery
연역적 방법	deductive approach
연역적 설명 전략	deductive-expository strategy
연역적 탐구 전략	deductive-inquisitory strategy
인지적 피드백	cognitive feedback
주요 질문	leading question
지연적 피드백	delayed feedback
탐구적 방법	inquisitory approach
하이퍼텍스트 시스템	hypertext systems
ARCS 모형	ARCS-model

학습 환경의 개발

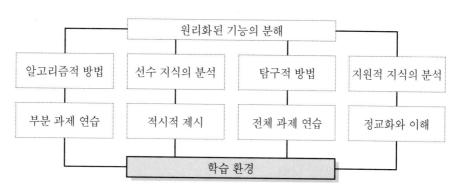

파트 C5의 개요도. 학습 환경의 개발

이 장에서는 학습 환경의 개발에 관련된 일부 활동을 설명한다. 11∼14장에서는 설계 단계(design layer)에서의 4C/ID 모형, 다시 말하면 전체 과제 연습, 부분 과제 연습, JIT 정보 제시, 그리고 학습자들에 의해서 정교화될 필요가 있는 지원적−전략적 정보의 제시라는 4개 구성 요소 각각의 교육적인 전략과 방법을 제공했다. 그 결과는 학습 환경의 개발과 교수용 자료 제작에 대한 토대를 제공하는 훈련 프로그램의 올바른 세부 청사진이다. 학습 환경의 개발이 어느 정도 독창적인 과정이어야 하는데 반해서, 교수설계의 문제 공간은 훈련 프로그램에 대한 청사진을 엄밀하게 따라야 할 것이다. 교수체제 설계(Instructional System Design: ISD) 용어에 따르면, 이 장은 설

계 단계에서부터 산출이나 개발의 단계까지를 말한다.[90]

4C/ID 모형은 이 단계에 대하여 상세한 지침을 제공하지 않는다. 이것의 주원인은 학습 환경의 개발에 대한 지침과 교수용 자료의 산출이 대단히 매체에 의존한다는 것이다. 예를 들면, 미시적 메시지 설계는 인쇄물 자료냐, 비디오 및 컴퓨터 기반 학습이냐에 따라 다르다. 기술 훈련 프로그램을 위해 청사진이 개발된 후에 최종 결정은 그것이 사용될 주요 매체와 부가적 매체에 의해서 이루어지고, 이것은 미시적 메시지 설계와 산출물에 대한 세부 매체별 지침을 제공하는 전문화된 ID 모형에 의존할 필요가 있다.

이 장에서는 먼저 15.1절에서 매체의 최종 선택에 대해서 살펴볼 것이다. 한층 심화된 개발 및 산출 과정의 특성은 선정한 매체에 의존할 것이다. 15.2절은 컴퓨터 프로그래밍을 위해 학습 환경의 일부인 컴퓨터 기반 시스템의 개발에 대한 실례를 제공한다. 이 절에서는 분석, 설계와 개발 단계 사이의 관계를 설명할 것이다. 15.3절은 간단히 4C/ID 모형에 따라서 개발된 학습 환경이 이루어 내는 전이 효과의 경험적 자료에 대해서 살펴본다. 모형의 주요한 주장 중에 하나는 모형을 적용하면 성찰적인 전문성을 구축하고 전이 효과를 증진하는 학습 환경을 만들 수 있다는 것이다. 15.4절에서는 4C/ID 모형을 적용할 때 어떻게 시스템 역동성을 다루는지에 대한 연구 문제에 초점을 맞췄다. 개발, 설계 및 분석 단계 사이의 반복은 보편적이고, 이는 사실상 양질의 학습자 중심 훈련 프로그램의 구축에 필수적이다. 이 장은 간략한 요약으로 끝난다.

15.1 매체 선택

매체의 선택은 전형적으로 설계 기획이 진행됨에 따라 매체 선택이 제한되는 점진적인 과정으로 알려졌다. 4개의 구성 요소 각각의 방법과 교수 전략의 선택 후에 이어지는 하나의 단계는 아니지만, 초기 결정을 바탕으로 한 최종 결정은 분석 및 설계 단계 동안에 수립된다. 뚜렷하게 4C/ID 모형 안에서 언급되지 않은 대부분 유용한 매체의 결정은 많은 요인을 고려해야 한다(Romiszowski, 1988 참조). 관련 요인들은 활용 가능한 자원(시간, 돈, 장비, 인력)과 시간, 장소에 독립적인 유연한 전달의 올바른 방법과 같은 훈련과 설계에 관련된 **제약 사항**, 과제가 필요로 하는 매체 속성, 학습자에게 필요한 응답 모드와 같은 **과제 필수 조건**, 그리고 학습자의 능력 수준과 인원 수, 컴퓨터 활용 능력, 신체적 장애와 같은 **대상 집단**의 특징을 포함한다.

---

90) 정형적인 ISD 모형은 (1) 분석, (2) 설계, (3) 산출과 개발, (4) 실행과 전달, (5) 총괄 평가로 단계를 구별한다.

매체 선택을 위한 다른 중요한 요인은 학습 과정에 바람직한 유형인가이다. 4C/ID 모형에서는, 흔히 특정 매체가 다른 구성 요소보다 하나의 구성 요소에만 더 유용해지도록 하기 위해 4개의 구성 요소 각각이 학습 과정의 한 범주에 해당한다. 7∼14장에서는 매체의 선택에 관하여 몇 가지 제안을 한 바 있다. 이 절에서는 그 지침들을 검토한다. 그러나 제공되는 매체 선택을 위해 몇 가지 보편적인 요건이 강조되어야 한다. 실제 ID 프로젝트의 최종 매체 결정은 향상시키고자 하는 학습 과정의 특성보다 그 밖의 많은 요인에 의존한다.

전체 과제 연습

복합적 인지 기능의 전체 과제 연습 또는 부분 기능에서 선택된 군집은 주로 주요한 학습 과정으로 귀납에 목적을 둔다. 연습은 **실제 과제 환경** 안에 수시로 제공될 수 있다. 예를 들면, 컴퓨터 프로그래밍은 정식 프로그래밍 환경 안에서 배울 수도 있고, 전자 회로를 수리하는 것은 고장난 전자 회로를 진단하고 고치면서 배울 수도 있다. 그러나 실제 과제 환경은 때때로 학생을 안내하기 힘들거나 불가능하게 만든다.(예: 수행상의 제약을 인식하기 어렵다.) 그들은 위험한 상황 또는 물적 손실을 야기할 수도 있다.(예: 항공기 조정사나 화학 공장의 기사를 훈련시킬 때) 그들은 아주 비효율적인 훈련 상황에 이르게 될 수도 있다.(예: 큰 배처럼 느리게 반응하는 시스템을 다루는 것을 배울 때) 따라서 흔히 **시뮬레이션** 과제 환경을 이용하는 것이 가치가 있다. 이들 경우에 과제 환경은 실제 과제 환경과 거의 일치하는 고도의 현실 충실도를 가진 시뮬레이터나, 낮은 현실 충실도를 가진 컴퓨터 기반의 시뮬레이션으로 만들어진다.[91] 실제 또는 시뮬레이션 과세 환경은 4C/ID 모형에 따라서 설계된 많은 학습 환경에서 중심적인 역할을 담당하게 될 것이다.

게다가 몇 개의 다른 매체는 전체 과제 연습의 상황에서 적용될 수 있다. 이것은 전통적인 문제보다 산출 및 과제 지향적인 문제에서 특히 그렇다. 예를 들면, 해결 예는 해결책을 글로 설명하거나 시각화하여 구체적인 객체나 인쇄물 형식으로 제공한다. 또한 모형화 예는 과제 수행자가 전체 과제 문제를 해결하면서 거치는 문제 해결의 과정을 글로 설명하므로 인쇄물의 형식을 취할지 모른다. 그러나 모형화 예는 해당 분야의 교수자나 전문가에 한 영화나 비디오 혹은 현장 강의를 통해 제공될 수 있다. 일반적으로 이런 예들은 과제 환경에 통합되어야 한다.

---

91) 가상 현실 기술의 사용으로 시뮬레이터와 컴퓨터 기반 시뮬레이션 간의 경계가 사라지고 있다.

부분 과제 연습

순환적 부분 기능의 부분 과제 연습은 주로 지식 컴파일화에 목적을 두고, 때로는 주요 학습 과정으로 강화에 목적을 둔다. 실제 과제 환경은 효과적인 부분 과제 연습의 제공을 종종 어렵게 만든다. 이는 부분 과제가 다른 부분 기능과 섞여 있기 때문이고, 반복 연습을 실현하기 어려울 수도 있기 때문이다. 반복 연습형 컴퓨터 프로그램은 어쩌면 자동적 기능의 개발을 돕는 좋은 매체이다. 그런 프로그램은 시뮬레이션 시간을 단축할 수 있고, 더 많은 연습 항목을 허용하며, 결과적 지식을 즉시 제공할 수 있고, 그래픽, 시각 및 음향 효과, 게임적인 요소를 포함시킴으로 학습자들을 즐겁게 할 수 있다. 덧붙여, 전통적인 항목(예: 편집하기, 인식하기, 또는 하위 목표 연습 항목들) 이외의 연습 항목을 위해 특별히 다른 매체들이 부분 과제 연습의 일부로 적용될 수 있다. 그러한 항목에는 일반적으로 글로 된 설명 자료, 시각화 자료, 애니메이션 또는 교수자에 의해 제공될 수 있는 부분적 시범 자료가 있다.

JIT 정보 제시

JIT 정보 제시는 절차화를 촉진하기 위하여 순환적 부분 기능의 수행에 관련된 정보의 제한적 부호화를 목적으로 한다(즉, 산출에서 이 지식을 포함). 실제 과제 환경에서 해결해야 할 전체 과제 문제에 대한 직접적인 JIT 정보의 제시는, 교수자가 특별한 문제를 해결하기 위하여 필요할 때 JIT 정보를 정확하게 제공해야 한다. 대안으로, 컴퓨터 기반의 과제 환경 중에서 전자적 수행 지원 시스템(Electronic Performance Support Systems: EPSSs)은 기능의 순환적 측면을 수행하기 이전에 선수되었어야 할 정보를 적시에 제시할 수 있다. 시뮬레이션 과제 환경과 전자적 수행 지원의 결합은 지능형 튜터링 시스템(Intelligent Tutoring Systems: ITSs, 다음 절에서 CASCO에 대한 설명 참조)에서도 발견할 수 있다. JIT 정보 제시는 전체 과제 연습을 위해서라기보다는 통상적으로 부분 과제 연습을 위해서 효과적이다. 그것은 일반적으로 단계별 혹은 부분 단계별 교수 프로그램의 형태이다. 선수 지식이나 각 절차적 단계 또는 규칙은 수행되어야 할 순간에 교수자 또는 컴퓨터 프로그램(반복 연습형)에 의해서 규정된다.

　　JIT 정보 제시를 위해 다소 상이한 방법은, 필요할 때 직접 정보를 제시하지 않지만 연습 동안에 쉽게 접근해서 활용 가능한 학습 보조 도구(learning aids)를 통해 JIT 정보를 제공하는 것이다. 문서로 된 체크리스트와 필수 매뉴얼, 요청한 JIT 정보를 제공하는 온라인 도움 시스템은 이런 목표를 성취하는 데 적합하다. 결론적으로, 순환적 부분 기능의 수행 결과에 대한 즉각적인 피드백은 특히 그 기능이 전체 과제 연습의 일부로 수행될 때, 교수자나 가능하면 동료 학습자에 의해서 제공되는 것이 바람직하다. 컴퓨터 기반의 교수 시스템에서, 왜 오류가 있었는지를 설명하고 취해야 할 올바른 행동에 대한 힌트를 주는 피드백을 제공하기란 어렵다. 그러나 지능형 튜터링 시스템(ITSs)에서 기능의 순환적 측면에 대한 즉각적인 피드백을 생성하기 위해 일종의 모형 추적 패러다임이 사용될 수 있다.

지원적, 전략적 정보의 제시

지원적, 전략적 정보의 제시는 주로 학습자의 정교화와 복합적 인지 기능의 비순환적 측면의 수행에 도움이 될 수 있는 지식의 (재)구성에 목적을 둔다. 이것은 전체 과제 연습의 상황에만 관련된다. 사례 연구의 제시를 위한 매체는 실제 자료나 연구할 객체, 사례를 글로 설명한 자료, 과정 시뮬레이션이나 설계 시뮬레이션에 이르기까지 많은 다양한 형식을 취한다. 귀납적 탐구 전략에서 지배적인 역할을 담당하는 주요 질문은 텍스트 기반일 수 있고 사례 기술 전체에 산재해 있을 수 있으며, 교수자에 의해 제시되거나 ITS안에서 특화된 모듈로 만들어질 수 있다. 일반적인 정보(개념 모형, 목표-계획 위계, 인과 모형)를 부분 연습에 앞서 학습자에게 제시하려면, 아마도 정보량을 고려해야 하기 때문에 글로 된 형식이 바람직하다. 강의(lecture)는 이런 정보를 묘사하고 재미있게 만드는 기회를 제공한다. 만약 부분 연습 동안 정보를 활용 가능하게 하려면, 유의미한 링크를 통해 유용한 정보를 탐색할 기회를 제공하는 하이퍼텍스트 시스템이 유용한 방법이다.

SAP의 적용과 발견법을 설명하는 모형화 예는 교수자나 진정한 전문가(현장 강의나 영화, 또는 비디오이건)에 의해서 제시되는 것이 바람직하다. 단순하지 않은 문제를 처리하는 전문가의 사고 과정을 말로 표현한 자료는 문서 기반의 모형화 예를 개발하는 데 좋은 토대를 제공할 수 있다. SAPs와 발견법 자체는 흔히 인쇄물 형식으로 제시될 것이다. 여기서 SAP 차트와 관련 과정 워크시트에 대해 생각해 보아야 한다. 다른 지원 정보와 같이 하이퍼텍스트나 문서 기반의 학습 보조 자료로 부분 연습 동안 이 정보를 쉽게 접근하고 활용 가능하도록 하는 것이 바람직하다. 마지막으로, 비순환적 부분 기능의 수행에 대한 피드백은 문서나 심지어 컴퓨터 기반 시스템으로도 구현하기가 매우 힘들다. 이것은 일반적으로 교수자가 그러한 피드백을 제공하거나, 대안으로 동료나 전문가 비평을 통해 또는 그룹 토론에서 제공될 필요가 있다.

이 절을 요약하면, 4C/ID 모형에 따라 개발된 학습 환경에서 **제1매체**는 전체 과제 문제 연습과 직접 연관된다는 것을 강조해야 한다. 이것은 일반적으로 실제 또는 시물

레이션 과제 환경과 해결 예, 사례 연구, 그리고 이 과제 환경과 직접 연결된 모형화 예를 포함할 것이다. 결과적으로, 4C/ID 모형에 근거한 대부분의 교수 시스템은 "문제 기반", "시뮬레이션 기반", "사례 기반", "시나리오 기반" 학습 환경으로 특징지을 수 있다. **제2매체**는 주로 부분 과제 연습, JIT 정보 제시, 그리고 학습자가 정교화해야 하는 지원적, 전략적 지식의 제시와 관련된다. 이 각각의 세 가지 구성 요소를 위해 활용 가능한 매체를 선택할 수 있다. 이와 같은 최종적인 선택은 학습 과정의 유형뿐만 아니라 연습의 제약 사항, 과제의 필수 조건 및 대상 집단의 특성에 의존할 것이다. 학습 환경의 설계와 개발에 대한 실례는 다음 절에서 제공된다.

15.2 학습 환경 개발하기: 예

이 절에서는 4C/ID 모형의 적용 예를 제공한다. 이것은 컴퓨터 프로그래밍 영역에 속한다. 이미 과제 분석의 결과들에 대해 이 책의 파트 B에서 자세하게 살펴보았기 때문에 과제 분석의 결과에 대해서는 특별히 다루지 않기로 않다. 여기에서는 계열화 결정, 전체 과제 연습의 설계, 그리고 정보 제시의 설계에 초점을 둔다.

계열화

계열화는 거시적, 중간적, 미시적 수준으로 발생한다. 거시적 수준에서 부분 기능 요소의 군집은 정해진 순서에 따라 학습할 수 있도록 정의되어야 한다. 수행에 대응하는 순서를 정하는 것이 보편적이고, 일반적으로 처음 학습한 군집은 나중에 학습한 군집과 선수 관계(이전의 학습이 이후의 학습을 위해 필요한 관계)를 갖는다. 컴퓨터 프로그래밍 훈련 프로그램의 경우, 가능한 거시적 수준의 계열화는 다음과 같다(van Merriënboer & Krammer, 1987).

1. 기존 컴퓨터 프로그램을 운영해 보고 강점과 약점을 분석하기
2. 기존 컴퓨터 프로그램을 해석, 모방 및 평가하기
3. 기존 컴퓨터 프로그램을 수정, 보완 및 확장하기
4. 새로운 컴퓨터 프로그램을 설계하고 개발하기

중간 수준에서 사례 유형의 계열화는 부분 기능의 각각의 군집별로 다르게 구분된다. 부분 기능의 군집이 전체 과제로 다루어져야 하는 사례 유형을 계열화하려면 전체 과제 방법이 바람직하다. 이것은 학습할 전체의 복합적 인지 기능과 같을 필요는 없다

(즉, 전통적인 의미에서의 컴퓨터 프로그래밍). 중간 수준 계열화의 일반적인 방법은 점진적인 정신적 모형 방법, 조건 단순화 방법, 강조 조작 방법이다. 예를 들어, 제3의 기능군집에 대한 점진적인 정신적 모형 방법은 프로그램 영역의 목표-계획 위계를 기반으로 한다.(컴퓨터 영역이 아닌 기능 군집에는 다른 전체 과제 방법이 적용된다.) 가장 간단한 모형조차 컴퓨터 프로그래밍에 기초가 되는 모든 프로그래밍 계획을 포함하여야 하며, 이 또한 단순하지 않은 문제를 해결할 수 있도록 하는 것이어야 한다. 그 다음, 이어지는 모형의 개발을 통해 반복, 선택[92] 그리고 데이터 구조화 계획과 같은 특정한 프로그래밍 계획을 정교화한다. 제3 기능군집을 위한 사례 유형의 중간 수준 계열화의 예는 다음과 같다.

1. 반복(예: LOOP-EXIT-ENDLOOP 구조의 사용에 관련된 프로그래밍 코드 양식) 에 대한 프로그래밍 계획의 단 한 가지 유형, 선택(예: IF-ELIF-ELSE-ENDIF)에 대한 한 가지 계획, 데이터 구조화(예: 간단한 변수들)에 대한 하나의 계획을 포함한 작지만 복잡한 컴퓨터 프로그램의 완성이나 확충

2. 반복에 대한 모든 일반 프로그래밍 계획(예: FOR, REPEAT, WHILE loops), 데이터 구조화에 대한 더 많은 계획(예: 간단한 변수들과 배열), 그러나 선택에 대한 프로그래밍 계획의 한 가지 유형만을 포함한 작지만 핵심적인 컴퓨터 프로그램의 완성 또는 확충

3. 반복과 선택에 대한 모든 일반 프로그래밍 계획(CASE 구문을 포함한), 간단한 변인들, 배열, 그리고 저장에 대한 계획을 포함한 중간 크기의 컴퓨터 프로그램의 완성 또는 확충

4. 패키지 데이터 구조, 포인터, 그리고 순환적 기능과 같은 심화 영역을 포함한 중간 크기의 컴퓨터 프로그램의 완성 또는 확충

마지막으로, 미시적 수준에서 문제의 계열이나 해결 예는 각각의 사례 유형에 따라 구분된다. 여기에서 계열은 연습의 높은 다양성 또는 높은 상황적 간섭을 보여 준다. 예를 들면, 제3 기능군집에 대한 각각의 사례는 이러한 사례 유형에 속하는 문제들을 해결하기 위해 고정된 프로그래밍 계획에 따른 계획별 **하위 집합**을 활용해야 한다는 특징이 있다. 문제들의 높은 다양성 계열에서, 각각의 새로운 문제는 문제 해결에 필요한 프로그래밍 계획이나 그 밖의 지식 요소들에 대하여 앞서 다루었던 문제들과 달라야 하며, 높은 상황적 간섭으로 이끌어야 한다.

---

92) 역자 주: 프로그래밍 구문상의 반복문, 선택문의 문법을 의미한다.

컴퓨터 기반 학습 환경 안에서 미시적 수준의 계열화의 경우, 역동적인 문제 선택을 적용하는 것이 바람직할 것이다. 예를 들어, CASCO(a loose acronym for Completion Assignment Constructor; van Merriënboer, Krammer, & Maaswinkel, 1994; van Merriënboer, Luursema, 1995; van Merriënboer, Luursema, Kingma, Houweling, & de Vries, 1995)는 그런 역동적인 문제 선택 장치(문제 선택 모형)를 포함한 컴퓨터 프로그래밍 교수용 지능형 튜터링 시스템이다. 학생들에게 제시하기 적합한 문제가 해결 예 형태의 문제로 기존에 있는 데이터베이스로부터 즉석에서 선택된다. 문제가 적합한지를 결정하기 위하여, 문제 자체의 특성 및 학습자 특성이 모두 중요하다. 문제와 관련하여, 그것의 가능한 해결책은 높은 다양성 계열이나 높은 상황적 간섭을 이끌어 낼 수 있게, 학생들에게 전에 제시한 문제와 약간은 다른 프로그래밍 계획이나 지식 요소들이 반드시 필요하다. 학습자와 관련하여 문제는 너무 어렵지 않아야 하고, 학습자가 실수한 프로그래밍 계획이나 기타 지식 요소를 중재할 기회가 되어야 하며, 더 나아가 학습자들에게 전에 소개했던 프로그래밍 계획에 대하여 연습할 기회를 제공해야 한다. CASCO는 이 모든 준거에 가장 적합한 문제를 선택하기 위한 퍼지 논리 교수 모형(Fuzzy Logic Instructional Model: FLIM)이라는 퍼지 논리에 기반한 소규모 전문가 시스템이다.

전체 과제 연습

CASCO는 제3의 기능군집(컴퓨터 프로그램의 완성, 수정, 확충) 중에서 첫째, 그리고 둘째 유형의 사례(소규모 컴퓨터 프로그램)에 대한 학습을 지원하기 위하여 개발되었다. CASCO는 완전한 학습 환경이 아닌, 단지 학습 환경의 작은 부분이지만 전체 과제 연습의 개발을 설명하기 위하여 이용될 것이다.[93]

적당한 문제를 CASCO의 문제 데이터베이스에서 선정한 후에 문제의 높은 다양성 계열을 산출하기 위해, CASCO는 개인 학습자의 특정한 요구에 맞춘 **완성형 과제**(11장 참조)를 역동적으로 구성한다. 고려할 기능군집 중에서 완성형 과제는 수업의 기본 구성 요소이다. 그것은 다음의 세 가지 요소로 구성되어 있다.

1. **문제 기술.** 이것은 자연어에 대한 프로그래밍 문제를 기술한 것이다. 이는 각각의 과제에서 제시해야 할 유일한 요소이다. 문제라는 개념과 과제라는 개념

---

93) 특정 기능 군집과 CASCO와 관련된 사례 유형의 경우, 학습자에게 부분 과제 연습을 제공하지 않는다.

을 명확히 구분해야 함에 유의하라. 팀 과제는 다음의 2개의 구성 요소에 포함
되기 때문에 매우 넓은 의미로 사용된다.

2. **프로그램 코드.**   이것은 컴퓨터 프로그램 형식으로 제시된 문제를 위한 해결책
   의 예이다. 프로그램 코드는 완전한 상태로(즉, 잘 설계되고, 이해하기 쉽고,
   실행 가능한 컴퓨터 프로그램), 불완전한 상태로(학습자에 의해 완성되어야 하
   는 부분적 프로그램), 또는 제시되지 않을 수도(학습자가 전체 프로그램을 설
   계하고 실행하여야 하는 경우) 있다.

3. **교수용 과제.**   과제란 학습자가 프로그램 코드를 연구하고, 구동하고, 검증하
   고, 변경하고, 확충하도록(코드가 완전하다면), 또는 프로그램 코드의 부분들
   을 완성하고(코드가 완전하지 않다면), 또는 프로그램을 설계하고 작성하도록
   (프로그램 예가 없다면) 제시할 수 있다.

명백하게, 이러한 기본적인 쉐마는 완성형 과제가 상당히 다양해질 수 있도록 한다.
한편으로, 과제가 만약 문제 기술, 완전한 프로그램 코드, 그리고 프로그램 연구를 위
한 과제로 구성되어 있다면 해결 예의 형식을 취할 수 있다. 다른 한편으로, 과제가 문
제 기술이나 프로그램을 설계하고 작성하는 과제만으로 구성되어 있다면 전통적인 프
로그래밍 문제의 형식을 취할 수도 있다. 그러나 대개의 완성형 과제는 문제 설명, 불
완전한 프로그램 코드, 그리고 적은 수의 과제들을 포함한다.

완성형 과제를 사용하면 학습자들에게 스캐폴딩을 제공하기가 비교적 용이해진
다. 대체로 학습자에게 제공되는 프로그램 코드는 잘 설계되어 이해가 쉽지만, 불완전
한 프로그램의 많은 부분을 학습자가 점진적으로 완성하고 확장할 수 있도록 학습자
들의 프로그래밍 경험이 증가하는 만큼 점점 더 불완전하게 된다. 이러한 유형의 스캐
폴딩은 학습자를 제4의 기능 군집(새로운 컴퓨터 프로그램의 설계와 실행)으로 매끄
럽게 이끈다. 적합한 완성형 과제를 만들고 적합한 양의 스캐폴딩을 제공하기 위하여,
선택된 문제의 특성과 학습자 특성에 모두 관련된 일련의 준거가 사용된다. 예를 들
면, 학습자가 이미 숙달한 프로그래밍 계획에 해당하는 프로그래밍 코드는 학습자에
의해 실행되어야 하므로 해결책에서 제외된다. 문제 데이터베이스로부터 적합한 문제
를 선택한 것과 같이, CASCO에서 완성형 과제의 구성은 퍼지 논리 교수 모형(과제 모
형)에 따른다.

정보 제시

정보 제시는 JIT 정보의 제시와 학습자들이 반드시 정교화해야 하는 지원적, 전략적 지

식의 제시 모두와 관련이 있다. CASCO는 특정한 완성형 과제를 해결하는 데 관련된 규칙과 선수 지식의 제시를 위해 JIT 정보 제시를 사용한다. 프로그래밍 계획, 개념 또는 원리와 같은 특별한 학습 요소가 처음 언급될 때, 일반 원리 또는 언제 어떻게 이를 사용하는지에 대한 규칙들이 학습자에게 직접 설명된다. 동시에, 정보 제시가 연습과 밀접하게 연결되었음을 알 수 있도록 구체적인 보기나 이러한 일반 원리의 예가 완성할 컴퓨터 프로그램의 해당 부분에서 제공된다. 이것은 학습자가 프로그램을 바르게 완성할 수 있도록 하기 위해서는 학습자가 부분적 컴퓨터 프로그램에서 일반 원리나 그에 대한 보기를 모두 학습해야 하므로 특히 그렇다. 다시 말해서, 소규모 퍼지 논리 전문 시스템(설명 모형)은 학습자에게 설명을 제시할 시기를 결정한다. JIT 정보 제시는 또한 프로그래밍 과제의 순환적 측면에 대한 피드백을 제시하는 데 사용된다. 예를 들면, 오류에 대한 즉시적 피드백은 "구문적으로 올바른 코드 작성"이라는 순환적 부분 기능에 대하여 제공된다. 줄 단위의 구문 점검은 생성된 프로그램 코드의 구문 오류에 대한 즉각적인 피드백을 하기 위하여 사용된다.

지원적, 전략적 지식의 제시와 관련하여 CASCO는 세 가지 다른 경로를 갖는다. 첫째, 지원적, 전략적 정보가 부분 연습을 하기에 앞서 문서로 제시된다. 예를 들어, 학습자들은 CASCO로 작업을 시작하기 전에 SAP의 적용이나 그와 관련된 발견법을 설명하는 예를 포함하여 프로그래밍에 대한 체계적 접근을 글로 설명한 자료로 받는다. 둘째, 학습자들이 CASCO로 작업하는 동안 하이퍼텍스트 시스템을 활용할 수 있다. 이러한 하이퍼텍스트는 CASCO 안에 통합되어 있고, 프로그래밍 과제 실행과 관련된 모든 학습 요소(프로그래밍 계획, 개념과 원리)에 대한 설명을 포함한다. 이는 또한 실제 맥락에서 이러한 일반 원리의 구체적인 예를 제공한다. 예를 들어, "선언부"에 대한 예는 선언부의 구체적인 프로그래밍 코드를 보여 줄 뿐 아니라 완성된 복잡한 컴퓨터 프로그램 내에서 이 코드를 강조한다. 하이퍼텍스트 시스템 안에서의 프레임들은 종류별, 경험별, 부분별, 그리고 위치 관계에 따라 서로 연결되어 있고, 이를 통해 학습자들은 지원적 정보를 한눈에 살펴볼 수 있다. 셋째, 예제 프로그램에서 설명하고자 하는 부분 정보들 사이의 관계를 표현한 인지적 쉐마를 학습자들이 구성할 수 있도록 지원하기 위해 주요 질문이 제시된다. 이런 질문들은 선다형 항목 혹은 단답형 항목의 형태로, 프로그램 코드의 부분별 구조와 성능을 설명하고, 부분별 프로그램 코드를 학습자들이 추적하게 한다. 다시 말하지만, 주요 질문을 만들어 내는 데 퍼지 논리 전문가 시스템이 사용된다.

결론적으로, CASCO와 같은 시스템에서 가장 어려운 과제 중의 하나는 기능의 비순환적 측면에 대한 피드백을 생성하는 것이다. 예를 들면, 학습자가 특정한 연구 과제를 끝낸 후에 해결책의 결과에 대한 피드백을 제공해야 한다. CASCO는 학습자가 제시한 해결책과 프로그래밍 계획의 측면에서 가능한 대량의 정답을 축약적으로 기술한 것과 잘못된 대응을 결정하기 위하여 계획-대응 연산법(plan-matching algorithm) (Takinerdogan, 1995)을 사용한다. 반면에, 계획-대응 과정의 결과는 학습자 해결책의 의미론적 특성에 대한 정보적 피드백을 생성하는 데 사용된다.[94] 한편으로 이들은 학습자 진단에 사용된다. 소위 학습자 프로파일로 불리는 기록을 통해 학습자가 특정 학습 요소를 바르게 혹은 틀리게 사용했는지를 저장한다. 이러한 학습자 프로파일에서 활용 가능한 정보는 대부분이 학습자에게 제시하기 적합한 다음 문제의 선택(문제 선택 모형에 따라), 이 문제로부터 새로운 완성형 과제의 구성(과제 모형에 따라), 과제에 연결된 새로운 정보의 제시(설명 모형과 질문 모형에 따라)를 결정한다. 이와 같이, CASCO는 세 가지 주요 단계를 반복적으로 순환한다. (1) 적합한 문제의 선택, (2) 선택한 문제로부터 완성형 과제의 구성, (3) 학습자 진단.

CASCO 인터페이스

15.1절에서 살펴보았듯이, CASCO는 문제 기술과 적용 가능하다면 프로그램 코드 일부, 그리고 각각의 학습 과제, 설명과 질문에 대한 별도의 창들을 학습자에게 제시한다. 학습자는 주메뉴에서 "Continue"라는 옵션을 클릭하여 학습하거나(설명의 경우) 수행해야 할(질문 또는 과제의 경우) 소위 "전달물(deliveries)"이라고 불리는 것들을 순서화된 계열에 따라 받는다. 그러나 학습자는 또한 임의의 순서에 따라 전달물을 선택하기 위해 "Window"라는 하위 메뉴를 이용할 수 있다.

　프로그램 코드를 포함하는 윈도우는 일반적인 프로그래밍 환경과 정확히 같게 학습자가 행동할 수 있도록 하는 완전히 독립된 편집기이다. 프로그램 코드는 어떤 제약 없이 변경될 수 있다. 항상 학습자는 "Assignment"라는 하부 메뉴에서 "Try your program"이라는 옵션을 선택하여 프로그램을 구동하고 점검해 볼 수 있다. 또한 학습자는 언제든지 원할 때 다음 과제로 이동할 수 있다. 만약 과제를 수행하기 전이나 질문에 답하기 전에 이 옵션을 선택하면 경고가 주어진다. 만약 경고를 무시하면, 다음 문제의 선택과 다음 과제의 구성에 영향을 주는 부정적인 결과를 초래한다. CASCO와 같은 시스템이 포함된 학습 환경의 궁극적인 목표는 습득한 기능의 전이가 이루어지

---

94) 학습자들이 만들어 내는 코드가 늘어날수록 의미론적 오류에 대한 피드백을 자동적으로 생성하기가 더욱 어려워진다. 학습자에 의해 대부분 설계되고 실행되는 컴퓨터 프로그램의 경우, 일반적으로 교수자는 인지적 피드백을 제공할 필요가 있다.

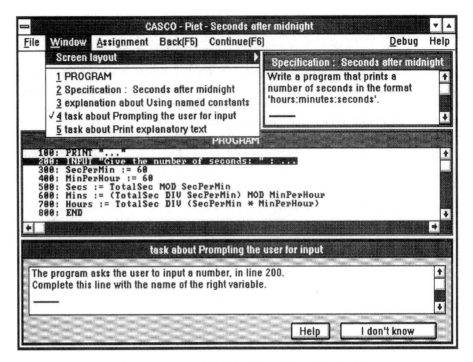

그림 15.1 CASCO 인터페이스를 보여 주는 컴퓨터 화면

는가이다. 전이에 대한 몇 가지 연구 프로젝트를 다음 절에서 살펴보기로 한다.

15.3 전이 효과

4C/ID 모형의 주된 주장 중의 하나는 이러한 모형에 따라 설계된 학습 환경이 성찰적 전문성의 발달을 촉진한다는 것이다(5장 참조). 보다 특정하게는, 이러한 모형의 적용이 전통적인 수업보다 높은 전이 수행을 이끄는 교육 프로그램을 산출할 것이라는 점과, 따라서 이러한 우수성이 본래의 훈련 과제와는 좀더 차별화된 전이 과제를 증가시킬 것이라는 점을 예견했다. 이러한 예견은 컴퓨터 프로그래밍, 결점 진단, 과정 산업, 그리고 통계적 분석 및 그 밖의 분야에서 수행된 광범위한 실험을 통해 검증된 바 있다. 이러한 실험들의 몇 가지 주요 결과를 이 절에서 간략히 살펴볼 것이다.

컴퓨터 프로그래밍

이전 절에서 살펴본 것처럼 컴퓨터 프로그래밍을 가르치기 위한 훈련 프로그램은 대부분의 전통적 프로그래밍 코스와 명백히 대조를 이룬다. 컴퓨터 프로그래머를 위한 전통적인 훈련 프로그램에서 강의와 교재는 프로그래밍에 관한 일반적인 정보를 전달하기 위해 사용되었다. 해결 예는 이러한 강의와 교재들의 전형적인 일부이다. 연습은 주로 새롭고 점차로 복잡한 컴퓨터 프로그램(예: 전통적인 문제 해결)을 만들어 내는 것으로 구성되어 있다. 대조적으로 4C/ID 모형은 학습자를 기존의 프로그램을 작동시켜 보고, 그대로 따라 해 보고, 평가해 보는 것에서부터 시작하여, 다음엔 미완성이지만 대부분이 잘 구조화되어 쉽게 이해할 수 있는 프로그램으로 점차 완성해 나가고, 끝으로 자기 스스로 프로그램을 만들어 내도록 하는 훈련 전략으로 이끈다. 부분 기능의 이러한 각각의 군집에 대하여 전체 과제 방법이 사례 유형을 계열화하는 데 사용된다. 그리고 미시적 수준에서 대부분의 정보는 적시에 제시되며, 관련된 정보들이 처음의 전체 과제 문제에 직접 연결된다.

불완전한 컴퓨터 프로그램의 많은 부분을 점차로 완성해 나가는 것이 이 전략의 핵심을 형성하기 때문에 이는 "완성 전략"이라고 일컬어져 왔다(van Merriënboer & Krammer, 1990 ; van Merriënboer & Paas, 1989). 해결 예와 사례 연구는 중요한 역할을 한다. 게다가 학습자들의 신중한 축약을 통해 다수의 방법이 만들어진다. 예를 들어, 기존의 컴퓨터 프로그램을 완성하는 동안, 올바른 마무리를 위해 완성해야 할 프로그램을 주의 깊게 학습해야 한다. 이처럼 기존 컴퓨터 프로그램의 완성은 문제를 해결하는 동안 귀납적인 처리를 필요로 하기 때문에 쉐마 습득을 촉진할 것이라고 기대된다. 교실 연구(van Merriënboer, 1990a, 1990b)와 컴퓨터 기반 훈련(CBT)(van Merriënboer & De Croock, 1992)을 이용한 후속 연구를 포함하여 대다수의 실험에서, 완성형 전략의 효과성이 전통적인 전략의 효과성과 비교되어 왔다.

그림 15.2의 왼쪽 칸에서 볼 수 있듯이, 완성 전략은 2개의 실험 모두 전통적인 훈련 전략에 비해 더 높거나 혹은 같은 전이 수행을 이끌어 냈다. 근전이 검사는 명령문, 의미 구문, 프로그래밍 언어의 표준 언어 구인을 측정했고, 원전이 검사는 이전에 접하지 못했던 해결책을 필요로 하는 새로운 프로그래밍 문제에 대한 프로그램 설계와 구성의 숙련도를 측정했다. 원전이 검사의 경우, 완성 전략이 2개의 연구에서 전통적인 전략보다 유의하게 우세했다. 이처럼 4C/ID 모형이 예견했듯이, 전통적인 전략을 능가하는 완성 전략의 우수성은 검사(tests)가 획득한 기능의 더 많은 전이를 요구함에 따라 두드러졌다. 상세 분석을 통해 완성 전략에 따라 공부하는 학습자가 프로그래밍 계획 사용에 우수함을 보인다는 것이 밝혀졌다. 학습된 프로그래밍 계획들이 특별한 종류의 쉐마이기 때문에, 이는 완성 전략이 실제로 쉐마 획득을 촉진하고 그로 인해 전이 수행을 개선시킨다는 것을 의미한다.

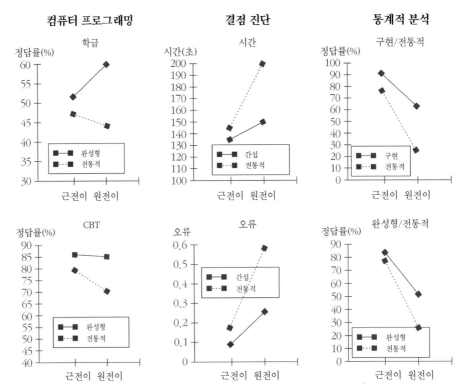

그림 15.2 근전이와 원전이 검사의 점수. 완성 전략하에 프로그래밍을 가르친 것과 전통적인 전략하에 프로그래밍을 가르친 것(교실 학습과 CBT), 높고 낮은 상황적 간섭 하에 결점 관리 전략을 가르친 것(시간과 오류 점수), 해결 예 전략, 완성 전략, 전통적 전략 하에 통계적 분석을 가르친 것(해결 예 전략 대 전통적인 완성형 전략 대 전통적인 전략)에 대한 점수가 제시되었다.

결점 진단

결점 진단 또는 결점 관리 훈련에서 학습자는 통제 과정에서 일어날 수 있는 수많은 시스템의 이상을 발견, 진단하고 때로는 보정하는 방법을 배워야 한다. 모든 종류의 시스템 이상 또는 그들의 조합을 정확히 예상하기란 불가능하다. 그리고 이를 감지할 수 있다고 하더라도 하나의 훈련 프로그램에서 가능한 모든 시스템 이상의 조합에 대처하기란 대단히 어려울 것이다. 이것은 정확하게 인간 학습자가 참여한 이러한 예측할 수 없는 상황들을 처리하게 하려는 목적이다. 명확하게, 숙련된 학습자로서 과제를 적절히 수행할 수 있도록 하기 위해서는 성찰적인 전문성이 선행되어야 한다. 단순한 "일상적인" 훈련만으로는 불충분하다. 학습자는 전에 본 적 없는 오류를 진단하기 위해 시스템의 가동에 관해 논리적으로 생각할 수 있어야 한다.

　결점 관리를 위한 전통적인 훈련 프로그램에서, 흔히 강의와 교재가 시스템의 가동(시스템 원리)과 시스템에서 일어날 수 있는 결점(이상 원리)에 관한 일반적인 정보를 전달하기 위해 사용되었다. 일반적으로 연습은 주로 부분 과제 방식에 따라 자주 일어나는 결점 관리 절차에 대한 훈련으로 구성된다(Morris & Rouse, 1985; Shepherd, 1986; Shepherd, Marshall, Turner, & Duncan, 1977). 4C/ID 모형의 틀 안에서 훈련 전략은 기능군집의 계열을 구분하고(예: 이상 작동하는 과정에서 결점을 진단하기 전에 정상적으로 작동하는 과정의 시스템 상태를 예견하고 설명하는 것), 각각의 기능군집 안에서 단순-복잡 사례 유형을 구분하도록 설계된다. 이러한 훈련 전략들에 대한 실험을 수행하기 위해 훈련 시뮬레이터인 PROCESS(실험적 시뮬레이션 환경에서 조작자 통제 연구를 위한 프로그램)(Jelsma & Bijlstra, 1990)가 사용되었다 (Jelsma, 1989; Jelsma & Bijlstra, 1988; De Croock, van Merriënboer, & Paas, 1994). 이러한 실험들의 초점은 하나의 특정 사례 유형에 대한 전체 과제 문제의 계열화에 맞춰져 왔다. 예를 들어, 하나의 실험에서 선택된 결점들이 시뮬레이션 프로그램에서 소개되었고, 이들과 연관된 절차가 수일에 걸쳐 광범위하게 연습되었다. PROCESS를 이용하면, 시뮬레이션으로 표현된 물-알코올의 증류 과정에서의 결점 유형과 발생 시간 모두를 사전에 정의할 수 있다. 실험과 통제 훈련 전략은 선택된 결점을 다루는 것을 연습하는 상황적 간섭 수준에 따라 다르다. 낮은 상황적 간섭에서는 전통적이고 제한적인 연습 계획에 따라 특정 범주의 결함에 대한 훈련을 하는 것이고, 높은 상황적 간섭이란 4C/ID 모형이 권하는 임의의 순서에 따라 이들 결함에 대하여 훈련을 하는 것이다.

　그림 15.2의 가운데 도표에 나타난 바와 같이, 높은 상황적 간섭 조건하의 훈련은 낮은 상황적 간섭 조건하의 훈련보다 더 높은 전이 수행을 이끌어 낸다(예: 시간이 빨라지고 진단 오류는 줄어듦). 또한 학습한 과제와 전이 과제 사이의 절차적 중복이 줄어들 때, 높은 상황적 간섭 조건의 우수성이 낮은 상황적 간섭의 조건보다 증가했다. 이러한 결과는 4C/ID 모형의 예견과 완전히 일치하고, 높은 상황적 간섭 조건하에서의 연습이 귀납적 처리에 의한 쉐마 획득을 촉진한다는 견해를 뒷받침한다. 일반적으로 4C/ID 모형이 제안하는 교수 전략을 채택하면 실행자 교육을 위한 적절한 훈련 전략의 설계에 유용하다는 것이 증명되었다. 이 모형을 적용하면 학습자가 이전에 경험하지 못했던 새로운 결점을 더 잘 관리할 수 있었기 때문에 성찰적 전문성의 발달에 기여했음을 데이터를 통해 알 수 있다.

통계적 분석

말할 필요도 없이, 통계적 분석은 계산에 관한 알고리즘의 직접적인 적용 그 이상을 포함한다. 문제 상황은 무한정 다양하고, 각각의 상황은 최적의 사용을 위해 상이한 방법과 기술을 요구한다. 예를 들어, 학습자는 고정된 배열의 숫자들에 대해 평균값, 최빈치, 중앙값을 계산할 수 있을지 모른다. 그러나 통계적 분석은 복잡한 데이터 구조를 찾아 내야만 하지만, 숫자들이 고정된 배열로 미리 규정되지 않은 복합적 상황에서 이러한 통계치를 활용하고 계산하기 위한 최적의 통계 방법을 결정할 수 있어야 함을 의미한다. 따라서 성찰적 전문성의 훈련이 학습자가 그들의 통계적 지식을 전이 가능하게 하는 데 중요하다. 그러나 목표 한정적인 전통적인 문제들의 해결에 초점을 맞춘 전통적인 훈련 전략은 이러한 전이를 성취하기에는 효과적이지 않다는 결정적인 증거들이 이를 뒷받침한다(11.2절 참조).

4C/ID 모형의 틀 안에서 Paas(1992; Paas & van Merriënboer, 1992a)는 통계적 분석을 위한 2개의 대안적인 훈련 전략을 개발했다. 하나의 전략은 해결 예의 활용에 기초했으며, 다른 하나는 수행하는 동안 완성형 과제의 활용에 기초했다. 두 전략 모두 귀납적인 처리를 촉진한다고 가정했다. 두 전략은 전통적인 문제에 기반한 기존 전략과 비교되었다. 모든 전략이 통계적 분석 기능을 가르치기 위해 설계된 CBT 프로그램 안에서 실행되었다. 모든 학습자들은 동일한 형식의 수업과 동일한 세트의 통계 문제를 제공받았다. 전통적인 훈련 전략의 경우, 세트 내 문제들은 학습자 스스로 해결해야만 하는 목표 한정적인 개방형 문제였다. 구현 전략의 경우, 각각 3개 하위 세트의 처음 두 문제는 구현 문제 방법과 해결책들을 함께 제시한 문제로 구성했고, 반면에 3개의 하위 세트 내의 세 번째 문제는 전통적인 문제였다. 완성 전략의 경우, 처음 2개의 문제는 완성해야 하는 미완의 해결책과 함께 기술되었고, 반면에 세 번째 문제는 전통적인 문제였다.

그림 15.2의 우측 칸에서 보듯이 해결 예에 기초한 전략과 완성형 과제에 기초한 전통적인 전략 모두 전통적인 전략보다 높은 전이 수행을 보였다. 근전이 검사는 훈련 동안 사용됐던 문제들과 매우 유사한 통계적 문제들을 해결하는 숙련도를 측정했고, 원전이 검사는 훈련 기간 동안 사용됐던 것과 유의하게 다른 문제들로 구성되었다. 두 검사의 경우, 해결 예 또는 완성형 과제에 기초한 훈련 전략은 전통적인 전략보다 우수했다. 검사가 획득된 기능의 전이를 좀더 요구하는 경우 우수함이 두드러졌다. 후속 연구에서, 해결 예와 완성형 과제에 기반한 전략의 우수한 효과는 문제들의 높은 다양성 계열의 적용에 의해 더 증가될 수 있음을 보여 주었다. 반면에 이러한 높은 다양성

을 전통적인 문제 해결과 조합하는 경우, 전이 수행에서 긍정적인 효과가 없었다 (Paas, 1993; Paas & van Merriënboer, 1994a; 11.5절 참조).

이 절을 요약하면, 이상 기술한 연구뿐 아니라 몇 가지 그 밖의 연구들이 전이에 관련된 4C/ID 모형의 예견을 지지한다. 게다가, 찾아 낸 결과는 하나의 영역에 국한되지 않고, 컴퓨터 프로그래밍과 소프트웨어 설계, 결점 진단과 결점 관리, 통계적 분석, 그리고 CNC 프로그래밍과 같은 여러 기술적 영역에서 발견되었다. 전이의 결과와 상관 없이, 4C/ID 모형은 위에서 기술한 실험 환경뿐 아니라 실제적인 환경에서도 복합적인 기술적 기능을 가르치기 위한 교수설계의 실행에 매우 유용하다는 것이 증명되었다. 이 방법을 통해 혁신적인 훈련 전략을 이끌어 낼 수 있으며, 학습 산출물과 전이에 대한 결과는 성찰적 전문성의 개발과 전이 가능한 기능의 획득으로 나타날 것이라고 기대된다. 다음 절에서는 모형의 실제적 사용과 특히 ID 프로젝트에서 시스템 역동성을 어떻게 처리할 것인지에 대해 좀더 살펴보게 될 것이다.

15.4　시스템 역동성의 처리

이 장으로 파트 C를 마무리한다. 먼저, 주로 귀납적인 처리에 의한 유용한 인지적 쉐마와 전략적인 지식의 개발에 목적을 둔, 전체 과제 연습의 교수 전략과 방법의 선택에서 시작했다. 둘째, 지식 컴파일화에 의한 선택된 순환적 부분 기능의 자동화를 목적으로 하는 부분 과제 연습 설계의 교수 전략과 방법을 제공했다. 셋째, 기능의 순환적 측면의 수행에 선행되어야 할 정보의 제한적 부호화를 목적으로 하는 JIT 정보 제시에 대해 살펴보았다. 넷째, 기능의 비순환적 측면의 수행에 도움이 되는 정보의 정교화를 촉진하는 전략과 방법에 대해 살펴보았다. 그리고 마지막으로, 몇 가지 일반적인 지침이 교수 자료의 산출을 포함한 학습 환경의 개발과 매체의 최종 선택을 위해 제공되었다.

파트 B와 파트 C 모두 훈련 프로그램 설계를 위한 체계적인 접근을 반영한다. 이는 주로 특정 활동의 산출물이 다른 활동을 위한 주요 입력물로 작용한다는 사실을 통해 알 수 있다. 요약하면, 4C/ID 모형 안에서 구별되는 주요 입력-출력의 관계는 다음과 같다.

- 원리화된 기능 분해(6장)의 산출물이 순환적 부분 기능의 분석(7장), 지원적 지식의 분석(9장), 또한 비순환적인 부분 기능의 분석(10장)을 위한 입력물이 된다.

- 순환적 부분 기능 분석(7장)의 산출물이 선수 지식 분석(8장) 또는 부분 과제 연습의 설계(12장)를 위한 입력물이 된다.
- 순환적 부분 기능의 분석(7장)과 그 선수 지식(8장) 모두의 산출물이 JIT 정보 제시 설계(13장)를 위한 입력물이 된다.
- 지원적 지식 분석(9장)과 비순환적 부분 기능 분석(10장)의 산출물이 전체 과제 연습의 설계(11장)와 학습자가 정교화해야만 하는 지식을 위한 정보 제시 설계(14장)의 입력물이 된다.
- 4C/ID 모형의 각 네 가지 구성 요소와 훈련 프로그램의 관련 청사진(11~14장)에 대한 교수 전략과 방법은 학습 환경 개발(15장)을 위한 입력물이 된다.

이러한 입력-출력 관계가 훈련 프로그램의 설계를 위한 체계적인 방법을 반영하는 반면, 이는 또한 활동 군집들 사이의 역동적인 상호 작용을 다루는 풍부한 기회가 된다. 우선, 모형의 네 층 사이의 전환과 (재)반복이 보편적이라는 사실 때문에 모형에 이러한 체계적 특징이 있다고 인정된다. 예를 들어, 부분 기능과 관련 지식 구조에 대한 분석은 복합적 인지 기능의 구조에 대한 새로운 시각을 형성하고, 기능을 분해하는 방식을 교정하게 된다. 교수 전략과 방법의 선택은 분석 결과, 약점을 드러낼 수 있고, 더욱 세부적이거나 대안적인 과제와 지식 분석에 이른다. 프로토타입화된 학습 환경의 예비 사용자 검사는 훈련 프로그램의 청사진에서 약점을 알려 줄 수 있고, 보다 최적의 교수 전략과 방법을 선택할 수 있게 해 준다. 반면 반복은 종종 2개의 인접한 모형층을 포함할 것이며, 또한 2개 이상 층의 전환을 포함할지 모른다. 예를 들어, 최종 매체 선택을 통해 컴퓨터 기반 훈련 시스템이 최상의 해결책으로 드러난다면, 정교하고 상세한 요구 수준에 맞추기 위해 일부 과제 분석과 지식 분석을 재실행해야 하는 경우는 흔한 일이다.

둘째, 모형의 같은 층에 위치하는 활동 군집 사이를 쉽게 교류하는 기회는 모형의 체제적인 특징을 나타낸다. 부분 기능과 관련 지식 구조의 분석이라는 두 번째 층과 관련하여, 모형이 제공하는 유일한 제안은 그들의 선수 지식을 분석하기 전에 순환적 부분 기능을 분석하라는 것이다. 분석 과정에 그 어떤 제약도 주어지지 않는다. 교수 전략과 방법의 선택이라는 세 번째 층과 관련하여, 모형이 제공하는 유일한 제안은 훈련 프로그램의 "심장부"로 취급되는 전체 과제 연습의 설계에서 시작하라는 것이다. 다시 말하지만 설계 과정에 다른 어떤 제약도 주어지지 않는다.

마지막으로, 모형은 교수설계를 위한 신속한 시제품 개발(rapid prototyping) 방법의 일부로 사용될 수 있다(예: Tripp & Bichelmeyer, 1990). 이러한 방법에서, 설계자는 일반적으로 특정 사례 유형에 대한 학습 환경의 작은 부분을 개발하기 위해 하나의 특정 기술 군집을 선택하고, 이 군집 내에서 특정한 사례 유형 하나를 선택할 것이다. 그런 다음 사용자 검사의 결과가 프로토타입을 다듬기 위해 사용될 수 있지만, 그 밖의 기능군집과 사례 유형을 위한 전체 설계 과정에 영향을 줄 수도 있다. 이 장을 마치면서, 4C/ID 모형이 교수설계자에게 풍부한 자유를 준다는 것을 명확히 해야 한다. 특정 분석이나 설계 활동의 결과가 직접적 혹은 간접적으로 다른 모든 활동에 영향을 미친다는 것, 분석과 설계 층 사이를 반복하고 같은 층에서의 활동 간에 교류할 기회를 제공한다는 것, 그리고 교수설계를 위한 신속한 시제품 개발 방법이 이 모형에서 허용된다. 이러한 특징들이 합쳐져 복합적인 교수설계 프로젝트를 위한 역동적인 형태의 비선형적 "지그재그" 설계를 이루어 낼지 모른다.

15.5 요약

이 장에서는 학습 환경의 개발과 교수 자료의 산출에 대해 살펴보았다. 최종 매체의 선택에 주의를 기울인 반면, 미시적 수준의 메시지 설계를 위한 특정 지침들은 일반적으로 매체 한정적이기 때문에 제공하지 않았다. 설계와 학습 환경 개발 사이의 관계를 설명하기 위한 예를 제공하였다. 선택된 교수 전략과 방법의 실행을 예로 들기 위해 컴퓨터 프로그래밍을 위한 학습 환경의 작은 부분인 CASCO에 대해 설명하였다. 4C/ID 모형의 전이 예견을 지지하는 몇 가지 연구들에 대해 살펴보았다. 그리고 마지막으로 교수설계 프로젝트를 실행하기 위해 4C/ID 모형을 활용할 때, 시스템 역동성을 어떻게 다루는가에 대한 질문에 주의를 기울였다. 이 장은 다음과 같은 사항으로 요약될 수 있다.

- 4C/ID 모형은 교수 자료의 산출을 위한 세부적 지침을 제공하지 않는다. 이러한 지침들은 고도로 매체 한정적이기 때문이다. 독자들은 특성화된 교수설계 모형에 대해 주의를 기울여야 한다.
- 목표로 하는 유형의 학습 과정은 매체에 대한 학습자들의 요구를 나타낸다. 4C/ID 모형에서 특정 매체가 종종 다른 구성 요소보다 하나의 구성 요소에 더욱 유용할 수 있도록 각각의 네 가지 구성 요소는 학습 과정의 한 범주에 해당한다.
- 목표로 하는 유형의 학습과 더불어, 매체 선택은 훈련에 관계된 제약 사항, 특별한 과제 요건, 그리고 대상 집단의 특성에 영향을 받는다.

- 주요 매체는 대개 직접적으로 전체 과제 연습과 관련될 것이고, 종종 실제 혹은 시뮬레이션화된 과제 환경의 형태를 취할 것이다. 산출물과 과정 지향적인 예들은 전형적으로 이러한 환경에 통합되어 "시뮬레이션 기반", "문제 기반", "사례 기반" 또는 "시나리오 기반" 학습 환경을 이룬다.

- 몇몇 기술적인 영역에서의 실험들은 4C/ID 모형의 전이 예견에 대한 지지를 해 왔으며, 모형을 적용하면 전통적인 수업보다 더 나은 전이 수행으로 이끄는 수업을 가능하게 한다는 것을 보여 준다. 전이 과제가 본래의 훈련 과제와 다를수록 이러한 우수성이 두드러진다.

- 4C/ID 모형은 훈련 프로그램 설계에 대한 체계적인 접근을 제공한다. 이는 모형의 일부를 이루는 활동 군집 사이에 몇 가지 입력-출력의 관계가 규정되어 있기 때문이다.

- 4C/ID 모형은 교수설계를 위한 체제적인 접근을 지원한다. 이는 신속한 시제품 개발(rapid prototyping) 방법뿐 아니라 같은 층에서의 활동 군집 사이의 교류(예: 모형의 네 구성 요소), 네 가지 분석과 설계 층 사이의 교류와 (재)반복을 허용하기 때문이다.

핵심 개념

과제 환경	task environments
매체 선택	media selection
비선형 설계	non-linear design
시스템 역동성	system dynamics
신속한 시제품 방법	rapid prototyping approaches
입력-출력 관계	input-ouput relationships
(재)반복 설계	(re)iterative design
제1매체	primary medium
제2매체	secondary media
지그재그 설계	zigzag design
체제적 설계	systemic design
퍼지 논리 교수 모형	fuzzy logic instructional model(FLIM)
학생 진단	student diagnosis

Part C를 위한 참고 자료

Reigeluth(1983a, 1987a)가 편집한 두 권의 책은 아직도 읽을 만한 가치가 있는 책으로서, 교수설계 모형에 대한 폭넓은 개관을 제공한다. 교수설계 모형에 대한 가장 최근의 흐름을 알기 위해서는 Tennyson과 Schott(1996), Dijkstra와 Seel(1996)의 책이 있다. Salisbury(1990; Salisbury, Richards, & Klein, 1985)는 부분 과제 연습의 설계를 위한 처방을 소개하고 있다. 교수설계에 대한 현대 구성주의적 견해는 Duffy와 Jonassen(1992), 그리고 Duffy, Lowyck, Jonassen(1993)에게서 발견할 수 있다. 교수설계의 자동화에 관심이 있는 독자들은 Tennyson(1994), Tennyson과 Barron(1995) 또는 Spector, Polson, Muraida(1993)를 참고할 수 있다.

정리하는 글

이 책에서 살펴본 훈련 설계에 대한 기본적인 방법은 단순하다. 복합적 인지 기능을 학습하기 위해서, 학습자는 전체 복합적 인지 기능이나 유의미한 부분 기능의 군집들을 단순–복잡의 순으로 연습해야 한다. 전체 과제 연습 동안에 **귀납**이라는 통제된 인지 과정에 따라 인지적 쉐마의 획득을 촉진하는 교수 전략과 방법들이 선택된다(구성 요소 I). 복합적 인지 기능의 일부 순환적 측면은 추가적인 부분 과제 연습을 요구하게 될 것이다. 이것은 학습이나 최종적인 전체 과제 수행을 향상시키기 위한 것이다. 부분 과제 연습 동안에 **컴파일화**라는 기초적인 인지 과정에 따라 규칙의 자동화를 촉진하는 교수 전략과 방법들이 선택된다(구성 요소 C). 학습자가 전체 과제나 분리해서 연습해야 하는 부분 과제의 순환적인 측면을 학습하고 수행하도록 돕기 위해 JIT 정보를 제시한다. **제한적 부호화**라는 인지 과정에 따라 규칙의 자동화를 촉진하는 교수 전략과 방법이 선택된다(구성 요소 R). 그리고 마지막으로 학습자가 전체 과제의 비순환적 측면을 학습하고 수행하는 것을 돕기 위해 지원적, 전략적 정보를 제공한다. **정교화**라는 통제된 인지 과정에 따라 쉐마의 획득과 능동적 (재)구성을 촉진하는 교수 전략과 방법들이 선택된다(구성 요소 E).

각각 4개의 구성 요소에 따라 선택된 교수 전략과 방법은 정교화된 훈련 프로그램의 청사진을 이끌어 내게 되는데, 이것들은 학습 환경 개발을 위한 토대를 제공한다. 이 장의 목적은 훈련 개발을 위한 이러한 체계적이고 체제적인 방법을 성찰하자는 것이다. 16.1절에서는 지난 수십 년간에 걸쳐 교수설계 분야에 지대한 영향을 끼치고 있는 객관주의–구성주의 논쟁에 대해 간단히 살펴볼 것이다. 16.2절에서는 이러한 논쟁에 비추어 4C/ID 모형의 주요 특징들을 다시 살펴본다. 16.3절에서는 이 모형에 대한 평가 결과와 알려진 약점들에 대해 살펴볼 것이다. 이 장은 복합적 인지 기능의 훈련을 위한 전체 과제 연습 설계의 궁극적인 중요성을 강조하면서 마무리한다.

16.1 객관주의 대 구성주의

지난 수십 년 동안 교수설계 분야에서는 "객관주의적" 접근에서 "구성주의적" 접근으로의 변화가 있었다. 객관주의적 접근은 기본적으로, 지식의 역할이란 실제 세계를 표상하는 것이라는 신념을 보인다. 의미란 결국 이러한 실제 세계에 의해 결정되므로 이해 당사자의 외부에 존재한다. 과제 분석이나 교과 내용 분석 과정에서 설계자들은 실제 세계를 명확히 반영하는 지식 구조를 만들고 이를 학습자에게 전달한다. 그런 다음, 교수 전략과 방법이 학습자의 사고를 몰입시키거나 강화하기보다는 대체하게 된다는 위험을 감수하고, 가능하면 이러한 "지식 전달"의 과정을 효과적으로 만드는 데 목표를 둔다(Perkins & Salomon, 1989; Salomon, 1979).

구성주의적 접근은 지식의 역할과 인지적 과정이 기본적으로 우리의 사적이고 개별적인 이해와 현실 세계에 대한 신념들을 반영하는 것이라고 본다. 이러한 관점에 따르면 인지 과정과 지식은 주로 이해가 가능하도록 의미나 인지적 쉐마를 **능동적으로 구성한** 결과이다. 의미란 훈련 환경이건 실제 사태를 모사한 상호 작용적인 환경에서건 실제 사태와 상호 작용한 결과이다. 인지적 쉐마의 구성이 세계와 과거 경험, 그리고 신념과의 상호 작용의 결과이므로, 각각의 학습자가 가진 지식은 상이한 실제를 나타낼 것이다. 이 절은 객관주의와 구성주의를 구별하여 4C/ID 모형의 위치를 살펴볼 것이다. 이러한 목적을 달성하기 위해서는 온건적 구성주의와 급진적 구성주의를 명확히 구별할 필요가 있다.

온건적 구성주의

온건적 구성주의는 학습자들이 사적이고 개별적인 인지적 쉐마를 구성한다고 인정하지만, 객관적 외부 실제의 존재를 배제하지는 않는다. 기본적인 주장은, 모든 학습자들이 세계에 대해 자신만의 독특한 과거 경험에 기초하여 외적 실제를 다소 다르게 인식할 것이라는 것이다(Jonassen, 1991). 잘 설계된 프로그램은 학습자들에게 유용한 인지적 쉐마를 구성하고 새로운 영역을 이해할 수 있도록 하는 경험을 제공해야 한다. 예를 들어, **상황 인지**(Brown & Collins, & Duguid, 1989)는 학습에 있어서 상황의 중요성을 강조한다. 왜냐하면 그 상황은 학습과 연계된 지식의 중요한 부분이 되기 때문이다. 관련된 **인지적 도제 접근**(Collins, Brown, & Newman, 1987)에서는 교수 프로그램이 미리 구조화된 단편적인 지식의 전달보다는 실제적인 현실 세계의 문제 해결에 초점을 맞춰야 한다고 주장한다. 그런 다음, 교사나 교수 자료의 역할은 이러한 문제가 해결되는 동안 학습자를 직접 가르치고 지원하는 것이다.

4C/ID 모형은 명백하게 이러한 온건적 구성주의의 관점을 채택한다. 훈련 프로그램의 설계를 위한 토대는 복잡하고, 실제적이고, 점차로 실제 상황에 유사한 사례와 문제를 학습자에게 제공하는 전체 과제 연습이다. 이러한 구체적인 사례로부터 귀납과 사려 깊은 축약화를 통해 쉐마를 습득하는 것이 학습 과정의 관건이다. 이 과정은 학습자들에 의해 전략적으로 통제된다. 그들은 구체적인 전체 과제 문제에 대한 작업과 과거 경험을 기반으로 해서 이해 가능한 의미나 새로운 인지적 쉐마를 능동적으로 구성한다. 그러나 동시에 교수 프로그램은 특정한 문제 형태 및 학습 지원과 계열화를 위한 전략을 적용하여 학습자들이 그렇게 할 수 있도록 돕는다. 예를 들어, 컴퓨터 프로그래밍 분야에서 능동적인 인지적 쉐마의 획득을 촉진하기 위해서, 학습자들이 전체 과제 연습 동안 완성해야 하는 복잡하고 실제적인 컴퓨터 프로그램(예: 완성형 문제)에 그들을 직면하게 함으로써 인지적 쉐마를 획득하게 하는 데 목적을 둔다.

정보 제시에 관하여 귀납적 탐구적인 전략이나 (안내된)발견 방법 또한 구성주의적 관점을 강하게 반영한다. 4C/ID 모형은 훈련 시간만 충분하다면 깊은 이해가 필요한 지원적 지식의 제시를 위해 이 전략을 권한다. 전체 과제 연습에 대하여, 학습자들은 유용한 쉐마를 구성하기 위해 스스로 정교화해야 하는 사례 연구들에 직면하게 된다. 학습자들이 그렇게 하도록 돕는 데 주요 질문들이 사용되겠지만 전통적인 방식으로 지식이 전달되는 것은 아니다. 정보 제시의 경우, 설명 방법과 탐구 방법 또는 발견 방법의 가치에 관련된 오래 된 토론을 통해 객관주의와 구성주의 사이의 상세한 차이점을 알 수 있다(Ausubel, 1968). 이러한 논쟁의 주요 결과는 특정한 환경하에서 탐구 방법과 발견 방법이 학습 결과와 전이의 측면에서 설명 방법보다 훨씬 효과적임을 짐작할 수 있다. 그러나 그것은 학습 결과를 필요한 훈련 시간에 맞추려고 할 때 흔히 덜 효율적이다.

4C/ID 모형이 명확한 "객관주의적" 특징들을 가지고 있는 것은 교수적 효율성이 주된 이유이다. 특정한 상황에서 전략적, 지원적 정보를 제시하는 데에는 귀납적 설명 전략이 권장된다. 그리고 순환적 부분 기능의 수행과 관련된 JIT 정보를 제시하는 데에는 연역적 설명 전략이 바람직하다. 이처럼 훈련 과정을 더욱 효율적으로 만들기 위해, 때로는 학습자에게 특정한 영역의 문제 해결을 안내하고 도와 줄 미리 상세화된 일반 지식을 제공할 필요가 있다. 예를 들어, 컴퓨터 프로그래밍 분야에서 학습자들이 전체 과제 연습을 하는 동안 인지적 쉐마의 능동적인 구성을 촉진하지만 동시에 이러

한 과정이 보다 효율적이 될 수 있도록, 교수설계자는 프로그래밍 계획의 위계적 모형을 명확히 제시하여 학습자가 완성해야 할 컴퓨터 프로그램에 직면하게 해야 한다(Soloway, 1985). 요약하면, 구성주의와 객관주의적인 접근을 별개의 대안으로 생각하기보다는, 단순히 서로 보완 가능한 그리고 종종 보완해야만 하는 교수 프로그램의 두 가지 측면으로 생각할 필요가 있다. 궁극적으로 바람직한 결합은 목표로 하는 학습자 행동을 결정하는 것과 이와 같은 행동이 일어날 상황을 고려하는 것이다.

급진적 구성주의

급진적 구성주의는 인간의 지식과 인지 과정으로부터 독립적인 실제 세계나 "객관적인" 실제는 없다고 믿는다. 세상은 오로지 우리들의 마음 속에만 존재한다. 급진적인 구성주의의 공통적인 주장은 학습자들이 획득해야 할 지식을 분석하고 사전에 상세화하는 것이 소용 없다는 것이다. 왜냐하면 이러한 모형은 학습자들의 견해 대신에 오직 교수설계자의 견해를 나타내기 때문이다(Bednar, Cunningham, Duffy, & Perry, 1991 참조). 따라서 원리화된 기능의 분해와 과제 분석 그리고 지식 분석을 위한 "객관적인" 도구들은 가치 없는 것으로 여겨진다. 사실상 이 책에서 권하는 체계적인 접근은 급진적인 구성주의의 관점에서는 인정되지 않을 것이다.

급진적인 구성주의의 첫 번째 문제점은 교수설계에 있어서 분석 단계의 가정적인 특성과 관련이 있다. 그것은 복합적 인지 기능의 주요 분석 결과가 실제에 대한 객관적인 기술이라고 가정된다는 것이며, 그 결과로서 학습자에게 "전달된다"는 것이다. 이것은 심각한 과잉 단순화로 보인다. 예를 들어, 4C/ID 모형에 따르면 분석 단계의 주요 목적은 기능군집과 사례 유형, 그리고 학습자들이 훈련 기간 동안에 직면하게 되는 문제들을 확인하고 계열화하는 것이다. 분석 결과의 많은 것들이 결코 그런 식으로 제시되거나 학습자들에게 전달되지 않지만, 단지 인지적 쉐마를 구성하는 그들의 개인적인 과정에서 학습자들을 안내하는 데 사용된다. 그리고 그 분석 결과들이 학습자에게 나타내어질 때조차도 하나의 "정확한" 인지적 쉐마 혹은 객관적인 실제가 없기 때문에 그 내용에 대한 다중적인 견해가 존재함을 강조하게 될지도 모른다.

이것은 두 번째 문제와 관련이 있다. 객관적인 실제의 부정은 명제에 근거한 선언적 지식을 가르치는 데 명백하게 관련이 있다. 만약 한 사람이 객관적인 실제를 가정한다면 이 명제는 진실이 될 수도 있고 거짓이 될 수도 있다. 반면에 한 사람이 급진적인 구성주의에 따라 객관적인 사실의 존재를 부정한다면 "사실"이나 "거짓"이라는 단어의 의미가 없어지게 된다. 그러나 4C/ID 모형은 본래 절차적 지식(예: 절차, 규칙,

그리고 가능하면 SAPs와 발견법)을 가르치기 위해 "객관주의적" 접근을 권한다. 3장에서 살펴본 대로, 그러한 지식은 결코 사실이거나 거짓이 아니다. 그것은 단지 어느 정도만 효과적일 뿐이다. 기술적인 훈련에 있어서 대부분의 교수 프로그램은 세상이 어떻다는 것을 가르치는 것과는 거의 관련이 없다. 대신에 주로 절차와 규칙, SAPs, 그리고 특정 영역에 있어서 문제를 해결하는 데 효과적이라고 증명된 발견법을 다룬다. 그리고 학습자가 그들의 개인적 직무에 관련된 목적을 달성하도록 돕는다.

16.2 4C/ID 모형의 주요 특징 재검토

학습과 교수설계에 대한 객관주의와 구성주의의 접근을 간단히 살펴보았고, 이제 객관주의–구성주의 논쟁에 비추어 4C/ID 모형의 주요 특징을 재검토할 것이다. 다음 절에서 그 모형의 심리학적인 배경과 분석 단계 그리고 설계 단계에 관한 주요 특징들을 간단하게 재검토할 것이다.

Part A: 심리학적인 배경

인지심리학적 배경과 관련한 4C/ID 모형의 주요 특징은 규칙 자동화 모형을 쉐마 획득 모형 혹은 선언적 학습에 관련된 절차적 학습 모형과 통합한다는 것이다. 규칙 자동화가 "경험적 학습(learning by doing)"과 JIT 정보 제시를 강조하는 반면, 쉐마 획득 모형은 확실히 학습에 있어서 구성주의적 관점을 반영한다. 왜냐하면 쉐마를 (재)구성하는 과정은 학습자의 전략적인 통제하에 있기 때문이다. 이것은 성찰적 전문성의 개념을 끌어 낸다. 이 개념은 기능에 대한 전통적인 관점, 즉 전문성이 자동화된 규칙에 의해 지배되는 행동들과 다소 동일시된다는 것을 거부한다. 대신에, 복합적 인지 기능을 수행하는 데 있어서 성찰적 전문성은 "규칙 기반" 과제의 익숙한 측면을 수행하는 능력으로 묘사되는데, 이는 학습 동안에 구성되는 풍부한 인지적 쉐마의 활용 가능성 덕분이다. 성찰적 전문성은 획득한 복합적 인지 기능을 새로운 환경으로 전이시키기 위한 능력을 내포하기 위한 것이라고 주장된다.

4C/ID 모형은 인지심리학 이론에 근거하지만, 혹자는 그 모형이 인지심리학에 **기여한** 점이 있는지 반문할 수도 있다. 그 모형을 기초로 해서 모은 경험적 데이터에 의하면 학습과 복합적 인지 기능의 능동적인 구성(인지 전략과 발견법을 포함해서)은 복합적 인지 기능의 획득과 전이에 있어서 하나의 필수적인 측면인 듯하다. 교수설계 연구에서 보고된 바로는 "새로운" 인지 과정이나 그러한 과정에 대해 고도로 상세화된

설명의 발견으로 이어질 수 없었던 반면에, 학습과 복합적 인지 기능의 교수 학습에서 그 둘의 중요성을 나타내는 증거들을 제공한다. 바라건대, 이것은 규칙 자동화 모형과 쉐마 획득 모형의 발전적 통합에 기여할지도, 혹은 인지심리학에 있어서 기능 획득에 기반한 전통적이고 구성주의적인 관점에 기여할지도 모른다. 그러한 통합은 새로이 개발되는 교수 시스템에 있어서 인간의 인지와 수행을 보다 잘 설명하고 예측하기 위해서 매우 필요하다.

Part B: 분석 단계

분석 단계의 주요 특징은 부분 기능들 사이의 선수 관계, 시간적 관계 그리고 동시적인 관계들을 확인하는 것, 그러한 부분 기능들을 순환적 혹은 비순환적 기능으로 분류하는 것과 같이 원리화된 기능의 분해의 과정이다. 순환과 비순환적 기능들 사이의 구분은 다른 모형에서 만들어진 절차적 과제와 전이 과제들 사이의 구별과 다소 비슷하다(Leshin, Pollock, & Reigeluth, 1992; Reigeluth & Merrill, 1984). 그러나 4C/ID 모형은 관련 없는 수행 목표들에 대한 설계 기획을 기반으로 할 필요 없이, 설계자들이 어느 정도 통합된 전체로 다중적인 목표들을 처리할 수 있게 포함된 부분 기능 사이의 관계를 강조한다. 대신에, 원리화된 기능의 분해의 결과와 후속 과제 분석 그리고 지식 분석은 더 발전된 설계 활동을 위한 입력 자료를 직접 제공한다.

분석 단계의 주요 목적은 이후에 학습자에게 "전달되는" 기능과 지식에 대한 설명이 아니다. 반대로, 분석 단계의 주요 목적은 학습자가 훈련 동안에 직면하게 될 문제와 사례들을 계열화하는 것이다. 4C/ID 모형은 복합적 인지 기능의 훈련에서 주요 계열화 원리로서의 전통적인 부분 과제 방법을 거부한다. 왜냐하면 그러한 방법이 다중적인 목표들을 효과적으로 다루는 것을 방해하기 때문이다. 대신에, 계열화의 혼합적 방법은 거시적 수준(기능 군집), 중간 수준(사례 유형), 미시적 수준(다양한 형태의 문제)의 3개 수준으로 제안된다. 계열화에 대한 이런 유연한 방법은 설계자로 하여금 통합된 전체로서 서로 관계가 있는 부분 기능의 거대한 군집을 처리할 수 있도록 한다. 이는 복합적 인지 기능이 너무 복잡해서 전체 과제 방법밖에 활용할 수 없을 경우에 사용된다. 이것은 부분 과제 형태로 보여질 수 있지만 그 부분들은 거대하고 의미 있는 부분 기능의 군집이다. 사례 유형의 수준에서는, 학습자가 복잡하고 실제적인 과제를 연습하는지를 확인하기 위해 오직 전체 과제 방법만이 사용된다.

Part C: 설계 단계

설계 단계의 주요 특징은 문제에 대한 미시적 수준의 계열화를 포함한 전체 과제 연습과 그것의 부분을 이루고 있는 해결 예들에 초점을 맞춘다. 이것은 확실히 학습자가 귀납과 주의 깊은 축약의 과정에서 인지적 쉐마의 능동적인 구성을 촉진하기 위해 복잡하고 실제적인 과제를 수행해야만 하는 구성주의적 관점과 일치한다. 학습자를 인지적으로 돕고 문제를 계열화하기 위한 전략과 더불어, 4C/ID 모형은 전통적인 문제 해결을 대신할 수 있는 광범위한 산출 지향적 그리고 과정 지향적인 문제 형태를 제안한다. 복합적 인지 기능의 전통적 연습은 연습의 핵심이 목적 한정적인 기존의 문제들을 해결함으로써 형성되므로, 인지 과정에 대한 우리의 지식과 별개로 특히 어떻게 인지적 쉐마가 구성되는가에 관한 우리의 지식과 존재하지 않는다. 연습이란 현재 하는 것보다 더욱 많은 해결 예, 모형화 예, 그리고 다른 대안적 문제 형태를 사용하게 해야 한다. 이는 학습자가 주어진 문제에 대한 납득할 만한 해결책으로부터, 그리고 그러한 해결책에 도달하기 위해 사용한 문제 해결 과정으로부터 주의 깊게 축약해 낼 수 있도록 한다.

정보 제시와 관련하여, 복합적 인지 기능의 순환적 측면을 수행하는 것에 관련된 정보와 비순환적 측면의 수행 관련 정보 사이에는 명확한 구분이 있어 왔다. 기능의 순환적 측면의 경우, JIT 정보 제시가 일반적으로 연역적 설명 전략 다음에 따라온다. 보기에 따라서 관심 영역에서 효과적이라고 판명된 절차와 규칙을 가르치는 대단히 효과적인 방식으로 교수설계에 대한 객관주의적 접근을 반영한다. 기능의 비순환적 측면에 대해서는, 지원적이고 전략적인 정보의 제시가 귀납 탐구적, 귀납 설명적 혹은 연역 설명적인 전략 다음에 따라온다. 이것은 주로 활용 가능한 훈련 시간과 학습자에게 요구되는 이해 수준에 의존한다. 이것은 객관주의-구성주의 논쟁에 대한 실질적인 관점을 제공한다. 또한 이해를 위하여 목표로 하는 수준과 활용 가능한 훈련 시간 사이의 균형을 맞추는 방법을 제공한다. 요약하면 4C/ID 모형은 기본적으로 구성주의 모형으로 특징지을 수 있지만, 순환적 부분 기능과 어떠한 경우에는 비순환적 부분 기능을 위한 정보 제시를 하게 될 때 객관주의적인 특징이 가장 뚜렷하다. 궁극적인 "혼합"은 원리화된 기능의 분해 과정과 순환적 혹은 비순환적인 부분 기능의 분류에 의해서 주로 결정된다. 다른 말로, 이것은 설계자가 규정한 목표로 하는 학습자의 상황 의존적 도착점 행동의 결과이다.

16.3 평가와 향후 개발

이 책에서 살펴본 교수설계 모형의 형식은 주로 교수 기술 분야에서의 경험적 연구에 의해서 도출된 것이다. 이 연구는 대부분 1980년대 초부터 현재까지 Twente 대학에서 실행되어 왔다. 결과적으로, 그 모형에서 제안된 많은 교수 전략과 방법의 효과성이 유효하다는 경험적인 증거가 있었다. 일반적으로 말해서, 경험적인 연구의 초점은 두 가지 기본적인 예견에 두었다. (1) 이 모형을 적용하면 "성찰적 전문성"에 이르며 따라서 보다 나은 전이 수행에 이른다. (2) 만약 수업 이후의 전이 과제가 훈련했던 과제와 다르면 다를수록 이 모형에 따라 설계된 학습 환경은 점차로 전통적인 학습 환경보다 효과적일 것이다. 15장에서 살펴본 것처럼, 이 예견들은 학습 성과 및 특히 다른 학습 환경에서의 전이 성과를 비교해 봄으로써 검증되었다. 컴퓨터 프로그래밍, 통계 분석, CNC 프로그래밍, 과정 산업의 결점 관리 영역에서의 결과들은 그러한 주요 예견을 뒷받침했다. 그 모형에 따라 개발된 학습 환경은 전통적인 학습 환경보다 더욱 높은 전이 수행을 낳았고, 이러한 우수함은 학습자가 연습했던 과제와 많이 다른 훈련을 한 후 전이 과제가 제시되었을 때 더욱 명백해졌다.

지금까지 일부 그 밖의 체계적인 설계 방법과 4C/ID 모형이 권하는 전반적인 설계 방법을 비교한 통제된 연구가 없었다. 이에 대한 명백한 이유는 유의하게 비교할 만한 4C/ID 모형과 유사한 교수설계 모형을 저자가 알지 못한다는 것이다. 그러나 그러한 교수설계 모형이 존재할지라도, 납득할 만한 방법으로 비교 연구를 수행하기는 대단히 어려울 것이다. 그러나 4C/ID 모형의 전반적인 유용성에 관한 결과들을 보고한 몇몇 연구와 개발 프로젝트들이 있었다. 연구 환경에서 그 모형이 확실히 복합적인지 기능을 교수설계하는 데 도움이 될 것이라는 것이 밝혀졌고, 더불어 모형의 적용을 통해 비롯된 몇 가지 혁신적인 훈련 전략이 유용하다는 것이 판명되었다. 그와 동시에, 좀더 실제적인 4C/ID 모형의 적용은 산업 환경에서 나타나기 시작했다. 이들 개발 프로젝트를 통해 얻은 경험은 이러한 모형의 위력에 대한 보다 나은 평가를 위해 확실히 가치가 있을 것이고, 아마 교수설계 분야의 실무자들에 의해 그 유용성을 개선하기 위한 모형의 업데이트로 이어질 것이다. 실제적인 개발 프로젝트를 통해 이미 밝혀진 모형의 주요 약점은 다음 절에서 간략히 살펴보기로 한다.

4C/ID 모형의 약점

4C/ID 모형의 첫 번째 약점은 전체 교수설계 과정에 대해 설계자들을 지원하지 않는

다는 것이다. 이 모형은 요구 사정 및 분석, 프로젝트 계획, 비용 효과 분석, 다양한 미디어의 제작, 형성 평가와 총괄 평가 등을 위한 어떠한 지침도 제공하지 않는다. 따라서 효과적인 모형이 되기 위해서는, 광범위한 교수설계 모형이나 4C/ID 모형 자체에서 다루지 않았던 측면들에 초점을 맞춘 더 세부적인 모형과 결합하여 적용되어야 한다. 산업 환경에서 교수설계에 대한 배경이 없는 내용 전문가에 의해 기술 훈련 프로그램이 개발되는 경우는 보편적인 일이다. 특히 이런 유형의 사용자에게는 그 밖의 필요한 모형과 4C/ID 모형을 결합하기란 어려운 일이다. 그 모형이 잘못 사용될 위험성이 다분하다. 어떤 경우, 적절한 요구 사정이 수행되지 않았다는 사실 때문에, 훈련이 최선의 해결책이 아닌 상황임에도 불구하고 4C/ID 모형에 따라 설계한 기술 훈련 프로그램의 개발을 착수할지도 모른다. 혹은 어떤 경우에는 적절한 비용 효과 분석이 수행되지 않았다는 사실 때문에, 4C/ID 모형을 기반으로 한 비용 효과적이지 않은 학습 환경을 개발할지도 모른다.

둘째, 교수설계 분야의 실무자들은 4C/ID 모형이 권장하는 포괄적인 과제 분석과 지식 분석에는 많은 시간과 노력이 필요하다는 것을 흔히 경험한다. 훈련 프로그램의 개발 비용이 기대되는 이익에 대해 불리하게 작용하는 산업 환경에서는 흔히 장애가 될 것이다. 이런 이유에서 이 모형은 훈련 프로그램의 일부가 시뮬레이션 기반, 시뮬레이터 기반, 또는 컴퓨터 기반 훈련 시스템에서 기술적으로 실행되는 경우 가장 효과적일 것으로 보인다. 그러한 시스템은 일반적으로 세부적인 수준의 과제 분석과 지식 분석을 요구한다. 또한, 훈련이 차선적인 수행을 통해 손실이나 위험을 초래할 수 있는 결점 관리 과제나 작동 과제와 같은 핵심적인 과제에 관련된 경우, 이 모형이 특히 유용하리라 짐작된다.

셋째, 4C/ID 모형은 고도로 체계적이고 선형적인 절차, 규칙, 알고리즘, 그리고 교수설계에 대한 통상적인 과정을 제공하지 않는다. 지침의 상당 부분이 발견적 특성을 갖는다. 더욱이, 이 모형은 지그재그 설계를 위해 단계나 일련의 행동들 사이를 빈번하게 반복할 수 있는 체계적인 모형으로 가장 잘 활용된다. 예를 들어, 모형의 4개 층 사이에서 반복하는 것(원리적 기능 분해, 관련 지식 분석과 부분 기능의 분석, 교수 방법의 선택, 학습 환경의 개발)은 보편적인 일이며, 동일한 층에서 그 모형의 4개 구성 요소의 각 부분을 형성하는 활동들을 실행하는 데 규정된 순서가 없다. 일반적으로 창조적인 문제 해결, 직관, 그리고 빈번한 사용자 검사가 그러한 시스템 역동성을 다루기 위해 필요할 것이다. 결국, 현재의 공식화된 모형은 보다 경험 많은 설계자들에 의해 사용되는 것이 바람직하다.

향후 작업과 개발

과학적인 이론처럼, 교수설계 모형은 결코 완벽하지 않다. 그래서 4C/ID 모형은 여전히 빈번한 변경과 확장을 조건으로 한다. 이러한 변화들은 그 모형의 모든 층과 구성 요소들을 고려한다. 그 모형의 첫째 층인 원리화된 기능의 분해와 관련해서 중요한 연구 문제가 미시적 계열화에 포함된다. 연구자의 경험에 따르면, 기능 위계에 기반해서 유의미한 기능군집의 거시적 계열화를 결정하기는 어렵다는 것이 밝혀졌다. 단지 선험적(수직적), 그리고 일시적이거나 동시적(수평적)인 관계들로 구분된 기능 위계에 대해서가 아니라 그 밖의 유형의 비임의적 관계로 구분할 수 있는 기능 위계에 대하여, 하나의 기능 위계가 아닌 하나의 대안적 옵션이 기능군집에 대한 거시적 수준의 계열에 기초가 될 것이다. 따라서 부분 기능 간에 많은 유의미한 관계의 등장은 이러한 기능들을 하나의 군집으로 다루는 이유가 될 것이다.

두 번째 층인 과제 분석과 지식 분석에 대하여 널리 알려진 연구 문제는 기능의 비순환적 측면의 수행에 기초가 되는 지식을 분석하는 것, 그리고 특히 정신적 모형의 형태를 갖는 지원적 지식을 분석하는 것이다. 정신적 모형은 고장 수리나 결점 관리 같은 과정이나 장치에 대한 추론을 포함하는 복합적 인지 기능의 수행을 위해 특히 중요해 보인다. 그것은 또한 중간 수준의 계열화를 위한 강력한 도구를 제공한다(정신적 모형의 진보). 그러나 그 정신적 모형을 분석하기 위한 방법은 순환적 부분 기능, 선수지식, 그리고 심지어는 전략적 지식의 분석을 위한 방법들과 비교할 때 상대적으로 미숙한 상태에 있다.

세 번째 층인 교수 전략과 방법의 선택에 대하여 향후 연구를 위한 첫째 고려 사항은 4개의 구성 요소 각각에 적용되는 교수 방법을 더욱 상세화하는 것이다. 교수 방법들은 목적-환경-방법 형태로 공식화될 수 있다(Reigeluth, 1983a; van Merriënboer & Krammer, 1987). 그 목적은 교수 프로그램이 얻고자 하는 성과와 관련되며, 환경은 조절할 수 없지만 방법의 효과에 영향을 미치는 요인이며, 따라서 그 방법은 다양한 환경하에서 다양한 결과를 성취하기 위한 조작 활동이다. 각 교수 방법은 최소한 하나 이상의 목적을 가져야만 하며, 그 타당성을 제한하는 하나 혹은 그 이상의 환경과 정확히 하나의 방법을 가져야 한다. 이 책에서는 교수 방법의 적용을 제한하는 목적과 환경이 종종 막연하게 기술되어 있다. 명백히 향후 연구는 각 4개의 구성 요소들에 대한 교수 방법을 분명히 선택할 수 있도록 하기 위해서 방법에 대한 목적과 환경의 보다 나은 정교함을 이끌어야만 할 것이다.

네 번째 층에 관련해서는, 훈련 프로그램에 대한 청사진을 바탕으로 한 학습 환경의 개발은 어렵고 시간 소모적 과제라는 것을 분명히 해야 할 것이다. 만약 학습 환경이 컴퓨터 기반 혹은 시뮬레이터 기반 요소들을 포함한다면 특히 그렇다. 창의성과 더불어, 이 과정은 4C/ID 모형이 전혀 제공하지 않은 매체 한정적인 교수 지침에 대한 지식과 매체 전문가, 그래픽 아티스트, 컴퓨터 프로그래머와의 다중 학제간 팀워크를 필요로 한다. 모형의 향후 개발을 위한 한 가지 주요한 고려 사항은 컴퓨터 기반 훈련 시스템에서 개발된 훈련 전략의 기술적 실행을 지원하기 위한 도구와 기성 산출물의 개발에 대한 것이다. 우리는 현재 소위 컴퓨터 기반 교수 모형이라고 부르는 라이브러리에 대해 연구하는 중이다. 그것들은 주로 특정한 교수 전략과 방법을 실행하기 위해서 다양한 종류의 컴퓨터 기반 학습 환경에 자유롭게 적용될 수 있는 영역 독립적인 모형이다.

16.4 마치는 글

이 책은 복합적 인지 기능의 훈련이 점차 우리 사회에서 중요시되고 있다는 견해로부터 시작하였다. 이것은 주로 순환적 기능이 기계나 기술적으로 자동화된 것들에 의해 점점 더 대체된다는 사실에서 비롯된다. 예를 들어, 미국에서는 항공기 제어의 기술적 자동화를 발전시키는 일이 최근 10년 동안 계획되었다(Vortac, Edwards, Fuller, & Manning, 1993 참조). 결과적으로 숙달된 행동의 비순환적 문제 해결 집중 측면의 훈련을 개발하는 것이 교수설계 분야에서 점점 더 중요해질 것이다. 이것은 교수설계자들에 대한 심각한 도전으로 나타난다. 대부분의 전통적인 교수설계 방법은 기능의 순환적 측면의 훈련에 초점을 맞추고, 부분 과제 방법에서 비롯된 조각낸 교육 프로그램을 산출하며, 객관주의적인 관점을 취하고, 연습에 관한 정보 제시를 선호한다. 설계자들이 복합적 인지 기능의 비순환적 측면과 문제 해결, 그리고 전반적인 학습 성과로서의 전이에 더욱 주의를 기울이도록 하는 교수설계 모형이 분명히 필요하다. 이 책의 기본적인 주장은 전체 과제 연습을 위한 적절한 설계가 이러한 목적을 달성하기 위해 중요하다는 것이다. 이 책에서 제시한 4C/ID 모형은 교수설계자들이 기술적 훈련 프로그램의 개발 프로젝트에서 마주치는 많은 문제들에 대한 최종 답은 분명히 아니다. 그러나 나는 이 모형이 교수설계 분야에서의 어려움을 인식하고, 효과적이고 매력적인 학습 환경을 설계하는 데 도움이 될 수 있는 대안적이고 보다 강력한 교수설계 모형을 개발하는 데 기여하게 될 것으로 기대한다.

용어 해설

- **Algorithmic methods(알고리즘 방법)**: 과제 실행자의 목표가 성취될 것임을 보장하는 방법이다. 순환적인 부분 기능(recurrent constituent skill)의 분석은 알고리즘 방법을 밝히는 데 목적을 둔다. "강력한 방법(strong methods)"이라고도 한다.

- **Analogy(유추)**: 유사한 문제에 대해 새로운 해결책을 도식화하는 데 특정한 문제를 해결하는 구체적인 해결 예(worked-out example)나 가용한 인지적 쉐마를 활용하는 인지 과정이다. 이 과정은 예를 통한 학습과 쉐마 기반의 전이와 관련이 있다.

- **Associative analysis(연합적 분석)**: 부분 지식들 사이에 성립된 비임의적이거나 유의미한 관련성에 대한 분석 유형이다. 일반적으로 지원적 지식(supportive knowledge)의 분석, 즉 기능의 비순환적 측면(non-recurrent aspects)의 실행에 도움이 될 수 있는 복합적 인지 쉐마(complex cognitive schemata)를 분석하는 데 사용한다. 이는 위계적인 분석과 대조된다.

- **Automatic process(자동적 처리)**: 주의를 기울이지 않아도 발생하는 인지 과정이며, 외부 세계로부터의 데이터에 의해 유발되는 경향이 있어서 오류가 적다. 이것은 규칙 기반의 행동을 일으킨다. 이는 통제 처리(controlled process)와 대조된다.

- **Behavioral task analysis(행동 과제 분석)**: 행동과 의사 결정이 시간적인 순서에 따라 대부분 명백하고 관찰 가능하게 나타날 때 주로 사용하는, 순환적 부분 기능의 분석을 위한 과제 분석 기법이다.

- **Case studies(사례 연구)**: 지원적 지식의 예가 되고, 실세계에서의 사실적 혹은 가설적 문제 상황에 학습자가 능동적으로 참여하게 만드는 예이다. 이것은 특정한 상황이

나 사건을 기술한 것, 인위적으로 설계된 대상이나 설계 시뮬레이션, 과정 시뮬레이션과 같은 다양한 형태를 취한다.

- **Case type(사례 유형)**: 일반적으로 복합적 인지 기능이나 그 부분 기능들의 유의미한 군집을 단순-복잡의 형태로 나타낸 문제 혹은 해결 예의 범주이다. 이것은 중간 수준(meso level)의 계열화에 사용된다. 하나의 사례 유형은 흔히 미시적 수준에서 하나의 연습 단위에 해당한다.

- **Causal models(인과 모형)**: 대부분의 노드는 서로 인과 관계나 자연적 과정의 관계로 연결된 원리나 개념에 해당하는, 지원적 지식을 표상하는 복합적인 쉐마이다. 사건을 해석하고 인과 관계를 추론하며, 설명하고 예견하는 데 중요하다.

- **Cluster analysis(군집 분석)**: 유의미한 군집으로 선수 지식을 (재)조직하는 데 사용하는 분석 방법이다. 보통은 과제를 연습하기에 앞서 학습자가 암기해야 할 광범위한 정보가 있을 경우 사용한다. 일반적으로 이러한 방법은 4C/ID 모형에서 권장하지 않는다.

- **Cognitive feedback(인지적 피드백)**: 학습자들이 발견한 해결책이나 문제 해결 과정의 질을 성찰하게끔 하는 피드백의 유형이다. 보통 복합적 인지 기능의 비순환적 측면의 실행 결과를 피드백하는 데 사용한다.

- **Cognitive load(인지 부하)**: 학습자의 인지 시스템에 부여된 통제 처리(controlled processing), 필요한 인지적 노력(effort-demanding)의 양이다. 잘 설계된 훈련 시스템은 인지 과부하를 막고 학습과 관련 없는 인지 부하를 줄이므로 학습과 관련된 인지 부하를 최적화한다.

- **Cognitive schemata(인지적 쉐마)**: 복합성, 일반성, 축약성의 수준을 한정짓는 지식 구조이다. 이것은 새로운 문제 상황에서 행동을 유발하고 안내하는 데 쓰일 수 있다. 4C/ID 모형에서는 단순한 인지적 쉐마(개념, 계획, 원리)와 복합적인 인지적 쉐마(개념 모형, 목표-계획 모형, 인과 모형, 기능 모형)를 구분한다.

- **Combination analysis(조합 분석)**: 순환적 혹은 비순환적 부분 기능을 분석하는 **과제 분석**과, 선수 지식 혹은 지원적 지식을 분석하는 **지식 분석**의 조합을 의미하는 용어이다.

- **Compilation(컴파일화)**: 학습자가 고도의 영역 특정적인 규칙이나 산출에서 선언적 지식을 내면화하는 학습 과정의 한 범주로, 절차화(proceduralization)[95]와 합성

---

95) 역자 주: 접근 속도가 느린 선언적 지식이 연습에 의해 순환적으로 사용되면 속도가 빠르고 보다 효율적인 절차적 지식으로 변환되는데 이 과정을 절차화라고 한다. 두 개의 산출 규칙

(composition)이 이에 해당한다. 이는 4C/ID 모형의 요소 C를 위한 기본적인 학습 과정이다. 이러한 요소에 대하여, 기능의 순환적인 측면의 실행을 좌우하는 규칙의 자동화(automation of rules)를 촉진하기 위해 부분 과제 연습을 설계한다.

- **Complex cognitive skills(복합적 인지 기능)**: 다음과 같은 사실에 의해 특징지을 수 있는 기능이다. (1) 일련의 부분 기능을 포함한다. (2) 적어도 그러한 부분 기능의 일부는 의식적인 처리를 포함한다. (3) 부분 기능의 대부분이 인지적 영역에 속한다.

- **Component fluency hypothesis(요소 유창성 가설)**: 순환적 부분 기능의 자동화는 전체 기능의 실행을 더욱 유창하게 만들고 전체 기능의 비순환적인 기능의 실행에 투여되는 처리 자원(processing resources)을 줄여 준다는 일반적인 신념을 반영하는 가설이다.

- **Concepts(개념)**: 대상이나 사건, 혹은 그 밖의 실체들을 그들 각자의 특징이나 정신적 이미지(mental image)에 따라 범주화하여 표상한 간단한 쉐마이다. 개념 분석은 순환적인 기능의 실행에 선수되어야 할 개념들을 분석하는 데 사용한다.

- **Conceptual models(개념 모형)**: 대부분의 노드가 서로 비임의적인 관계로 연결된 개념에 해당하는, 지원적 지식을 표상하는 복합적 쉐마이다. 이는 대상이나 사건, 활동을 분류하고 기술하기 위해 중요하다. 개념 모형의 예로는 개념의 위계도, 개념도, 의미망이 있다.

- **Constituent skills(부분 기능)**: 전체 기능의 측면을 가장 잘 드러낼 수 있는 복합적 인지 기능의 하위 기능 혹은 요소 기능이다. 전체의 복합적 인지 기능을 구성하는 부분 기능은 원리화된 기능 분해(principled skill decomposition)의 과정을 통해서 확인된다.

- **Constructivism(구성주의)**: 인지 과정과 지식은 주로 학습자들이 능동적으로 의미를 구성한 결과임을 강조하는 학습과 교수설계에 대한 견해이다. 객관적인 외부 실재의 존재를 부인하는 급진적 구성주의와 모든 학습자들마다 조금씩 다르게 외부 실재를 인식할 것이라고 주장하는 절충적 구성주의로 구분할 수 있다.

- **Contextual interference(맥락적 간섭)**: 기능의 빠르고 원활한 숙달을 저해하는 맥락적 요인으로 일종의 다양성(variability)이다. 미시적 수준의 계열화에서 4C/ID 모형은 전체 과제의 연습을 위해 고도의 맥락적 간섭을 사용하라고 권한다. 고도의 맥락적 간섭은 쉐마 획득을 목표로 하기 때문이다. 그러나 낮은 수준의 맥락적 간섭은 규칙

이 하나로 합성되면 규칙이 수행되는 시간이 절약된다. 연습이 계속됨에 따라 절차 지식은 확장되고 정교화된다.

의 자동화에 목적을 두기 때문에 부분 과제 연습을 위해서는 낮은 수준의 맥락적 간섭을 권장한다.

- **Controlled processes(통제 처리)**: 주의를 기울일 필요가 있는 인지 과정으로 쉽게 과부하가 발생하여 오류가 일어나기 쉽다. 이 과정은 상당히 효과적이고 효율적인 쉐마 기반의 행동을 일으키거나 초보적인 형태의 문제 해결과 같은 지식 중심의 활동을 유발한다. 이들은 자동적 처리와 대조된다.

- **Critical consistent skills(핵심적 불변 기능)**: 생명이 위험하거나 장비가 부서지거나 금융적인 손실을 입는 상황에서 필요한 불변 기능이다. 이것은 항상 순환적이라고 분류된다. 부분 과제 연습은 이러한 기능을 완전히 자동화하기 위해 과잉 학습(overlearning)[96]에 목적을 두어야 한다.

- **Critical variable skills(핵심적 가변 기능)**: 생명이 위험하거나 장비가 부서지거나 금융적인 손실을 입는 상황에서 필요한 가변 기능이다. 이것은 일반적으로 순환적이면서 비순환적인 것으로 이중 분류된다(double classified). 부분 과제 연습은 가능하면 많은 문제를 다루는 규칙이나 절차를 완전히 자동화(automaticity)하기 위해 과잉 학습에 중점을 두어야 한다. 반면에 전체 과제 연습은 친숙하지 않은 상황에서 효과적인 문제 해결을 할 수 있도록 인지적 쉐마의 획득에 목적을 두어야 한다.

- **Declarative knowledge(선언적 지식)**: 외부 세계를 표상하는 지식이다. 일반적으로 평범한 사실부터 간단한 쉐마(개념, 계획, 원리)를 거쳐 대단히 복합적인 쉐마(개념 모형, 목표-계획 모형, 인과 모형, 기능 모형)까지의 다양한 명제망(proposition- al network)을 모형으로 나타낸 것이다.

- **Deductive approach(연역적 접근)**: 일반적인 정보를 제시하고 이러한 정보를 뒷받침하는 예를 들어 정보를 표상하는 접근법이다. 더 자세히 구분하면 학습자들에게 명확하게 예를 제시하는 연역적 설명 전략(deductive expository strategies)과 학습자들이 일반적인 정보를 뒷받침하는 예를 스스로 찾아야 하는 연역적 탐구 전략(deductive inquisitory strategies)으로 구분할 수 있다.

- **Demonstrations(시연)**: 일련의 규칙 적용이나 절차의 실행을 묘사하는 예이다. 시연이란 모든 다양한 경우의 절차나 예로 들고자 하는 모든 규칙에 대해 발산적이어야 한다.

---

96) 역자 주: 망각을 방지하고 전이를 촉진하기 위해 숙달 수준을 능가하는 과제를 연습하는 것을 의미한다. 전통적으로 초등학교에서 배우는 구구단이나 공식 등의 기초적인 사실들은 과잉 학습된다.

- **Discovery approach(발견적 접근법)**: 정보 표상을 위한 귀납적 탐구 방법으로, 학습자들은 예(사례 연구나 모형화 예)와 접하면서 그들 스스로 이러한 예들이 설명하고자 하는 일반적인 정보를 발견해야만 한다. "안내된 발견(guided discovery)"은 발견적 접근의 한 예이다.

- **Divergence of practice(연습의 발산)**: 일련의 연습 항목은 학습자들이 연습해야 할 모든 알고리즘(절차나 일련의 규칙들)의 다양한 형태를 대표해야 한다는 원리이다. 시연이나 보기도 같은 원리가 적용된다.

- **Double classification(이중 분류)**: 부분 기능이 순환적 그리고 비순환적으로도 분류되는 경우이다. 핵심적 가변 기능은 흔히 이중 분류된다. 따라서 후속 연습 설계는 훈련 이후에 친숙하면서도 낯선 문제 상황이 효과적으로 다루어질 기회를 극대화해야 한다.

- **Elaboration(정교화)**: 학습자들이 기억에서 활용 가능한 지식에 새로운 정보를 연결하는 학습 과정의 한 범주이다. 이는 4C/ID 모형의 구성 요소 E를 위한 기본적인 학습 과정이다. 이러한 요소를 위해서는 복합적 인지 기능의 비순환적 측면의 실행에 도움이 되는 복합적 인지 쉐마의 획득을 촉진하기 위해 정보 제시를 설계해야 한다.

- **Emphasis manipulation approach(강조 조작 방법)**: 사례 유형이나 문제와 해결 예들의 범주가 기능 위계의 직접적인 근거가 되는 중간 수준의 계열화 방법이다. 부분 기능의 다양한 군집들이 다양한 훈련 단계 동안 강조된다.

- **Empirical analysis(경험적 분석)**: 학습자들의 출발점 행동과 선수 지식에 초점을 맞춘 과제 분석 방법이다. 경험적 분석은 전형적인 오류, 오개념, 미숙한 SAP나 발견법, 직관적 정신 모형을 분석하기 위한 방법이기도 하다. 이는 합리적 분석(rational analysis)을 보완한다.

- **Expository approaches(설명적 접근)**: 학습자들에게 정보를 설명하는 일반적인 정보나 예가 명확히 제시되는 정보 제시 방법이다. 이는 탐구적 접근과 대조된다.

- **Extraneous cognitive load(외생적 인지 부하)**: 학습에 직접적으로 관련되지 않은 인지적 처리(예: 관련 정보의 탐색, 약한 방법의 문제 해결, 다양한 기본 정보를 통합하는 것)에 관련된 인지 부하이다. 잘 설계된 훈련이란 외생적인 인지 부하를 줄이는 것이어야 한다.

- **Factor-transfer analysis(요인 전이 분석)**: 행동에 대한 조건이 대부분 명확하고 관찰 가능하지만 행동과 의사 결정이 일정한 시간 순서에 따라 나타나지 않을 때 주로 사용하는 순환적 부분 기능의 분석을 위한 과제 분석의 기법이다.

- **Facts(사실)**: 요지들(arguments) 간의 임의적, 사실적 관계를 진술하는 기본 수준의 단위이다. 사실은 기억 속에서 명제에 해당하고 단지 암기될 수 있다. 사실 분석(facts analysis)은 기능의 순환적 측면의 실행에 선수되어야 할 사실을 확인하기 위해 사용된다.

- **Fading(페이딩)**: 학습자들이 전문성을 얻게 됨에 따라 복합적 인지 기능의 순환 측면을 실행하는 데 정보 제시가 점차로 불필요해지는 것을 의미하는 원리이다. 일반적으로 적시적(just-in-time) 정보 제시의 상황에서 활용된다.

- **Fractionation(분별화)**: 기능적 부분들을 특정한 순서로 훈련한 후에, 알고리즘이나 절차를 다양한 기능적 부분으로 쪼개는 계열화의 방법이다. 일반적으로 부분 과제 연습을 위해 연습 항목을 미시적 수준으로 계열화(micro-level sequencing)하는 데 사용한다.

- **Functional models(기능 모형)**: 대부분의 노드가 서로 인과 관계로 연결된 장치(devices, 예, 개념들)의 요소에 해당하는, 지원적 지식을 표상하는 복합적 쉐마이다. 장치의 작동과 조정, 고장 수리를 이해하는 데 중요하다.

- **Generality(일반 원리)**: 속성이나 물리적 모형을 정의하는 데 개념을 기술하는 것, 그 개념들과 그러한 개념들 사이의 관계 변화에 대한 원리, 혹은 목표에 따른 계획, 그리고 그러한 목표들 사이의 시간적 또는 위치 관계와 같은 간단한 쉐마를 학습자에게 사실적으로 제시한 것이다.

- **Goal-plan models(목표-계획 모형)**: 대부분의 노드가 서로 비임의적인 관계로 연결된 계획 혹은 목표 구조에 해당하는 지원적 지식을 표상하는 복합적 쉐마이다. 이는 학습용 프로그램(artifacts)을 설계하고 평가하는 데 중요하다. 목표-계획 모형은 흔히 위계적인 형태를 취하지만 위계가 뒤섞여 있거나 이질적인 연결망(heterarchy)의 형태를 갖기도 한다.

- **GOMS analysis(GOMS 분석)**: GOMS 분석은 학습자의 행동이나 결정이 일정한 시간 순서에 따라 나타나지 않고, 어떤 조건이 행동에 영향을 주는지 명백히 관찰하기 어려울 때 주로 활용하는 순환적 부분 기능을 분석하기 위한 과제 분석 기법이다.

- **Guided Discovery(안내된 발견)**: 학습자에게 예(사례 연구나 모형화 예)가 제시되면 학습자 스스로 이러한 예를 뒷받침하는 일반 정보를 찾아야만 하는 정보 표상을 위한 귀납적인 탐구 방법이다. 일반적으로 이 과정 동안 **주요 질문**(leading questions)을 하면서 학습자들을 안내한다.

- **Heterarchy(이질적 연결망)**: 모든 노드가 그 밖의 모든 노드에 링크되어 있거나 관련

되어 있는 연결망을 표상한 것이다. 이질적 연결망은 일반적으로 지원적 지식(예: 개념도, 의미망)을 표상하는 데 사용한다. 이는 위계적 표상과 대조된다.

- **Heuristic methods(발견적 방법)**: 문제 해결자가 목표에 도달하는 데 도움을 줄 수 있지만 실제로 목표를 성취할지는 보장할 수 없는 방법이다. 비순환적 부분 기능을 분석하는 것은 발견적 방법을 분석하는 데 목적을 둔다. 이것은 또한 "약한 방법(weak methods)"이라고도 불린다.

- **Heuristics(발견법)**: 복합적 인지 기능의 비순환적 측면의 실행에 도움이 되는 전략적 지식이며, 처방적 원리, 지침 혹은 경험적 방법(rules of thumb)의 형태이다. 원리 전이 분석(principle-transfer analysis)은 복합적 인지 기능의 비순환적 측면의 실행에 도움이 되는 발견법을 분석하기 위해 사용될 수 있다.

- **Hierarchical analysis(위계적 분석)**: 부분 지식들 사이에 선수 관계가 성립되었는지를 분석하는 유형이다. 일반적으로 순환적인 부분 기능과 선수 지식을 분석하는 데 사용되며, 부분 지식의 수준이 학습자들의 출발점 수준에 적합할 때까지 반복적으로 진행된다. 이는 연합적 분석과 대조된다.

- **Immediate feedback(즉각적 피드백)**: 실행의 질에 대한 직접적인 정보를 학습자에게 제공하는 피드백 유형이다. 올바른 실행에 대한 피드백은 결과적 지식(knowledge of result: KR)의 형태이다. 옳지 못한 실행에 대한 피드백은 힌트의 형식을 취한다. 일반적으로 즉각적 피드백은 복합적 인지 기능의 순환적 측면의 실행 결과에 대해 피드백을 제공할 때 사용한다.

- **Implicit learning(묵시적 학습)**: 예(examples)와 비예(non-examples)를 폭넓게 경험함으로써 일반적이고 축약적인 지식을 무의식중에 학습하는 경우이다. 묵시적 학습은 정보를 표상하기 위한 귀납적 탐구 전략에서 발견된다.

- **Induction(귀납)**: 학습자들이 구체적인 문제, 해결 예, 또는 사례 연구로부터 정신적 축약을 하는 학습 과정이며, 일반화와 식별 등이 여기에 속한다. 이는 4C/ID 모형의 요소 I를 위한 기본적인 학습 과정이다. 이러한 요소에 대해, 복합적 인지 기능의 비순환적 측면의 실행을 돕는 복합적 인지 쉐마의 구성을 촉진하기 위해 전체 과제 연습을 설계한다.

- **Inductive approaches(귀납적 접근)**: 공통점을 중심으로 예들로부터 일반적인 정보를 구성해 가는 정보 표상의 방법이다. 세부적으로는 일반적인 정보가 학습자들에게 명확히 제시되는 귀납적 설명 전략과 학습자들이 제시된 예를 근거로 일반적인 정보를 스스로 발견해야만 하는 귀납적 탐구 전략으로 구분할 수 있다.

- **Information processing analysis(정보 처리 분석)**: 순환적 부분 기능을 분석하는 경우, 학습자의 행동과 결정이 일정한 시간 순서에 따라 나타나지만 대부분 명확히 관찰하기 어려울 때 주로 사용하는 과제 분석 기법이다.

- **Information units(부분 정보)**: 특정한 절차나 규칙이 적용되었을 때, 직접적으로 적시에 제공되는 "학습 방법"을 의미하는 4C/ID 모형에서 사용하는 용어이다. 부분 정보는 절차나 규칙에 대한 설명, 개념이나 계획에 대한 설명, 혹은 절차나 규칙을 적용하는 데 선수되어야 할 원리, 절차나 규칙이 적용된 예(시연이라고 함), 또는 개념이나 계획에 대한 예, 원리(보기라고 함) 등을 포함한다.

- **Inquisitory approaches(탐구적 접근)**: 학습할 정보를 설명하는 일반적인 정보나 예를 학습자 스스로 찾아 내야만 하는 정보 표상의 방법이다. 설명적 접근과 대조된다.

- **Instances(보기)**: 일반 원리(개념, 계획, 원리)에 대한 구체적인 예이다. 일련의 보기는 예로 들고자 하는 일반 원리에 대하여 발산적이어야 한다. 즉, 이는 반드시 일반 원리에 속하는 모든 실체를 대표하는 것이어야 한다.

- **Instructional analysis(교수 분석)**: 선수 지식을 분석하는 것을 의미하는 용어이다. 교수 분석은 순환적 부분 기능에 대한 과제 분석 후에, 이러한 과제 분석을 통해 확인된 각각의 절차적 단계나 규칙을 수행하는 데 선수되어야 할 부분 지식을 확인한다.

- **Instructivism(객관주의)**: 인지 과정이나 지식은 기본적으로 객관적인 외부 실재를 표상한다는 것을 강조하는 학습 및 교수설계에 대한 견해이다. 의미란 결국 실제 세계에 의해 결정되고, 따라서 의미란 학습자의 외부에 있다. 이는 흔히 구성주의와 대조된다.

- **Intermix training(혼합 훈련)**: 이는 하나 혹은 그 이상의 순환적인 부분 기능에 대해 전체 과제 연습 단위가 부분 과제 연습 단위와 섞여 있는 것으로, 부분 과제 연습과 전체 과제 연습을 결합한 방법이다.

- **Just-in-time(JIT) information(적시적 정보)**: 복합적 인지 기능의 순환적 측면의 획득과 실행을 지원하기 위해 정확히 필요한 시점에 제시하는 정보이다. 이는 절차적 단계나 규칙에 대한 설명, 이러한 절차나 규칙을 적용하기 위해 선수되어야 할 지식으로서의 사실이나 간단한 쉐마, 실행 결과에 대한 즉각적인 피드백이 해당된다.

- **Knowledge analysis(지식 분석)**: 기능의 순환적인 측면(사실이나 개념, 계획, 원리 같은 간단한 쉐마)의 실행에 선수되어야 할 지식을 분석하거나, 기능의 비순환적인 측면(개념 모형, 목표-계획 모형, 인과 모형, 기능 모형, 정신 모형)의 실행을 지원할 지식을 분석하는 것이다.

- **Knowledge-based behavior(지식 기반 행동)**: 주어진 문제에 대한 해결책을 찾기 위해 비교적 조직적이지 못한 선언적 지식을 해석하는 영역 일반적인 규칙이나 산출에 의해 도출된 행동이다. 통제 처리가 이러한 유형의 행동에 책임이 있고, 이는 가장 기초적인 형태의 문제 해결로 간주된다.

- **Learning aids(학습 보조 도구)**: 연습하는 동안 JIT 정보를 쉽게 접하고 얻을 수 있도록 하는 장치이다. 매뉴얼, 체크리스트, 하이퍼텍스트 시스템, 온라인 도움 시스템이 모두 학습 보조 도구의 역할을 한다. 작업 보조 도구(job aid)와의 가장 큰 차이점은 학습 보조 도구는 단지 학습 중에만 사용이 가능하고, 작업 보조 도구는 학습 이후 의 환경에서도 활용이 가능하다는 것이다.

- **Macro-level sequencing(거시적 계열화)**: 학습에서 다루게 될 부분 기능의 다양한 의 미별 군집에 순서를 정하는 계열화 과정이다. 거시적 계열화에는 부분 과제 혹은 부 분-전체 접근, 전체 과제 혹은 전체-부분 접근, 그리고 두 방식을 혼합한 접근법이 있다.

- **Matching(대응)**: 규칙이나 절차의 올바른 시범과 그렇지 못한 정반대의 경우(전형적 오류, 이상 규칙)를 비교, 대조하는 과정이며 개념, 계획, 절차에 대한 긍정적인 예 와 미숙하거나 직관적인 대응 예(오개념, 잘못된 계획, 오해)를 비교, 대조하는 과정 이다.

- **Mental model progressions(정신 모형의 진보)[97]**: 사례 유형이나 문제 범주, 해결 예들 을 활용해 점진적으로 지원적 지식(개념 모형, 인과 모형, 목표-계획 모형, 정신적 모형)을 정교화해 나가는 중간 수준의 계열화이다.

- **Mental model(정신적 모형)**: 노드가 서로 비임의적인 관계로 관련된 사실, 개념, 계 획, 원리인 지극히 복합적인 인지 쉐마이다. 노드는 또한 절차적 지식의 구조(절차, 규칙)나 전략적 지식의 구조(SAPs, 발견법)를 나타내기도 한다. 이와 같이 정신적 모형은 복합적 인지 기능의 실행을 가능하게 하는 지식의 전체 영역을 표상한다.

- **Meso-level sequencing(중간 수준의 계열화)**: 거시적 계열화의 과정에서 정의된 각각 의 기능 군집에 대해 사례 유형이나 문제와 해결 예의 범주 등을 어떤 순서대로 제 시할지 결정하는 계열화 과정이다. 중간 수준의 계열화 기법에는 정신 모형의 진보 (mental model progression), SAP에 대한 단순화 가정(simplifying assumption on SAP), 강조 조작 방식(the emphasis manipulation) 등이 있다.

- **Micro-level sequencing(미시적 계열화)**: 중간 수준의 계열화 과정에서 정의된 각각의

---

97) 정신적 모형의 점진적 정교화를 간단히 줄여서 정신적 모형의 진보로 표현하기로 한다.

사례 유형에 대해 특정한 문제나 해결 예를 어떤 순서로 제시할지 결정하는 계열화 과정이다. 부분 과제 연습을 위한 보편적인 미시적 계열화의 기법은 분절화(seg-mentation), 단순화(simplification), 분별화(fractionation)이다. 4C/ID 모형에서는 전체 과제의 연습을 위해서 고도의 맥락적 간섭(interference)을 유발하고 높은 다양성을 보여 주는 계열화 기법을 사용하는 것이 좋다.

- **Modeling examples(모형화 예)**: SAPs의 적용이나 발견법을 설명하기 위해 수긍할 만한 해결책을 이끌어 내는 문제 해결 과정을 기술한, 전체 과제 문제를 위한 예들이다. 모형화 예는 예를 들어, 해결책을 얻기 위해 문제를 해결하는 전문가와 어떤 이유로 무엇을 어떻게 하는지를 설명하는 전문가를 보여 준다.

- **Non-recurrent constituent skills(비순환적인 부분 기능)**: 문제 상황마다 달라지는 최종 목표 행동(exit behavior)에 대한 부분 기능이다. 이러한 부분 기능은 반드시 훈련 이후에 쉐마 기반 행동을 통해 실행되어야 한다.

- **Part-task approach(부분 과제 접근법)**: 처음에 과제를 부분별로 각각 연습하도록 하는 계열화 방식이다. 부분–전체 방식은 각각의 부분 과제가 합쳐져서 전체 과제의 연습이 완료되도록 하는 특별한 유형의 부분 과제 접근법이다.

- **Part-task practice(부분 과제 연습)**: 선택한 순환적 부분 기능에 대한 연습을 위해 4C/ID 모형에서 사용하는 용어이다. 연습은 주로 컴파일화(compilation)나 궁극적으로 강화(strengthening)에 의한 규칙의 자동화에 목적을 둔다.

- **Path analysis(경로 분석)**: 절차에 대해 단순에서 복잡의 경로로 구분하는 분석 기법이다. 계열화 결과에 따라 학습자들은 단순한 경로에서 복잡한 경로로 기능을 연습하게 된다. SAP 분석(중간 수준의 계열화를 위한)의 결과인 SAP 도표나 정보 처리 분석(순환적 부분 기능에 대한 미시적 계열화를 위한)의 결과인 순서도가 적용될 수 있다.

- **Performance deficiencies(실행 결핍)**: 대상 학습자들의 실제 출발점 행동과 목표로 하는 행동에 차이가 있는 부분 기능을 지칭하기 위해 사용하는 용어이다. 일반적으로 부분 기능은 훈련 프로그램에 포함하기 위해 선택된 실행 결핍을 보여 준다.

- **Performance objectives(실행 목표)**: 실행에 필요한 도구나 대상, 기능이 실행되어야 하는 조건, 그리고 수긍할 만한 실행의 기준을 포함하여 개인별로 부분 기능에 대한 최종 목표 행동을 정밀하게 기술하는 것이다. 실행 목표는 4C/ID 모형에서 그다지 중요하지 않다.

- **Physical model(물리적 모형)**: 학습자가 **정신적 이미지**(mental image)를 얻는 것이 중

요하므로 이를 위해 제공하는 도안, 그림, 혹은 개념에 대한 기타 시각적 표상들이다. 물리적 모형은 일반적으로 과제 실행에 사용되는 도구나 대상을 위해 개발된다.

- **Plans(계획)**: 학습 프로그램에 따라 구분될 수 있는 목표들이 시공간적으로 어떻게 관련되는지를 표상하는 간단한 쉐마이다. 목표는 서로 시간적 혹은 위치적 관계로 연결된다. 계획 분석은 기능의 순환적 측면의 실행에 선수되어야 할 계획을 분석하기 위해 사용된다. 4C/ID 모형에서는 처방적인 계획을 문제 해결을 위한 체계적 접근(SAPs)이라고 한다.

- **Practice items(연습 항목)**: 선택한 순환적 부분 기능을 특징짓는 절차나 알고리즘을 학습자가 수행하도록 지시하는 항목이다. 연습 항목의 형태에는 전통적인 항목, 편집 항목, 재인 항목, (하위)목표 항목이 있다. 4C/ID 모형에서는 연습 항목과 전체 과제 문제를 구분하며, 전체 과제 문제는 부분 기능의 유의미한 군집에 대한 전체 과제 연습을 제공한다.

- **Prerequisite knowledge(선수 지식)**: 기능의 순환적 측면의 실행에 선수되어야 할 모든 선언적 지식이다. 선수 지식은 개념, 계획, 원리 같은 사실이나 간단한 쉐마이다.

- **Principle transfer analysis(PTA: 원리 전이 분석)**: 특정 영역에서의 문제 해결을 위해 도움이 될 것으로 밝혀진 발견법(heuristics)이며, 비순환적 부분 기능을 분석하기 위한 과제 분석의 기법이다. PTA는 일반적으로 발견법이 적용되어야 할 순서를 나타내는 문제 해결을 위한 체계적인 접근의 분석과 통합된다.

- **Principled skill decomposition(원리화된 기능 분해)**: (1) 복합적 인지 기능을 구성하는 부분 기능을 분석, (2) 부분 기능을 기술하고, (3) 의도하는 학습 유형이나 최종 목표 행동에 따른 부분 기능의 분류를 지향하는 과정이다. 원리화된 기능 분해는 흔히 기능을 훈련시키기 위한 거시적 계열을 구축하는 데 통합된다.

- **Principles(원리)**: 개념들 사이에서 어떤 변화의 관계가 있는지를 규명함으로써 어떻게 하나의 변화가 다른 변화에 관련되는지 표상하는 간단한 쉐마이다. 원리 분석은 기능의 순환적 측면의 실행에 선수되어야 할 원리가 무엇인지 확인하기 위해 사용한다. 그러한 원리는 왜 특정한 행동이나 단계가 실행되는지를 이해할 수 있게 돕는다. 4C/ID 모형에서 처방적 원리를 발견법이라고 한다.

- **Problem formats(문제 형태)**: 전체 과제 문제를 위한 형식으로 각각 전통적인 문제, 산출 지향적인 문제 형태(예: 해결 예, 완성형 문제, 목표 독립적인 문제, 반대 문제, 모방 문제) 혹은 과정 지향적인 문제 형태(예: 실행의 제약 사항과 과정 활동지, 혹은 인지 도구를 모두 제공하는 문제)가 있을 수 있다.

- **Procedural analysis(절차적 분석)**: 행동하고 결정하는 것이 일정한 시간 순서에 따라 관찰되는 경우에 사용하는 과제 분석 기법을 의미하는 용어이며 순환적 부분 기능을 분석하기 위해 사용한다. 예로는 행동 과제 분석이나 정보 처리 분석이 있다.

- **Procedural knowledge(절차적 지식)**: 외부 세계의 표상(선언적 지식)을 처리하는 인지 과정이나 외부 세계 그 자체를 조작하는 운동 과정을 나타내는 지식이다. 이는 일반적으로 산출과 산출 체제를 모형화한 것이다.

- **Procedural overlap(절차적 중첩)**: 훈련 과제를 연습하는 동안 컴파일된 규칙이나 산출은 전이 과제를 수행하는 데도 적용 가능하다는 것을 말함으로써 전이를 설명하는 기법이다. 이는 이처럼 같은 절차적 지식이 동일하게 사용되는 것을 의미한다. 다른 전이 기법으로는 쉐마 기반의 전이가 있다.

- **Proposition(명제)**: 인지의 기본 구성 요소를 나타내는 사실에 대한 인지적 표상이다. 이들은 하나의 술어나 관계, 그리고 하나 혹은 그 이상의 요지에 연결된 한 개의 명제적 노드로 이루어져 있다.

- **Rational analysis(합리적 분석)**: 전문가의 행동이나 지식에 초점을 둔 과제 분석 방법이다. 대부분의 과제 분석과 지식 분석의 전통적 방법은 합리적 견해를 취한다. 이는 경험적 분석을 보완한다.

- **Recurrent constituent skills(순환적 부분 기능)**: 요구하는 최종 목표 행동을 위한 부분 기능은 문제 상황마다 대단히 유사하다. 그것들은 반드시 훈련 이후에 규칙 기반 행동으로 실행되어야 한다.

- **Redirecting attention(주의의 방향 바꾸기)**: 학습과 직접적으로 관련이 없는 과정에 투입되는 외재적 인지 부하를 감소시키고(예: 관련 정보, 문제 해결의 취약한 방법을 탐색), 동시에 학습에 관련된 인지적 부하와 특히 쉐마 획득을 증가시키는 것이다.

- **Reflective expertise(성찰적 전문성)**: (1) 과제의 친근한 측면을 실행하기 위하여 영역 한정적인 규칙이나 산출을 적용하는 것, (2) 과제의 낯선 측면을 해결하기 위하여 인지적 쉐마를 의식적으로 사용함으로써 새로운 문제를 해결하거나 새로운 상황에서 복합적 인지 기능을 실행하기 위한 능력이다.

- **Relationships(관련성)**: 의미를 전달하는 인지 단위들 간의 비임의적 연결이다. 부분 기능 사이의 관계는 일반적으로 선수 관계이거나 시간적 관계이다. 인지적 쉐마를 구성하는 단위들 사이에서 관련성은 다양한 유형으로 구분될 수 있다.

- **Restricted encoding(제한적 부호화)**: 지식 컴파일화의 과정에서 고도의 영역 한정적인 규칙이나 산출에 지식이 포함될 수 있도록 학습자가 활성 기억에서 지식을 활성

화하는 과정이다. 이는 4C/ID 모형의 요소 R을 위한 기본 과정이다. 이러한 요소에 대하여 기능의 순환적 측면의 실행을 관장하는 규칙의 자동화를 촉진하기 위해 적시적 정보의 제시를 설계하는 것이다.

- **Rule automation(규칙 자동화)**: 직접적으로 복합적 인지 기능의 순환적 측면의 실행을 통제하는 고도의 영역 한정적인 규칙이나 산출의 획득이 이루어지게 하는 제한적 부호화, 지식 컴파일화, 강화와 같은 학습 과정의 범주이다. 규칙 자동화는 주로 실습의 양과 질에 따라 결정된다.

- **Rule-based analysis(규칙 기반 분석)**: 행동이나 결정이 시간적 순서에 따르지 않는 순환적 부분 기능을 분석하기 위한 과제 분석의 기법을 설명하는 데 사용하는 용어이다. 예로는 요인 전이 분석과 GOMS 분석이 있다.

- **Rule-based behavior(규칙 기반 행동)**: 고도의 영역 한정적인 규칙이나 산출에 의해 직접 유발된 행동이다. 기계적인 순서로 진행되는 자동적 처리 때문에 이러한 유형의 행동이 일어난다.

- **SAP-analysis(SAP 분석)**: 비순환적 부분 기능을 분석하기 위한 과제 분석의 기법으로, 문제 해결을 위한 체계적 접근은 단계와 (하위)목표의 측면에서 분석된다. 이는 각각의 (하위)목표 성취를 위해 사용될 발견법에 대한 분석과 함께 이루어져야 한다. 분석 결과는 흔히 SAP 도표의 형태로 나타낸다.

- **Scaffolding(스캐폴딩)**: 문제 해결이나 절차에 대한 지원은 연습과 통합되고 학습자들이 보다 숙련될수록 감소된다. 특정한 문제 형태, 문제 계열, 과정 활동지, 실행에 대한 제약 사항 또는 인지 도구가 학습자를 스캐폴딩하는 데 사용될 수 있다.

- **Schema acquisition(쉐마 획득)**: 후속 문제 해결 행동을 안내할 수 있는 복합적 인지 쉐마를 학습자들이 구성하는 귀납과 정교화가 포함된 학습 과정의 범주이다. 쉐마 획득은 주로 정신적인 축약이나 기타 의식적인 통제 처리의 결과이다.

- **Schema-based behavior(쉐마 기반 행동)**: 영역 한정적인 인지 쉐마를 해석하는 산출이나, 다소 영역 일반적인 규칙에 의해 유발된 행동이다. 상당히 효율적이고 효과적임에도 불구하고 통제 처리를 통해 이러한 유형의 행동이 일어난다.

- **Schema-based transfer(쉐마 기반 전이)**: 훈련 과제를 연습하는 동안 구성되었던 인지 쉐마가 전이 과제를 실행하는 데 적용 가능하다는 것을 말함으로써 전이를 설명하는 기법이다. 이처럼 이는 동일한 선언적, 일반적, 축약적 지식을 다르게 사용하는 것과 관련이 있다. 다른 전이 기법으로는 절차적 중첩이 있다.

- **Segmentation(분절화)**: 자연적 순서에 따라 부분별 연습을 한 다음, 알고리즘이나 절

차를 뚜렷한 시간적, 공간적 부분으로 쪼개는 계열화 방법이다. 일반적으로 이는 부분 과제 연습을 위한 연습 항목의 미시적 계열화에 사용된다.

- **Simplification(단순화):** 단순에서 복잡의 순으로 부분별 연습을 한 다음, 점차로 알고리즘이나 절차를 절차의 보다 복합적인 형태를 나타내는 부분으로 쪼개는 계열화 방법이다. 이는 중간적 계열화(예: 사례 유형을 계열화하기 위한 SAP 도표에 대한 경로 분석)와 미시적 계열화(예: 연습 항목을 계열화하기 위한 순서도에 대한 경로 분석) 모두에 사용된다.

- **Simplifying assumption on a SAP(SAP에 대한 가정 단순화):** 사례 유형이나 문제와 해결 예의 범주에 대한 중간적 계열화의 방법으로 문제 해결의 체계적 접근에 기반한다. 단순화를 위해 사용되는 조건을 완화함으로써 사례 유형은 점점 더 복잡해진다.

- **Skill clusters(기능 군집):** 전체 복합적 인지 기능의 부분들을 나타내는 유의미하고 비교적 큰 군집의 부분 기능이다. 이것은 거시적 수준의 계열화에 사용된다. 중간적 계열화에서 각각의 기능 군집은 전체과제로 취급된다.

- **Skill hierarchy(기능 위계):** 수직적 관계는 선수 관계이고, 수평적 관계는 시간적 관계인 부분 기능의 위계이다. 이것은 하나의 기능이 다른 기능보다 먼저 혹은 후에 실행되는지를 의미하거나, 두 가지 부분 기능이 동시에 수행되어야 하는지를 나타내는 것이다.

- **Strategic knowledge(전략적 지식):** 기능의 비순환적 측면의 실행을 지원하는 문제 해결의 체계적인 방법과 발견법을 설명하는 지식이다. 이는 지원적 지식과 양 방향의 관계를 가지고 기억에 선언적 혹은 절차적으로 부호화된다.

- **Strengthening(강화):** 영역 한정적인 지식이나 산출이 성공적으로 적용될 때마다 강력히 축적된다는 사실을 바탕으로 한 학습 과정이다. 선택된 순환적 부분 기능의 완전한 자동화에 목적을 둔 과잉 학습이나 과잉 훈련을 위한 중요한 과정이다.

- **Supportive knowledge(지원적 지식):** 비순환적 측면의 기능 실행을 지원하는 선언적 지식이다. 이는 주로 개념 모형, 목적-계획 모형, 인과 모형, 기능 모형과 같은 복합적 인지 쉐마를 다룬다.

- **System dynamics(시스템 역동성):** 시스템에서 구성 요소 하나의 결과가 시스템의 모든 다른 구성 요소에 직접적 혹은 간접적으로 영향을 미치는 것으로, 복합적 교수 시스템에서 나타나는 현상이다. 교수설계 절차는 반드시 이러한 시스템 역동성을 고려해야 한다.

- **SAPs(문제 해결의 체계적인 접근):** 단계나 목적의 계열을 상세화한 행동에 대하여 일

반적이고 처방적인 계획으로 나타낸 전략적 지식이다. SAP는 전체 복합적 인지 기능이나 특정한 비순환적 부분 기능의 실행에 도움이 될 것이다. SAP 분석은 일반적 행동 계획을 확인하는 데 사용된다.

- **Task analysis(과제 분석)**: 절차적 혹은 규칙 기반의 분석을 통해 기능의 순환적 측면을 분석하거나, 문제 해결의 체계적인 분석 혹은 발견법의 분석을 통해 기능의 비순환적 측면을 분석하는 것이다.

- **Transfer(전이)**: 획득한 기능을 새롭고 낯선 상황에서 실행하기 위한 능력이다. 전이 과제가 훈련된 과제와 대단히 흡사한 근전이와 전이 과제가 훈련된 과제와 다른 원전이로 구분할 수 있다. 전이 과제가 훈련된 과제와 동일한 상황에 대해 파지 혹은 자기 전이라는 용어가 사용된다.

- **Transfer paradox(전이 패러독스)**: 원전이를 일으키는 전체 과제 문제를 계열화하는 것이 흔히 사전에 명시한 파지 실행의 수준에 이르는 데 비효율적이고 시간 소모적이 되는 현상이다.

- **Understanding hypothesis(이해 가설)**: 교과 내용에 대한 심층적 이해는 학습자가 자신의 실행을 모니터하고 성찰할 수 있게 하며, 오류를 더 잘 발견하고 교정하게 한다는 가설이다.

- **Unit of practice(연습 단위)**: 동일한 사례 유형에 속하는 일련의 전체 과제 문제나 연습 항목을 의미하는 4C/ID 모형에서 사용되는 용어이다.

- **Variability of practice(연습의 다양성)**: 전체 과제 문제의 계열화는 반드시 실제 세계에도 다양하게 변하는 과제의 차원에 대한 다양성을 보여 주어야 한다는 원리이다 (상황이나 맥락, 과제를 나타내는 방식, 특성을 결정짓는 특이 사항 등). 동일한 원리가 모형화 예나 사례 연구를 계열화하는 데 적용된다.

- **Whole-task approaches(전체 과제 접근 방식)**: 일반적으로 초기에 가장 단순한 형태로 전체 과제를 연습하도록 하는 계열화 방법이다. 전체-부분 접근 방법은 전체 과제를 소개한 후에 부분 과제를 별개로 연습하도록 하는 특별한 종류의 전체 과제 접근 방법이다.

- **Whole-task practice(전체 과제 연습)**: 전체 복합적 인지 기능이나 유의미한 부분 기능의 군집에 대한 연습을 가리키는 4C/ID 모형에서 사용되는 용어이다. 이는 주로 귀납적 처리에 의한 인지 쉐마의 획득에 목적을 둔다.

- **Whole-task problem(전체 과제 문제)**: 학습자가 전체 복합적 인지 기능이나 유의미한 부분 기능의 군집을 학습하도록 요구하는 문제이다. 문제 형태는 산출 지향적이거

나 과정 지향적일 수 있다. 4C/ID 모형에서는 전체 과제 문제와 연습 항목을 명확히 구분한다. 후자는 단지 선택된 순환적 부분 기능에 대한 부분 과제 연습을 위해 제공된다.

- **Worked-out examples(해결 예):** 주어진 상황, 목적, 이러한 목적을 달성하는 데 수용 가능한 해결책에 대한 설명을 포함하는 전체 과제 문제의 예이다. 과정 지향적인 해결 예는 목적 달성을 위해 필요한 문제 해결 과정에 주의를 기울이고, 모형화 예라고도 한다.

참고 문헌

Adams, J.A. (1987). Historical review and appraisal of research on the learning, retention, and transfer of human motor skills. *Psychological Bulletin, 101*, 41-74.

Aleven, V., & Ashley, K.D. (1992). Automated generation of examples for a tutorial in case-based argumentation. In C. Frasson, G. Gauthier, & G.I. McCalla (Eds.), *Intelligent tutoring systems* (Proceedings of ITS '92, Montreal, Canada). Berlin: Springer-Verlag.

Allen, B.S., & Hoffman, R.P. (1993). Varied levels of support for constructive activity in hypermedia-based learning environments. In T.M. Duffy, J. Lowyck, & D.H. Jonassen (Eds.), *Designing environments for constructive learning* (pp. 261-290). Berlin: Springer-Verlag.

Anderson, J.R. (1982). Acquisition of cognitive skill. *Psychological Review, 89*, 369-406.

Anderson, J.R. (1983). *The architecture of cognition.* Cambridge, MA: Harvard University Press.

Anderson, J.R. (1987a). Skill acquisition: Compilation of weak-method problem solutions. *Psychological Review, 94*, 192-210.

Anderson, J.R. (1987b). Production systems, learning, and tutoring. In D. Klahr, P. Langley, & R. Neches (Eds.), *Production system models* of *learning and development.* Cambridge, MA: MIT Press.

Anderson, J.R. (1988). The expert module. In M.C. Polson & J.J. Richardson (Eds.), *Foundations of intelligent tutoring systems* (pp. 21-53). Hillsdale, NJ: Lawrence Erlbaum.

Anderson, J.R. (1989). A theory of the origins of human knowledge. *Artificial Intelligence, 40*, 313-353.

Anderson, J.R. (1990). *The adaptive character of thought.* Hillsdale, NJ: Lawrence Erlbaum.

Anderson, J.R., Boyle, C.F., Corbett, A., & Lewis, M. (1990). Cognitive modeling and intelligent tutoring. *Artificial Intelligence, 42*, 7-49.

Anderson, J.R., Farrell, R., & Sauers, R. (1984). Learning to program in LISP. *Cognitive Science, 8*, 87-129.

Anderson, J.R., & Reiser, B.J. (1985). The LISP tutor. *Byte, 10*(4), 159-175.

Anderson, J.R., & Thompson, R. (1987). *Use of analogy in a production system architecture*

(Technical Report). Pittsburgh, PA: Carnegie Mellon University, Dept. of Psychology.

Andrews, D.H., & Goodson, L.A. (1980). A comparative analysis of models of instructional design. *Journal of Instructional Development, 3*(4), 2-16.

Annett, J. (1989). *Training in transferable skills.* Sheffield, UK: The Training Agency.

Annett, J., & Sparrow, J. (1985). Transfer of training: A review of research and practical implications. *Programmed Learning and Educational Technology, 22,* 116-124.

Ausubel, D.P. (1968). *Educational psychology: A cognitive view.* New York: Holt, Rinehart, & Winston.

Ayres, P.L. (1993). Why goal-free problems can facilitate learning. *Contemporary Educational Psychology, 18,* 376-381.

Balzer, W.K., Doherty, M.E., & O'Connor, R. (1989). Effects of cognitive feedback on performance. *Psychological Bulletin, 106,* 410-433.

Banathy, B.H. (1987). Instructional systems design. In R.M. Gagné (Ed.), *Instructional technology: Foundations* (pp. 85-112). Hillsdale, NJ: Lawrence Erlbaum.

Barfield, W. (1986). Expert-novice differences for software: Implications for problem solving and knowledge acquisition. *Behavior and Information Technology, 5,* 15-29.

Bartlett, F.C. (1932). *Remembering.* Cambridge, UK: Cambridge University Press.

Bassok, M. (1990). Transfer of domain-specific problem solving procedures. *Journal of Experimental Psychology—Learning, Memory, and Cognition, 16,* 522-533.

Battig, W.F. (1966). Facilitation and interference. In E.A. Bilodeau (Ed.), *Acquisition of skill* (pp. 215-244). New York: Academic Press.

Battig, W.F. (1972). Intratask interference as a source of facilitation in transfer and retention. In R.F. Thompson & J.F. Voss (Eds.), *Topics in learning and performance* (pp. 131-159). New York: Academic Press.

Beck, I.L., Perfetti, C.A., & McKeown, M.G. (1982). Effects of long-term vocabulary instruction on lexical access and reading comprehension. *Journal of Educational Psychology, 74,* 506-521.

Bednar, A.K., Cunningham, D., Duffy, T.M., & Perry, J.D. (1991). Theory into practice: How do we link? In G. Anglin (Ed.), *Instructional technology: Past, present, and future.* Englewood, CO: Libraries Unlimited.

Bereiter, C., & Bird, M. (1985). Use of thinking aloud in identifying and teaching of reading comprehension strategies. *Cognition and Instruction, 2,* 131-156.

Berry, D.C., & Broadbent, D.E. (1988). Interactive tasks and the implicit-explicit distinction. *British Journal of Psychology, 79,* 251-272.

Bonar, J., & Cunningham, R. (1987). Bridge: An intelligent tutor for thinking about programming. In J.A. Self (Ed.), *Artificial intelligence and human learning: Intelligent computer-aided instruction.* London: Chapman and Hall.

Braune, R., & Foshay, W. (1983). Towards a practical model of cognitive/information processing task analysis and schema acquisition for complex problem solving situations. *Instructional Science, 12,* 121-145.

Bray, C.W. (1948). *Psychology and military proficiency.* Princeton: Princeton University Press.

Briggs, L.J. (1977). The teacher as designer. In L.J. Briggs (Ed.), *Instructional design: Principles and applications* (pp. 221-258). Englewood Cliffs, NJ: Educational Technology

Publications.

Briggs, G.E., & Naylor, J.C. (1962). The relative efficiency of several training methods as a function of transfer task complexity. *Journal of Experimental Psychology, 64,* 505-512.

Brown, D.E. (1992). Using examples and analogies to remediate misconceptions in physics: Factors influencing conceptual change. *Journal of Research in Science Teaching, 29*(1), 17-34.

Brown, J.S., Collins, A., & Duguid, P. (1989). Situated cognition and the culture of learning. *Educational Researcher, 18*(1), 32-42.

Brown, J.S., & VanLehn, K. (1980). Repair theory: A generative theory of bugs in procedural skills. *Cognitive Science, 4,* 379-426.

Butler, D.L., & Winne, P.H. (1995). Feedback and self-regulated learning: A theoretical synthesis. *Review of Educational Research,* 65(3), 245-281.

Carbonell, J.G. (1984). Learning by analogy: Formulating and generalizing plans from past experience. In R.S. Michaelsky, J.G. Carbonell, & T.M. Mitchell (Eds.), *Machine learning: An artificial intelligence approach* (Vol. 1, pp. 137-161). Berlin: Springer-Verlag.

Carbonell, J.G. (1986). Derivational analogy: A theory of reconstructive problem solving and expertise acquisition. In R.S. Michaelsky, J.G. Carbonell, & T.M. Mitchell (Eds.), *Machine learning: An artificial intelligence approach* (Vol. 2, pp. 371-392). Los Altos, CA: Morgan Kaufman Publishers.

Card, S.K., Moran, T., & Newell, A. (1983). *The psychology of human-computer interaction.* Hillsdale, NJ: Lawrence Erlbaum.

Carlson, R.A., Khoo, H., Elliott, R.G. (1990). Component practice and exposure to a problem solving context. *Human Factors, 32,* 267-286.

Carlson, R.A., Sullivan, M.A., & Schneider, W. (1989). Component fluency in a problem-solving context. *Human Factors, 31,* 489-502.

Carroll, J.M., & Carrithers, C. (1984). Blocking learner error states in a training-wheels system. *Human Factors, 26,* 377-389.

Carroll, J.M., Smith-Kerker, P.L., Ford, J.R., & Mazur-Rimetz, S.A. (1986). *The minimal manual* (IBM Research Report 11637). Yorktown Heights, NY: IBM Watson Research Center.

Carroll, J.M., Smith-Kerker, P.L., Ford, J.R., & Mazur-Rimetz, S.A. (1988). The minimal manual. *Human-Computer Interaction, 3,* 123-153.

Catrambone, R. (1990). Specific versus general procedures in instructions. *Human Computer Interaction, 5,* 49-93.

Chandler, P., & Sweller, J. (1991). Cognitive load theory and the format of instruction. *Cognition and Instruction, 8,* 293-332.

Chandler, P., & Sweller, J. (1992). The split-attention effect as a factor in the design of instruction. *British Journal of Educational Psychology, 62,* 233-246.

Charney, D.H., & Reder, L.M. (1986). *Initial skill learning: An analysis of how elaborations facilitate the three components* (Technical Report). Pittsburgh, PA: Carnegie-Mellon University, Dept. of Psychology.

Chase, W.G., & Simon, H.A. (1973). The mind's eye in chess. In W.G. Chase (Ed.), *Visual information processing* (pp. 215-181). New York: Academic Press.

Chi, M.T.H., De Leeuw, N., Chiu, M.H., & LaVancher, C. (1994). Eliciting self-explanations improves understanding. *Cognitive Science, 18,* 439-477.

Chi, M.T.H., Feltovich, P.J., & Glaser, R. (1981). Categorization and representation of physics knowledge by experts and novices. *Cognitive Science, 5,* 121-152.

Chi, M.T.H., Glaser, R., & Farr, M.J. (Eds.). (1988). *The nature of expertise.* Hillsdale, NJ: Lawrence Erlbaum.

Clark, R. (1989). Current progress and future directions for research in instructional technology. *Educational Technology Research & Development, 37*(1), 57-66.

Clark, R., & Taylor, D. (1992). Training problem solving skills using cognitive strategies: Part 1—Novice vs. expert problem solvers. *Performance & Instruction, 31*(3), 1-5.

Cohen, R., Eylon, B., & Ganiel, U. (1983). Potential difference and current in simple electric circuits: A study of students' concepts. *American Journal of Physics, 51,* 407-412.

Collins, A., Brown, J.S., & Newman, S.E. (1987). Cognitive apprenticeship: Teaching the craft of reading, writing, and mathematics. In L.B. Resnick (Ed.), *Cognition and instruction: Issues and agendas.* Hillsdale, NJ: Lawrence Erlbaum.

Collins, A., & Ferguson, W. (1994). Epistemic forms and epistemic games: Structures and strategies to guide inquiry. *Educational Psychologist, 28*(1), 25-42.

Collins, A., & Stevens, A.L. (1983). A cognitive theory of inquiry teaching. In C.M. Reigeluth (Ed.), *Instructional design theories and models* (pp. 247-278). Hillsdale, NJ: Lawrence Erlbaum.

Cooper, G.A., & Sweller, J. (1987). Effects of schema acquisition and rule automation on mathematical problem-solving transfer. *Journal of Educational Psychology, 79,* 347-362.

Cormier, S.M., & Hagman, J.D. (Eds.). (1987). *Transfer of learning: Contemporary research and applications.* San Diego, CA: Academic Press.

Cox, B.D., Valsiner, J., & Ornstein, P.A. (1987, April). *Childrens' generalization of strategies: An historical perspective* on *transfer.* Paper presented at the meeting of the Society for Research in Child Development, Baltimore.

Crossman, E.R.F.W. (1959). A theory of the acquisition of speed-skill. *Ergonomics, 2,* 153-166.

De Croock, M.B.M., van Merriënboer, J.J.G., & Paas, F.G.W.C. (1994). *High versus low contextual interference in simulation-based training of troubleshooting skills* (Tech. Rep. IST-MEMO-94-03). Enschede, The Netherlands: University of Twente.

De Groot, A.D. (1966). Perception and memory versus thought. In B. Kleinmuntz (Ed.), *Problem solving: Research, method and theory.* New York: John Wiley & Sons.

Deimel, L.E., & Moffat, D.V. (1982). A more analytical approach to teaching the introductory programming course. In J. Smith & M. Schuster (Eds.), *Proceedings of the NECC* (pp. 114-118). Columbia: The University of Missouri.

Detterman, D.K., & Sternberg, R.J. (Eds.). (1993). *Transfer on trial: Intelligence, cognition, and instruction.* Norwood, NJ: Ablex.

Dick, W., & Carey, L. (1996). *The systematic design of instruction* (4th ed.). New York: HarperCollins.

Dijkstra, S., Krammer, H.P.M., & van Merriënboer, J.J.G. (Eds.). (1992). *Instructional models in computer-based learning environments* (NATO ASI Series F, Vol. 104). Berlin: Springer-Verlag.

Dijkstra, S., & Seel, N. (Eds.). (1996). *Instructional design: Theory and research (Vol. 2)*. Hillsdale, NJ: Lawrence Erlbaum.

Dijkstra, S., & van Merriënboer, J.J.G. (1996). Plans, procedures, and theories to solve instructional design problems. In S. Dijkstra & N. Seel (Eds.), *Instructional design: Theory and research (Vol. 2)*. Hillsdale, NJ: Lawrence Erlbaum.

Duffy, T.M., & Jonassen, D.H. (Eds.). (1992). *Constructivism and the technology of instruction: A conversation*. Hillsdale, NJ: Lawrence Erlbaum.

Duffy, T.M., Lowyck, J., & Jonassen, D.H. (Eds.). (1993). *Designing environments for constructive learning* (NATO ASI Series F, Vol. 105). Berlin: Springer-Verlag.

Dufresne, R.J., Gerace, W.J., Thibodeau-Hardiman, P., & Mestre, J.P. (1992). Constraining novices to perform expertlike problem analyses: Effects on schema acquisition. *The Journal of the Learning Sciences, 2*(3), 307-331.

Dulany, D.E., Carlson, R.A., & Dewey, G.I. (1984). A case of syntactical learning and judgment: How conscious and how abstract? *Journal of Experimental Psychology: General, 113,* 541-555.

Edmonds, G.S., Branch, R.C., & Mukherjee, P. (1994). A conceptual framework for comparing instructional design models. *Educational Technology Research & Development, 42*(4), 55-72.

Egan, D., & Schwartz, B. (1979). Chunking in recall of symbolic drawings. *Memory and Cognition, 7,* 149-158.

Elio, R. (1986). Representation of similar well-learned cognitive procedures. *Cognitive Science, 10,* 41-73.

Elio, R., & Anderson, J.R. (1984). The effects of information order and learning mode on schema abstraction. *Memory and Cognition, 12,* 20-30.

Elkerton, J., & Palmiter, S.L. (1991). Designing help using a GOMS model: An information retrieval evaluation. *Human Factors, 33,* 185-204.

Ellis, H.C. (1965). *The transfer of learning*. New York: Macmillan.

Ertmer, P.A., & Russell, J.D. (1995). Using case studies to enhance instructional design education. *Educational Technology, 35*(4), 23-31.

Fabiani, M., Buckley, J., Gratton, G., Coles, M.G.H., Donchin, E., & Logie, R. (1989). The training of complex task performance. *Acta Psychologica, 71,* 259-299.

Fisk, A.D., & Gallini, J.K. (1989). Training consistent components of tasks: Developing an instructional system based on automatic-controlled processing principles. *Human Factors, 31,* 453-463.

Fisk, A.D., Lee, M.D., & Rogers, W.A. (1991). Recombination of automatic processing components: The effects of transfer, reversal, and conflict situations. *Human Factors, 33,* 267-280.

Fisk, A.D., & Lloyd, S.J. (1988). The role of stimulus-to-rule consistency in learning rapid application of spatial rules. *Human Factors, 30,* 35-49.

Fisk, A.D., Oransky, N.A., & Skedsvold, P.R. (1988). Examination of the role of "higher-order" consistency in skill development. *Human Factors, 30,* 567-581.

Foshay, W. (1983). Alternative methods of task analysis: A comparison of three techniques. *Journal of Instructional Development, 6*(4), 2-9.

Frederiksen, N. (1984). Implications of cognitive theory for instruction in problem solving.

Review of Educational Research, 54, 363-407.

Frederiksen, J.R., & White, B.Y. (1989). An approach to training based upon principled task decomposition. *Acta Psychologica, 71*, 89-146.

Gabriele, T.E., Lee, T.D., & Hall, C.R. (1991). Contextual interference in movement timing: Specific effects in retention and transfer. *Journal of Human Movement Studies, 20*, 177-188.

Gagné R.M. (1968). Learning hierarchies. *Educational Psychologist, 6*, 1-9.

Gagné, R.M. (1985). The conditions of learning (4th ed.). New York: Holt, Rinehart, & Winston.

Gagné, R.M., & Briggs, L.J. (1979). *Principles of instructional design* (2nd ed.). New York Holt, Rinehart, & Winston.

Gay, L.R. (1973). Temporal position of reviews and its effect on the retention of mathematical rules. *Journal of Educational Psychology, 64*, 171-182.

Gentner, D., & Stevens, A.L. (1983). *Mental models.* Hillsdale, NJ: Lawrence Erlbaum.

Gick, M.L., & Holyoak, K.J. (1980). Analogical problem solving. *Cognitive Psychology, 12*, 306-356.

Gick, M.L., & Holyoak, K.J. (1983). Schema induction and analogical transfer. *Cognitive Psychology, 15*, 1-38.

Gick, M.L., & Holyoak, K.J. (1987). The cognitive basis of knowledge transfer. In S.M. Cormier & J.D. Hagman (Eds.), *Transfer of learning: Contemporary research and applications.* San Diego, CA: Academic Press.

Gilbert, T. (1962). Mathetics: The technology of education. *Journal of Mathetics, 1*(1), 7-75.

Gong, R., & Elkerton, J. (1990). Designing minimal documentation using a GOMS model: A usability evaluation of an engineering approach. In *Proceedings of CHI '90: Human factors in computing systems* (pp. 99-106). New York: Association for Computing Machinery.

Goodman, N. (1984). *Of mind and other matters.* Cambridge, MA: Harvard University Press.

Gopher, D., Weil, M., & Siegel, D. (1989). Practice under changing priorities: An approach to the training of complex skills. *Acta Psychologica, 71*, 147-177.

Greeno, J.G. (1976). Natures of problem solving abilities. In W. Estes (Ed.), *Handbook of learning and cognitive processes (Vol. 5).* Hilisdale, NJ: Lawrence Erlbaum.

Gropper, G.L. (1973). *A technology for developing instructional materials.* Pittsburgh, PA: American Institutes for Research.

Gropper, G.L. (1974). *Instructional strategies.* Engiewood Cliffs, NJ: Educational Technology Publications.

Gropper, G.L. (1983). A behavioral approach to instructional prescription. In C.M. Reigeluth (Ed.), *Instructional design theories and models: An overview of their current status* (pp. 101-161). Hillsdale, NJ: Lawrence Erlbaum.

Halff, H.M. (1988). Curriculum and instruction in automated tutors. In M.C. Polson & J.J. Richardson (Eds.), *Foundations of intelligent tutoring systems* (pp. 79-108). Hillsdale, NJ: Lawrence Erlbaum.

Half, H.M. (1993). Supporting scenario- and simulation-based instruction: Issues from the maintenance domain. In J.M. Spector, M.C. Polson, & D.J. Muraida (Eds.), *Automating instructional design: Concepts and issues* (pp. 231-248). Englewood Cliffs, NJ:

Educational Technology Publications.

Hayes-Roth, B., & Hayes-Roth, F. (1979). A cognitive model of planning. *Cognitive Science, 3,* 275-310.

Hinsley, D.A., Hayes, J.R., & Simon, H.A. (1977). From words to equations: Meaning and representation in algebra word problems. In M.A. Just & P.A. Carpenter (Eds.), *Cognitive processes in comprehension* (pp. 62-68). Hillsdale, NJ: Lawrence Erlbaum.

Hoffman, C.K., & Medsker, K.L. (1983). Instructional analysis: The missing link between task analysis and objectives. *Journal of Instructional Development, 6*(4), 17-23.

Holland, J.H., Holyoak, K.J., Nisbett, R.E., & Thagard, P.R. (1986). *Induction: Processes of inference, learning, and discovery.* Cambridge, MA: The MIT press.

Holyoak, K.J. (1985). *The pragmatics of analogical transfer.* New Yorlc Academic Press.
Holyoak, K.J., & Koh, K. (1987). Surface and structural similarity in analogical transfer. *Memory & Cognition, 15,* 332-340.

Jelsma, O. (1989). *Instructional control of transfer.* Enschede, The Netherlands: Bijlstra & van Merriënboer.

Jelsma, O., & Bijlstra, J.P. (1988). Training for transfer in learning to detect, diagnose, and compensate system failures. *Proceedings of the Seventh European Annual Conference on Human Decision Making and Manual Control* (pp. 256-262). Paris, France.

Jelsma, O., & Bijlstra, J.P. (1990). PROCESS: Program for Research on Operator Control in an Experimental Simulated Setting. *IEEE Transactions* on *Systems, Man, and Cybernetics, 20,* 1221-1228.

Jelsma, O., & van Merriënboer, J.J.G. (1989). Contextual interference: Interactions with reflection-impulsivity. *Perceptual and Motor Skills, 68,* 1055-1064.

Jelsma, O., van Merriënboer, J.J.G., & Bijlstra, J.P. (1990). The ADAPT design model: Towards instructional control of transfer. *Instructional Science, 19,* 89-120.

Jonassen, D.H. (1991). Objectivism vs. constructivism: Do we need a philosophical paradigm shift? *Educational Technology Research & Development, 39*(3), 5-14.

Jonassen, D.H. (1992). Cognitive flexibility theory and its implications for designing CBI. In S. Dijkstra, H.P.M. Krammer, & J.J.G. van Merriënboer (Eds.), *Instructional models in computer-based learning environments* (NATO ASI Series F, Vol. 104, pp. 385-403). Berlin: Springer-Verlag.

Jonassen, D.H., Hannum, W.H., & Tessmer, M. (1989). *Handbook of task analysis procedures.* New York: Praeger.

Kaufman, R., & English, F.W. (1979). *Needs assessment: Concept and application.* Englewood Cliffs, NJ: Educational Technology Publications.

Keller, J.M. (1983). Motivational design of instruction. In C.M. Reigeluth (Ed.), *Instructional design theories and models: An overview of their current status* (pp. 386-434). Hillsdale, NJ: Lawrence Erlbaum.

Keller, J.M. (1987). Strategies for stimulating the motivation to learn. *Performance & Instruction, 26*(10), 1-7.

Kennedy, P., Esquire, T., & Novak, J. (1983). A functional analysis of task analysis procedures for instructional design. *Journal of Instructional Development, 6*(4), 10-16.

Kieras, D.E. (1988a). What mental model should be taught? Choosing instructional content for complex engineered systems. In J. Psotka, L.D. Massey, & S.A. Mutter (Eds.),

Intelligent tutoring systems: Lessons learned (pp. 85-111). Hillsdale, NJ: Lawrence Erlbaum.

Kieras, D.E. (1988b). Towards a practical GOMS model methodology for user interface design. In M. Helander (Ed.), *Handbook of human-computer interaction* (pp. 135-157). North Holland: Elsevier.

Kieras, D.E. (1990). The role of cognitive simulation models in the development of advanced testing and training systems. In N. Frederiksen, R. Glaser, A. Lesgold, & M. Shafto (Eds.), *Diagnostic monitoring of skill knowledge acquisition* (pp. 51-74). Hillsdale, NJ: Lawrence Erlbaum.

Kieras, D.E., & Bovair, S. (1986). The acquisition of procedures from text: A production system analysis of transfer of training. *Journal of Memory and Language, 25*, 507-524.

Kieras, D.E., & Polson, P.G. (1985). An approach to the formal analysis of user complexity. *International Journal of Man-machine Studies, 22*, 365-394.

Kintsch, E. (1993). Principles of instruction from research on human cognition. In J.M. Spector, M.C. Polson, & D.J. Muraida (Eds.), *Automating instructional design: Concepts and issues* (pp. 23-42). Englewood Cliffs, NJ: Educational Technology Publications.

Klahr, D., Langley, P., & Neches, R. (Eds.). (1987). *Production system models of learning and development.* Cambridge, MA: MIT Press.

Krammer, H.P.M., van Merriënboer, J.J.G., & Maaswinkel, R.M. (1994). Plan-based delivery composition in intelligent tutoring systems for introductory computer programming. In J.J.G. van Merriënboer (Ed.), Dutch research on knowledge-based instructional systems [Special Issue]. *Computers in Human Behavior, 10,* 139-154.

Kulik, J.A., & Kulik, C. (1988). Timing of feedback and verbal learning. *Review of Educational Research, 58*(1), 79-97.

LaBerge, D., & Samuels, S.J. (1974). Towards a theory of automatic information processing in reading. *Cognitive Psychology, 6,* 293-323.

Landa, L.N. (1983). The algo-heuristic theory of instruction. In C.M. Reigeluth (Ed.), *Instructional design theories and models* (pp. 163-211). Hillsdale, NJ: Lawrence Erlbaum.

Larkin, J., McDermott, J., Simon, D.P., & Simon, H.A. (1980). Models of competence in solving physics problems. *Cognitive Science, 4,* 317-348.

Lazonder, A.W. (1994). *Minimalist computer documentation: A study on constructive and corrective skills development.* Enschede, The Netherlands: University of Twente.

Lazonder, A.W., & van der Meij, H. (1993). The minimal manual: Is less really more? *International Journal of Man-Machine studies, 39,* 729-752.

Lazonder, A.W., & van der Meij, H. (1994). Effect of error-information in tutorial documentation. *Interacting with Computers, 6,* 23-40.

Lazonder, A.W., & van der Meij, H. (1995). Error-information in tutorial documentation: Supporting users' errors to facilitate initial skill learning. *International Journal* of *Human-Computer Studies, 42,* 185-206.

Lee, T.D., & Magill, R.A. (1985). Can forgetting facilitate skill acquisition? In D. Goodman, R.B. Wilberg, & I.M. Franks (Eds.), *Differing perspectives in motor learning, memory, and control* (pp. 3-22). Amsterdam, The Netherlands: Elsevier Science Publishers.

LePlat, J. (1990). Skills and tacit skills: A psychological perspective. *Applied Psychology: An*

International Review, 39, 143-154.

Lesgold, A.M. (1984). Acquiring expertise. In J.R. Anderson & S.M. Kosslyn (Eds.), *Tutorials in learning and memory: Essays in honor of Gordon Bower* (pp. 31-60). San Francisco: W.H. Freeman.

Lesgold, A.M., Bonar, J.G., Ivill, J.M., & Bowen, A. (1987). An intelligent tutoring system for electronics troubleshooting DC-circuit understanding. In L.B. Resnick (Ed.), *Knowing and learning: Issues for the cognitive psychology of instruction.* Hillsdale, NJ: Lawrence Erlbaum.

Lesgold, A.M., Rubinson, H., Feltovich, P., Glaser, R., Klopfer, D., & Wang, Y. (1988). Expertise in a complex skill: Diagnosing X-ray pictures. In M.T.H. Chi, R. Glaser, & M.J. Farr (Eds.), *The nature of expertise* (pp. 311-342). Hillsdale, NJ: Lawrence Erlbaum.

Leshin, C.B., Pollock, J., & Reigeluth, C.M. (1992). *Instructional design strategies and tactics.* Englewood Cliffs, NJ: Educational Technology Publications.

Lewis, M.W., & Anderson, J.R. (1985). Discrimination of operator schemata in problem solving: Learning from examples. *Cognitive Psychology, 17,* 26-65.

Lieberman, H. (1986). An example-based environment for beginning programmers. *Instructional Science, 14,* 277-292.

Lindsay, P.H., & Norman, D. (1977). *An introduction to psychology.* New York: Academic Press.

Logan, G.D. (1985). Skill and automaticity: Relations, implications, and future directions. *Canadian Journal of Psychology, 39,* 367-388.

Mandler, J.M. (1984). *Stories, scripts, and scenes: Aspects of schema theory.* Hillsdale, NJ: Lawrence Erlbaum.

Mandler, J.M., & Mandler, G. (Eds.) (1964). *Thinking: From association to Gestalt.* New York: John Wiley & Sons. [original work published in Germany, 1913].

Mané, A.M., Adams, J.A., & Donchin, E. (1989). Adaptive and part-whole training in the acquisition of a complex perceptual motor skill. *Acta Psychologica, 71,* 179-196.

Marco, R.E., & Colina, M.M. (1992). Programming languages and dynamic instructional tools: Addressing students' knowledge base. In S. Dijkstra, H.P.M. Krammer, & J.J.G. van Merriënboer (Eds.), *Instructional models in computer-based learning environments* (NATO ASI Series F, VoL 104, pp. 445-457). Berlin: Springer-Verlag.

Mayer, R.E. (Ed.) (1989). *The psychology of how novices learn computer programming.* Hillsdale, NJ: Lawrence Erlbaum.

Mayer, R.E., & Greeno, J.G. (1972). Structural differences between learning outcomes produced by different instructional methods. *Journal of Educational Psychology, 63,* 165-173.

McArthur, D., Stasz, C., Hotta, J., Peter, O., & Burdorf, C. (1988). Skill-oriented task-sequencing in an intelligent tutor for basic algebra. *Instructional Science, 17,* 281-307.

McCoy-Carver, S., & Klahr, D. (1986). Assessing children's Logo debugging skills with a formal model. *Journal of Educational Computing Research, 2,* 487-525.

McDaniel, M.A., & Schlager, M.S. (1990). Discovery learning and transfer of problem-solving skill. *Cognition and Instruction, 7,* 129-159.

McKendree, J. (1990). Effective feedback content for tutoring complex skills.

Human-Computer Interaction, 5, 381-413.

Merrill, M.D. (1983). Component display theory. In C.M. Reigeluth (Ed.), *Instructional design theories and models: An overview of their current status* (pp. 278-333). Hillsdale, NJ: Lawrence Erlbaum.

Merrill, M.D., Li, Z., & Jones, M.K. (1992). An introduction to instructional transaction theory. In S. Dijkstra, H.P.M. Krammer, & J.J.G. van Merriënboer (Eds.), *Instructional models in computer-based learning environments* (NATO ASI Series F, Vol. 104, pp. 15-41). Berlin: Springer-Verlag.

Merrill, P. (1976). Task analysis: An information processing approach. *NSPI Journal, 15*(2), 7-11.

Merrill, P. (1980). Analysis of a procedural task. *NSPI Journal, 17*(2), 11-26.

Merrill, P. (1987). Job and task analysis. In R.M. Gagné (Ed.), *Instructional technology: Foundations* (pp. 141-173). Hillsdale, NJ: Lawrence Erlbaum.

Mettes, C.T.W., & Pilot, A. (1980). Over het leren oplossen van natuurwetenschappelijke problemen [On learning to solve science problems]. Enschede, The Netherlands: University of Twente.

Mettes, C.T.W., Pilot, A., & Roossink, H.J. (1981). Linking factual knowledge and procedural knowledge in solving science problems: A case study in a thermodynamics course. *Instructional Science, 10,* 333-361.

Mizokawa, D.T., & Levin, J. (1988). Standards for error messages in educational software. *Educational Technology, 28*(4), 19-24.

Morris, N.M., & Rouse, W.B. (1985). The effects of type of knowledge upon human problem solving in a process control task. *IEEE Transactions* on *Systems, Man, and Cybernetics, 15,* 698-707.

Myers, G.L., & Fisk, A.D. (1987). Training consistent task components: Application of automatic and controlled processing theory to industrial task training. *Human Factors, 29,* 255-268.

Naylor, J.C., & Briggs, G.E. (1963). Effects of task complexity and task organization on the relative efficiency of part and whole training methods. *Journal of Experimental Psychology, 65,* 217-224.

Neisser, U. (1967). *Cognitive psychology.* New York: Appleton-Century-Crofts.

Neves, D.M., & Anderson, J.R. (1981). Knowledge compilation: Mechanisms for the automatization of cognitive skills. In J.R. Anderson (Ed.), *Cognitive skills and their acquisition* (pp. 57-84). Hillsdale, NJ: Lawrence Erlbaum.

Newby, T.J., & Stepich, D.A. (1990). Designing instruction: Practical Strategies 5: Teaching cognitive strategies. *Performance & Instruction, 29*(1), 44-45.

Newell, A. (1982). One final word. In D.T. Tuma & F. Reif (Eds.), *Problem solving and education.* Hillsdale, NJ: Lawrence Erlbaum.

Newell, A., & Simon, H.A. (1972). *Human problem solving.* Englewood Cliffs, NJ: Prentice-Hall.

Norman, D.A. (1993). *Things that make us smart: Defending human attributes in the age of the machine.* Reading, MA: Addison-Wesley.

Novick, L.R., & Holyoak, K.J. (1991). Mathematical problem solving by analogy. *Journal of Experimental Psychology — Learning, Memory, and Cognition, 17,* 398-415.

Ohlsson, S., & Rees, E. (1991). The function of conceptual understanding in the learning of arithmetic procedures. *Cognition and Instruction, 8*(2), 103-179.

Olsen, S.E., & Rasmussen, J. (1989). *The reflective expert and the prenovice: Notes on skill-, rule-, and knowledge-based performance in the setting of instruction and training* (Technical Report). Roskilde, Denmark. Risö National Laboratory.

Orata, P.T. (1928). *The theory of identical elements.* Columbus, OH: Ohio State University Press.

Osgood, C.E. (1949). The similarity paradox in human learning: A resolution. *Psychological Review, 56*, 132-154.

Owen, E., & Sweller, J. (1985). What do students learn while solving mathematics problems? *Journal of Educational Psychology, 77*, 272-284.

Paas, F.G.W.C. (1992). Training strategies for attaining transfer of problem-solving skill in statistics: A cognitive load approach. *Journal of Educational Psychology, 84*, 429-434.

Paas, F.G.W.C. (1993). *Instructional control of cognitive load in the training of complex cognitive tasks.* Enschede, The Netherlands: University of Twente.

Paas, F.G.W.C., & van Merriënboer, J.J.G. (1992a). Training voor transfer van statistische vaardigheden: Toepassing van een vier-componenten instructieontwerpmodel [Training for transfer of statistical analysis skills: Application of a four-component instructional design model]. *Tijdschrift voor Onderwijsresearch, 17*, 17-27.

Paas, F.G.W.C., & van Merriënboer, J.J.G. (1992b). Een instructie-ontwerpmodel voor training van complexe cognitieve vaardigheden [An instructional design model for the training of complex cognitive skills]. *Tijdschrift voor Ergonomie, 17*(4), 13-21.

Paas, F.G.W.C., & van Merriënboer, J.J.G. (1993). The efficiency of instructional conditions: An approach to combine mental-effort and performance measures. *Human Factors, 35*, 737-743.

Paas, F.G.W.C., & van Merriënboer, J.J.G. (1994a). Variability of worked examples and transfer of geometrical problem solving skills: A cognitive load approach. *Journal of Educational Psychology, 86*, 122-133.

Paas, F.G.W.C., & van Merriënboer, J.J.G. (1994b). Instructional control of cognitive load in the training of complex cognitive tasks. *Educational Psychology Review, 6*, 351-371.

Paas, F.G.W.C., van Merriënboer, J.J.G., & Adam, J.J. (1994). Measurement of cognitive load in instructional research. *Perceptual and Motor Skills, 79*, 419-430.

Paivio, A. (1986). *Mental representations.* Oxford: Oxford University Press.

Parasuraman, R. (1985). Detection and identification of abnormalities in chest X-rays: Effects of reader skill, disease prevalence, and reporting standards. In R.E. Eberts & C.G. Eberts (Eds.), *Trends in ergonomics and human factors II* (pp. 59-66). Amsterdam: Elsevier Science Publishers.

Perkins, D.N., & Salomon, G. (1989). Are cognitive skills context-bound? *Educational Researcher, 18*, 16-25.

Pirolli, P.L., & Anderson, J.R. (1985). The role of learning from examples in the acquisition of recursive programming skills. *Canadian Journal of Psychology, 39*, 240-272.

Pirolli, P.L. (1991). Effects of examples and their explanations in a lesson on recursion: A production system analysis. *Cognition and Instruction, 8*, 207-259.

Polson, M.C. (1993). Task analysis for an automated instructional design advisor. In J.M.

Spector, M.C. Polson, & D. Muraida (Eds.), *Automating instructional design: Concepts and issues* (pp. 219-230). Englewood Cliffs, NJ: Educational Technology Publications.

Polson, P.G., & Kieras, D.E. (1984). A formal description of users' knowledge of how to operate a device and user complexity. *Behavior Research Methods, Instruments & Computers, 16*, 249-255.

Postman, L. (1971). Transfer, interference, and forgetting. In L.W. King & L.A. Riggs (Eds.), *Experimental psychology* (pp. 1019-1132). New York: Holt, Rinehart, & Winston.

Postman, L., & Underwood, B.J. (1973). Critical issues in interference theory. *Memory and Cognition, 1,* 19-40.

Proctor, R.W., & Reeve, T.G. (1988). The acquisition of task-specific productions and modification of declarative representations in spatial-precueing tasks. *Journal of Experimental Psychology: General, 117,* 182-196.

Quillian, M.R. (1967). Word concepts: A theory and simulation of some basic semantic capabilities. *Behavioral Sciences, 12,* 410-430.

Rasmussen, J., & Jensen, A. (1974). Mental procedures in real-life tasks: A case study of electronic troubleshooting. *Ergonomics, 17,* 293-307.

Reber, A.S. (1976). Implicit learning of synthetic languages: The role of instructional set. *Journal of Experimental Psychology: Human Learning and Memory, 2,* 88-94.

Reber, A.S. (1989). Implicit learning and tacit knowledge. *Journal of Experimental Psychology: General, 118,* 219-135.

Reed, S.K., Dempster, A., & Ettinger, M. (1985). Usefulness of analogous solutions for solving algebra word problems. *Journal of Experimental Psychology — Learning, Memory, and Cognition, 11,* 106-125.

Reigeiuth, C.M. (Ed.). (1983a). *Instructional design theories and models: An overview of their current status.* Hillsdale, NJ: Lawrence Erlbaum.

Reigeluth, C.M. (1983b). Meaningfulness and instruction: Relating what is being learned to what a student knows. *Instructional Science, 12,* 197-218.

Reigeluth, C.M. (Ed.). (1987a). *Instructional theories in action: Lessons illustrating selected theories and models.* Hillsdale, NJ: Lawrence Erlbaum.

Reigeluth, C.M. (1987b). Lesson blueprints based on the elaboration theory of instruction. In C.M. Reigeluth (Ed.), *Instructional theories in action: Lessons illustrating selected theories and models* (pp. 245-288). Hilisdale, NJ: Lawrence Erlbaum.

Reigeiuth, C.M., & Merrill, M.D. (1984). *Extended task analysis procedures (ETAP): User's manual.* Lanham, MD: University Press of America.

Reigeluth, C.M., & Rodgers, C.A. (1980). The elaboration theory of instruction: A model for structuring instruction. *Instructional Science, 9,* 125-219.

Reigeluth, C.M., & Stein, F.S. (1983). The elaboration theory of instruction. In C.M. Reigeluth (Ed.), *Instructional design theories and models: An overview of their current status* (pp. 335-381). Hillsdale, NJ: Lawrence Erlbaum.

Resnick, L.B. (1976). Task analysis in instructional design: Some cases from mathematics. In D. Klahr (Ed.), *Cognition and Instruction* (pp. 51-80). Hilisdale, NJ: Lawrence Erlbaum.

Robertson, I., & Kahney, H. (1996). The use of examples in expository text: Outline of an interpretation theory for text analysis. *Instructional Science, 24*(2), 89-123.

Rogers, Y., Rutherford, A., & Bibby, P.A. (Eds.). (1992). *Models in the mind: Theory, perspective, and application*. London: Academic Press.

Romiszowski, A.J. (1988). *The selection and use of instructional media*. New York: Nichols Publishing.

Rossett, A. (1987). *Training needs assessment*. Englewood Cliffs, NJ: Educational Technology Publications.

Roush, R. (1992). Taking the error out of explaining error messages. *Technical Communication, 39*(1), 56-59.

Royer, J.M. (1979). Theories of the transfer of learning. *Educational Psychologist, 14*, 53-69.

Rumelhart, D.E., & Ortony, A. (1976). The representation of knowledge in memory. In R.C. Anderson, J.R. Spiro, & N.E. Montague (Eds.), *Schooling and the acquisition of knowledge* (pp. 99-135). Hillsdale, NJ: Lawrence Erlbaum.

Salisbury, D.F. (1990). Cognitive psychology and its implications for designing drill and practice programs for computers. *Journal of computer-based instruction, 17*(1), 23-30.

Salisbury, D.F., Richards, B.F., & Klein, J.D. (1985). Designing practice: A review of prescriptions and recommendations from instructional design theories. *Journal of Instructional Development, 8*(4), 9-19.

Salomon, G. (1979). *The interaction of media, cognition, and learning*. San Francisco, CA: Jossey-Bass Publishers.

Scandura, J.M. (1983). Instructional strategies based on the structural learning theory. In C.M. Reigeluth (Ed.), *Instructional design theories and models* (pp. 213-246). Hillsdale, NJ: Lawrence Erlbaum.

Schank, R.C., & Abelson, R.P. (1977). *Scripts, plans, goals, and understanding*. Hillsdale, NJ: Lawrence Erlbaum.

Schmitt, M.C., & Newby, T.J. (1986). Metacognition: Relevance to instructional design. *Journal of Instructional Development, 9*(4), 29-33.

Schneider, W. (1985). Training high-performance skills: Fallacies and guidelines. *Human Factors, 27*, 285-300.

Schneider, W., & Detweiler, M. (1988). The role of practice in dual-task performance: Toward workload modeling in a connectionist/-control architecture. *Human Factors, 30*, 539-566.

Schneider, W., & Fisk, A.D. (1982). Degree of consistent training: Improvements in search performance and automatic process development. *Perception & Psychophysics, 31*, 160-168.

Schneider, W., & Shiffrin, R.M. (1977). Controlled and automatic human information processing: I. Detection, search, and attention. *Psychological Review, 84*, 1-66.

Schneider, W., Vidulich, M., & Yeh, Y. (1982). Training spatial skills for air-traffic control. In *Proceedings of the Human Factors Society, 26th annual meeting* (pp. 10-14). Santa Monica, CA: Human Factors Society.

Schoenfeld, A.H. (1979). Can heuristics be taught? In J. Lochhead & J. Clement (Eds.), *Cognitive process instruction* (pp. 315-338). Philadelphia, PA: Franklin Institute Press.

Schonewille, M.J. (1995). *Kennismodel voor imperatieve talen* [Knowledge modeling for imperative languages] (Tech. Rep. ITSSEL-95-1). Enschede, The Netherlands: University of Twente, Dept. of Computer Science/Dept. of Education.

Seel, N.M. (1995). Mental models, knowledge transfer, and teaching strategies. *Journal of Structural Learning, 12*(3), 197-213.

Segal, J., & Ahmad, K. (1993). The role of examples in the teaching of programming languages. *Journal of Educational Computing Research, 9,* 115-129.

Shapiro, D.C., & Schmidt, R.A. (1982). The schema theory: Recent evidence and developmental implications. In J.A.S. Kelso & J.E. Clark (Eds.), *The development of movement control and coordination* (pp. 113-150). New York: John Wiley & Sons.

Shea, C.H., Kohl, R., & Indermill, C. (1990). Contextual interference: Contributions of practice. *Acta Psychologica, 73,* 145-157.

Shea, J.B., & Zimny, S.T. (1983). Context effects in memory and learning movement information. In R.A. Magill (Ed.), *Memory and control of action* (pp. 345-366). Amsterdam, The Netherlands: Elsevier North-Holland.

Shepherd, A. (1986). Issues in the training of process operators. *International Journal of Industrial Ergonomics, 1,* 49-64.

Shepherd, A., Marshall, E.C., Turner, A., & Duncan, K.D. (1977). Diagnosis of plant failures from a control panel: A comparison of three training methods. *Ergonomics, 20,* 347-361.

Shiffrin, R.M., & Schneider, W. (1977). Controlled and automatic human information processing: II. Perceptual learning, automatic attending, and a general theory. *Psychological Review, 84,* 127-190.

Shneiderman, B. (1976). Exploratory experiments in programmer behavior. *International Journal of Computer and Information Sciences, 5,* 123-143.

Shneiderman, B. (1977). Measuring computer program quality and comprehension. *International Journal* of *Man-Machine Studies, 9,* 46-59.

Simon, D.P., & Simon, H.A. (1978). Individual differences in solving physics problems. In R. Siegler (Ed.), *Childrens' thinking: What develops?* (pp. 325-348). Hillsdale, NJ: Lawrence Erlbaum.

Singley, M.K., & Anderson, J.R. (1985). The transfer of text-editing skill. *International Journal of Man-Machine studies, 22,* 403-423.

Singley, M.K., & Anderson, J.R. (1988). A keystroke analysis of learning and transfer in text editing. *Human-Computer Interaction, 3,* 223-274.

Singley, M.K., & Anderson, J.R. (Eds.). (1989). *The transfer of cognitive skill.* Cambridge, MA: Harvard University Press.

Smith, S.M., Ward, T.B., & Schumacher, J.S. (1993). Constraining effects of examples in a creative generation task. *Memory & Cognition, 21,* 837-845.

Soloway, E. (1985). From problems to programs via plans: The content and structure of knowledge for introductory LISP programming. *Journal of Educational Computing Research, 1,* 157-172.

Spector, J.M. (1993). Introduction. In J.M. Spector, M.C. Polson, & D.J. Muraida (Eds.) *Automating instructional design: Concepts and issues.* (pp. ix-xxi). Englewood Cliffs, NJ: Educational Technology Publications.

Spector, J.M., Polson, M.C., & Muraida, D.J. (Eds.). (1993) *Automating instructional design: Concepts and issues.* Englewood Cliffs, NJ: Educational Technology Publications.

Spiro, R.J., Coulson, R.L., Feltovich, P.J., & Anderson, D.K. (1988). *Cognitive flexibility theory: Advanced knowledge acquisition in ill-structured domains* (Tech. Rep. No. 441). Champaign, IL: University of illinois, Center for the Study of Reading.

Sternberg, S. (1969). Memory scanning: Mental processes revealed by reaction time experiments. *American Scientist, 57*, 421-457.

Stewart, J. (1984). The representation of knowledge: Curricular and instructional implications for science teaching. In C.D. Holly & D.F. Dansereau (Eds.), *Spatial learning strategies*. Orlando, FL: Academic Press.

Sweller, J. (1988). Cognitive load during problem solving: Effects on learning. *Cognitive Science, 12,* 257-285.

Sweller, J. (1989). Cognitive technology: Some procedures for facilitating learning and problem solving in mathematics and science. *Journal of Educational Psychology, 4,* 457-466.

Sweller, J., & Chandler, P. (1991). Evidence for cognitive load theory. *Cognition and Instruction, 8,* 351-362.

Sweller, J., & Chandler, P. (1994). Why some material is difficult to learn. *Cognition and Instruction, 12,* 185-233.

Sweller, J., Chandler, P., Tierney, P., & Cooper, M. (1990). Cognitive load as a factor in the structuring of technical material. *Journal of Experimental Psychology: General, 119,* 176-192.

Sweller, J., & Cooper, G.A. (1985). The use of worked examples as a substitute for problem solving in learning algebra. *Cognition and Instruction, 2,* 59-89.

Sweller, J., & Levine, M. (1982). Effects of goal specificity on means-ends analysis and learning. *Journal of Experimental Psychology: Learning, Memory, and Cognition, 8,* 463-474.

Sweller, J., Mawer, R., & Ward, M. (1983). Development of expertise in mathematical problem solving. *Journal of Experimental Psychology: General, 112,* 634-656.

Taylor, D., & Clark, R. (1992). Training problem solving skills using cognitive strategies: Part 2 — Design guidelines based on cognitive psychology. *Performance & Instruction, 31*(4), 33-38.

Tekinerdogan, B. (1995). *Design of a reflective tutoring system shell* (Tech. Rep. ITSSEL-95-4). Enschede, The Netherlands: University of Twente, Dept. of Computer Science/Dept. of Education.

Tennyson, R.D. (Ed.). (1994). *Automating instructional design, development, and delivery* (NATO ASI Series F, Vol. 119). Berlin: Springer-Verlag.

Tennyson, R.D., & Barron, A.E.B. (Eds.). (1995). *Automating instructional design: Computer-based development and delivery tools* (NATO ASI Series F, Vol. 140). Berlin: Springer-Verlag.

Tennyson, R.D., & Cocchiarella, M.J. (1986). An empirically based instructional design theory for teaching concepts. *Review of Educational Research, 56,* 40-71.

Tennyson, R.D., & Schott, F. (Eds.). (1996). *Instructional design: Theory and research (Vol. 1)*. Hillsdale, NJ: Lawrence Erlbaum.

Tennyson, R.D., Welsh, J., Christensen, D., & Hajovy, H. (1985). Interactive effect of information structure sequence of information and process learning time on rule learning using computer-based instruction. *Educational Communication and Technology Journal, 33,* 213-223.

Thorndike, E.L., & Woodworth, R.S. (1901). The influence of movement in one mental function upon the efficiency of other functions. *Psychological Review, 8,* 247-261.

Thorndyke, P.W., & Hayes-Roth, B. (1979). The use of schemata in the acquisition and transfer of knowledge. *Cognitive Psychology, 11*, 82-106.

Tiemann, P., & Markle, S. (1985). *Analyzing instructional content: A guide to instruction and evaluation* (3rd ed.). Champaign, IL: Stipes Publishing.

Tripp, S., & Bichelmeyer, B. (1990). Rapid prototyping: An alternative instructional design strategy. *Educational Technology Research & Development, 38*(1), 31-44.

Tromp, Th.J.M. (1989). *The acquisition of expertise in computer programming skill.* Amsterdam, The Netherlands: Thesis Publishers.

Van der Meij, H., & Carroll, J.M. (1995). Principles and heuristics for designing minimalist instruction. *Technical Communication, 42,* 243-261.

Van Joolingen, W.R. (1993). *Understanding and facilitating discovery learning in computer-based simulation environments.* Eindhoven, The Netherlands: Eindhoven University of Technology.

VanLehn, K. (1991). Rule acquisition events in the discovery of problem-solving strategies. *Cognitive Science, 15,* 1-47.

van Merriënboer, J.J.G. (1990a). Strategies for programming instruction in high school: Program completion vs. program generation. *Journal of Educational Computing Research, 6,* 265-287.

van Merriënboer, J.J.G. (1990b). *Teaching introductory computer programming: A perspective from instructional technology.* Enschede, The Netherlands: Bijlstra & van Merriënboer.

van Merriënboer, J.J.G. (1992). Training strategies for teaching introductory computer programming. In F.L. Engel, D.G. Bouwhuis, T. Bösser, & G. dYdewalle (Eds.), *Cognitive modelling and interactive environments in language learning* (pp. 81-88). Berlin: Springer-Verlag.

van Merriënboer, J.J.G. (Ed.). (1994a). Dutch research on knowledge-based instructional systems [Special Issue]. *Computers in Human Behavior, 10,* Whole Issue.

van Merriënboer, J.J.G. (1994b). How to model our knowledge of instruction and instructional design? In J. Lowyck & J. Elen (Eds.), *Modelling ID-research.* Leuven, Belgium: DUO Press.

van Merriënboer, J.J.G., & De Croock, M.B.M. (1992). Strategies for computer-based programming instruction: Program completion vs. program generation. *Journal of Educational Computing Research, 8,* 365-394.

van Merriënboer, J.J.G., & Dijkstra, S. (1996). The four-component instructional design model for training complex cognitive skills. In R.D. Tennyson & F. Schott (Eds.), *Instructional design: Theory and research (Vol. 1).* Hillsdale, NJ: Lawrence Erlbaum

van Merriënboer, J.J.G., Jelsma, O., & Paas, F.G.W.C. (1992). Training for reflective expertise: A four-component instructional design model for training complex cognitive skills. *Educational Technology Research & Development, 40*(2), 23-43.

van Merriënboer, J.J.G., & Krammer, H.P.M. (1987). Instructional strategies and tactics for the design of introductory computer programming courses in high school. *Instructional Science, 16,* 251-285.

van Merriënboer, J.J.G., & Krammer, H.P.M. (1990). The "completion strategy" in programming instruction: Theoretical and empirical support. In S. Dijkstra, B.H.M. Van

Hout-Wolters, & P.C. Van der Sijde (Eds.), *Research on instruction* (pp. 45-61). Englewood Cliffs, NJ: Educational Technology Publications.

van Merriënboer, J.J.G., & Krammer, H.P.M. (1992). A descriptive model of instructional processes in interactive learning environments for elementary computer programming. In S. Dijkstra, H.P.M. Krammer, & J.J.G. van Merriënboer (Eds.), *Instructional models in computer-based learning environments* (NATO ASI Series F, Vol. 104, pp. 213-228). Berlin: Springer-Verlag.

van Merriënboer, J.J.G., Krammer, H.P.M., & Maaswinkel, R.M. (1994). Automating the planning and construction of programming assignments for teaching introductory computer programming. In R.D. Tennyson (Ed.), *Automating instructional design, development, and delivery* NATO ASI Series F, Vol. 119, pp. 61-77). Berlin: Springer-Verlag.

van Merriënboer, J.J.G., & Luursema, J.J. (1995). Implementing instructional models in computer-based learning environments: A case study in problem selection. In T.T. Liao (Ed.), *Advanced educational technology: Research issues and future potential* (NATO ASI Series F, Vol. 145). Berlin: Springer-Verlag.

van Merriënboer, J.J.G., Luursema, J.J., Kingma, H., Houweling, F., & De Vries, A.P. (1995). Fuzzy logic instructional models: The dynamic construction of programming assignments in CASCO. In R.D. Tennyson & A.E.B. Barron (Eds.), *Automating instructional design: Computer-based development and delivery tools* (NATO ASI Series F). Berlin: Springer-Verlag.

van Merriënboer, J.J.G., & Paas, F.G.W.C. (1989). Automation and schema acquisition in learning elementary computer programming: Implications for the design of practice. *Computers in Human Behavior, 6,* 273-289.

Von Glasersfeld, E. (1984). Radical constructivism. In P. Watzlawick (Ed.), *The invented reality.* Cambridge, MA: Harvard University Press.

Vonken, F. (1995). *The use of paper-based modeling examples in teaching object-oriented software design* (master's thesis). Heerlen, The Netherlands: Open University.

Vortac, O.U., Edwards, M.B., Fuller, D.K., Manning, C.A. (1993). Automation and cognition in air traffic control: An empirical investigation. *Applied Cognitive Psychology, 7,* 631-651.

Vreuls, D., & Obermayer, R.W. (1985). Human-system performance measurement in training simulators. *Human Factors, 27,* 241-250.

Ward, M., & Sweller, J. (1990). Structuring effective worked examples. *Cognition and Instruction, 7,* 1-39.

Watzlawick, P. (Ed.). (1984). *The invented reality.* Cambridge, MA: Harvard University Press.

Wedman, J., & Tessmer, M. (1991). Adapting instructional design to project circumstance: The layers of necessity model. *Educational Technology Research & Development, 38*(1), 31-44.

Weiser, M., & Shertz, J. (1983). Programming problem representation in novice and expert programmers. *International Journal of Man-Machine Studies, 19,* 391-398.

White, B.Y., & Frederiksen, J.R. (1990). Causal model progressions as a foundation for intelligent learning environments. *Artificial Intelligence, 42,* 99-157.

Wightman, D.C., & Lintern, G. (1985). Part-task training for tracking and manual control.

Human Factors, 27, 267-284.

Wlodkowski, R.J. (1986). *Enhancing adult motivation to learn.* San Francisco, CA: Jossey-Bass Publishers.

Wood, R.K., Stephens, K.G., & Barker, B.O. (1979). Fault tree analysis: An emerging methodology for instructional science. *Instructional Science, 8*(1), 1-22.

You, Y. (1993). What can we learn from chaos theory? An alternative approach to instructional systems design. *Educational Technology Research & Development, 41*(3), 17-32.

Zhu, X., & Simon, H.A. (1987). Learning mathematics from examples and by doing. *Cognition and Instruction, 4,* 137-166.

찾아보기

〈ㅈ〉

역자 소개

김동식

부산대학교 졸
미국 플로리다주립대학교 교육공학 석사 및 박사
한국교육개발원 책임연구원
한양대학교 교육공학연구소장
미국 플로리다주립대학교 Visiting Professor 역임
현, 한양대학교 교육공학과 교수 및 학과장

노관식

국민대학교 졸
미국 오레곤주립대학교 교육공학 석사
미국 애리조나주립대학교 교육공학 박사
한양대학교 교육공학연구소 연구위원 역임
현, 한국증권업협회 전문위원

김지일

서울교육대학교 졸
한양대학교 교육공학과 석사 및 박사
현, 한림대학교 교직과 교수

김 경

성균관대학교 졸
한양대학교 교육공학과 석사 및 박사
현, 대불대학교 특수교육과 교수

인지과학적 구성주의 기반의 4C/ID 모형

초판 인쇄	2005년 5월 12일
초판 발행	2005년 5월 16일
저　　자	Jeroen J.G. van Merriënboer
역　　자	김동식 · 노관식 · 김지일 · 김경 옮김
발 행 인	홍진기
발 행 처	아카데미프레스

주　　소	158-840 서울시 양천구 신월4동 547-1
전　　화	(02)2694-2563
팩　　스	(02)2694-2564
전자우편	academypress@kornet.net
웹사이트	www.academypress.co.kr
등 록 일	2003. 6. 20
등록번호	제20-331호
I S B N	89-91517-02-1

정가 18,000원

• 역자와의 합의하에 인지첨부는 생략합니다.
• 잘못된 책은 바꾸어 드립니다.